■2025年度高等学校受験用

明治大学付属明治高等学校

収録内容一

JN001475

★この問題集は以下の収録内容となっています。また、編集の都合上、解説、解答用紙を省略させていただいている場合もございますのでご了承ください。

（○印は収録、一印は未収録）

入試問題と解説・解答の収録内容		解答用紙
2024年度	英語・数学・国語	○
2023年度	英語・数学・国語	○
2022年度	英語・数学・国語	○
2021年度	英語・数学・国語	○
2020年度	英語・数学・国語	○
2019年度	英語・数学・国語	○
2018年度	英語・数学・国語	○

★当問題集のバックナンバーは在庫がございません。あらかじめご了承ください。

リスニングテストの音声は、下記のIDとアクセスコードにより当社ホームページで聴くことができます。
（当社による録音です）
ユーザー名：koe　アクセスコード（パスワード）：59156　使用期限：2025年3月末日

※ユーザー名・アクセスコードの使用期限以降は音声が予告なく削除される場合がございます。あらかじめご了承ください。

●凡例●

【英語】

≪解答≫

〔　〕 ①別解

②置き換え可能な語句（なお下線は置き換える箇所が2語以上の場合）

(例) I am〔I'm〕glad〔happy〕to ~

(　) 省略可能な言葉

≪解説≫

1, 2… 本文の段落（ただし本文が会話文の場合は話者の１つの発言）

〔　〕 置き換え可能な語句（なお〔　〕の前の下線は置き換える箇所が 2 語以上の場合）

(　) ①省略が可能な言葉

(例) 「(数が) いくつかの」

②単語・代名詞の意味

(例) 「彼（＝警察官）が叫んだ」

③言い換え可能な言葉

(例) 「いやなにおいがするなべにはふたをするべきだ（＝くさいものにはふたをしろ)」

// 訳文と解説の区切り

cf. 比較・参照

≒ ほぼ同じ意味

【数学】

≪解答≫

〔　〕 別解

≪解説≫

(　) 補足的指示

(例)（右図１参照）など

〔　〕 ①公式の文字部分

(例)〔長方形の面積〕＝〔縦〕×〔横〕

②面積・体積を表す場合

(例)〔立方体 ABCDEFGH〕

∴ ゆえに

≒ 約、およそ

【社会】

≪解答≫

〔　〕 別解

(　) 省略可能な語

____ 使用を指示された語句

≪解説≫

〔　〕 別称・略称

(例) 政府開発援助〔ODA〕

(　) ①年号

(例) 壬申の乱が起きた（672 年)。

②意味・補足的説明

(例) 資本収支（海外への投資など)

【理科】

≪解答≫

〔　〕 別解

(　) 省略可能な語

____ 使用を指示された語句

≪解説≫

〔　〕 公式の文字部分

(　) ①単位

②補足的説明

③同義・言い換え可能な言葉

(例) カエルの子（オタマジャクシ)

≒ 約、およそ

【国語】

≪解答≫

〔　〕 別解

(　) 省略してもよい言葉

____ 使用を指示された語句

≪解説≫

〈　〉 課題文中の空所部分（現代語訳・通釈・書き下し文)

(　) ①引用文の指示語の内容

(例) 「それ（＝過去の経験）が ～」

②選択肢の正誤を示す場合

(例) （ア，ウ…×)

③現代語訳で主語などを補った部分

(例) （女は）出てきた。

／ 漢詩の書き下し文・現代語訳の改行部分

明治大学付属明治高等学校

所在地	〒182-0033 東京都調布市富士見町4-23-25
電　話	042-444-9100
ホームページ	https://www.meiji.ac.jp/ko_chu/
交通案内	京王線 調布駅・飛田給駅，JR中央線 三鷹駅，JR南武線 矢野口駅よりスクールバス，京王線 西調布駅より徒歩18分

普通科

男女共学

くわしい情報は
ホームページへ

▌応募状況

年度	募集数	受験数	合格数	倍率
2024	推薦 40名 一般 60名	66名 577名	33名 279名	2.0倍 2.1倍
2023	推薦 40名 一般 60名	100名 729名	36名 297名	2.8倍 2.5倍
2022	推薦 40名 一般 60名	87名 552名	36名 273名	2.4倍 2.0倍

※推薦の受験者数・合格者数は指定校を除く。

▌試験科目（参考用：2024年度入試）

推薦：適性検査(国語・英語・数学)，面接
一般：国語・英語・数学

▌教育方針

明治大学建学の精神である「独立自治」はそのまま本校の教育方針として受け継がれ，「質実剛健」の気風を加味して，生徒一人ひとりの創造性や個性の育成に努めている。

▌特色

明治大学との緊密な連携のもと高大連携教育を推進している。また，基礎学力を充実させるとともに，物事を調べ，分析し，それを表現する学習活動を重視している。「高大連携講座」は，直系付属校ならではの講座で，明治大学の教員が毎週２時間，年間をとおして授業を実施する。対象となる高２生徒は，明治大学10学部全てにおける学部紹介と専門教育の入門講座を受講する。「プレカレッジプログラム」では，高校在学中に明治大学の授業を受講することができ，大学に入学後，大学の単位として認定される。

▌環境・施設

敷地面積は，約40,000m²もの広さを有する。普通教室や特別教室をはじめ，蔵書数約７万冊，ノートパソコン50台を配置した図書館，最新設備を整えたコンピュータ教室・CALL教室（各２室）などを有し，多様な授業展開を可能にする。全教室にプラズマディスプレイを配備。約1,450名収容可能な講堂や約350席の多目的教室は，さまざまな学校行事および文化活動の拠点となる。また，大学図書館やグラウンドなど明治大学の施設も利用できる。

▌進路

高等学校から明治大学へは，本人の志望と高校３年間の学習成績などにより推薦され，毎年９割前後の生徒が明治大学へ入学する。国公立大学（含む指定大学校）の場合，明治大学の推薦資格を保持し併願受験できる。私立大学の場合，併願する明治大学の学部・学科ごとに条件は異なるが，一部併願可能である。

◎明治大学推薦合格者数（2023年3月卒業生）

法学部	19	農学部	13
商学部	57	経営学部	19
政治経済学部	55	情報コミュニケーション学部	17
文学部	13	国際日本学部	10
理工学部	36	総合数理学部	25

編集部注─本書の内容は2024年3月現在のものであり，変更されている場合があります。正確な情報は，学校のホームページ等で必ずご確認ください。

出題傾向と今後への対策　英語

出題内容

	2024	2023	2022
大問数	12	11	10
小問数	65	64	60
リスニング	○	○	○

◎大問10題程度で，小問数は60問程度である。出題構成は長文読解問題３～６題，文法問題２～５題，整序結合を含む英作文が１～３題，放送問題が２～４題である。120点満点で試験時間は10分程度の放送問題を含めて60分。

2024年度の出題状況

1 長文読解―適語選択・語形変化―説明文
2 誤文訂正
3 長文読解―整序結合―説明文
4 長文読解―適語選択―ノンフィクション
5 会話文完成―適文選択
6 長文読解―適文選択―説明文
7 長文読解総合―説明文
8 長文読解総合―説明文
9～12 放送問題

解答形式

2024年度	記　述／マーク／併　用

出題傾向

試験時間のわりに設問数が多いので，解くスピードが要求される。長文は300～700語程度が中心である。設問は適文・適語選択，内容真偽が多いが一定していない。文法題は適語選択，誤文訂正などである。作文は日本文なしの整序結合が頻出である。放送問題は設問数が多く，200語程度の英文も出題されるので対策が不可欠。

今後への対策

まず中学の学習内容の徹底的な復習が絶対に必要である。基本事項を復習することによって自分の弱点を確認できる。文法と長文読解はそれぞれ問題集を決めて，何度も解き直そう。英文は繰り返し読むことで長文に慣れてくる。放送問題はテレビやラジオ講座を利用しテキストを音読しよう。最後に過去問題集で問題と時間配分を確認。

◆◆◆◆◆ 英語出題分野一覧表 ◆◆◆◆◆

分野			2022	2023	2024	2025予想※
音声	放送問題		★	★	★	◎
	単語の発音・アクセント					
	文の区切り・強勢・抑揚					
語彙・文法	単語の意味・綴り・関連知識					
	適語(句)選択・補充					
	書き換え・同意文完成					
	語形変化		■	■	■	◎
	用法選択					
	正誤問題・誤文訂正		●	●	●	◎
	その他					
作文	整序結合		●	●	●	◎
	日本語英訳	適語(句)・適文選択				
		部分・完全記述				
	条件作文					
	テーマ作文					
会話文	適文選択		■	■	●	◎
	適語(句)選択・補充					
	その他					
長文読解	内容把握	主題・表題				
		内容真偽	●	●	●	◎
		内容一致・要約文完成				
		文脈・要旨把握	●			△
		英問英答		●		△
	適語(句)選択・補充		■	★	★	◎
	適文選択・補充		★	■	■	◎
	文(章)整序					
	英文・語句解釈(指示語など)			●	●	◎
	その他(適所補充)					

●印：１～５問出題，■印：６～10問出題，★印：11問以上出題。
※予想欄　◎印：出題されると思われるもの。　△印：出題されるかもしれないもの。

出題傾向と今後への対策　数学

出題内容

2024年度

大問５題，15問の出題。[1]は小問集合で，５問。[2]はやや複雑な式の連立方程式の問題。[3]は関数で，放物線と直線に関するもの。平行線の性質など，図形の知識も要する。[4]は確率で，色球の取り出し方と球を取り出したときにもらえる点数に関するもの。[5]は空間図形で，正四面体を切断してできる立体の体積を求めるもの。切断によってできる図形が複雑なので，自分で図をかけるようにしておきたい。

2023年度

大問５題，16問の出題。[1]は小問集合で，５問。[2]はやや複雑な式の連立方程式の問題。[3]は関数で，放物線と直線に関するもの。平行線の性質など，図形の知識も要する。[4]は平面図形で，直角三角形に円が内接している図について問うもの。円の半径や線分の長さなど，全て文字式で答える問題となっている。[5]は空間図形で，正四面体について問うもの。

作…作図問題　証…証明問題　グ…グラフ作成問題

解答形式

2024年度	記　述／マーク／併　用

出題傾向

大問５題，設問14～16問の出題。[1]は小問集合で５問前後，[2]以降は方程式の応用，関数，図形からの出題となることが多い。[1]の小問集合はやや難度が高いものも含まれることがある。[2]以降は，平易な問題に加え，思考力などを要するものも出題される。

今後への対策

計算力や応用力を要するものも出題されているので，まずは早い段階で基礎を完成させ，できるだけ多く演習を積み，問題に慣れることが大事。図形は標準レベルの問題で解法のパターンを身につけていこう。関数は，文字を使って座標などを表すことができるようにしておこう。計算も，複雑なものに対応できるよう練習をすること。

◆◆◆◆◆ 数学出題分野一覧表 ◆◆◆◆◆

分野		2022	2023	2024	2025 予想※
数と式	計算，因数分解	●	●	★	◎
	数の性質，数の表し方	●	●		◎
	文字式の利用，等式変形				
	方程式の解法，解の利用	■	■		◎
	方程式の応用		●	●	◎
関　数	比例・反比例，一次関数	●			△
	関数 $y=ax^2$ とその他の関数	★	★	★	◎
	関数の利用，図形の移動と関数				
図　形	（平面）計　量	★	★	●	◎
	（平面）証明，作図				
	（平面）その他				
	（空間）計　量	★	★	■	◎
	（空間）頂点・辺・面，展開図				
	（空間）その他				
データの活用	場合の数，確率	●		★	◎
	データの分析・活用，標本調査		●	●	◎
その他	不 等 式				
	特殊・新傾向問題など				
	融合問題				

●印：１問出題，■印：２問出題，★印：３問以上出題。
※予想欄　◎印：出題されると思われるもの。　△印：出題されるかもしれないもの。

出題傾向と今後への対策　国語

出題内容

2024年度

論説文　漢字

課題文

一松尾義之
『日本語の科学が世界を変える』

2023年度

論説文　漢字

課題文

一寺井美奈子
『ひとつの日本文化論』

2022年度

論説文　漢字

課題文

一上田紀行『生きる意味』

解答形式

2024年度　記述／マーク／併用

出題傾向

近年，出題傾向には大きな変化はない。現代文の読解問題には，13～17問程度の設問が付されており，内容理解中心に問われている。また，設問のほとんどが字数指定はないが，30～90字程度の記述式解答を求めるものとなっている。国語の知識に関する問題は，漢字以外は語句関連が中心になっている。

今後への対策

本校の入試は，課題文の分量も設問数も多いので，文章を速く正確に読む力・細部を的確に読む力・全体の論旨の流れを把握する力をつけておかなければならない。また，記述式解答に対応するのに，表現力も大切である。こうした力を養うには，問題集をできるだけたくさんこなすことと，日頃からの読書が必要となる。

国語出題分野一覧表

分野 ＼ 年度			2022	2023	2024	2025 予想※
現代文	論説文 説明文	主題・要旨	●	●	●	◎
		文脈・接続語・指示語・段落関係	●	●	●	◎
		文章内容	●	●	●	◎
		表現	●		●	◎
	随筆 日記 手紙	主題・要旨				
		文脈・接続語・指示語・段落関係				
		文章内容				
		表現				
		心情				
	小説	主題・要旨				
		文脈・接続語・指示語・段落関係				
		文章内容				
		表現				
		心情				
		状況・情景				
韻文	詩	内容理解				
		形式・技法				
	俳句 和歌 短歌	内容理解				
		技法				
古典	古文	古語・内容理解・現代語訳				
		古典の知識・古典文法				
	漢文	(漢詩を含む)				
国語の知識	漢字 語句	漢字	●	●	●	◎
		語句・四字熟語	●	●	●	◎
		慣用句・ことわざ・故事成語		●		△
		熟語の構成・漢字の知識		●		△
	文法	品詞				
		ことばの単位・文の組み立て				
		敬語・表現技法				
	文学史		●			△
作文・文章の構成・資料						
その他						

※予想欄　◎印：出題されると思われるもの。　△印：出題されるかもしれないもの。

合格を勝ち取るための

本書の使い方

本書に掲載されている過去問をご覧になって，「難しそう」と感じたかもしれません。でも，大丈夫。ほとんどの受験生が同じように感じるのです。高校入試の出題範囲は中学校の定期テストに比べて広いですし，残りの中学校生活で学ぶはずの，まだ習っていない内容からも出題されているかもしれません。
ですから，初めて本書に取り組む際には，点数を気にする必要はありません。点数は本番で取れればいいのです。

過去問で重要なのは「間違えること」です。自分の弱点を知るために，過去問に取り組むのです。当然，間違った問題をそのままにしておいては意味がありません。
本書には，長年にわたって高校受験に関わってきたベテランスタッフによる詳細な解説がついています。間違えた問題は重点的に解説を読み，何度も解きなおしてください。時にはもう一度，教科書で復習するのもよいでしょう。

別冊として，抜き取って使える解答用紙を収録しました。表示してあるように拡大コピーをとれば，実際の入試と同じ条件で，何度でも過去問に取り組むことができます。特に記述問題では解答欄の大きさがヒントになる場合があります。そうした，本番で使える受験テクニックの練習ができるのも，本書の強みです。

前のページにある「出題傾向と今後への対策」もよく読んで，本校の出題傾向に慣れておきましょう。

2024年度 明治大学付属明治高等学校

【英　語】（60分）〈満点：120点〉

（注意）　リスニング問題は放送による問題で，試験終了20分前に開始します。

■リスニングテストの音声は，当社ホームページで聴くことができます。（当社による録音です）

再生に必要なIDとアクセスコードは「収録内容一覧」のページに掲載しています。

1　次の英文の内容に合うように，（1）～（5）に入る最も適切な動詞を語群よりそれぞれ1つずつ選び，必要があれば適切な形（2語も可）に直して答えなさい。ただし，語群の語は1度ずつしか使えない。

In Finland, there once was an area (　1　) as Viena Karelia. The people there were great storytellers and had many folktales and legends. The most famous is the *Kalevala*. This is a collection of several poems that (　2　) one long story. The *Kalevala* tells tales of magical beings and scary monsters.

For centuries, storytellers, called *rune singers*, have (　3　) and spoken the *Kalevala* from memory. Today, Jussi Huovinen is Finland's last great rune singer. When he dies, the ancient culture of singing the *Kalevala* (　4　) to an end because no one has memorized the entire *Kalevala*.

But there is good news. Although Jussi Houvinen is the last rune singer, many of the *Kalevala*'s ideas will not die with him. British author J.R.R. Tolkien published several stories in which many of the *Kalevala*'s ideas are reflected. Some characters in Tolkien's books also speak a language similar to the ancient Finnish language (　5　) in the *Kalevala*.

[buy / come / form / know / learn / use]

2　次の各英文の下線部①～④のうち，文法的に誤りのある箇所を1つ見つけ，例にならって答えなさい。

（例）　Mr. White ①are teaching English ②in ③this room ④now.

答え：[①→is teaching]

(1)　The boy ①listened to the news suddenly ②stood up and ③asked me the way ④to the station.

(2)　This is ①which I ②want you ③to do, so please remember this ④wherever you go.

(3)　The science book is divided ①into four parts, and each of these ②have five sections, so it is hard to finish ③reading ④in a day.

(4)　I ①have lost my pen and I must buy a new ②one, so I ③am ④looking after a store near my house.

(5)　①The pair of scissors ②I cut the paper ③on was difficult ④to use.

3　次の英文の内容に合うように，[　]内の語（句）を適切に並べ替え，3番目と5番目にくるものを，それぞれ番号で答えなさい。

Many companies these days are ①[1. aware of　2. being　3. friendly　4. of　5. the importance　6. to] the environment. Since the early 1990s, Scandic, Scandinavia's largest hotel chain, has aimed to become one of the world's most environmentally friendly companies. One way they have tried to do this is by introducing eco-rooms — ②[1. are　2. as　3. as possible　4．gentle on the environment　5．rooms　6．that].

In order to satisfy guests, all hotels need to redecorate rooms and replace furniture regularly. Scandic decided to do this in a way that would not harm the environment. Instead of using plastics and metals, for example, they used materials such as wool, cotton, and wood, which can be replaced naturally. All of the wood used in the eco-rooms, for instance, comes from areas where new trees ③[1．are　2．are planted　3．cut down　4．that　5．the ones　6．to replace]. This wood is used for flooring, bed frames, coat hangers, and even picture hooks.

The rooms are environmentally friendly in other ways, too. Scandic has designed a special system for the shampoo and soap in their bathrooms. Instead of giving new bars of soap and bottles of shampoo to each guest, containers are used because they can be filled again. When the containers become old, they can be recycled. In addition, only water-based paint is used in the rooms because this does not give off any harmful gas and so protects the quality of the air. Light is provided by low-energy light bulbs, and the rooms ④[1．a guest　2．are　3．checks in　4．heated　5．not　6．until].

Although the cost of making eco-rooms is 10 percent higher than traditional hotel rooms, the company thinks that over time it will save money. This is because they are cheaper to maintain. By clearly showing the advantages of environmentally friendly rooms, ⑤[1．it　2．not only　3．seems likely　4．that　5．these hotels　6．will influence] other hotel chains, but also the owners of ordinary homes.

4　次の英文の（ア）～（オ）に入る最も適切な語をそれぞれ１つ選び，番号で答えなさい。

What makes a story entertaining enough to become a hot topic quickly? In Kyle MacDonald's case, it was a simple red paperclip. He exchanged it online, and then kept trading for better things (ア) he reached his final goal — his own house.

The 26-year-old from Vancouver had been trading things online for a year before he finally got offered a two-story three-bedroom, 1920s farmhouse in Kipling, Canada, and made the headlines.

When Kyle was growing up in the suburbs of Vancouver, he watched children go door to door trying to trade their toys for something more valuable. He was sure as (イ) as he tried hard enough, he would get what he wanted. And sure enough, an opportunity presented itself.

Not many people had heard of the small town of Kipling before the story (ウ) people's attention. The mayor, Pat Jackson, was trying to promote tourism and decided to make the offer of the house to get publicity and raise awareness of the town as a friendly, welcoming place. His offer (エ) not just the house, but the key to the town and the opportunity to be mayor for one day.

(オ) the trade, Mr. MacDonald has made an appearance on a TV show, given interviews to newspapers, and set up a popular website. The red paperclip was definitely his ticket to be famous.

ア	1　because	2　if	3　until	4　while
イ	1　good	2　fast	3　long	4　well
ウ	1　caught	2　found	3　ignored	4　paid
エ	1　built	2　fulfilled	3　lent	4　included
オ	1　Before	2　For	3　Since	4　Without

5 次の会話文の(ア)～(オ)に入る最も適切なものをそれぞれ1つ選び，番号で答えなさい。ただし，選択肢は1度ずつしか使えない。

Anne : I was just wondering what kind of things you regret doing. Not big things, like, "I wish I wasn't studying psychology. I wish I could study art instead!" (ア)

Paulo : Oh, I have a good one! Someone once told me that it's better to wash your hair with regular soap, rather than shampoo. So, I tried that.

Sonia : That was a bad move.

Paulo : I know! If only you'd been there to stop me. I couldn't get the flakes out of my hair whatever I did. And of course I had an interview to go to that day. It was such a silly mistake.

Sonia : That was unfortunate. Well, I found myself in an uncomfortable situation the other day. I was on a first date and I was trying so hard to be interesting that I was talking and talking, and not watching what I was doing. (イ) Ordering spaghetti with tomato sauce was such a dumb thing to do!

Anne : Sometimes, you have to learn things the hard way. I recently washed my new sweater in hot water, and now it's way too small. It was completely my own fault. (ウ) I was in too much of a hurry, as usual. If only I had a three-year-old brother, it would fit him perfectly!

Paulo : I once *ripped my pants on a dance floor!

Sonia : No way!

Paulo : Yeah, I was on the floor, doing a breakdance move, then *rip*! But I saw the funny side of it. (エ)

Anne : I bet they did!

Paulo : I'm totally hopeless at dancing. (オ) I don't know what I was thinking.

Anne : You might have ripped your pants even more.

(注) rip 破る，ビリッ

1 And so did everyone else!
2 I don't even have a sense of rhythm.
3 I went to take a bite and it spilled all down my top.
4 Just little, silly things.
5 There were instructions on the label.

6 次の英文の[A]～[H]に入る最も適切なものをそれぞれ1つ選び，番号で答えなさい。ただし，選択肢は1度ずつしか使えない。

The first people to settle in the Hawaiian Islands were the Polynesians. They came from the Marquesa Islands, many thousands of miles to the southeast. [A] They had lost a war with other Polynesians. On their islands there were too many people and not enough food. So some of them decided they wanted to start a new life somewhere else.

The Polynesians had learned songs and poems about a wonderful place far to the north. We do not know how this knowledge became a part of their culture. [B] Or perhaps they had seen bits of wood arrive with the north winds. We do know that the Polynesians were excellent sailors. They had no instruments to help them. [C] They managed to travel to many distant places in the Pacific Ocean.

The people from the Marquesa Islands filled their boats for a long journey. They used large double canoes, about 80-100 feet long. In these canoes, they put food, water, goats, pigs, chickens, and plants. They carried everything they needed for their way of life, even statues of their gods. Many of the canoes were probably lost at sea. [D]

These early settlers were very murderous and warlike people. They practiced *cannibalism. However, in Hawaii they lost their violent ways and lived peacefully. Over the next few centuries, more Polynesians joined them in Hawaii. The many different tribes lived together quietly for about 500 years. For a period of several hundred years they had no contact with other people.

[E] These people introduced a very different way of life. [F] Anyone who broke the rules could be put to death. They might be killed and sometimes even eaten by other people. However, the newcomers, too, became less violent after a while. They did continue to fight among themselves, but they no longer practiced cannibalism.

No one knows what happened to the first settlers on the island. They may have mixed in with the invaders. [G] For the next 500 years, the people on the islands again had no contact with anyone from the outside world. Each island had its own king and chiefs, and for many centuries no single ruler was successful in controlling all the islands.

Then, in 1800, a king — Kamehameha — managed for the first time to gain power over all of the Hawaiian Islands. But this event now seems of little importance in the history of the islands. Another event was much more important in the long run: in 1778 Captain James Cook's ships landed in Hawaii. [H]

（注） cannibalism 人肉食

1 But a few did find their way to the Hawaiian Islands.
2 In about 500 A.D., the Polynesians on the Marquesa Islands were facing many problems.
3 With the arrival of the Europeans, Hawaii was changed forever.
4 Their religion was full of strict rules and angry gods.
5 Perhaps they have died or moved to other islands.
6 Maybe they had guessed it from the birds that flew to the north and never returned.
7 Then, in about 1200 A.D., a new group of people arrived from Tahiti.
8 Instead, they used the sun, the stars, the ocean currents, and the wind to guide them.

7 次の英文を読み，あとの問いに答えなさい。

A woman from Australia was on vacation in California. On her first evening in California, she went to a restaurant for dinner.

"Are you ready to order ?" the waiter asked her.

"Yes," she said. "I'll have the grilled salmon."

"Good choice," the waiter said. "The salmon came in fresh today. Your dinner comes with soup or salad."

"Sounds good," the woman said.

"The soup or salad ?" the waiter asked.

"Yes," she said.

"You can only have one," the waiter said.

"That's fine," she said, sounding a little (a). "I only want one. It's big, right ?"

"Which one ?" the waiter asked.

"The salad," she replied.

"No, it's not really big," the waiter said. "If you want a big salad, there's a dinner salad on the menu. You can have grilled salmon on top of that."

"I'd rather have the salmon dinner," the woman said.

The waiter (あ). "OK," he said. "I'll bring you the salmon dinner. With salad."

"The super one, right ?" the woman asked.

The waiter began to laugh, and a minute later the Australian woman was laughing, too. Now they both understood what was (b) the confusion : The dinner came with either soup or salad — not a "[A]."

Similar-sounding English words also (c) trouble for a man who wanted to fly from Los Angeles to Oakland, California — but this misunderstanding had more serious results. The man's problems began at the airport in Los Angeles. He thought he heard his flight announced, so he walked to the gate, showed his ticket, and got on the plane. Twenty minutes after takeoff, the man began to worry. Oakland was north of Los Angeles, but the plane seemed to be heading west, and when he looked out his window all he could see was ocean. "Is this plane going to Oakland ?" he asked the flight attendant. The flight attendant gasped. "No," she said. "We're going to Auckland — Auckland, New Zealand."

Because so many English words sound similar, misunderstandings among English-speaking people are not uncommon. Every day, people speaking English ask one another questions like these : "Did you say seventy or seventeen ?" "Did you say that you can come or you can't ?" Similar-sounding words can be especially (d) for people whose native language is not English.

When a Korean woman who lives in the United States arrived at work one morning, her boss asked her, "Did you get a plate ?" "No . . . ," she answered, wondering what in the world he meant. She worked in an office. Why did the boss ask her about a plate? All day she wondered about her boss's strange question, but she was too (い) to ask him about it. At five o'clock, when she was getting ready to go home, her boss said, "Please be on time tomorrow. You were 15 minutes late this morning." "Sorry," she said. "My car wouldn't start, and. . . ." Suddenly she stopped talking and began to smile. Now she understood. Her boss hadn't asked her, "Did you get a plate ?" He had asked her, "Did you get [B] ?"

"Soup or salad" and "[A]." Auckland and Oakland. "A plate" and "[B]." When similar-sounding words (e) a misunderstanding, probably the best thing to do is just laugh and learn from the mistake. Of course, sometimes it's hard to laugh. The man who traveled to Auckland instead of Oakland didn't feel like laughing. But even that misunderstanding (う) out all right in the end. The airline paid for the man's hotel room and meals in New Zealand and for his flight back to California. "Oh well," the man later said, "I always wanted to see New Zealand."

(1) 本文中の(a)～(e)にはcause, confuseのどちらかの語が入る。1つ選び，必要があれば適切な形(1語)に直して答えなさい。

(2) 本文中の(あ)～(う)に入る最も適切な語を以下から選び，番号で答えなさい。ただし，選択肢は1度ずつしか使えない。

1 embarrassed　2 sighed　3 turned　4 waited

(3) 本文中の A , B に入る最も適切な語(句)を書きなさい。

8 次の英文を読み，あとの問いに答えなさい。

Imagine that you want to become a doctor. You have studied hard for many years, and you have finally gotten into a good medical school. In your first year of medical school, one of your most important courses is anatomy. Anatomy is the study of everything in the human body. For example, you have to learn the name, location, and function of all 206 bones and more than 650 muscles. Would you prefer to learn this by using a book or by using virtual reality ?

Virtual reality, or VR, is the latest technology to help medical students learn about the human body. Usually, students study anatomy by using books. However, books do not show how everything fits together in three dimensions. With VR, students can remove layers of muscles and see how they are connected to bones. They can see how everything fits together. Of course, students still use anatomy textbooks. But, students learn best when they have a variety of ways to learn. VR is giving students a new way to learn anatomy.

VR is also giving medical students a new way to practice an important skill: the medical examination. A doctor examines a patient and gives a *diagnosis. Students learn how to do a medical examination by reading a textbook, watching a doctor, and finally by doing it themselves. But it is a big jump from studying to examining a real patient. With VR, students can practice medical examinations before working with a real patient.

Here is how VR is used for learning medical examinations. The instructor chooses the specific medical condition for the virtual patient. Then the medical student puts on the VR glasses and starts the examination. The student clicks on each part of the body that she needs to check. The VR shows information about the patient. For example, if the student clicks on the eyes, it may say that the eyes are yellow. The student can also have the virtual patient move various body parts. The student makes a diagnosis, finding the problem.

When the student finishes, she will get a report on what she did correctly and what she missed in the examination. With VR for medical examinations, students are able to practice many times with virtual patients before examining real patients.

One of the most exciting uses of VR in medical education is to practice a much more difficult situation: the hospital emergency room. Doctors are under a lot of pressure. They have to make life and death decisions quickly. Typically, medical students learn how to perform under pressure only by having experience in an emergency room. But students will not see a great variety of medical situations unless they are there for a long, long time.

Fortunately, with VR, students can practice emergency room situations and learn. For example, in one situation, the VR patient may suddenly get a fast heartbeat. The heart monitor changes, and that tells the doctor to do something now or else the patient will be in trouble, explains Dr. Joshua Sherman, an emergency room doctor in Los Angeles. He says that when you take action, you see a change in the VR patient. This "gives you positive feedback that you did the good thing, or the bad thing, if the situation gets worse. VR is amazing for that." During the VR experience, students can see the results of their actions.

The education of medical students is extremely important because they will be our doctors someday. VR technology can help students improve their performance and make them better doctors in the future. Of course, □ can replace taking care of real people in real situations. But, VR can help students practice their skills in new and exciting ways.

（注） diagnosis 診断

(1) 下線部 examination の本文中における意味を日本語で答えなさい。

(2) 本文中の □ に入る最も適切な英単語１語を答えなさい。

(3) 第１，２段落の内容について合うものを１つ選び，番号で答えなさい。

1 VR is the best way to learn about human body for medical students.

2 VR allows students to visualize how muscles and bones are connected in three dimensions.

3 VR practice will replace traditional anatomy textbooks for medical students.

(4) 第３，４，５段落の内容について合うものを１つ選び，番号で答えなさい。

1 With VR, students can practice medical examinations many times, and receive feedback.

2 Medical students use VR to practice medical examinations because it doesn't cost much.

3 Medical students learn about human emotions and psychology using VR technology.

(5) 第６，７，８段落の内容について合うものを１つ選び，番号で答えなさい。

1 VR technology allows medical students to experience pressure in emergency room situations and learn from them.

2 VR technology can be used more effectively by medical students who are already experienced doctors.

3 Dr. Joshua Sherman explains that VR offers effective feedback for students' actions in emergencies.

リスニング問題

9 放送を聞き，説明されている語を答えなさい。放送はそれぞれ１回です。

(1)

(2)

(3)

(4)

10 放送を聞き，（１）〜（５）に入る語を答えなさい。放送は１回です。

On September 30, 1999, there was an accident at a nuclear power plant in Tokaimura, Japan. On that day, three plant (1) accidentally poured too much uranium into a tank, which led to a leak of radiation. At least 90 people were exposed to (2) radiation. One worker died. Other countries have had similar accidents. There was a close call at a nuclear plant at Three Mile Island in the United States. On March 28, 1979, there was a reactor meltdown at this plant. A reactor meltdown happens when the fuel inside a reactor melts. Unless immediate safety measures are taken, a meltdown can (3) to radiation leaking into the atmosphere. Probably the most famous nuclear accident occurred at a plant in Chernobyl, in the former Soviet Union. The accident happened on April 26, 1986, when things went terribly (4) during an experiment. This caused a meltdown so serious that the top of a reactor exploded into the sky. Radiation leaked into the atmosphere for more than a week. Wind carried some of the radioactive pollution over large parts of Europe. Many (5) and birth defects throughout Europe have resulted from this horrible event.

11　放送を聞き，(1)～(4)の会話文の最後にくる男性のセリフとして最も適切なものを１つ選び，番号で答えなさい。放送はそれぞれ１回です。

(1)　1　Now, mathematics is my favorite subject !
　　2　I wonder how much Ms. Kim earns a year !
　　3　You should become a math teacher, too !

(2)　1　Can I talk to the manager ?
　　2　Did you find the sunglasses at the beach ?
　　3　Will you tell me where you bought them ?

(3)　1　I'm going with a friend of mine.
　　2　Yes, I need road maps for sure.
　　3　Being environmentally friendly is very important.

(4)　1　She didn't run in the race.　I did.
　　2　She did quite well, and was in the top 50.
　　3　She was a volunteer at the race.

12　放送を聞き，その内容を表す文となるように適した選択肢を番号で答えなさい。放送は１回です。

(1)　The statue was given to America (　　　　).
　1　by an engineer in order to put a torch in the air
　2　by Britain to help them in its war for freedom
　3　by France to show that it has a good relation with America

(2)　The person who designed and built the frame of the statue (　　　　).
　1　used crocodile skins on the metal frame to make the statue look nice
　2　is also famous for building a tower in France that was named after him
　3　felt that it was a very difficult job due to the size of the frame

(3)　It was hard to send the statue to America, so (　　　　).
　1　they decided to build it on an island in New York Harbor
　2　they built the base first to see if it would be possible to put the statue on it
　3　they gave up sending it as one package

(4)　Most people (　　　　).
　1　are shorter than the fingers of the statue
　2　who visit the statue feel welcomed when they visit her
　3　climb to the end of the crown to see outside

＜リスニング問題放送台本＞

ただいまより，リスニングによる問題を始めます。問題冊子７ページを開いてください。

9　放送を聞き，説明されている語を答えなさい。放送はそれぞれ１回です。

(1)　a small room used to raise and lower people or goods from one level or floor to another in a building

(2)　a small item for showing the time, often worn on the wrist

(3)　a regular stopping place for vehicles such as trains or buses on a route

(4)　the word for the natural number following 999,999

10 放送を聞き，（１）～（５）に入る語を答えなさい。放送は１回です。

On September 30, 1999, there was an accident at a nuclear power plant in Tokaimura, Japan. On that day, three plant (1 employees) accidentally poured too much uranium into a tank, which led to a leak of radiation. At least 90 people were exposed to (2 high) radiation. One worker died. Other countries have had similar accidents. There was a close call at a nuclear plant at Three Mile Island in the United States. On March 28, 1979, there was a reactor meltdown at this plant. A reactor meltdown happens when the fuel inside a reactor melts. Unless immediate safety measures are taken, a meltdown can (3 lead) to radiation leaking into the atmosphere. Probably the most famous nuclear accident occurred at a plant in Chernobyl, in the former Soviet Union. The accident happened on April 26, 1986, when things went terribly (4 wrong) during an experiment. This caused a meltdown so serious that the top of a reactor exploded into the sky. Radiation leaked into the atmosphere for more than a week. Wind carried some of the radioactive pollution over large parts of Europe. Many (5 deaths) and birth defects throughout Europe have resulted from this horrible event.

11 放送を聞き，(1)～(4)の会話文の最後にくる男性のセリフとして最も適切なものを１つ選び，番号で答えなさい。放送はそれぞれ１回です。

(1) G： What do you want to be when you grow up, Mark？

B： I want to be a teacher. I think I would like to help children learn.

G： Well, you know, teachers work very hard, and they are not paid much money.

B： I don't care about money. Teaching is an important job.

G： What subject do you want to teach？

B： I want to teach mathematics, like Ms. Kim. She makes learning fun. I didn't know that I would like math so much until I joined her class.

(2) F： We are having a summer sale. Everything is 50% off the normal price.

M： Really？ Everything？

F： Yes. Everything is on sale, including sunglasses, hats, and bags. All the summer clothes are on sale, too.

M： I do need some new sunglasses. I lost mine when I went to the beach this summer. Oh, these are really nice. What is the price of these？ There is no price tag on them.

F： Well, sir, there's no price tag on those sunglasses because they are mine！

M： Really？ I would like to get a pair of sunglasses just like these.

(3) M： I'm planning to go on a bicycle trip around Europe！

F： Why do you want to go on a bicycle trip？

M： It is an environmentally friendly way to travel.

F： What do you have to do in order to go on a bicycle trip？

M： Before the trip, I'll need to ride my bicycle a lot. That will make me fit and strong. I also need to get some equipment.

F： What kind of equipment will you need？

M： I need road maps of the countries I am going to visit. I also need strong bags to carry clothes and food. I need to carry all these things on my bicycle.

F： Are you traveling with another person？

(4) F： Did you watch the Boston Marathon？

M： Yes, I went to Boston to see it.
F： You were in Boston for the marathon？
M： That's right. My friend is a runner, so I went there to watch her run. We traveled to Boston together.
F： You are so lucky！ Which part of the marathon did you see？
M： I watched the entire race, from start to finish！
F： I don't know how the runners can finish the whole race！ It's so long and difficult！
M： I tried to run a marathon once. It was really difficult.
F： By the way, how did your friend do in the race？

12 放送を聞き，その内容を表す文となるように適した選択肢を番号で答えなさい。放送は1回です。

The Statue of Liberty may be one of the biggest presents in history. In 1886, France gave the United States a huge statue. It is a woman holding a torch high in the air. The torch is a symbol of freedom. The gift was given to remember the important friendship between the two countries.

One hundred years earlier, France had helped America in its war for freedom from Britain. A French artist was chosen to design the statue. It was a very difficult job because of its size. He decided to make her skin out of thin copper sheets. Then, he would attach them to a metal frame. He asked an engineer to design and build the huge frame. That engineer's name was Gustave Eiffel. He would later build the famous Eiffel Tower in Paris, France.

The statue was too big to fit on a ship. So, it was reduced to 360 pieces and taken to America in many separate boxes. The builders chose a small island in New York Harbor as the place to put the statue. The statue was a gift. However, the US needed to build a base for her to stand on. People from all over America sent money to help build it. The base was finished in the spring of 1886. They began to put the pieces of the statue together. When the statue was finished, it was the tallest structure in America. She stands over forty-six meters high. Just one of her fingers is 2.4 meters long！ The statue faces the ocean to welcome ships as they sail into New York. Each year, thousands of visitors come to the island to see her. They can even climb the 354 steps up into her crown and look out the windows！ She is a symbol of freedom for people all over the world. After all, it's in her name. The word "liberty" means freedom.

以上で，リスニングによる問題を終わります。

【数　学】（50分）〈満点：100点〉

（注意）　1．解答は答えだけでなく，式や説明も解答用紙に書きなさい。（ただし，**1** は答えだけでよい。）

2．無理数は分母に根号がない形に表し，根号内はできるだけ簡単にして表しなさい。

3．円周率は π を使用しなさい。

4．定規・分度器・コンパスは使用できません。

1　次の □ にあてはまる数や式を求めよ。

(1)　$x=\sqrt{1103}+\sqrt{1101}$，$y=\sqrt{1103}-\sqrt{1101}$ のとき，$\left(\frac{1}{2}x^2y\right)^5\div\left(\frac{1}{4}x^3y^2\right)^3+x^3y^7\times xy\div x^4y^6$ の値は □ である。

(2)　$8-2\sqrt{7}$ の整数部分を a，小数部分を b とするとき，$(4a+b)^2(4a-b)^2$ の値は □ である。

(3)　関数 $y=\frac{1}{4}x^2$ について，x の変域が $a-2\leqq x\leqq a+3$ であるとき，y の変域が $0\leqq y\leqq 4$ となるような a の値をすべて求めると，$a=$ □ である。

(4)　100点満点の試験を10人が受けたところ，得点の平均値が69.1点であった。この10人の得点の中央値として考えられる値のうち，最も小さい値は □ 点である。ただし，点数は0以上100以下の整数とし，同じ点数の人が2人以上いてもよいものとする。

(5)　右の図のように，1辺の長さが2の正方形ABCDと，線分CDを直径とする半円Oがある。$\overset{\frown}{\mathrm{CD}}$ 上に $\angle\mathrm{COP}=45°$ となるように点Pをとるとき，斜線部分の面積は □ である。

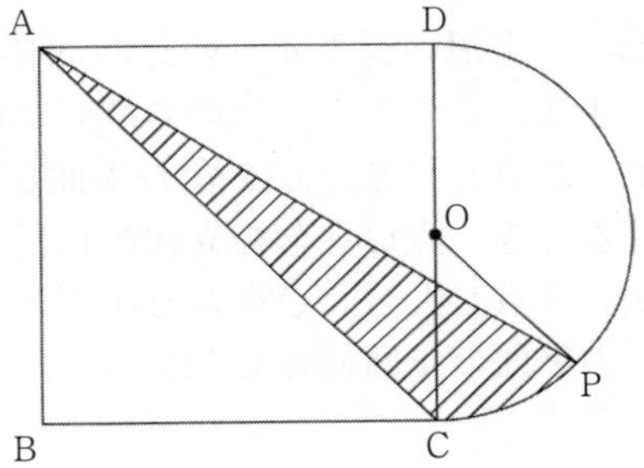

2　次の各問いに答えよ。

(1)　x^2-4y^2+4y-1 を因数分解せよ。

(2)　x，y を正の整数とする。$x^2-4y^2+4y-16=0$ を満たす x，y の組をすべて求めよ。

3　右の図のように，2つの放物線 $y=\frac{1}{6}x^2$ ……①，$y=ax^2$ ……②がある。放物線①と直線 $y=6$ の2つの交点のうち，x 座標が小さい方を点A，もう1つの交点を点Bとする。また，点C(0, 6)を通り，傾きが負である直線を l とし，放物線②と直線 l の2つの交点のうち，x 座標が小さい方を点D，もう1つの交点を点Eとする。△AOB＝△DOE であるとき，次の各問いに答えよ。ただし，原点をOとし，$a>\frac{1}{6}$ とする。

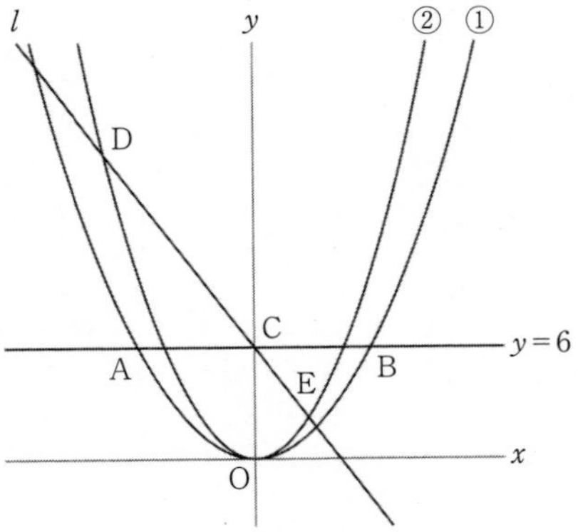

(1)　△AOB の面積を求めよ。

(2)　CD：CE＝3：1 のとき，a の値を求めよ。

(3)　(2)のとき，△DPE の面積が，△DOE の面積の $\frac{1}{3}$ 倍となるように点Pを放物線①上にとる。このとき，点Pの x 座標をすべて求めよ。

4　袋の中に，赤球２個，青球５個，白球３個が入っている。操作Ａでは袋から球を１個取り出し，取り出した球が赤であれば50点，青または白であれば15点がもらえる。操作Ｂでは袋から球を２個同時に取り出し，取り出した球１個あたり，赤であれば50点，青であれば30点がもらえる。また，操作Ｂでは，同じ色の球を取り出せば２個の球の合計点の２倍の点数がもらえるが，白球を１個でも取り出すと合計点が０点となる。このとき，次の各問いに答えよ。

(1)　操作Ａの「点数の期待値」を求めよ。ただし，「点数の期待値」とは操作の結果として期待できる点数であり，もらえる点数が a_1，a_2，a_3，……，a_n となる確率をそれぞれ p_1，p_2，p_3，……，p_n とするとき，この操作の「点数の期待値」は $a_1 \times p_1 + a_2 \times p_2 + a_3 \times p_3 + \cdots\cdots + a_n \times p_n$ で求められる。

(2)　操作Ｂにおいて，点数が０点となる確率を求めよ。

(3)　操作Ｃでは操作Ａを２回繰り返して行い，２回の合計点がもらえる。ただし，１回目の操作Ａで取り出した球は，２回目の操作Ａを行う前に袋の中に戻すものとする。このとき，操作Ｂと操作Ｃの「点数の期待値」は，どちらの方が高いか。

5　１辺の長さが６の正四面体OABCがあり，辺OA，OB，OCの中点をそれぞれＬ，Ｍ，Ｎとする。このとき，次の各問いに答えよ。

(1)　３点Ｌ，Ｂ，Ｃを含む平面と，３点Ｍ，Ａ，Ｃを含む平面の２つの平面で正四面体OABCを切るとき，点Ｏを含む立体の体積を求めよ。

(2)　３点Ｌ，Ｂ，Ｃを含む平面と，３点Ｍ，Ａ，Ｃを含む平面と，３点Ｎ，Ａ，Ｂを含む平面の３つの平面で正四面体OABCを切るとき，点Ｏを含む立体の体積を求めよ。

ア　日本人は日本語で科学を展開したため、独自の科学用語を生み出し、科学技術を大きく発展させてきたことは証明できる事実である。

イ　科学者はそれぞれの母国語で科学を展開しているが、ヨーロッパ言語系、ラテン語系、漢字文化圏系に繋《つな》がる共通性を重視することを忘れてはならない。

ウ　「生き物らしさ」という日本語表現は、「生物のような」という意味を表すが、英語では表現することができない概念であり、それを追い求めるのが真の生物物理学である。

エ　日本の創造的な科学者にとって、英語は必要であっても十分な武器ではないことを認識し、日本語による思考を重視し、英語が持ちえない新しい世界観を用いて科学を展開していくことが望ましい。

オ　多くのノーベル賞受賞者を輩出する現代の日本の科学文化は、江戸末期の西欧文明の輸入と新たな日本語による知識体系の創造によって成り立っている。

カ　免疫学における「抗体産生」は、日本語でしか表現できない専門用語であるため、同時通訳をする際には「プロデュース」を用いることが推奨される。

二

次の1～10の文中の（カタカナ）を漢字で書きなさい。

1　（レイホウ）に登る。

2　初志（カンテツ）する。

3　花火の（ヨイン）に浸る。

4　（カクリョウ）を任命する。

5　組織の（スウジク）を担《にな》う。

6　（チンコン）の祈りをささげる。

7　（バイシン）制度について学ぶ。

8　（ゴバン）の目のような街並み。

9　誰もが（ウラヤ）む生活。

10　（ネバ）り強く努力する。

盗用が減って偽作・捏造《ねつぞう》が増えているのは、創造力を欠いた人たちが科学界に迷い込んで、うめき苦しんでいる姿と言えるかもしれない。

ともあれ、母国語が日本語の人で、きちんと日本語で文章表現できない人が、英語できちんと科学を表現できるはずがない。日本語で論理的に考えられない人は、英語でも論理的に考えられない（ネイチャー誌の日本特派員スウィンバンクス氏も、そう言っていた）。この当たり前の事実に立てば、逆に、日本語による素晴らしい発想や考え方や表現は、英語が持ちえない新しい世界観を開いていく可能性が高い。それこそが日本の科学だ。そう私は思う。

（松尾義之《まつおよしゆき》『日本語の科学が世界を変える』より・一部改変）

問一 ――部①「日本語による受賞講演」はどのようなことが可能であると示したか、答えなさい。

問二 文中から次の一文が抜けています。どの形式段落の直後に入れるのが適当か、その段落の最後の十字を答えなさい。

この仕事に二五年間かかわり、私は「たかが翻訳、されど翻訳」という感慨を持つに至った。

問三 文中の[1]、[2]、[3]にあてはまる最適な言葉を、次のア～オから選び、記号で答えなさい。ただし、同じ記号は二度使えません。

ア　もしくは　イ　なぜなら　ウ　したがって
エ　ところで　オ　でも

問四 文中の[A]、[B]、[C]、[D]にあてはまる最適な言葉を、次のア～カから選び、記号で答えなさい。ただし、同じ記号は二度使えません。

ア　論理的　イ　技術的　ウ　集中的
エ　基本的　オ　画期的　カ　批判的

問五 ――部②「この命題」、③「これ」、⑤「そういう修羅場」、⑥「そういうこと」、⑪「これ」の指示内容をそれぞれ答えなさい。

問六 [4]、[5]にあてはまる内容を考え、[4]は十八字以内、[5]は十二字以内で答えなさい。

問七 ――部④「〝生きている化石〟、それゆえに科学界のアイドル的存在になった」とはどういうことか、答えなさい。

問八 ――部⑦「養老孟司博士」、⑩「大沢文夫博士」の科学に対する共通した態度を、二五字以内で答えなさい。

問九 ――部⑧「含蓄に富んでいる」の意味として最適なものを、次のア～エから選び、記号で答えなさい。

ア　意味内容が豊かで味わいがある。
イ　意味内容が革新的で強烈である。
ウ　表現のユーモアがあり斬新である。
エ　意味内容が正確で信頼できる。

問十 ――部⑨「なおざりに」の使い方として最適な例文を、次のア～エから選び、記号で答えなさい。

ア　好意的な感想を聞いて、なおざりに嬉《うれ》しい。
イ　これは大切な行事だからなおざりに準備すべきだ。
ウ　明治時代から続いている家業をなおざりにする。
エ　なおざりに力を尽くすのは、勝利を目指しているからだ。

問十一 文中の[E]、[F]にあてはまる同音異義語として最適なものを、次のア～シから選び、記号で答えなさい。ただし、解答の順は問いません。

ア　成長　イ　吸収　ウ　使用　エ　消化
オ　清聴　カ　旧習　キ　昇華　ク　飼養
ケ　急襲　コ　生長　サ　唱歌　シ　私用

問十二 ――部⑫「こういう時代になればなるほど、私は『日本語の科学』はおもしろみを発揮すると思っている」と筆者が考える理由を九十字以内で答えなさい。

問十三 次のア～カのうち、本文の内容に関する説明として適切なものには「○」を、不適切なものには「×」を答えなさい。ただし、全て同じ記号の解答は無効とします。

そうではないか。

日本の生物物理学を作り上げた⑩大沢文夫《おおさわふみお》博士とは、『飄々《ひょうひょう》楽学』という単行本を作ったが、その時も、「英語では表現しきれない概念があるのですよ」という話が出てきた。その一例が「生き物らしさ」だという。これは「生物のような」という意味ではなく、「生物の生物たる根本の欠くことのできない必須《す》条件でありながら、ある種のしなやかな漠然とした一面も含んだ特徴」とでもいうようなことだ。大沢博士は、「生き物らしさという日本語表現は、英語では決して表現できない。それを追い求めるのが真の生物物理学だ」とおっしゃられていた。

これだけ書くと、国粋主義者と間違われそうだが、私は愛国者ではあっても国粋主義者ではないと思っている。英語だって素晴らしい言語表現であり、あるときは、日本語を超える可能性を持っていることもある。茂木健一郎《もぎけんいちろう》博士の処女作『脳とクオリア』（日経サイエンス社）の編集を担当したとき、かなり早い段階から、書名に「クオリア」を使うことを意識した。当時、この言葉は一般にほとんど知られていなかったので、引き立て役として「脳」を持ってきたのだ。それがピタリとはまった。よい言葉は外国語でもどんどん日本語に取り込んで、［E］（［F］）していけばいい。それが日本語文化一五〇〇年の伝統なのだ。

「なぜ日本語で科学をするのか」という問いを立てた理由が、少しはご理解いただけたと思う。次に、日本語の科学が、世界の科学にどんな形でインパクトを与えうるのか考えてみたい。

科学者の共通語は、私の見る限り、ブロークン英語からどんどん普通の英語に変わりつつあるように思う。日本人科学者の英語も、本当に上手になったと思う。インターネットの普及もあるが、世界共通語としての英語の重みはますます大きくなっているようにも見える。しかし、科学にとって、⑪これがよいこととは限らない。なぜなら、これまでの歴史を見るとわかるが、科学の大展開は、異文化の衝突、混合によって起こるケースが多いからだ。

世界が平坦《たん》化して、先鋭化した個性が消えたとき、混ざり合うものなど、たかが知れている。現に、私が見る限り、世界の科学は急速につまらなくなっている。毎週のネイチャー誌を見ればそれがわかる。誰《だれ》もがすぐに論文を読めるようになって、コツコツと独自の世界を真面目に追いかける人間が少なくなったのかもしれない。

⑫こういう時代になればなるほど、私は「日本語の科学」はおもしろみを発揮すると思っている。ますます重要性を持ってきたと思っている。養老孟司博士や大沢文夫博士が指摘されるように、日本語ゆえに表現できるユニークな世界を、科学という方法論で開拓していけるのは日本人だけだ。事実として、現実としてである。もちろん、フランス人はフランス語でしか表現できない世界を追い求めていけばよい。

再認識すべきは、少なくとも日本の創造的な科学者にとって、英語は必要ではあっても十分な武器ではない、ということだ。最大の武器、それは日本語による思考なのだ。このきわめて当たり前の事実を、当たり前と思わないでかけがえのないチャンスと見ること、そこに、日本の科学の未来があると私は思う。

一言断っておくと、科学が創造的であるというのは、大前提である。元東北大学総長の西澤潤一《にしざわじゅんいち》博士はかつて、「画家が他人の作品を真似《まね》たら、それは贋作《がんさく》【にせもの】と言うでしょう。科学者だって同じなんですよ」と話してくださった。つまり、科学というのは、前提となる知識を習得した上で、さらに一歩踏み出して、新しいことを創造する行為なのだ。科学の最も大事な根幹部分において、創造的でない成果は本質的に無意味なのである。

だから私は、科学者を志す人たちに「科学は、受験勉強の延長線上には絶対に存在しないのですよ」と申し上げてきた。昨今の科学者による不正行為事件を見ると、創造的能力を鍛えることなく研究者になった人には、やはり科学をするのは無理だと感じる。贋作・

解できたとしても、科学技術の知識として日本語表現することは別だ、ということだった。例えば「プロデュース」という言葉はとても便利で、一般用語としても専門用語としても使われる。意味は「つくる、生み出す」であるから、英語の文でこの言葉が出てくれば、素直に意味を汲《く》むことができる。でも、生物学では「産生する」というような言い方があり、そこから出てくる「抗体産生」といった大事な名詞があって、免疫学の話であれば、いくら理解しやすいとはいっても、やはり「産生する」と日本語にしなければならないのだ。

サイマルの長井鞠子さんは、⑥そういうことがきちんとわかる人だった。こちらも鍛えられて、血肉《けつにく》となったのである。

英国人、米国人、フランス人、ドイツ人、スウェーデン人、ロシア人、日本人、中国人、韓国人と、みんなそれぞれの母国語で何らかの形の科学を展開しているのは間違いない。ただ、ヨーロッパ言語系は、ゲルマン系(蘭《らん》学のオランダ語もその仲間)としての共通性があり、またラテン語系にも別の共通性が見られる。そういう意味では、日本をリーダーとする漢字文化圏系の科学は、まったくの別世界である。しかもそれぞれの国の違いも大きい。このユニークさは大切であり、われわれの「売り」でもある。

このことがなかなか理解してもらえないのだが、科学という知識体系について、我々日本人は「科学」と呼び、あちらの人は「サイエンス」とか「ヴィッセンシャフト」と呼ぶのである。こちらが「陽子」「電子」「細胞」と呼ぶものを、あちらでは「プロトン」「エレクトロン」「セル」と呼ぶのだ。[5]というのが暗黙の了解事項かもしれないが、そうはいかない。そもそも言葉が違うのだから、同じはずはない。基本要素が違っているのに、それらから構成されるサイエンスと科学が、完全に同じものだと言える保証など、どこにもないではないか。

ある講演会で、⑦養老孟司《ようろうたけし》博士が話された。ご承知のように、養老博士の言葉の世界は多様で奥深く、そこから紡《つむ》ぎ出される世界は、ちょっとしたことでも⑧含蓄に富んでいる。優れた日本語表現が、いかに大きな世界を生み出すことができるか、よいお手本だと私は思っている。実はその講演を、英国生まれのユダヤ人で、仕事で日本に長期駐在していた男が、私の隣で聞いていた。そして、終わったあと「おもしろいなあ」とつぶやいたのである。

それで、私は彼に聞き返してみた。では、もし、この養老博士の話を全部英語に翻訳したとしたら、この日本語のような広い豊かな世界を表現できるだろうか? すると彼はうなってしまった。「翻訳できるかできないか、ということではなく、もし養老先生の話を英語に翻訳してしまったら、とてもつまらない話になると思います。日本語のニュアンスというより、ある種の世界観とか話の進め方も含めて独特で豊かな世界が表現されているのだと思う」というような答えだった。彼の奥さんは日本人で、日本語がとても堪能《たんのう》ゆえの答えであった。

養老博士は、日本語による科学表現の重要性を強く認識している。あるときから〝英語論文の断筆宣言〟までされて、日本語で科学を語ることに全力で取り組みはじめた。『ヒトの見方』(ちくま文庫)の「あとがき」に次のように書いている。

「……私は使い慣れた日本語で書くことで、「科学」の内容を何とか変えていけないかと思ったのである。……自然科学の基礎は、およそいままでも、⑨なおざりにされているように私は思う。研究費や待遇の問題ではない。何より基礎的な考えの問題である。ことばの問題も、とうぜんその一つである。」

そして、次のように提案する(以下、筆者の責任で大幅に〝翻訳〟すると、こういう内容になる)――科学論文を日本語で書こうとしても、公式の研究費は出ない。このような愚かな慣習はやめるべきである。日本人の読者は日本語の科学を必要としており、その内容が日本語で書かれれば、たとえお金を払ってでもそれを受け入れる。それだから、もういい加減、下手な英語で論文を書く習慣は考え直二つの仕事の間に一〇年近い時間間隔はあるが、合わせて約三〇年間、私は、科学という分野において、日本語と英語の間に身を置いてきた。「［ 4 ］」という問いかけは、実は、私がいつも仕事机の横に掲げてきたテーマなのである。

生意気だが、だから益川博士の気持ちもよくわかる。片言の英語なら、話せと言えば話さないことはないけれど、「科学者の責務として、科学的に正しく、また発想や考え方や論理をきちんと伝えることは、日本語だって大変なのに、とても英語で流暢に語ることはできません」。それがたぶん益川博士の本意であろう。もちろん、ストックホルムに集まった人だけでなく、世界中の科学者は、この益川博士の真意を十分に理解していたと思う。

別の言い方もできる。益川博士の日本語講演は、会場では英語に同時翻訳されたが、おそらく、最初の個人的エピソードや体験談を除き、理論物理学を学んだことのない聴衆には、肝心の内容はほとんどチンプンカンプンだったに違いない。つまり、科学的な知識や思考力のない人には、英語であっても日本語であっても、その本質を理解するのは簡単ではないのだ。

ともかく、海外の多くの物理学者は、益川博士の講演を好奇心たっぷりで待ちこがれていたに違いない。というのは、益川博士の海外渡航は、この時のノーベル賞授賞式が初めてだったからだ。海外に行かなくても、MASKAWAの名前は世界に轟《とどろ》いていた。だから、たとえ日本語であっても、益川博士の話しぶりを、じっくりと味わうことができる初めての機会となった。地球上を航空機が飛び交う二一世紀文明社会において、益川博士のような存在は希有《けう》である。④“生きている化石”、それゆえに科学界のアイドル的存在になったと言ってよい。

次に、いくら英語ができても科学はわからないという話をしたい。最近、『伝える極意』（集英社新書）を書かれたことを知って懐かしく思い出されたのが、当時、サイマルインターナショナルにおられた同時通訳者の長井鞠子《ながいまりこ》さんだ。長井さんにお願いした仕事は、日本国際賞の受賞者講演会の同時通訳だった。一九八五年から数年間、毎年だったと思う。

日本国際賞は松下幸之助《まつしたこうのすけ》さんが基金を拠出して国際科学技術財団を作り、そこから、工学分野でノーベル賞級の業績をあげた人を顕彰【表彰】するということで、国をあげて始まった事業だった。私たちの編集部がたまたま内幸《うちさいわい》町のプレスセンター【報道関係者の詰め所】にあったこともあり、財団のお手伝いをすることになった。その過程で、受賞者講演会を開くための一切の作業を私たちが委託され、同時通訳をサイマルにお願いすることになったのだった。

同時通訳者というのは非常に優秀である。なにせ、皇族や王族関係の会であれば独特の決まり表現が必要だし、外交交渉であれば、一つ言葉が違えば国益を損ねることにもなりかねない。⑤そういう修《しゅ》羅場で仕事をされてきたのが、例えば長井さんだった。

私たちの依頼仕事は科学技術分野なので、そこまでシビア【厳密】ではないのだが、それでも、サイマルの人は、事前に細かく内容を聞いてきた。科学技術の同時通訳は経験があるということだったが、たぶん、こちらが若くて聞きやすかったからであろう、一つ一つ、まず用語について確認してきた。レベルの低い通訳だと、英語をそのまま使ってごまかしてしまうケースも多いが、少なくとも当時のサイマルは、日本語の正式用語がある場合は、できるだけそれを使おうという姿勢だった。

それだけでなく、話の筋道や内容についても、細かく確認してきた。「これはこういう意味ですか？　こういう意味ではないのですか？」「こういう表現をして間違いないですか？」という形で、聞いてこられたのである。当時の私の知識は決して完璧《ぺき》ではなかったので、マゴマゴしてしまい、当日までに確認する、という宿題になったこともあった。最初は事前打ち合わせだったが、だんだんと信頼してもらえるようになり、当日の打ち合わせで済むようになった。長井さんたちとのやり取りで再確認できたのは、英語で意味は理けではない。

日本人は特に一五〇年前の江戸末期に、[A]に必死になって西欧文明を取り入れた。概念そのものが、それまでの日本文化に存在しないものも多かった。そこで、言葉がなければ新たに言葉を作ったりしながら、学問や文化や法律などあらゆる分野について、近代としての日本語（知識）体系を作り上げてきたのである。そのような新しい日本語を使って、現在の日本人は、創造的な科学を展開しているのだ。そしていまや、多くのノーベル賞受賞者を輩出する実力ある社会を作り上げた。だから、[B]に、英語で科学をする必要がないのである。先人に感謝しても、しすぎることはないだろう。

私たち日本人は、日本語で科学することにより、二一世紀に入ってほぼ毎年一人のノーベル賞受賞者を出す科学文化を創り上げた。技術の世界においても、ここ二〇年、従来存在しなかった[C]な新技術・新製品の大半を、日本から生み出してきた。このように、日本語による科学技術が大きく花開いたのは間違いのない事実である。

それなら、「日本人は日本語で科学を展開したがゆえに、これだけ多くの偉大な成果を得ることができた」と言えるのだろうか？　実際日本語には、くりこみ群（統計力学、場の量子論）、棲《す》み分け論（進化論）、すだれコリメーター（X線天文学）、ミウラ折り（宇宙工学）といった日本独特の科学用語があり、その可能性を暗示している面がある。しかし、②この命題をいくら追いかけても、それを証明することはできない。事実として、日本人は日本語でしか科学をしてこなかった。でも、その日本語で科学や技術を展開したという特別の理由ゆえに、ここまで日本の科学技術が大きく花開いたとは言い切れないのだ。[D]に証明不能だからである。

[2]、本書で「日本語で科学や技術を展開したから」と書く時、それは理由を言っているのではなく、他に選択肢のなかった事実のみを語っている。この点は間違えないでほしい。ただ、本音を言えば「日本語主導で独自の科学をやってきたからこそ、日本の科学や技術はここまで進んだのではないか」と思うところはある。これについては、あくまでも「状況証拠」でしかないが、様々な具体例をあげてみたいと思っている。

この文脈上での話であるが、韓国ではハングル優先で漢字を棄《す》ててしまったために、多くの同音異義語が区別しきれなくなり、重要な知識や概念を失うだけでなく、厳密な議論もできなくなった。せっかく、漢字用語に基づく科学知識体系を、中国とともに明治期の日本からまるごと導入したのに、実にもったいない話である。③これは私の立てた問題を考える際の、明らかな反例である。

もっとも、日本も韓国を笑えない部分がある。[3]、歴史を振り返ってみると、日本語や漢字を棄てることになったかもしれない危ない暴論や、怪しげな著名人による妄論【でたらめな議論】が、たびたび顔を出しているからである（森有礼《もりありのり》や尾崎行雄《おざきゆきお》による英語国語論、志賀直哉《しがなおや》によるフランス語国語論など）。こういう議論があったことを忘れてはいけない。

私は、一九七五年に日本経済新聞社に入社してすぐに「日経サイエンス編集部」に配属された。「日経サイエンス」という科学雑誌は、アメリカを代表する「サイエンティフィック・アメリカン」の日本版である。この雑誌はニューズウィーク誌などとも並び称され、知性あるアメリカの文化人や経済人に多くの固定ファンを持っている。

科学に関して、日本語と英語の違い、共通点、ものの考え方の差など、実に多くのことを考えさせられたからである。日経新聞社を円満退社してから少し経って、今度は世界最高の科学論文誌とされる英国ネイチャー誌のニュース記事に本格的にかかわることになった。適切な記事を選び出し、日本語に翻訳編集する月刊誌「ネイチャー・ダイジェスト」の実質的な編集長を四年半ほど務めたのである。

二〇二四年度 明治大学付属明治高等学校

【国語】（五〇分）〈満点：一〇〇点〉

（注意） 字数制限のある問題については句読点・記号を字数に含《ふく》めること。

一 次の文章を読んで、あとの問いに答えなさい。ただし、【　】は語句の意味で、解答の字数に含めないものとします。

「アイアムソーリー、アイキャンノットスピークイングリッシュ」

二〇〇八年一二月八日、ストックホルム大学大講堂におけるノーベル賞受賞講演会で、益川敏英《ますかわとしひで》京都大学名誉教授は冒頭、きれいな英語でこう話された。そしてそのあと、日本語で素晴らしい講演を披露されたのだった。①日本語による受賞講演は、作家の川端康成《かわばたやすなり》氏以来ではなかろうか。

南部陽一郎《なんぶよういちろう》博士、小林誠《こばやしまこと》博士とともにノーベル物理学賞を受賞された益川博士は、一躍、時の人となったが、多くの人々を惹《ひ》きつけたのは、その本音で語る態度だった。受賞が決まって「たいしてうれしくない」と言ってみたり、「三六年前の過去の仕事ですし……」と話したりしたが、こうした発言には、それまでの月並みな絶讃《さん》型・全肯定型のノーベル賞報道にない、正直さや人間としての温かさがにじみ出ていたと思う。そうした点で、益川博士は、科学の素晴らしい広報マンを演じてくださった。

一九八〇～九〇年代に日本で開催された国際会議でも、この「アイキャンノットスピークイングリッシュ」をたびたび聞いた記憶がある。ただ、これを聞いて隣の外国人が怒り出したことがあった。もちろん英語で断っている、英語で話せるじゃないかというのだ。もちろん冗談なのだが、日本人のこのニュアンスを伝えるには、たぶん、「アイキャンノットスピークイングリッシュ・ウェル（あるいはフルーエントリー）」と言う必要があるのであろう。蛇足ながら、益川博士はきちんと英語をお読みになることができる。なぜなら、あのノーベル賞講演でも、英語で書かれたいくつもの研究論文を引き合いに出されていたからだ。

英語を話すのが苦手なことを益川博士は隠さなかった。それゆえに、一般の日本人にも、いったい科学と英語はどのような関係にあるのか、改めて考える機会を与えてくれたのではないか。当たり前の話だが、英語のスピーチなど流暢《りゅうちょう》にできなくても、日本語による精密な思考や議論を通じて、人類が迫りうる最も深遠な理論や考察はできるのだ。益川博士はそのことを、改めて教えてくれたのである。科学においては、英語なんかより、日本語の数学や物理学が大事だということである。

なぜ日本人は英語で科学をしないのか？　なぜ日本人は日本語で科学するのか？　その答えは明快だ。英語で科学する必要がないからである。私たちは、十分に日本語で科学的思考ができるからである。益川敏英博士も、二〇一四年一一月二六日付朝日新聞「耕論」欄において、英語入試改革に関するコメントの中で次のような意見を表明されている。

「ノーベル物理学賞をもらった後、招かれて旅した中国と韓《かん》国で発見がありました。彼らは「どうやったらノーベル賞が取れるか」を真剣に考えていた。国力にそう違いはないはずの日本が次々に取るのはなぜか、と。その答えが、日本語で最先端のところまで勉強できるからではないか、というのです。自国語で深く考えることができるのはすごいことだ、と。

彼らは英語のテキストに頼らざるを得ない。なまじ英語ができるから、国を出て行く研究者も後を絶たない。日本語で十分に間に合うこの国はアジアでは珍しい存在なんだ、と知ったのです。」

まさにこのことを、私は本書に書いた。私たち日本人は日本語で科学することができるのだ。[1]、それは自然にそうなったわ

英語解答

1 1 known　2 forms
3 learned〔learnt〕
4 will come〔comes〕
5 used

2 (1) ①→listening
(2) ①→what〔the thing which〕
(3) ②→has　(4) ④→looking for
(5) ③→with

3 ① 3番目…4　5番目…3
② 3番目…1　5番目…4
③ 3番目…5　5番目…1
④ 3番目…4　5番目…1
⑤ 3番目…4　5番目…6

4 ア 3　イ 3　ウ 1　エ 4
オ 3

5 ア 4　イ 3　ウ 5　エ 1
オ 2

6 A 2　B 6　C 8　D 1
E 7　F 4　G 5　H 3

7 (1) a confused　b causing
c caused　d confusing
e cause
(2) あ…2　い…1　う…3
(3) A super salad　B up late

8 (1) 検査〔診察〕　(2) nothing
(3) 2　(4) 1　(5) 3

9 (1) elevator〔lift〕　(2) watch
(3) station〔depot〕　(4) million

10 (1) employees　(2) high
(3) lead　(4) wrong　(5) deaths

11 (1) 1　(2) 3　(3) 1　(4) 2

12 (1) 3　(2) 2　(3) 3　(4) 1

1 〔長文読解─適語選択・語形変化─説明文〕

≪全訳≫❶フィンランドには，ヴィエナ・カレリアとして知られる地域がかつてあった。そこの人々は偉大な語り手であり，多くの民話や伝説を持っていた。最も有名なものは『カレワラ』である。これは，1つの長い物語を形成するいくつかの詩を集めたものだ。カレワラは，不思議な存在や恐ろしい怪物の物語を語る。❷何世紀もの間，ルーン・シンガーと呼ばれる語り手たちは，カレワラを記憶から学習して，話してきた。今日，ユッシ・フオヴィネンは，フィンランドの最後の偉大なルーン・シンガーだ。彼が死ぬと，カレワラ全体を記憶している者は誰もいないので，カレワラを歌うという古代の文化は終わりを迎える。❸しかし，良い知らせがある。ユッシ・フオヴィネンは最後のルーン・シンガーだが，カレワラの思想の多くは彼とともに死滅はしない。イギリスの作家J.R.R.トールキンは，カレワラの思想の多くが反映されたいくつかの物語を発表している。トールキンの本の中には，カレワラで使われていた古代フィンランド語に似た言葉を話す登場人物もいる。

＜解説＞1．(be) known as ～で「～として知られている」。an area known as Viena Kareliaは，過去分詞から始まる語句が前の名詞を修飾する‘名詞＋過去分詞＋語句’の形。　2．直前のthatは主格の関係代名詞。a collection of several poems「詩を集めたもの」とone long story「1つの長い物語」をつなぐ動詞となるのはform「～を形成する」。先行詞はseveral poemsではなくa collectionなので，3単現の-sが必要。　3．前にhaveがあるので，‘have/has＋過去分詞’の現在完了形(‘継続’用法)の文。‘learn *A* from *B*’「*A*を*B*から学ぶ」　learn－learned〔learnt〕－learned〔learnt〕　4．come to an endで「終わりを迎える」という意味。終わりを迎えるのはこれからのことなのでwillを使った未来形にする。‘確定的な未来’を表す現在形も可。　5．「カレワラで使われていた古代フィンランド語」という意味になればよい。ここも used in the *Kalevala* という，過去分詞で始まる語句が前の名詞 the ancient Finnish language を修飾する形である。

2〔誤文訂正〕

(1)主語の The boy に対応する動詞は stood up and asked なので，主語を The boy listening to the news「ニュースを聞いている少年」とする。これは，現在分詞で始まる語句が前の名詞を修飾する'名詞＋現在分詞＋語句'の形。 「ニュースを聞いていた少年が，突然立ち上がって，私に駅までの道をきいた」

(2)ここでの which は関係代名詞と考えられるので，先行詞が必要。先行詞を補って the thing which とするか，これを１語で表した先行詞を含む関係代名詞の what にする。 'want＋人＋to ～'「〈人〉に～してほしい」 「これは，私があなたにしてほしいことなので，あなたがどこに行ってもこのことを覚えていてください」

(3) each は単数扱いなので，動詞は３人称単数現在形の has にする。 「この科学の本は４部に分かれていて，その一つ一つに５つのセクションがあるので，１日で読み終えるのは難しい」

(4) look after ～ は「～の世話をする」(≒ take care of ～)という意味。 look for ～「～を探す」「私はペンをなくして新しいのを買わないといけないので，家の近くで店を探している」

(5) scissors と I の間に関係代名詞の目的格が省略されている形。「はさみで紙を切る」は cut the paper with the pair of scissors となるので on を with にする。この with は「～を使って」という意味で'道具・手段'を表す用法。 「私がこの紙を切るのに使ったはさみは，使いにくかった」

3〔長文読解―整序結合―説明文〕

≪全訳≫❶今日，多くの企業が環境①に優しくすることの重要性に気づいている。1990年代前半以降，スカンジナビア最大のホテルチェーンであるスカンディックは，世界で最も環境に優しい企業の１つになることを目指してきた。スカンディックがこれを達成するために試みてきた方法の１つがエコルーム――②できるだけ環境に優しい部屋――の導入である。❷宿泊客を満足させるために，全てのホテルは定期的に部屋の模様替えや家具の交換をする必要がある。スカンディックは，環境に害を与えない方法でこれを行うことに決めた。例えば，プラスチックや金属を使う代わりに，自然に戻せる羊毛，綿，木材などの素材を使った。例えば，エコルームで使われている全ての木材は，新しい木が③切り倒される木に代わるために植えられている地域から来ている。この木材は，床材やベッドの枠，洋服掛け，さらには写真をかけるフックにも使われている。❸エコルームは他の面でも環境に優しい。スカンディックは，浴室のシャンプーと石けんに特別なシステムをつくっている。新しい固形の石けんやシャンプーボトルを客全員に用意するのではなく，再度詰めかえが可能なので，容器が使われている。容器は古くなると，リサイクル可能だ。また，エコルームでは水性塗料だけが使われているが，これは水性塗料が有害なガスを全く出さず，それゆえ空気の質を守れるからだ。明かりは低エネルギーの電球によって提供され，エコルームは④宿泊客がチェックインするまで暖められない。❹エコルームの製造コストは従来のホテルの客室より10パーセント高いが，同社は長期的には節約になるだろうと考えている。その理由は，維持するのが安くなるからだ。環境に優しい部屋の利点を明確に示すことで，⑤こうしたホテルは，他のホテルチェーンだけでなく，一般住宅の持ち主にも影響を与える可能性が高そうだ。

＜解説＞① be aware of ～「～に気づいている，～を認識している」，the importance of ～「～の重要性」，be(ing) friendly to ～「～に優しくする」というまとまりができ，文意を考えながらこれをつなげていく。 ... aware of the importance of being friendly to ... ②直前にダッシュ(―)があるので，並べ換える部分は直前にある eco-rooms を詳しく説明した内容になる。まず名詞の rooms を置き，これを先行詞とする主格の関係代名詞として that を使って that are と続ける。残りは as ～ as possible「できるだけ～」の形をつくる。 ... rooms that are as gentle on the environment as possible. ③ where で始まる関係副詞節。エコルームで使われている木材がどのような地域から来たかを述べている部分なので，new trees「新しい木」が are cut down「切り倒された」ではなく，are planted「植えられた」とする。その後に to replace「～に代わるために」を続け，その目的語を the ones とし(the ones は the trees を受ける代名詞)，残りを that are cut down「切り倒された木」という関係代名詞節にまとめる。 ... are planted to replace the ones that are cut down. ④ 'not ～ until …'「…まで～しない，…して初めて～」の形をつくる。「宿泊客がチェックインするまで部屋は暖められない」→「宿泊客がチェックインして初めて部屋は暖められる」という意味になる。 ... are not heated until a guest checks in. ⑤ 'It seems likely that＋主語＋動詞...'「～である可能性が高そうだ」という形の文をつくる。これは It が that 以下を受ける形式主語構文で，be動詞の代わりに seems が使われている。that 以下は these hotels will influence と続け，最後に 'not only *A* but (also) *B*'「*A* だけでなく *B* も」の形を続ける。 ..., it seems likely that these hotels will influence not only ...

4 〔長文読解―適語選択―ノンフィクション〕

≪全訳≫❶話をすぐに注目の話題にするほどおもしろくするものは何だろうか。カイル・マクドナルドの場合，それはごく普通の赤いクリップだった。彼はそれをネット上で交換し，その後も彼の最終目標である自分の家に到達するまでより良いものと交換し続けた。❷26歳でバンクーバー出身の彼は，1年間ネット上で物を交換し続け，ついには，カナダのキプリングの農場内にある2階建てで寝室が3つある1920年代の家屋を提供されて，大きく報道された。❸カイルはバンクーバー郊外で育ち，子どもたちがおもちゃをより価値のあるものと交換しようとして，1軒1軒訪ねるのを見ていた。彼は十分に努力しさえすれば，欲しいものが手に入るものだと確信していた。そして実際に，機会が現れたのだ。❹この話が人々の注目を集めるまで，キプリングという小さな町のことを聞いたことがある人は多くなかった。町長のパット・ジャクソンは観光業を促進しようとしており，この家を提供することで，注目を集め，この町が友好的で快適な場所であるという認識を高めようと決めた。市長の申し出には，家だけでなく，町の鍵，さらには，市長を1日務める機会も含まれていた。❺この物々交換以来，マクドナルド氏はテレビ番組に出演し，新聞で記者会見を行い，人気ウェブサイトを立ち上げた。赤いクリップは，間違いなく彼の名声への切符だった。

＜解説＞ア．kept trading「交換し続けた」と，reached his final goal「最終目標に到達する」を結ぶ接続詞として適切なものを選ぶ。 イ．as long as ～「～するかぎり，～しさえすれば」 ウ．catch ～'s attention「～の注目を集める」 catch－caught－caught ignore「～を無視する」 エ．この後に続く内容が，町長の申し出の中身になっている。 include「～を含む」 'not just *A* but (also) *B*'「*A* だけでなく *B* も」 fulfill「～を実行する」 オ．文が現在完了形('have/has＋過去分詞')であることに着目。since は現在完了形とともに用いられ，「～以来」という意味を表す。'since＋過去の一時点'「～以来」と 'for＋期間'「～の間」の使い分けに注意。

5 〔会話文完成―適文選択〕

≪全訳≫❶アン（A）：あなたがやって後悔したことを知りたいの。「心理学を勉強しなければよかった。代わりにアートを勉強すればよかった！」みたいな大きなことではなくて。アほんの小さな，ばかばかしいことで。❷パウロ（P）：ああ，1ついいのがあるよ！　以前誰かが僕に，シャンプーじゃなくて普通の石けんで髪を洗った方がいいって言ったんだ。だから，そうしてみたんだ。❸ソニア（S）：それは失敗だったわね。❹P：そうなんだ！　君がそこにいて，僕を止めてくれたらよかったのに。何をやっても，髪のパサつきが取れなかったよ。しかも，そういえば，その日は面接にも行かなくちゃいけなかったんだ。とてもばかな失敗だったよ。❺S：それは残念だったわね。私も先日，居心地悪い状況に陥ったわ。初めてのデートで，相手の興味を引こうと一生懸命になりすぎてしゃべり続けちゃって，自分のしていることを見ていなかったのよ。イ一口食べようとしたら，全部，上着にこぼれちゃったの。トマトソースのスパゲッティを注文したことは，とてもばかなことだったわ！❻A：苦い経験から学ばなきゃいけないことってあるよね。私は最近，新しいセーターをお湯で洗ったら，めちゃくちゃ小さくなっちゃって。完全に私のミスなの。ウラベルに説明書きがあったのよ。いつものことだけど，私はせっかちすぎるのよね。3歳の弟がいれば，ぴったりなんだけどなあ！❼P：僕は，ダンスフロアでズボンが破れたことがあるよ！❽S：うそでしょ！❾P：本当だよ，フロアでブレイクダンスを踊っていたら，ビリッていったんだよ！　でも，僕はその滑稽さを楽しんだんだ。エそれに，他のみんなもそうだったよ！❿A：そうでしょうね！⓫P：僕は，ダンスは全然ダメなんだ。オリズム感もないし。何を考えていたんだか，わからないよ。⓬A：ズボンがもっと破れちゃってたかもね。

＜解説＞ア．この前にある Not big things と対比関係になることを読み取る。　イ．直後の文から，このときソニアはトマトソースのスパゲッティを注文したことがわかる。3の take a bite「一口食べる」や spill「～をこぼす」といった表現がこの内容に結びつく。　ウ．セーターをお湯で洗って縮ませてしまった失敗を自分のミスだと認めている場面。それは，ラベルに説明書きがあったからである。　エ．直後の I bet they did！につながるのは，1だけ。このように everyone は they で受けることが多い。なお，see the funny side of ～は「～のおもしろい面を見る，～の滑稽な面に目を向けて笑う」という意味。また，1の so did everyone else は，‘so＋(助)動詞＋主語’「〈主語〉もまた～する」の形で，so did は前の saw the funny side of it を受けている。つまり，everyone else saw the funny side of it, too. ということである。　オ．直前でダンスは苦手だと言っている（ここでの hopeless は「下手な」という意味）。「リズム感がない」こともダンスが苦手な理由となる。　a sense of rhythm「リズム感」

6〔長文読解―適文選択―説明文〕

≪全訳≫❶ハワイ諸島に最初に定住した人々は，ポリネシア人だった。彼らは南東に何千マイルも離れたマルケサス諸島からやってきた。A西暦500年頃，マルケサス諸島のポリネシア人は多くの問題に直面していた。彼らは他のポリネシア人との戦いに敗れていた。マルケサス諸島には，人が多すぎて，十分な食料がなかった。そこで，彼らの一部は，どこか別の場所で新しい生活を始めたいと考えた。❷ポリネシア人は，はるか北のすばらしい場所に関する歌や詩を知っていた。この知識がどのようにして彼らの文化の一部になったのかはわからない。Bひょっとすると彼らは，北へ飛んでいき，二度と戻ってこない鳥から，このことを推測したのかもしれない。あるいは，ひょっとすると彼らは木片が北風とともにやってくるのを見たのかもしれない。ポリネシア人が優れた船乗りだったことを，我々は確かに知っている。彼らは自分たちの役に立つ道具を持っていなかった。Cその代わりに，彼らは太陽と星，海流，風を使って，自分たちの方向案内をした。彼らは太平洋の遠くにある多くの場所まで何とか行くことができた。❸マルケサス諸島の人々は，長い旅のために船をいっぱいにした。彼らは長さ約80～100フィートの大きなダブルカヌーを使っていた。このカヌーの中に，彼らは食料や水，ヤギ，豚，鶏，植物を入れた。彼らは自分たちの生活様式に必要とした全てのもの，自分たちの神々の像さえも運んだ。カヌーの多くはおそらく航海中に沈んだ。D しかし，数隻はハワイ諸島への道を発見したのだ。❹こうした初期の定住者たちは，非常に残忍で好戦的な人々だった。彼らは人肉を食べる習慣があった。しかしハワイでは，彼らは暴力行為をなくし，平和に暮らした。次の数世紀で，さらに多くのポリネシア人がハワイで彼らに加わった。多くの異なる部族が，約500年間，一緒に静かに暮らしていた。数百年間にわたって，彼らが他の人々と接触することはなかった。❺E そして，西暦1200年頃，新たな人々の集団がタヒチからやってきた。この人たちは全く異なる生活様式を導入した。F 彼らの宗教は，厳格な規則と怒れる神々で満ちていた。規則を破った者は誰でも，死刑になることがあった。彼らは殺されたり，ときには他の人々に食べられたりすることもあっただろう。しかし，新しく来た彼らもまた，しばらくするとそれほど暴力的ではなくなった。彼らは自分たちの間での争いは実際には続けていたが，人肉を食べる習慣はもはやなくなった。❻この島の最初の定住者たちがどうなったかは誰も知らない。彼らは侵略民と仲良くしたのかもしれない。G ひょっとすると，彼らは死んだり，他の島に移ったりしたのかもしれない。その後500年間，この島々の人々は再び外界の誰とも接触を持たなかった。それぞれの島には独自の王と首長がおり，何世紀もの間，支配者は誰一人として全島の支配に成功する者はいなかった。❼そして1800年，カメハメハという王が初めてハワイ全島を支配することに成功した。しかし現在では，この出来事はハワイ諸島の歴史においてあまり重要ではないように思える。別の出来事が長期的にははるかに重要だった。それは，1778年にジェームズ・クック船長の船がハワイに上陸したことだ。H ヨーロッパ人の到着により，ハワイは永遠に変わったのだ。

＜解説＞A．直後の2文が，2で述べるポリネシア人が直面していたmany problems「多くの問題」の具体例になっている。　B．直後のOrに着目すると，空所には直後の文と並列関係になる文が入るとわかる。直後の文がtheyで始まる過去完了形の文で，ポリネシア人がはるか北のすばらしい場所についてどうやって知ったのか推測する内容になっていることから判断できる。　'guess *A* from *B*'「*A*を*B*から推測する」　C．前文から「instruments『道具』がなかった。Instead『代わりに』太陽などを使った」という文脈である。　D．1のButに着目する。前文の内容と1のButに続く内容が'逆接'の関係になっている。did findのdidは'強調'を表す助動詞。　E．7のa new group of peopleを次の文がThese peopleで受けている。　F．4のstrict rules「厳格な規則」を直後の文がthe rulesで受けている。　G．5が，前文と同様にtheyを主語とする，最初の定住者たちについて推測する内容になっている。前文のmay have mixedは'may have＋過去分詞'「～したかもしれない」という'過去の推量'を表す表現。　H．前文の「ジェームズ・クック船長の上陸」＝「ヨーロッパ人の到着」である。

7〔長文読解総合―説明文〕

≪全訳≫❶オーストラリアから来た1人の女性が，カリフォルニアで休暇を過ごしていた。カリフォルニアでの最初の夜，彼女はディナーのためにレストランに行った。❷「ご注文はお決まりですか？」とウェイターは彼女に尋ねた。❸「はい」と彼女は言った。「サーモンのグリルにします」❹「良い選択です」とウェイターは言った。「サーモンは今日入荷して，新鮮です。ディナーにはスープかサラダがつきます」❺「いいですね」と女性は言った。❻「スープにしますか，サラダにしますか？」とウェイターは尋ねた。❼「はい」と彼女は言った。❽「1つだけになります」とウェイターは言った。❾「それでけっこうです」と彼女は，少し困惑しながら言った。「1つだけ欲しいんです。大きいんですよね？」❿「どちらがですか？」とウェイターは尋ねた。⓫「サラダです」と彼女は答えた。⓬「いえ，そんなに大きくはありません」とウェイターは言った。「大きなサラダがお望みでしたら，ディナーサラダがメニューにあります。その上にサーモンのグリルをのせられます」⓭「私はサーモンディナーの方がいいわ」と女性は言った。⓮ウェイターはため息をついた。「わかりました」と彼は言った。「サーモンディナーをお持ちします。サラダつきで」⓯「特大の，ですよね？」と女性が尋ねた。⓰ウェイターは笑い始め，少ししてからオーストラリア人の女性も笑った。今，2人とも，何が混乱を引き起こしていたのか理解した。ディナーについているのはスープかサラダ(soup or salad)であり，「特大のサラダ(super salad)」ではなかったのだ。⓱音の似た英単語は，ロサンゼルスからカリフォルニアのオークランドに飛行機で行きたかった男性にも問題を引き起こしたが，この誤解はより深刻な結果になった。この男性の問題は，ロサンゼルスの空港で始まった。彼は自分の乗る便のアナウンスが聞こえたと思い，ゲートまで歩いてチケットを見せて飛行機に乗った。離陸から20分後，男性は不安になり始めた。オークランドはロサンゼルスの北だが，飛行機は西に向かっているようで，窓の外を見ると，海しか見えなかった。「この飛行機はオークランド(Oakland[óuklənd])行きですか？」と彼は客室乗務員に尋ねた。客室乗務員は息をのんだ。「いいえ」と彼女は言った。「この便はオークランド(Auckland[ɔ́:klənd])行きです。ニュージーランドのオークランドです」⓲非常に多くの英単語が同じように聞こえるので，英語を話す人々の間での誤解は珍しくない。毎日，英語を話す人たちはお互いにこんな質問をしている。「seventyって言ったの，seventeenって言ったの？」「来られる(can come)って言ったの，来られない(can't)って言ったの？」　音が似た単語は，母語が英語でない人々にとっては特に紛らわしいことがある。⓳ある朝，アメリカ在住の韓国人女性が職場に着くと，上司が彼女に「皿はもらった？」と尋ねた。「いいえ…」と彼女は答え，彼が言ったのはどういう意味なんだろうと思った。彼女はオフィスで働いていた。なぜ上司は彼女に皿について尋ねたのだろうか。一日中，彼女は上司の奇妙な質問を不思議に思っていたが，恥ずかしすぎて上司にそのことをきけなかった。5時になり，彼女が帰宅の準備をしていると，上司が言った。「明日は時間どおりに来てよ。今朝は15分遅れだったから」「すみません」と彼女は言った。「車が動かなくて…」　突然，彼女は話すのをやめ，笑い始めた。そのとき彼女は理解した。上司は彼女に「皿はもらった？(Did you get a plate?)」ときいたのではなかった。彼は彼女に「寝坊したの？(Did you get up late?)」ときいたのだ。⓴「スープかサラダ(soup or salad)」と「特大のサラダ(super salad)」。オークランド(Auckland)とオークランド(Oakland)。「皿(a plate)」と「遅く起きた(up late)」。音が似た単語が誤解を引き起こす場合，やるべき最も良いことは，ただ笑って，その間違いから学ぶことだろう。もちろん，笑うことが難しいときもある。Oaklandではなく Auckland に旅行した男は，笑う気になれなかった。しかし，その誤解さえも最終的には全てうまくいった。航空会社は男性のニュージーランドでのホテルの宿泊費と食費，それにカリフォルニアに戻る航空券代を支払った。「まあ，いいか」とその男性は後に言った。「ずっとニュージーランドは見てみたかったし」

(1)＜適語選択・語形変化＞ａ．‘sound＋形容詞〔過去分詞〕’「～のように聞こえる」の形。soup or salad を super salad だと思っていた女性は，「1つだけ」と言われて「困惑した」のである。confuse は「～を混乱させる」という意味なので，「(人が)混乱した」という場合は「混乱させられた」ということなのでconfusedとなる。一方，confusingは「(物事が)混乱させる」という意味。　ｂ．食い違いの原因がわかった場面。動詞cause「～を引き起こす，～の原因となる」を過去進行形(was/were ～ing)で用いる。　ｃ．この後，音の似たOaklandとAucklandの聞き間違いが原因となった問題が挙げられている。動詞causeを前後の時制と同じく過去形で使う。　ｄ．音が似た単語は，人を「混乱させる」という文意である。　ｅ．音が似た単語は，誤解を「引き起こす」という文意である。現在に当てはまる一般的な内容なので現在形で表す。

⑵＜適語選択＞あ．ここまでの内容から，ウェイターの言うことが，客の女性に伝わっていないことが読み取れる。話がかみ合わないのでウェイターはため息をついたのである。　sigh「ため息をつく」　い．‘too ～ to …’「…するには～すぎる，～すぎて…できない」の形。韓国出身の女性は聞き取れなかったことをきくのが恥ずかしかったのである。　be embarrassed「恥ずかしい」　う．turn out all rightは「全てうまくいく」という意味。

⑶＜適語句補充＞Ａ．Soup or saladを似た音の語句と聞き間違えたという話から推測する。第15段落のThe super oneという語句がヒントとなっている。　Ｂ．a plateと似た音の語句を聞き間違えたという話から推測する。第19段落後半にあるYou were 15 minutes late this morning.がヒントになっている。

8〔長文読解総合―説明文〕

≪全訳≫❶あなたが医師になりたいのだと想像してほしい。あなたは何年も懸命に勉強し，ついに良い医学部に入学した。医学部の１年生で，最重要科目の１つが解剖学だ。解剖学とは，人体の全てに関する学問だ。例えば，206本ある全ての骨と，650以上ある筋肉の名前と位置，機能を学ばなければならない。あなたはこれを本で学びたいだろうか，それとも，バーチャルリアリティーで学びたいだろうか。❷バーチャルリアリティー(VR)は，医学生が人体について学ぶのに役立つ最新の技術だ。通常，学生は本を使って解剖学を学ぶ。しかし本は，全てがどのように組み合わさっているかを３次元で示していない。VRがあれば，学生は筋肉の層を取り除いて，筋肉が骨とどのようにつながっているかを見ることができる。全てがどのように組み合わさっているかがわかるのだ。もちろん，学生は今でも解剖学の教科書を使っている。しかし，学生はさまざまな学習方法があるときに，最もよく学ぶ。VRは学生に解剖学の新しい学習方法を与えているのだ。❸さらに，VRは医学生に重要な技術である診察を練習する新しい方法を与えている。医師は患者を診察し，診断を行う。学生は，教科書を読み，医師を観察し，最後に自分自身で行うことによって，診察のやり方を学ぶ。しかし，学習と実際の患者の診察には大きな差がある。VRがあれば，学生は実際の患者に対して取り組む前に，診察を練習できる。❹以下に，VRが診察の学習にどのように使われているかを示す。指導者がVR患者の特定の病状を選ぶ。そして，医学生はVR眼鏡を装着し，診察を始める。学生は確認する必要がある身体の各部位をクリックする。VRは患者に関する情報を示す。例えば，学生が目をクリックすると，VRは「目が黄色い」と示すかもしれない。さらに学生は，VR患者に体のさまざまな部位を動かしてもらうことができる。学生は診断を行い，問題を見つける。❺完了すると，学生は診察で何が正しくできて，何を間違えたのかに関するレポートがもらえる。診察用VRがあれば，学生は実際の患者を診察する前に，VR患者で何度も練習できる。❻医学教育におけるVRの最も刺激的な使用法の１つは，もっとずっと困難な状況，すなわち病院の緊急治療室での練習だ。医師は大きなプレッシャーにさらされている。生死の決断をすばやく下さなければならない。通常，医学生は，緊急治療室で経験を積むことによってしか，プレッシャーのかかる状況でどう行動すべきかを学べない。しかし，学生はそこによほど長い間いなければ，非常にさまざまな医療状況を見ることはできない。❼幸いにして，VR があれば，学生は緊急治療室の状況を練習し，学習できる。例えば，ある状況では，VR 患者が急に心拍が速くなるかもしれない。心臓モニターが変化し，それは，医師がそのとき何かしなければ，患者が大変なことになると伝えている，とロサンゼルスの緊急治療室の医師であるジョシュア・シャーマン博士は説明する。あなたが行動を起こすと，VR 患者の変化が見られる，と彼は言う。これは，「あなたが良いことをしたであるとか，あるいは状況が悪化した場合は悪いことをしたという積極的なフィードバックをあなたに与える。VR はこの点ですばらしい」　VR 体験中，学生は自分の行動の結果を見られるのだ。❽医学生はいずれ私たちの医師になるのだから，彼らの教育はきわめて重要である。VR 技術は，学生の能力を向上させ，彼らを将来，より良い医師にするのに役立つ可能性がある。もちろん，実際の状況で実際の人々の看病をすることに代わるものはない。しかし VR は，新しく刺激的な方法で，学生が技術を練習するのに役立つ可能性があるのだ。

(1)＜語句解釈＞直後の A doctor examines a patient という表現から判断できる。examine の基本的な意味は「じっくり調べる」。

(2)＜適語補充＞直後の文と合わせて‘Of course, 〜. But …’「もちろん〜。だが…」という形になっていることから，空所を含む文は直後の文と対照的な内容になると考えられる。直後の文が VR の有用性を示す肯定的な内容である一方，空所を含む文も空所を除いたままだと肯定的な内容になるので，But でつなぐには否定語が入ると考えられる。nothing「何も〜ない」が適合する。

(3)＜内容真偽＞1.「VR は医学生が人体について学ぶのに最も良い方法だ」…×　「最も良い方法」だという記述はない。　2.「VR は学生が，筋肉や骨がどのようにつながっているかを 3 次元で視覚化するのを可能にする」…○　第 2 段落第 3 〜 5 文に一致する。　‘allow＋人＋to 〜’「〈人〉が〜するのを可能にする」　3.「VR による練習は，医学生にとって従来の解剖学の教科書に代わるだろう」…×　第 2 段落第 6 文参照。教科書も使うのだから「教科書に代わる」ものではない。

(4)＜内容真偽＞1.「VR があれば，学生は何度も診察を練習でき，フィードバックを受けられる」…○　第 3 段落第 1 文および第 5 段落第 1 文に一致する。　get a report「レポートをもらう」≒ receive feedback「フィードバックを受ける」　2.「あまり費用がかからないので，医学生は VR を使って診察の練習をしている」…×　「費用」に関する記述はない。　3.「医学生は VR 技術を使って人間の感情や心理を学んでいる」…×　「人間の感情や心理」に関する記述はない。

(5)＜内容真偽＞1.「VR 技術は医学生が，緊急治療室のプレッシャーを体験し，そこから学ぶことを可能にする」…×　第 6 段落第 4 文参照。VR 技術でプレッシャーそのものは体験できない。　2.「VR 技術は，すでに経験豊富な医師である医学生によって，より効果的に使える」…×　「すでに経験豊富な医師である医学生」という記述はない。　3.「VR は学生の緊急時の行動に効果的なフィードバックを提供している，とジョシュア・シャーマン博士は説明している」…○　第 7 段落第 3 〜 5 文に一致する。

9〜**12**〔放送問題〕解説省略

数学解答

1 (1) 4408　(2) 4032　(3) 1, -2
(4) 49　(5) $1-\dfrac{\sqrt{2}}{4}+\dfrac{\pi}{8}$

2 (1) $(x+2y-1)(x-2y+1)$
(2) $(x,\ y)=(8,\ 4),\ (4,\ 1)$

3 (1) 36　(2) $\dfrac{2}{9}$
(3) $-4\pm2\sqrt{10}$, -12, 4

4 (1) 22点　(2) $\dfrac{8}{15}$　(3) B

5 (1) $6\sqrt{2}$　(2) $\dfrac{9\sqrt{2}}{2}$

1〔独立小問集合題〕

(1)＜数の計算＞与式$=\dfrac{x^{10}y^5}{32}\div\dfrac{x^9y^6}{64}+\dfrac{x^3y^7\times xy}{x^4y^6}=\dfrac{x^{10}y^5\times64}{32\times x^9y^6}+y^2=\dfrac{2x}{y}+y^2$となる。$x=\sqrt{1103}+\sqrt{1101}$，$y=\sqrt{1103}-\sqrt{1101}$のとき，$\dfrac{2x}{y}=\dfrac{2(\sqrt{1103}+\sqrt{1101})}{\sqrt{1103}-\sqrt{1101}}=\dfrac{2(\sqrt{1103}+\sqrt{1101})(\sqrt{1103}+\sqrt{1101})}{(\sqrt{1103}-\sqrt{1101})(\sqrt{1103}+\sqrt{1101})}=\dfrac{2(1103+2\sqrt{1103}\sqrt{1101}+1101)}{1103-1101}=\dfrac{2(2204+2\sqrt{1103}\sqrt{1101})}{2}=2204+2\sqrt{1103}\sqrt{1101}$，$y^2=(\sqrt{1103}-\sqrt{1101})^2=1103-2\sqrt{1103}\sqrt{1101}+1101=2204-2\sqrt{1103}\sqrt{1101}$だから，与式$=2204+2\sqrt{1103}\sqrt{1101}+2204-2\sqrt{1103}\sqrt{1101}=4408$となる。

(2)＜数の計算＞$2\sqrt{7}=\sqrt{28}$であり，$\sqrt{25}<\sqrt{28}<\sqrt{36}$だから，$5<\sqrt{28}<6$である。よって，$5<2\sqrt{7}<6$であり，$8-2\sqrt{7}$は$8-6=2$より大きく$8-5=3$より小さい。したがって，$8-2\sqrt{7}$の整数部分$a$は，$a=2$だから，小数部分$b$は，$b=8-2\sqrt{7}-2=6-2\sqrt{7}$である。よって，$(4a+b)^2(4a-b)^2=\{(4a+b)(4a-b)\}^2=(16a^2-b^2)^2$として，$a$，$b$の値を代入すると，与式$=\{16\times2^2-(6-2\sqrt{7})^2\}^2=(64-36+24\sqrt{7}-28)^2=(24\sqrt{7})^2=4032$となる。

(3)＜関数―変域＞関数$y=\dfrac{1}{4}x^2$のyの最小値は$x=0$のときの$y=0$だから，yの変域が$0\leqq y\leqq4$となるとき，xの変域には0が含まれる。よって，$a-2\leqq0$より，$a\leqq2$，$a+3\geqq0$より，$a\geqq-3$だから，$-3\leqq a\leqq2$となる。また，yの値が最大値の4となるのは，xの値の絶対値が最大のときである。$a+3$の絶対値が$a-2$の絶対値より大きいとき，$\dfrac{1}{4}(a+3)^2=4$が成り立ち，$(a+3)^2=16$となる。$a+3\geqq0$だから，$a+3=4$，$a=1$である。これは$-3\leqq a\leqq2$に適する。$a-2$の絶対値が$a+3$の絶対値より大きいとき，$\dfrac{1}{4}(a-2)^2=4$が成り立ち，$(a-2)^2=16$となる。$a-2\leqq0$だから，$a-2=-4$，$a=-2$となる。これも$-3\leqq a\leqq2$に適するから，$a=1$，-2である。

(4)＜データの活用―中央値＞中央値は5番目と6番目の得点の平均値である。これが最小となるのは2人の得点の合計が最小になるときで，7番目から10番目までの生徒が100点のときである。10人の平均点が69.1点だから，得点の合計は$69.1\times10=691$(点)であり，残り6人の得点の合計は$691-100\times4=291$(点)となる。さらに，下位4人の得点の合計が最大となるとき，5番目と6番目の得点の合計は最小になる。$291\div6=48$あまり3だから，1番目，2番目，3番目が48点，4番目，5番目，6番目が49点となればよい。このとき，中央値は49点である。

(5)＜平面図形―面積＞右図で，点Oと点Aを結ぶ。また，線分APと辺CDの交点をQとし，点Pから辺CDに垂線PHを引く。斜線部分の面積は〔おうぎ形OCP〕＋△OAC－△OAPで求められる。まず，$\text{OC}=\dfrac{1}{2}\text{CD}=\dfrac{1}{2}\times2=1$だから，〔おうぎ形OCP〕$=\pi\times1^2\times\dfrac{45^\circ}{360^\circ}=\dfrac{\pi}{8}$であり，$\triangle\text{OAC}=\dfrac{1}{2}\times1\times2=1$である。次に，△ACDが

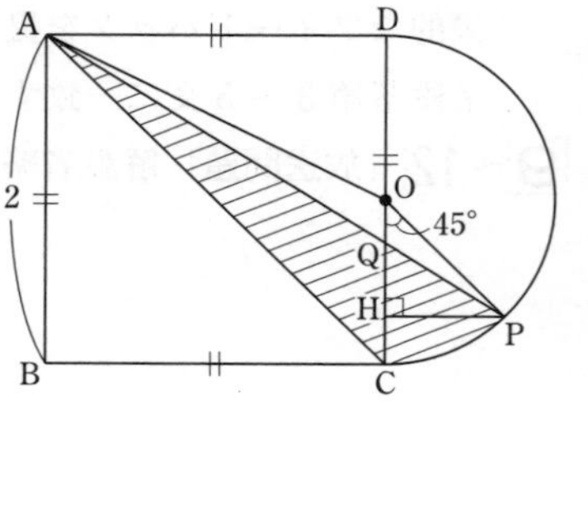

直角二等辺三角形より，$\angle ACD=45^\circ$だから，$\angle COP=\angle ACO$となる。これより，錯角が等しいから，$OP /\!/ AC$となり，$\triangle OQP \backsim \triangle CQA$である。$AC=\sqrt{2}AB=\sqrt{2}\times 2=2\sqrt{2}$より，$OQ:CQ=PO:AC=1:2\sqrt{2}$だから，$OQ=\dfrac{1}{1+2\sqrt{2}}OC=\dfrac{1}{1+2\sqrt{2}}\times 1=\dfrac{1\times(2\sqrt{2}-1)}{(2\sqrt{2}+1)(2\sqrt{2}-1)}=\dfrac{2\sqrt{2}-1}{7}$となる。$\triangle OHP$は直角二等辺三角形だから，$PH=\dfrac{1}{\sqrt{2}}OP=\dfrac{1}{\sqrt{2}}\times 1=\dfrac{\sqrt{2}}{2}$である。よって，$\triangle OAP=\triangle OAQ+\triangle OPQ=\dfrac{1}{2}\times\dfrac{2\sqrt{2}-1}{7}\times 2+\dfrac{1}{2}\times\dfrac{2\sqrt{2}-1}{7}\times\dfrac{\sqrt{2}}{2}=\dfrac{2\sqrt{2}-1}{7}+\dfrac{4-\sqrt{2}}{28}=\dfrac{\sqrt{2}}{4}$である。

以上より，求める斜線部分の面積は$\dfrac{\pi}{8}+1-\dfrac{\sqrt{2}}{4}=1-\dfrac{\sqrt{2}}{4}+\dfrac{\pi}{8}$となる。

2 〔数と式―連立方程式の応用〕

(1)＜因数分解＞与式$=x^2-(4y^2-4y+1)=x^2-(2y-1)^2$として，$2y-1=A$とおくと，与式$=x^2-A^2=(x+A)(x-A)$となる。$A$をもとに戻して，与式$=\{x+(2y-1)\}\{x-(2y-1)\}=(x+2y-1)(x-2y+1)$である。

(2)＜数の性質―x，yの値＞$x^2-4y^2+4y-16=0$を変形すると，(1)より，$x^2-4y^2+4y-1-15=0$，$(x+2y-1)(x-2y+1)-15=0$，$(x+2y-1)(x-2y+1)=15$となる。x，yが正の整数のとき，$x+2y-1\geqq 1+2\times 1-1$より，$x+2y-1\geqq 2$だから，$15>0$より，$x-2y+1$も正の整数である。また，$(x+2y-1)-(x-2y+1)=4y-2>0$だから，$x+2y-1>x-2y+1$である。$15=15\times 1$，$5\times 3$だから，(i)$(x+2y-1,\ x-2y+1)=(15,\ 1)$，(ii)$(x+2y-1,\ x-2y+1)=(5,\ 3)$の場合が考えられる。(i)の場合，$x+2y-1=15$……①，$x-2y+1=1$……②として，①，②の連立方程式を解くと，$x=8$，$y=4$となる。(ii)の場合，$x+2y-1=5$……③，$x-2y+1=3$……④とすると，③，④より，$x=4$，$y=1$となる。よって，$(x,\ y)=(8,\ 4)$，$(4,\ 1)$である。

3 〔関数―関数$y=ax^2$と一次関数のグラフ〕

≪基本方針の決定≫(2)　点Eのx座標を文字でおき，CD：CE＝3：1より，必要な線分の長さを文字を使って表す。　(3)　y軸上に頂点があり面積が$\triangle DOE$の$\dfrac{1}{3}$倍になる三角形を考える。

(1)＜面積＞右図1で，2点A，Bは放物線$y=\dfrac{1}{6}x^2$と直線$y=6$の交点だから，$\dfrac{1}{6}x^2=6$より，$x^2=36$，$x=\pm 6$となり，$A(-6,\ 6)$，$B(6,\ 6)$である。よって，$AB=6-(-6)=12$，$OC=6$だから，$\triangle AOB=\dfrac{1}{2}\times 12\times 6=36$である。

図1

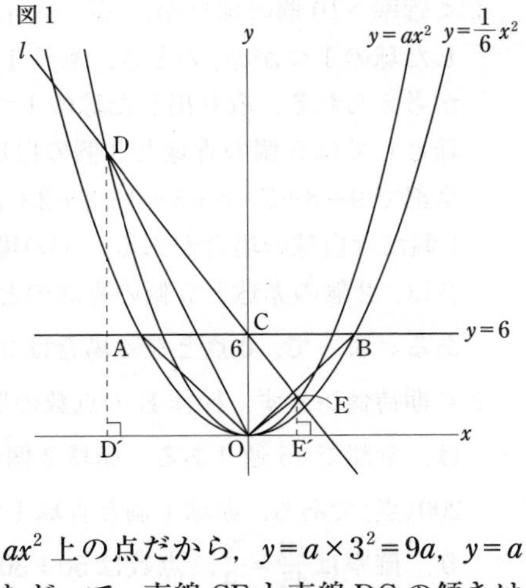

(2)＜比例定数＞右図1で，2点D，Eからx軸にそれぞれ垂線DD′，EE′を引く。(1)より，$\triangle DOE=\triangle AOB=36$であり，OD′：OE′＝CD：CE＝3：1である。よって，$OE'=t$とすると，$OD'=3OE'=3t$となるから，$\triangle DOE=\triangle DOC+\triangle EOC=\dfrac{1}{2}\times 6\times 3t+\dfrac{1}{2}\times 6\times t=12t$と表せ，$12t=36$が成り立つ。これより，$t=3$となるから，点Eの$x$座標は3であり，点Dの$x$座標は$-9$となる。2点E，Dは放物線$y=ax^2$上の点だから，$y=a\times 3^2=9a$，$y=a\times(-9)^2=81a$より，$E(3,\ 9a)$，$D(-9,\ 81a)$と表せる。したがって，直線CEと直線DCの傾きは同じだから，$\dfrac{9a-6}{3-0}=\dfrac{6-81a}{0-(-9)}$が成り立ち，$3(9a-6)=6-81a$，$9a-6=2-27a$，$36a=8$，$a=\dfrac{2}{9}$となる。

(3)＜x座標＞右図2で，y軸上に$QC=\frac{1}{3}OC$となる点Qをとると，$\triangle DQC=\frac{1}{3}\triangle DOC$，$\triangle EQC=\frac{1}{3}\triangle EOC$となるから，$\triangle DQE=\triangle DQC+\triangle EQC=\frac{1}{3}\triangle DOC+\frac{1}{3}\triangle EOC=\frac{1}{3}(\triangle DOC+\triangle EOC)=\frac{1}{3}\triangle DOE$となる。点Qを通り辺DEに平行な直線上に点Pがあるとき，$\triangle DPE=\triangle DQE$となるから，この直線と放物線$y=\frac{1}{6}x^2$の交点が点Pである。$QC=\frac{1}{3}OC=\frac{1}{3}\times6=2$より，Q(0, 4)であり，(2)より，直線$l$の傾きは$\frac{9a-6}{3}=3a-2=3\times\frac{2}{9}-2=-\frac{4}{3}$だから，点Qを通る直線の式は$y=-\frac{4}{3}x+4$となる。よって，この式と放物線の式$y=\frac{1}{6}x^2$から$y$を消去して，$\frac{1}{6}x^2=-\frac{4}{3}x+4$より，$x^2+8x-24=0$，解の公式を利用して，$x=\frac{-8\pm\sqrt{8^2-4\times1\times(-24)}}{2\times1}=\frac{-8\pm\sqrt{160}}{2}=\frac{-8\pm4\sqrt{10}}{2}=-4\pm2\sqrt{10}$となる。これが点Pが直線$l$より下にあるときの点Pの$x$座標である。次に，図2で，CR＝CQとなる点Rを点Cについて点Qの反対側にとると，$\triangle RDE=\triangle DQE$となるから，点Rを通り辺DEに平行な直線と放物線の交点も条件を満たす点Pである。OC＝6，CR＝2より，OR＝8となり，この直線の式は$y=-\frac{4}{3}x+8$であるから，この式と放物線の式$y=\frac{1}{6}x^2$からyを消去して，$\frac{1}{6}x^2=-\frac{4}{3}x+8$より，$x^2+8x-48=0$，$(x+12)(x-4)=0$，$x=-12$，4となる。これも点Pの$x$座標である。

図2

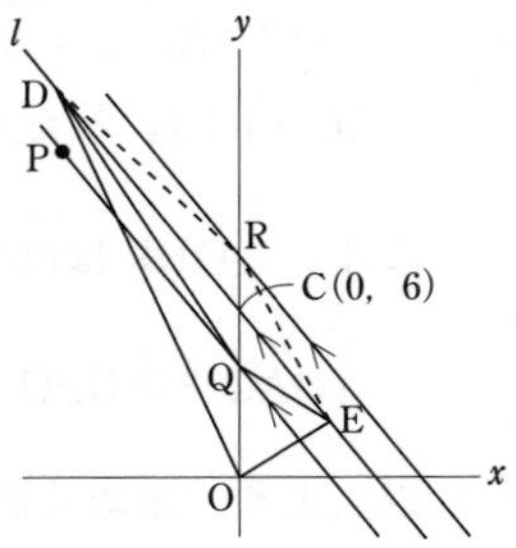

4 〔データの活用―確率―色球〕

(1)＜期待値＞袋の中に赤球2個，青球5個，白球3個の合計10個の球が入っているので，操作Aで，袋から球を1個取り出すとき，それぞれの色の球が出る確率は，赤球が$\frac{2}{10}=\frac{1}{5}$，青球が$\frac{5}{10}=\frac{1}{2}$，白球が$\frac{3}{10}$である。よって，操作Aの点数の期待値は，$50\times\frac{1}{5}+15\times\frac{1}{2}+15\times\frac{3}{10}=22$(点)となる。

(2)＜確率＞10個の球を赤$_1$，赤$_2$，青$_1$，青$_2$，青$_3$，青$_4$，青$_5$，白$_1$，白$_2$，白$_3$とする。操作Bで，取り出した球の1つが赤$_1$のとき，もう1つの球は赤$_2$，青$_1$，青$_2$，青$_3$，青$_4$，青$_5$，白$_1$，白$_2$，白$_3$の9通りが考えられる。取り出した球の1つが赤$_2$のとき，赤$_1$との組合せはもうかぞえたので，もう1つの球としては5個の青球と3個の白球の8通りが考えられる。同様に考えると，2つの球の組合せは，全部で$9+8+7+6+5+4+3+2+1=45$(通り)ある。このうち0点となるのは，(i)2個とも白球，(ii)1個だけ白球の場合がある。(i)の場合は(白$_1$，白$_2$)，(白$_1$，白$_3$)，(白$_2$，白$_3$)の3通りある。(ii)の場合は，2個の赤球と5個の青球のどれかと白$_1$，白$_2$，白$_3$のどれかの組合せだから，$7\times3=21$(通り)ある。よって，0点となる場合は$3+21=24$(通り)あるから，求める確率は$\frac{24}{45}=\frac{8}{15}$となる。

(3)＜期待値＞まず，操作Bの点数の期待値を求める。(2)より，同時に2個取り出すときの取り出し方は，全部で45通りある。赤球2個の取り出し方は1通りであり，確率は$\frac{1}{45}$，点数は$(50+50)\times2=200$(点)である。赤球1個と青球1個の取り出し方は，赤球2個，青球5個より，$2\times5=10$(通り)あり，確率は$\frac{10}{45}=\frac{2}{9}$，点数は$50+30=80$(点)である。青球2個の取り出し方は，(2)と同様に考えて，$4+3+2+1=10$(通り)あり，確率は$\frac{10}{45}=\frac{2}{9}$，点数は$(30+30)\times2=120$(点)である。よって，操作Bによる点数の期待値は$200\times\frac{1}{45}+80\times\frac{2}{9}+120\times\frac{2}{9}+0\times\frac{8}{15}=\frac{440}{9}$(点)となる。次に，操作Cの点数の期待値を求める。操作Cは1個取り出した球を袋に戻してまた1個取り出すから，球の取り出し方は，全部で $10\times10=100$(通り)ある。2回とも赤球を取り出す場合は $2\times2=4$(通り)あるから，その確率は$\frac{4}{100}=\frac{1}{25}$，点数は $50+50=100$(点)である。赤球 → 青球の順に取り出す場合は $2\times5=10$(通り)あり，確率は$\frac{10}{100}=\frac{1}{10}$，点数は $50+15=65$(点)である。赤球 → 白球の順に取り出す場合は $2\times3=6$(通り)あり，確率は$\frac{6}{100}=\frac{3}{50}$，点数は $50+15=65$(点)，青球 → 赤球の順に取り出す場合は赤球 → 青球と同様，確率は$\frac{1}{10}$，点数は 65 点，青球 → 青球の順に取り出す場合は $5\times5=25$(通り)あり，確率は$\frac{25}{100}=\frac{1}{4}$，点数は $15+15=30$(点)，青球 → 白球の順に取り出す場合は $5\times3=15$(通り)あり，確率は$\frac{15}{100}=\frac{3}{20}$，点数は $15+15=30$(点)，白球 → 赤球の順に取り出す場合は赤球 → 白球と同様，確率は$\frac{3}{50}$，点数は 65 点，白球 → 青球の順に取り出す場合は青球 → 白球と同様，確率は$\frac{3}{20}$，点数は 30 点，白球 → 白球の順に取り出す場合は $3\times3=9$(通り)あり，確率は$\frac{9}{100}$，点数は $15+15=30$(点)である。以上より，操作Cの点数の期待値は $100\times\frac{1}{25}+65\times\frac{1}{10}+65\times\frac{3}{50}+65\times\frac{1}{10}+30\times\frac{1}{4}+30\times\frac{3}{20}+65\times\frac{3}{50}+30\times\frac{3}{20}+30\times\frac{9}{100}=44$(点)となる。よって，$44=\frac{396}{9}$より，期待値が$\frac{440}{9}$点の操作Bの方が高い。

5〔空間図形―正四面体〕

≪基本方針の決定≫(1)　四角錐ができる。この四角錐の高さは正四面体の高さと同じである。

(2)　(1)の立体を3点N，A，Bを通る平面で2つに分ければよい。

(1)＜体積＞右図1で，線分LBと線分MAの交点をPとすると，求める立体は四角錐C-OLPMとなる。まず，この四角錐の高さは正四面体OABCの高さと等しい。頂点Cから面OABに垂線を引くと，この長さが四角錐C-OLPMの高さになる。図1で，辺ABの中点をDとして，2点O，Dを結ぶと，四角錐C-OLPMの高さは△ODCの底辺をODと見たときの高さでもある。△BCDは3辺の比が $1:2:\sqrt{3}$ の直角三角形だから，$\mathrm{OD}=\mathrm{CD}=\frac{\sqrt{3}}{2}\mathrm{BC}=\frac{\sqrt{3}}{2}\times6=3\sqrt{3}$ である。よって，点Nは二等辺三角形ODCの底辺OCの中点で，DN⊥OCだから，ODを底辺と見たときの高さを h とすると，△ODCの面積について，$\frac{1}{2}\times3\sqrt{3}\times h=\frac{1}{2}\times6\times\mathrm{DN}$ が成り立つ。△ODNで，$\mathrm{ON}=\frac{1}{2}\mathrm{OC}=\frac{1}{2}\times6=3$ より，三平方の定理を利用すると，$\mathrm{DN}=\sqrt{\mathrm{OD}^2-\mathrm{ON}^2}=\sqrt{(3\sqrt{3})^2-3^2}=\sqrt{18}=3\sqrt{2}$ だから，$\frac{1}{2}\times3\sqrt{3}\times h=\frac{1}{2}\times6\times3\sqrt{2}$ より，$h=\frac{6\sqrt{2}}{\sqrt{3}}=2\sqrt{6}$ となる。次に，図1で，2点L，Mを結ぶと，△OABで中点連結定理より，LM∥AB，$\mathrm{LM}=\frac{1}{2}\mathrm{AB}$ だから，△PAB∽△PMLとなり，$\mathrm{AP}:\mathrm{MP}=\mathrm{BP}:\mathrm{LP}=\mathrm{AB}:\mathrm{LM}=\mathrm{AB}:\frac{1}{2}\mathrm{AB}=2:1$ となる。ここで，〔四角形OLPM〕＝△OBL－△BMPと考える。△OBLは，∠OLB＝90°で，OL＝ON＝3，$\mathrm{BL}=\mathrm{OD}=3\sqrt{3}$ だから，$\triangle\mathrm{OBL}=\frac{1}{2}\times3\times3\sqrt{3}=\frac{9\sqrt{3}}{2}$ である。さらに，BP：LP＝2：1より，$\triangle\mathrm{BMP}=\frac{2}{2+1}\triangle\mathrm{BLM}=\frac{2}{3}\triangle\mathrm{BLM}$ であり，OM＝BMより，$\triangle\mathrm{BLM}=\frac{1}{2}\triangle\mathrm{OBL}$ だから，$\triangle\mathrm{BMP}=\frac{2}{3}\times\frac{1}{2}\triangle\mathrm{OBL}=\frac{1}{3}\triangle\mathrm{OBL}=\frac{1}{3}\times\frac{9\sqrt{3}}{2}=\frac{3\sqrt{3}}{2}$ となる。したがって，

図1

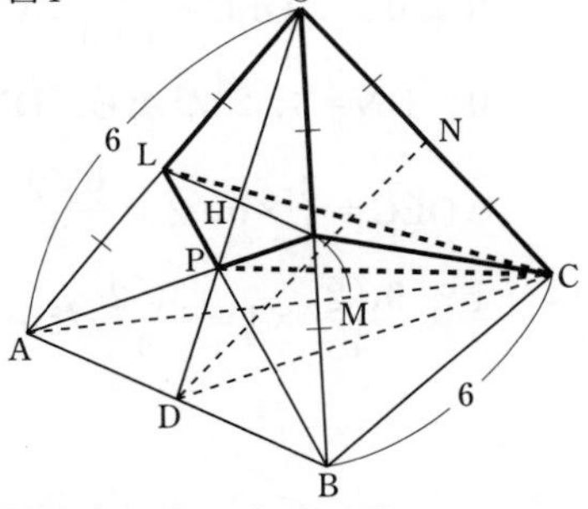

〔四角形 OLPM〕$=\frac{9\sqrt{3}}{2}-\frac{3\sqrt{3}}{2}=3\sqrt{3}$ となる。以上より，求める体積は，$\frac{1}{3}\times$〔四角形 OLPM〕$\times h=\frac{1}{3}\times3\sqrt{3}\times2\sqrt{6}=6\sqrt{2}$ である。

(2)<体積>右図2で，線分 MC と線分 NB の交点を Q，線分 NA と線分 LC の交点を R，線分 CP と線分 ND の交点を E とする。さらに，2点 Q，R を結び平面 ODC と線分 QR の交点を K とする。求める立体の体積は，(1)で求めた体積から立体 CNREQ の体積をひけばよい。立体 CNREQ は三角錐 Q-CNE と三角錐 R-CNE に分けられ，QK⊥〔平面 ODC〕，QK＝RK だから，この2つの三角錐の体積は等しい。ここで，図形の対称性より，(1)で，AP：MP＝BP：LP＝2：1だから，BQ：NQ＝AR：NR＝2：1となり，RQ // AB であり，$\mathrm{RQ}=\frac{1}{2+1}\mathrm{AB}=\frac{1}{3}\times6=2$ である。よって，$\mathrm{QK}=\mathrm{RK}=\frac{1}{2}\mathrm{RQ}=\frac{1}{2}\times2=1$ となる。また，△CNE を含む平面 ODC は右図3のようになる。点 P から線分 ND に平行な直線を引き辺 OC との交点を F とし，2点 O，E を結ぶ。ON＝CN だから，△CNE＝△NEO である。図形の対称性より，OP：DP＝AP：MP＝2：1であり，OF：NF＝OP：DP＝2：1だから，$\mathrm{OF}=\frac{2}{2+1}\mathrm{ON}=\frac{2}{3}\mathrm{ON}$ となり，PE：EC＝FN：NC＝(ON－OF)：ON$=\left(\mathrm{ON}-\frac{2}{3}\mathrm{ON}\right):\mathrm{ON}=\frac{1}{3}\mathrm{ON}:\mathrm{ON}=1:3$ である。これより，$\triangle\mathrm{OEC}=\frac{3}{1+3}\triangle\mathrm{OPC}=\frac{3}{4}\triangle\mathrm{OPC}$ である。$\triangle\mathrm{OPC}=\frac{2}{2+1}\triangle\mathrm{ODC}=\frac{2}{3}\triangle\mathrm{ODC}$ であり，(1)より，$\mathrm{DN}=3\sqrt{2}$ だから，DN⊥OC より，$\triangle\mathrm{ODC}=\frac{1}{2}\times6\times3\sqrt{2}=9\sqrt{2}$，$\triangle\mathrm{OPC}=\frac{2}{3}\times9\sqrt{2}=6\sqrt{2}$，$\triangle\mathrm{OEC}=\frac{3}{4}\times6\sqrt{2}=\frac{9\sqrt{2}}{2}$，$\triangle\mathrm{CNE}=\frac{1}{2}\times\frac{9\sqrt{2}}{2}=\frac{9\sqrt{2}}{4}$ となる。したがって，〔三角錐 Q-CNE〕$=\frac{1}{3}\times\frac{9\sqrt{2}}{4}\times1=\frac{3\sqrt{2}}{4}$ だから，求める体積は $6\sqrt{2}-\frac{3\sqrt{2}}{4}\times2=\frac{9\sqrt{2}}{2}$ となる。

図2

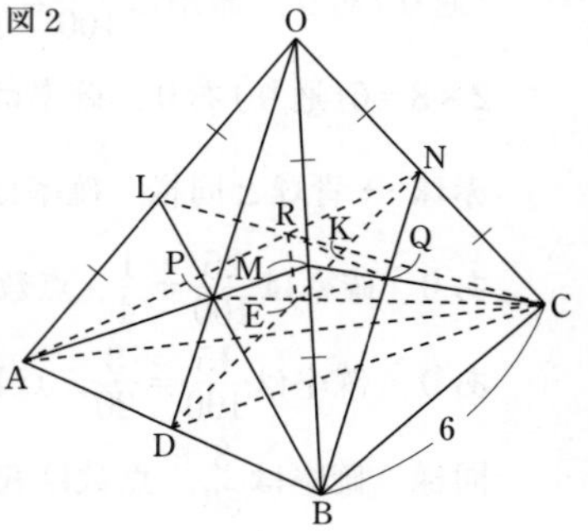

図3

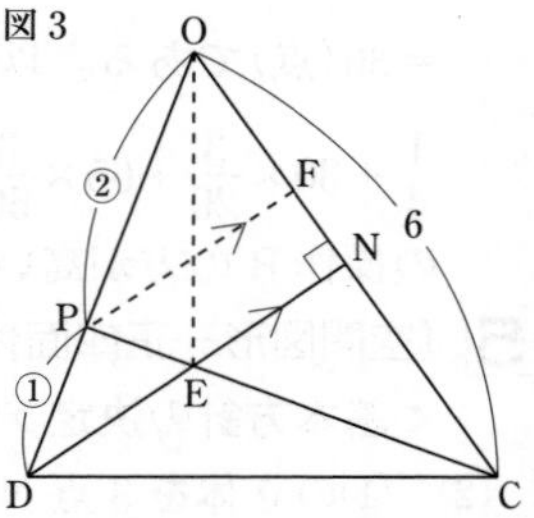

国語解答

一 問一　英語のスピーチなど流暢にできなくても，日本語による精密な思考や議論を通じて，人類が迫りうる最も深遠な理論や考察はできること。

問二　ファンを持っている。

問三　1…オ　2…ウ　3…イ

問四　A…ウ　B…エ　C…オ　D…ア

問五　②「日本人は日本語で科学を展開したがゆえに，これだけ多くの偉大な成果を得ることができた」という命題。

③ 韓国ではハングル優先で漢字を棄てたため，多くの同音異義語が区別できず，重要な知識や概念を失い，厳密な議論もできなくなったこと。

⑤ 独特の決まり表現が必要な皇族や王族関係の会や，言葉の間違いで国益を損ねる可能性のある外交交渉。

⑥ 英語で意味が理解できても，科学技術の知識として日本語表現することは別だということ。

⑪ 世界共通語としての英語の重みがますます大きくなっているように見えること。

問六　4　日本人は，なぜ日本語で科学をするのか

5　両者の意味はほとんど同じ

問七　益川敏英博士が海外でも著名であるにもかかわらず，二一世紀の文明社会において，海外に渡航したことがなかった希有な存在であり，人々が講演を待ちこがれる対象となったこと。

問八　英語ではなく日本語による科学表現を重要視する態度。(25字)

問九　ア　　問十　ウ

問十一　E…エ〔キ〕　F…キ〔エ〕

問十二　科学の大展開は異文化の衝突，混合により起こる場合が多いため，世界が平坦化し先鋭化した個性が消えた今，英語ではなく日本語で表現できるユニークな世界こそが創造的な科学を展開できるから。(90字)

問十三　ア…×　イ…×　ウ…×
エ…○　オ…○　カ…×

二 1　霊峰　2　貫徹　3　余韻
4　閣僚　5　枢軸　6　鎮魂
7　陪審　8　碁盤　9　羨
10　粘

一〔論説文の読解―自然科学的分野―科学〕出典：松尾義之『日本語の科学が世界を変える』。

≪本文の概要≫ノーベル賞受賞講演会における益川敏英博士の日本語でのスピーチは，科学においては英語よりも日本語の数学や物理学が大事だということを，改めて教えてくれた。日本人は江戸時代末期に，それまでの日本にはなかった文化や学問を必死に取り入れ，新たに言葉をつくりながら，近代としての日本語体系を築き上げ，創造的な科学を展開してきた。そして多くのノーベル賞受賞者を輩出する実力ある社会をつくり上げたので，日本は，英語で科学をする必要がないのである。また，養老孟司博士は，日本語で論文を書く必要性を説き，大沢文夫博士は，英語では決して表現できない日本語表現があると説いた。科学の大展開は，異文化の衝突や混合によって起こるケースが多いが，世界が平坦化し，先鋭化した個性が消えた今，世界の科学は急速につまらなくなっている。そのような時代に，日本語ゆえに表現できるユニークな世界を，科学という方法論で開拓していけるのは日本人だけである。日本の創造的な科学者にとって最大の武器は，日本語による思考なのである。

問一＜文章内容＞益川博士は，「英語のスピーチなど流暢にできなくても，日本語による精密な思考や議論を通じて，人類が迫りうる最も深遠な理論や考察はできる」ということを，ノーベル賞受賞講演を日本語で話すことによって，「改めて教えて」くれた。

問二＜文脈＞「日経サイエンス」の仕事に二五年間携わった「私」は，「科学に関して，日本語と英語の違い，共通点，ものの考え方の差など，実に多くのことを考えさせられた」ために，「たかが翻訳，されど翻訳」という感慨を持つようになった。

問三＜接続語＞１．「私たち日本人は日本語で科学することができる」が，「自然にそうなったわけ」ではない。　２．「日本語で科学や技術を展開した」から「ここまで日本の科学技術が大きく花開いた」ということの証明が「不能」であるので，それゆえ，本書における「日本語で科学や技術を展開したから」という記述は，「理由」を表しているのではなく，「他に選択肢のなかった事実のみを語っている」ということになる。　３．「ハングル優先で漢字を棄てて」しまった韓国のことを日本が「笑えない」理由は，歴史を顧みると，日本にも「日本語や漢字を棄てる」ことにつながりかねない「暴論」や「妄論」がたびたび出されたからである。

問四＜表現＞Ａ．日本人は「一五〇年前の江戸末期」という短い期間に，重点的に「必死になって」西欧文明を取り入れた。　Ｂ．現在の日本人は，近代につくられた日本語を使って「創造的な科学を展開」し，「多くのノーベル賞受賞者を輩出する実力ある社会を作り上げた」ので，大筋において「英語で科学をする必要がない」ということになる。　Ｃ．日本人は，技術の世界において，「ここ二〇年，従来存在しなかった」ような目ざましく優れた「新技術・新製品の大半を，日本から生み出して」きた。　Ｄ．「日本語で科学や技術を展開した」ことで「日本の科学技術が大きく花開いたとは言い切れない」のは，筋道を立てて証明することが「不能」だからである。

問五＜指示語＞②「日本人は日本語でしか科学をしてこなかった」のは「事実」だが，「日本人は日本語で科学を展開したがゆえに，これだけ多くの偉大な成果を得ることができた」といえるかどうかの「命題」は，いくら追いかけても証明できない。　③「韓国ではハングル優先で漢字を棄ててしまった」ために，「多くの同音異義語が区別しきれなくなり，重要な知識や概念」を失い，さらに「厳密な議論もできなくなった」という「もったいない話」は，「私の立てた問題を考える際」の「反例」である。　⑤「独特の決まり表現が必要」な「皇族や王族関係の会」や，「一つ言葉が違えば国益を損ねること」にもつながる「外交交渉」などの「修羅場」で，長井さんのような同時通訳者は，仕事をしてきた。　⑥科学技術用語としての「プロデュース」という英語は，免疫学では「産生する」という日本語にしなければならないように，「英語で意味は理解できたとしても，科学技術の知識として日本語表現することは別だ」ということを，長井さんは「きちんとわかる人」であった。　⑪「科学の大展開は，異文化の衝突，混合によって起こる」ことが多いので，「世界共通語としての英語の重み」が「ますます大きくなっている」ことは，科学にとって必ずしも「よいこと」とは限らない。

問六＜文章内容＞４．長年，科学の分野で「日本語と英語の間に身を置いて」きた「私」は，「なぜ日本人は日本語で科学するのか」というテーマを常に問い続けた。それゆえ，益川博士が日本語で科学を語る「気持ち」もわかる。　５．「陽子」と「プロトン」，「電子」と「エレクトロン」，「細胞」と「セル」は，それぞれ意味がほとんど同じというのが「暗黙の了解事項」かもしれないが，言葉が違うのに「同じはずはない」のである。

問七＜文章内容＞世界に名前を轟かすほどの研究者であるにもかかわらず，「地球上を航空機が飛び交う二一世紀文明社会」において，益川博士は一度も「海外渡航」したことのない「希有」な存在だったので，海外の多くの物理学者は「益川博士の講演を好奇心たっぷりで待ちこがれて」いた。

問八＜文章内容＞「日本語で科学を語ること」に全力で取り組む養老博士も，日本語表現には「英語では表現しきれない概念がある」と語った大沢博士も，ともに「日本語による科学表現の重要性」を認識していた。

問九＜語句＞「含蓄」は，表面に表れない深い意味や豊かな味わいのこと。

問十＜語句＞「なおざり」は，きちんと取り組まずにいいかげんにするさま。

問十一＜文章内容＞「消化」は，ここでは，よく理解して自分のものにすること。「昇華」は，事物が一つ上の状態に高められること。多くの人々に受け入れられる「クオリア」のような「よい言葉」は，外国語であっても「どんどん日本語に」取り込んで，自分のものとして(…Ｅ)，高めていけばいい(…Ｆ)。

問十二＜文章内容＞「科学の大展開は，異文化の衝突，混合によって起こるケースが多い」のであるが，「世界が平坦化して，先鋭化した個性が消えた」現在は，「混ざり合うもの」が非常に少なくなっている。このような「科学の大展開」が起こりにくい今だからこそ，英語ではなく，「日本語ゆえに表現できるユニークな世界」を「科学という方法論」で，日本人が創造的に開拓していくべきなのである。

問十三＜要旨＞日本人が「創造的な科学を展開」し，「多くのノーベル賞受賞者を輩出する実力ある社会」を築き上げられたのは，「江戸末期」という一時期に「必死になって西欧文明」を取り入れ，それまで日本文化に存在しないものについては，「新たに言葉」をつくるなどしながら，「学問や文化や法律などあらゆる分野」について「近代としての日本語(知識)体系」をつくり上げたことによる(オ…○)。しかし，「日本語で科学や技術を展開した」という理由で「日本の科学技術が大きく花開いた」ということは，「証明不能」である(ア…×)。「いくら英語ができても科学はわからない」ことについては，科学技術分野の通訳の例を挙げることができ，例えば「プロデュース」という語は，免疫学の分野の用語としては，単に「つくる，生み出す」と訳すのではなく，「産生する」という日本語にしなければならない(カ…×)。また，科学者は「みんなそれぞれの母国語で何らかの形の科学を展開」しており，ヨーロッパ言語系は，「ゲルマン系」としての「共通性」があり，ラテン語系にも「別の共通性が見られる」が，「日本をリーダーとする漢字文化圏の科学は，まったくの別世界」なので，日本語の持つ「ユニークさは大切」であるし，「売り」ともいえる(イ…×)。さらに，大沢博士は，「生き物らしさ」という日本語は，「生物のような」という意味ではなく，「生物の生物たる根本の欠くことのできない必須条件でありながら，ある種のしなやかな漠然とした一面も含んだ特徴」と述べ，「生き物らしさという日本語表現は，英語では決して表現できない」と説いた(ウ…×)。私たちは，「少なくとも日本の創造的な科学者にとって，英語は必要ではあっても十分な武器ではない」ということを認識したうえで，「日本語による思考」を重視し，英語にはない「日本語ゆえに表現できるユニークな世界」を，「科学という方法論」で展開していくべきである(エ…○)。

二〔漢字〕

1．信仰の対象として神秘的な尊さを備えている山のこと。　2．考え方や方針などを貫き通すこと。　3．音が鳴り終わった後にかすかに残る響き，また，物事が終わった後も残る味わいや風情のこと。　4．内閣を構成している各大臣のこと。　5．活動の中心となる重要な部分のこと。6．死者の霊を慰めてしずめること。　7．一般市民が裁判の審理に参加すること。　8．囲碁を打つための平面の盤のこと。　9．人の優れているところや恵まれた状態を見て，自分もそうなりたいと思う，という意味。　10．音読みは「粘着」などの「ネン」。

2023年度 明治大学付属明治高等学校

【英　語】（60分）〈満点：120点〉

（注意）　リスニング問題は放送による問題で，試験終了20分前に開始します。

■リスニングテストの音声は，当社ホームページで聴くことができます。（当社による録音です）

再生に必要なIDとアクセスコードは「収録内容一覧」のページに掲載しています。

1　次の英文の内容に合うように，（１）～（８）に入る最も適切な動詞を語群よりそれぞれ１つ選び，必要があれば適切な形（１語）に直して答えなさい。ただし，語群の語は１度ずつしか使えない。

A man (　1　) at the open door of a helicopter, around 2,000 meters above the ground. On his back is a jet-powered "wing." He starts his four engines and then jumps from the helicopter, diving toward the ground at great speed. The man arches his back to stop the dive, and now he's (　2　)! This is not a scene from an action movie — it's just another day for the Jetman, Yves Rossy.

"I really have the feeling of (　3　) a bird," says Rossy. He has little equipment and no controls to help steer the wing. He changes his direction simply by (　4　) his body. "It's really pure flying. It's not steering, it's flight." He only has two instruments — one to (　5　) him the current height and another to (　5　) him how much fuel he has.

It's a different world from Rossy's previous career as an airline pilot — but safety is still important. If something (　6　) wrong, Rossy has two parachutes for himself and another for his wing. If one engine stops, he can continue on three or even two. "So plan B, always a plan B," explains Rossy.

After just less than ten minutes, the fuel is almost empty. Rossy opens his parachute, and he begins to (　7　) gently to the ground. Another successful flight is complete. In the future, Rossy hopes to (　8　) this kind of flight safer, and as he says, "I hope it will be for everybody."

[be / fall / fly / go / jump / make / move / stand / tell]

2　次の各英文の下線部①～④のうち，文法的に誤りのある箇所を１つ見つけ，例にならって答えなさい。

（例）　Mr. White ①are teaching English ②in ③this room ④now.
　　　答え：[①→is teaching]

(1)　Leaflets for ①the upcoming performance ②are ③ready to ④give out to visitors to the theaters.

(2)　The world's longest pedestrian bridge opened in a geopark in northern Portugal, and ①the local people hope that ②it will increase tourism, ③that ④has been hurt by the COVID-19 pandemic.

(3)　①Now that wearing masks has become the norm, ②some people feel ③embarrassing and uncomfortable to go out ④with a bare face without a mask.

(4)　Tom called his colleagues this afternoon and said that he was sorry ①not for ②being able to do ③anything more to ④help them with the project.

(5)　According to a study, coffee can lower the risks of ①dying from any cause by 10 percent — except cancer — among ②them ③who ④drink two or three cups of coffee every day.

3　次の英文の内容に合うように，［　］内の語（句）を適切に並べ替え，３番目と５番目にくるものを，それぞれ番号で答えなさい。

【夏休みを利用した博物館でのアルバイト。Paulは展示装飾部門をAnnaとともに担当。彼の仕事ぶりも評価されてきた矢先，地域に住む富豪Mrs Gilbertsonが貸与し，同館で展示されていた高価な品が盗難被害に遭う。疑われ始めたPaulは，あるとき職員に呼び止められ…】

I followed the curator into the little room and he sat down behind his desk. He pointed to another chair and I sat down as well.

"Anna tells me you are doing some good work on the new displays," said Mr Balfour, "I'm glad."

I smiled ①[1. to look　2. pleased　3. tried not　4. myself　5. with　6. and　7. too]. "I like Anna," I said, "We work well together."

"I gave you ②[1. because　2. the right person　3. the job　4. be　5. for it　6. you　7. seemed to]," he said. "Also, Mrs Morgan knows you and says you're an honest young man."

"I'm honest, yes," I agreed with him. "Perhaps ③[1. times when　2. in　3. have　4. been　5. there　6. trouble　7. I've been], but I'm honest."

He looked thoughtful for a moment, then said, "The police were asking a lot of questions about you. They were worried because the Gilbertson necklace was stolen only two weeks after you came here. They also ④[1. the first thing　2. to be　3. from　4. the museum　5. it's　6. know　7. stolen]. They think it's odd."

⑤[1. anger　2. face　3. feel　4. getting　5. my　6. I could　7. hot with].

"I didn't steal it, Mr Balfour," I said as calmly as I could.

He looked at me carefully. "No, I don't think you did, Paul," he said. "I just thought you should know they suspect you."

4　次の英文の（ア）～（オ）に入る最も適切な語をそれぞれ１つ選び，番号で答えなさい。

Falling Birthrate

Current trends show the size of families is changing, impacting societies worldwide. Women are marrying (ア), and couples are waiting longer to have children. And the longer couples wait to have children, the fewer children they have.

Two key factors that impact family size are the education and the employment of women. Studies show that the more education women get, the smaller families they have. Moreover, the longer women stay in school, the better their (イ) for employment get. Working women are (ウ) likely to marry young and have large families.

In addition to the falling birthrate, there is a rising life expectancy. With people living longer and longer, families are going to have to face the challenges posed by an aging population. The longer people live, the more care they (エ). Traditionally, children have cared for their elderly parents at home. However, the more the birthrate falls, the harder the future may be for the elderly. With fewer children, families may (オ) it more and more difficult to care for their older members.

ア	1	sooner	2	later	3	before	4	after
イ	1	opportunities	2	places	3	scores	4	prices
ウ	1	more	2	a little	3	less	4	a lot
エ	1	recover	2	require	3	represent	4	report
オ	1	get	2	have	3	make	4	find

5 次の会話文の(ア)～(カ)に入る最も適切なものをそれぞれ1つ選び，番号で答えなさい。ただし，選択肢は1度ずつしか使えない。

Aldo : Oh, no ! I could kick myself !

Sofia : About what ?

Aldo : You know how much I've been wanting to learn Spanish, right ? Look at this great system. (ア) Well, until yesterday, that is.

Sofia : Oh, come on. Don't fall for that. You can't learn a language while you sleep.

Aldo : I don't know. They say it's based on brain science. And it's risk-free. You get your money back if you don't learn. So it must be true.

Sofia : Oh, Aldo. (イ) Think about how long it took you to learn English.

Aldo : But you're comparing apples and oranges. Learning Spanish is a whole lot easier than learning English for Italian speakers like me.

Sofia : That's debatable. (ウ) But whatever. Any new language takes plenty of study and practice.

Aldo : I know. But I hate being forced to learn grammar. In this method I don't think you have to.

Sofia : Sorry. There are no two ways about it. Learning a language takes work. . . . (エ) I'll teach you Spanish myself ! Between now and the end of the year, we'll have dinner together a couple of evenings a week. We'll converse in Spanish. You'll learn fast.

Aldo : (オ) I'd be willing to pay you for the lessons.

Sofia : No way. Just make me a nice Italian dinner on those nights, and we'll call it even. It'll be fun !

Aldo : Dinner ? (カ) I'd be making that anyway. . . . Sofia, this is really generous of you.

Sofia : Well, you've done me a bunch of favors at work. I figure I owe you one !

1 Tell you what.
2 No problem !
3 You really mean it ?
4 I could have gotten for half price.
5 That's just wishful thinking.
6 Not everyone would agree with that.

6 次の英文を読み，あとの問いに答えなさい。

[ア] If a shirt is torn or a coffee machine breaks, you throw it away. The problem is that countries around the world have growing mountains of trash because people are throwing out more trash than ever before. For example, in the United States, the amount of trash per person more than doubled from 1960s to 2014.

[　イ　] First of all, it is now easier to replace an item than to spend time and money to repair it. Thanks to modern manufacturing and technology, companies are able to produce items quickly and inexpensively. Products are plentiful and prices are low, so we would rather buy something new than repair it. Even if we did want to repair something, many items — from toasters to TVs — are almost impossible to repair. These products contain many tiny, complicated parts. Some even contain small computer chips. It's easier to throw these items away and buy new ones than to fix them.

[　ウ　] As busy people, we are always looking for ways to save time and make our lives easier. Why should we use cloth kitchen towels? It is easier to use a paper towel once and toss it out. Companies manufacture thousands of different kinds of disposable items: paper plates, plastic cups, cameras, and razors for shaving, to name a few. Because these products aren't designed to last, companies know that consumers will have to replace them, buying them over and over again. "What's wrong with that?" you ask. The problem is that disposable products are contributing to our trash problem.

[　エ　] We are addicted to buying new things. As consumers, we want the latest clothes, the best TVs, and cell phones with the newest features. Companies tell us to buy, buy, and buy. Advertisements persuade us that newer is better and that we will be happier with the latest products. The result is that we throw away useful possessions to make room for new ones. In the U.S., when consumers get rid of electronics, 70 percent of them go to a dump. Only about 30 percent of electronics are recycled.

[　オ　] Dumpsites are mountains of garbage that just keep getting bigger. To decrease the amount of trash and to protect the environment, more governments are requiring people to recycle materials such as paper, plastic, and glass. However, only a small portion of what can be recycled is actually recycled. For example, in the United Kingdom, only 43 percent of household trash is actually recycled. Even though recycling helps, it's not enough to solve our problem of too much trash.

[　カ　] First, we need to repair our possessions instead of throwing them away. As consumers, we should think about how to fix something to make it last. Furthermore, we need to rethink our attitudes about spending. Do we really need the latest clothing styles when our closets are full of clothes? Repairing our possessions and changing our spending habits may be the best way to reduce the amount of trash and take care of our environment.

(1) 次の英文のうち，本文中の[ア]～[カ]に入る最も適切なものをそれぞれ1つ選び，番号で答えなさい。

1 All around the world, we can see the results of this throwaway lifestyle.
2 Another contributing factor is our love of disposable products.
3 How did we become a throwaway society?
4 In our modern world, when something wears out, we throw it away and buy a replacement.
5 Maybe there is another solution.
6 Our appetite for new products also contributes to the problem.

(2) 次の英文のうち，本文の内容に合うものを1つ選び，番号で答えなさい。

1 There are many reasons for becoming a throwaway society. Some are technological, others are about our own mental attitude.

2 The amount of garbage which can be recycled is increasing in most parts of the world.

3 To recycle products is a more effective way to reduce the amount of trash than to repair things.

4 When our closets are full, we easily lose our interests to buy more.

7 次の英文を読み，あとの問いに答えなさい。

As the Japanese yen gets higher and higher, more Japanese businessmen are buying land and companies in America. They are so cheap compared with those in Japan. [A], a Japanese motor tire company bought a factory of an American tire company. It was losing a lot of money each year. Originally, there were a thousand workers. Now there were only six hundred. Four hundred had lost their jobs. That was four years ago. What happened when a Japanese company bought the old tire factory ? You can find out by reading this story. It is written in the *imaginary words of Bob Roberts. He's not a real person but he could be. Well, let's hear (a) Bob Roberts has to say.

Yes, my tire company was in a very bad way. I was very worried that I was going to lose my job. We only produced 700 tires a day and we were losing money. Then we heard that the factory had been bought by a big Japanese company. Actually, we were not very happy when we first heard the news. We thought we'd have to work with very few holidays. I think that's (a) Japanese do. When the Japanese businessmen arrived, they had a meeting with our *labor union men. It went very badly with a lot of angry words. Finally our union boss shouted, "We must work OUR way. Please get out of the room right now !" Not only did the Japanese businessmen leave the room, but they flew all the way back to Tokyo !

We were very angry with our union boss. We wanted to keep our jobs and we knew that Japanese business methods had worked very well in other American companies. [B], the union leader wrote to Tokyo to say he was very sorry he had *lost his temper. He apologized and hoped the Japanese would come back again. This time he promised to be friendly.

When the Japanese businessmen came back, they were very polite. They didn't talk about that bad meeting. Of course there were many changes in the factory but (ア)they were changes for the better. For a start all the four hundred workers who had lost their jobs were given their old jobs back again. This created a very good feeling. Even our union leader, who had been very rude, agreed that the Japanese managers were the best.

Also we didn't have to work as hard as we had thought. At great cost the best and newest *machinery was put into our factory. As a worker I can tell you it's much better to operate new machinery. It's more enjoyable, safer and makes you feel better. [C], you can produce more without working harder. Under the old system we only used to make 700 tires a day. Now we make 3,000 ! In a way, I suppose we do work harder. We have a lot of overtime. But when we are paid an extra $20 an hour overtime, we are happy. I know my wife is. We have moved into a bigger house and my two children will soon be going to college. In the old days I would never have been able to think of such a thing. My wife also says she even enjoys shopping more. Why ? Because the Japanese have imported a lot of cherry trees from Tokyo. They have planted these cherry trees along the shopping mall and in the park. We even have our own cherry blossom drinking parties and picnics ! I think that is a very nice Japanese custom indeed.

Another thing that we American workers like, is, (b) our ideas seem important to the Japanese. Our American bosses never used to ask us about our ideas. "You are paid to work, not to think" was their attitude. Now we often have meetings with our Japanese managers. We can make suggestions and have ideas on how to make the business better. The Japanese always happily agree with us . . . even if they sometimes do nothing about it. Often they (イ)<u>do</u>. For example, they were going to build another tire factory costing $70 million. It would have been built in another town far away. We didn't like this because we wanted our friends and relatives to have good jobs in the new factory too. We wanted it in our town. [D], the Japanese managers didn't like our idea as they had already made their plans. Finally, to our great happiness, the head office in Tokyo agreed to build the new factory right beside the old one. The American company would never have listened to our ideas in the first place. They certainly would never have changed their plans to please us.

Actually, the Japanese don't meet us much after work. I have one friend Hiroshi Saito. He said it was the same with American business *executives in Tokyo who spent most of their time in the American Club. [E], the Japanese tend to just have social meetings together. Hiroshi says they actually want to be friendly. But most of them don't speak English very well. Well, I expect (b) too will change in time. All I can say is that the Japanese are very welcome in the United States as far as I'm concerned.

This *fictional account is based on a true case with very few changes. Maybe YOU might be a Japanese manager posted to America one day. Please study English hard then you can have a much more enjoyable time.

（注） imaginary 想像上の　labor union 労働組合
lose one's temper 腹を立てる　machinery 機械
executive 重役　fictional 架空の

(1) 本文中の [A] ～ [E] に入る最も適切な語(句)を選択肢から選び，番号で答えなさい。ただし，選択肢は１度ずつしか使えない。

1 At last　2 Anyway　3 For instance
4 Instead　5 Also　6 At first

(2) 本文中の（ａ）（ｂ）に入る最も適切な語をそれぞれ答えなさい。

(3) 本文中の下線部(ア)が示す内容は次のうちどれか。最も適切なものを選択肢から選び，番号で答えなさい。

1 all the four hundred workers
2 many changes in the factory
3 Japanese business methods
4 the Japanese businessmen

(4) 本文中の下線部(イ)が示す内容は次のうちどれか。最も適切なものを選択肢から選び，番号で答えなさい。

1 happily agree with us
2 build another tire factory
3 do something about it
4 make suggestions

(5) 本文の内容に関する各問いに対する答えとして最も適切なものを選び，番号で答えなさい。

① How many more tires were produced after the Japanese company put new machinery into the factory ?

1 700. 2 3,000. 3 2,300. 4 Not mentioned.

② What was the thing that the American workers liked about the Japanese managers ?

1 The Japanese didn't change plans according to their ideas.
2 The Japanese planned to build a new factory costing $70 million.
3 The Japanese talked the head office in Tokyo into building a new factory in another town.
4 The Japanese listened to their ideas and changed their original plan.

③ Why didn't the Japanese meet the American workers much after work ?

1 They spent much time in the American Club.
2 They had difficulty with English.
3 They liked to spend much time with their families.
4 They were not much welcome in the American society.

リスニング問題

8 アメリカ人のMeg(女性)とTodd(男性)の会話を聞き，以下の文章(1)～(4)に入る語を答えなさい。( )に入る語は1語です。放送は1回です。

The man has lived in several countries in the world. He started traveling after (1). He lived in England for one year, in Thailand for (2) years and in Japan for fifteen years. In order to work in England, he got a work visa. He found a job at a pub and worked there for six (3). When he started living in England, he thought it was interesting that he could not understand the language there. He really enjoyed life in England, but there was one thing that he didn't like. It was the (4).

9 Dave(男性)とMaria(女性)の会話を聞き，その内容を表す文となるように適した選択肢を番号で答えなさい。放送は1回です。

(1) Dave wants to work ( ) in the future.

1 for a computer industry
2 at a restaurant
3 for a company around this area

(2) Maria thinks that her major is ( ).

1 useful for her future career
2 important to get a job using French
3 not good to get a job

(3) Maria doesn't have to pay for college because ( ).

1 her parents gave her enough money
2 she got a scholarship
3 a computer company offered her college fee

(4) Dave thinks that ( ).

1 people at the company are funny
2 the pay at the restaurant isn't good
3 he is basically satisfied with his part-time job

10　ある女性に関するニュースを聞き，その内容を表す文となるように適した選択肢を番号で答えなさい。放送は１回です。

(1) Beverly Johnson is famous (　　　　).
1　for becoming a designer at the age of 69
2　as the first black woman who broke through the racial barrier
3　for appearing on thousands of covers of magazines

(2) To walk the fashion runways this year, (　　　　).
1　Beverly lost weight
2　Beverly started a campaign for black women
3　Beverly practiced walking as a model

(3) According to Beverly, the fashion industry has shown (　　　　).
1　more diversity
2　the disagreement with discrimination
3　the respect of different cultures since the 1970s

(4) This year Beverly found that younger models are (　　　　).
1　almost as tall as her
2　much taller than her
3　smaller than her

11　ニュースを聞き，その内容を表す文となるように適した選択肢を番号で答えなさい。放送は１回です。

(1) A cheese-rolling race is going to be held (　　　　).
1　on a steep hill　　2　in a flat open field　　3　indoors

(2) Some people think the race is quite dangerous because (　　　　).
1　nobody helps the participants slow down
2　participants run with rugby members
3　many participants get hurt

(3) To watch the race, thousands of people (　　　　).
1　sit in front of the TVs
2　come to Brockworth
3　travel to London

(4) This year there (　　　　).
1　is an uphill race for men
2　are two races for women
3　is a safe race for children

＜リスニング問題放送台本＞

8　アメリカ人のMeg(女性)とTodd(男性)の会話を聞き，以下の文章(１)～(５)に入る語を答えなさい。(　)に入る語は１語です。放送は１回です。

Meg：Hey, Todd. I know you've traveled a lot. What countries have you lived in?

Todd：I've lived in three countries. I've traveled to many, many countries. But I've actually lived in three. I lived in England for one year. I lived in Thailand for four years. And I have lived in Japan for 15 years.

Meg : Wow. So when you lived in England, why did you live there ?

Todd : It was the first country I traveled to after college. And I had a work permit, a work visa for one year. And I worked at a pub restaurant, which was great. It was in the countryside. And I really enjoyed it. And then I did that for six months. I lived near Cambridge. So, I was near Cambridge University. And then after that I moved to London. And again, I worked at a restaurant. And I lived in London and just worked.

Meg : Wow. So it was after college.

Todd : It was fun. And interestingly, when I went to England, I could not speak English. So, I could not understand British people. It took me maybe two months before I could understand their English. So it was very, very difficult to understand British people when I first moved there.

Meg : Ah, so you liked it.

Todd : I did like England. It was fun. It was my first country. But the weather was cold for me. I'm from California, and California in the United States is very warm. So I didn't like the weather. But that's okay because all British people don't like the weather, too.

9 Dave(男性)とMaria(女性)の会話を聞き，その内容を表す文となるように適した選択肢を番号で答えなさい。放送は1回です。

Maria : Oh, hi Dave. Long time, no see !

Dave : Hi Maria. I was in the neighborhood, so I thought I'd drop by.

Maria : Come on in. ［*Thanks.*］ Take a seat. Would you like anything to drink ? I have Sprite or orange juice.

Dave : Sprite would be fine. Uh, so, how have you been ?

Maria : Oh, not bad. And you ?

Dave : Oh, I'm doing okay, but school has been really hectic these days, and I haven't had time to relax.

Maria : By the way, what's your major anyway ?

Dave : Hotel management.

Maria : Well, what do you want to do once you graduate ?

Dave : Uh . . . I haven't decided for sure, but I think I'd like to work for a hotel or travel agency in this area. How about you ?

Maria : Well, when I first started college, I wanted to major in French, but I realized I might have a hard time finding a job using the language, so I changed majors to computer science. ［*Oh.*］ With the right skills, landing a job in the computer industry shouldn't be as difficult.

Dave : So, do you have a part-time job to support yourself through school ?

Maria : Well, fortunately for me, I received a four-year academic scholarship ［*Wow*］ that pays for all of my tuition and books.

Dave : Wow. That's great.

Maria : Yeah. How about you ? Are you working your way through school ?

Dave : Yeah. I work three times a week at a restaurant near campus.

Maria : Oh. What do you do there ?

Dave : I'm a cook.
Maria : How do you like your job ?
Dave : It's okay. The other workers are friendly, and the pay isn't bad.

10 ある女性に関するニュースを聞き，その内容を表す文となるように適した選択肢を番号で答えなさい。放送は１回です。

Many years ago, Beverly Johnson was one of the original "supermodels." She walked on the runways of fashion shows around the world.

Today, Johnson is 69 years old. She is not letting her age stop her from walking the runways again. She has a simple answer for why she decided to return to the fashion world during New York Fashion week: She was asked to.

Johnson, a writer and businesswoman, helped to break barriers for other Black women in the modeling industry. In 1974 at the age of 22, she appeared on the cover of the American *Vogue* magazine. This made her that magazine's first Black cover model. She had great success in her modeling career. She became a sought-after face for many years, appearing on the covers of hundreds of magazines.

During this year's Spring New York Fashion Week, Johnson walked the fashion runways for designers Sergio Hudson and Bibhu Mohapatra. She was the last model to walk in the Mohapatra show on February 15. The crowd clapped and cheered when they recognized her.

She wore a white, floor-length dress, called a gown, with a dramatic black cape. She said that she needed a little practice before the show to get the runway walk right.

"After I took that walking lesson, I was fine. It's a wonderful, beautiful experience," Johnson told The Associated Press after the show.

She said she is moved by today's push for more diversity and respect of different cultures in the fashion industry.

"All of the models were models of color in honor of Black History Month," Johnson said as she started to cry. "In 2024, it will be my 50th anniversary of that historic cover of being the first Black woman to grace the cover of American Vogue," she added.

Johnson said Sergio Hudson is a Black designer who is becoming very successful in the fashion industry. "It's just wonderful to see this."

When Johnson was first coming up in the fashion industry in the 1970s, she said she did not see this kind of representation by Black designers or models.

Johnson said she enjoyed spending time with the younger models during this year's New York Fashion Week. She found them "beautiful, elegant, and wonderful."

She noted one big difference between them and her. And it was not their ages. "The girls are much taller." In the Hudson show, she said, no model was under 1.8 meters. Back when she was modeling, she said, 1.5 meters was tall enough.

11 ニュースを聞き，その内容を表す文となるように適した選択肢を番号で答えなさい。放送は１回です。

A famous cheese-rolling race that takes place on a steep hill in England returns on Sunday, after a two-year delay caused by the coronavirus pandemic.

The event is held in the town of Brockworth. It was first recorded in 1826. It involves competitors chasing a four-kilogram round of Double Gloucester cheese down a 200-meter hill.

The rolling cheese reaches speeds of 100 kilometers per hour. The first person to make it down the hill is the winner. Most of the cheese chasers fly head over heels down the hill.

Members of the local rugby team wait at the bottom as "catchers" to help people slow down. Emergency medical workers are nearby in case of serious injuries. Some people say the event is too dangerous because of the number of injuries people receive.

The event is now famous as an "extreme sport." It has been broadcast on television around the world. Thousands of people who want to watch make the trip to Brockworth, which is about 160 kilometers west of London.

Max McDougall lives nearby. He was the winner in 2019. He was not able to defend his championship the following year because of the pandemic.

This year, there are three men's races, a women's race, and a safe children's race, which is an uphill run.

At the end, the winner gets to eat the special prize: a huge piece of cheese.

【数　学】（50分）〈満点：100点〉

（注意）1．解答は答えだけでなく，式や説明も解答用紙に書きなさい。（ただし，**1** は答えだけでよい。）

2．無理数は分母に根号がない形に表し，根号内はできるだけ簡単にして表しなさい。

3．円周率は π を使用しなさい。

4．定規・分度器・コンパスは使用できません。

1　次の □ にあてはまる数や式を求めよ。

(1) $\begin{cases} \sqrt{2}x+\sqrt{7}y=3 \\ \sqrt{7}x-\sqrt{2}y=-6 \end{cases}$ のとき，$y-x=$ □ である。

(2) 最大公約数が7で，最小公倍数が294である2つの自然数がある。この2つの自然数の和が119であるとき，2つの自然数のうち大きいほうの数は □ である。

(3) ある生徒が地点Aを出発し，地点B，Cを経由して地点Dに向かう。AからBまでは時速8km で走り，BからCまではAからBの速さより x％速く走り，CからDまではBからCの速さより $2x$％遅く歩く。CからDまでの2km の道のりを24分間で歩いたとき，$x=$ □ である。ただし，$x>0$ とする。

(4) 傾きが正の直線 l と半径 $\sqrt{3}$ の円 C があり，ともに原点Oを通っている。l と C は放物線 $y=x^2$ 上で2点で交わりながら動き，その交点のうちOと異なるほうの点をAとする。線分OA の長さが最大となるときのAの座標は □ である。

(5) 次のデータは6人の生徒が反復跳びをしたときの回数を調べたものである。

40，47，50，52，$50-x$，$50+x$　（単位　回）

このデータの四分位範囲が8回であるとき，$x=$ □ である。ただし，x は50以下の自然数とする。

2　次の各問いに答えよ。

(1) $x^2-4y^2-10x+25$ を因数分解せよ。

(2) 次の2つの方程式①，②がともに成り立つような x，y の組をすべて求めよ。

$x^2-4y^2-10x+25=0$……①，　$x^2+x-6-2xy+4y=0$……②

3　右の図のように，関数 $y=\frac{1}{2}x^2$ のグラフ上に3点A，B，Cがあり，それぞれの x 座標は，$-\frac{3}{2}$，1，$\frac{5}{2}$ である。また，点Dは△ABC＝△ABD を満たす $y=\frac{1}{2}x^2$ 上の点で，x 座標は $-\frac{3}{2}$ 未満である。このとき，次の各問いに答えよ。ただし，原点をOとする。

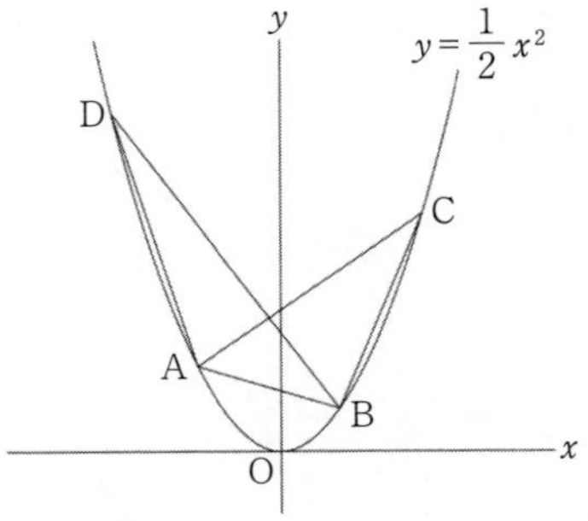

(1) 点Dの座標を求めよ。

(2) △ABC と△ACD の面積の比を最も簡単な整数の比で表せ。

(3) 2直線OC，OD をひき，線分OC，OD 上にそれぞれ点P，Qをとる。点Pの x 座標が2で，△OPQ：△OCD＝1：3のとき，点Qの座標を求めよ。

4 　右の図のように，$\angle A = 90°$ の直角三角形 ABC がある。Aから辺 BC に垂線をひき，その交点をDとし，△ABD，△ACD の内接円の中心をそれぞれP，Qとする。$BC = a$，$CA = b$，$AB = c$，△ABC の内接円の半径を r とするとき，次の各問いに答えよ。ただし，三角形の内接円とは，その三角形の３辺すべてに接する円のことである。

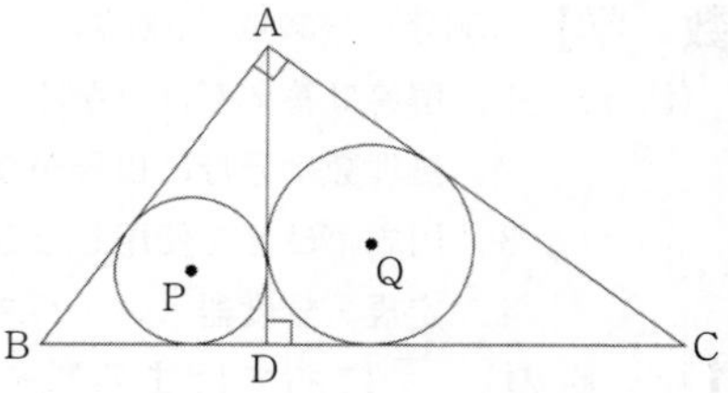

(1)　r を a，b，c を用いて表せ。

(2)　△ACD の内接円の半径を a，b，r を用いて表せ。

(3)　線分 PQ の長さを r を用いて表せ。

5 　右の図のように，１辺の長さが6の正四面体 ABCD の辺 AB，AC，BD 上にそれぞれ３点P，Q，Rがある。$AP = 1$，$AQ = 2$，$BR = 3$ であるとき，次の各問いに答えよ。

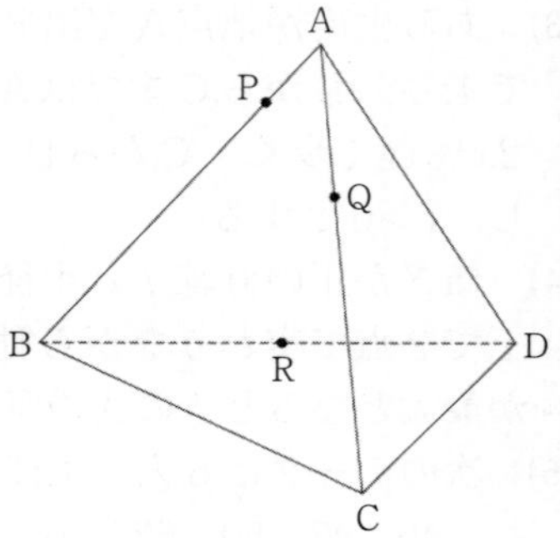

(1)　線分 PQ の長さを求めよ。

(2)　線分 PR の長さを求めよ。

(3)　３点P，Q，Rを通る平面と辺 CD との交点をSとする。このとき，線分 CS の長さを求めよ。

エ　入園式から半年が経ち、うちの子もすっかり幼児らしい表情が板についてきた。

問十一　文中の G ～ K のうち、他の四か所とは異なる言葉が入るものを選び、記号で答えなさい。また、あてはまる言葉を答えなさい。

問十二　——部⑦「マネキン人形が並んでいるに過ぎない」とはどういうことか答えなさい。

問十三　文中の L にあてはまる内容を考え、十一字以内で答えなさい。

問十四　次のア～キのうち、本文の内容に関する説明として適切なものには「○」を、不適切なものには「×」をつけなさい。ただし、全て同じ記号の解答は無効とします。

ア　謡曲の基礎を教える点において、祖父より優れている叔父を筆者は評価しつつ、芸術家を輩出することができない日本の教育の欠点をそこに見ている。

イ　衣服の機能として、肉体的な実用性に加え、他者からどのように見られるかという観点で、材質や色、柄を見極めるセンスこそが今日的には重視されていると筆者は考えている。

ウ　きものは自分の型を自由につくることができる点で心を落ち着かせる効果を持つが、一方で、日常のささいな事に追われる人々にとっては手間のかかる代物で、かえって時間に束縛されてしまう。

エ　衣服を身につけることと同じように、他者の真似をしても自分の文体や独自の言語表現が確立しないということを筆者は強調している。

オ　制服はあらかじめ型ができあがっている服であるが、着くずすことによってパーソナル・イメージの表現方法の代表格となりうる。

カ　文化とは血肉にしみこんではじめて文化たりうるもので、日本の場合は、きものを繰り返し着る習慣を通して〈型をつくる〉ことを身につけてきた人間の存在と不可分な関係にあると筆者は考えている。

キ　〈着こなし〉とは、たとえば仕立ての段階で肉体的に不要と判断されて切りすてられてしまう部分をうまく生かすことであり、そこに着る者の精神があらわれる。

二　次の1～10の文中の（カタカナ）を漢字で書きなさい。

1　（ユウズウ）をきかせる。
2　（ヒヨク）な土地が広がる。
3　（テイネイ）な言葉づかい。
4　物資を（トウサイ）した車。
5　運命に（ホンロウ）される。
6　手紙を（ビンセン）に書く。
7　（ゼンボウ）を明らかにする。
8　一か月の（ホウキュウ）を払う。
9　この（ハシゲタ）は木製だ。
10　子どもの（ツタナ）い文字。

が〈型をつくる〉ということを無意識のうちに知っていたに違いないということに思いあたったからである。

日本文化はひとつの型をもっている。それゆえにフランス文化なり、インド文化と違うのであって、フランス文化には、おそらくフランス文化を生み出す原型としての何かがあるのだろう。日本文化の場合、北の文化と、南の文化が違うようでいて必ず、どこかに類似点があるのは、そこに日本人に共通した型のつくり方があったはずであり、それをわたしはひとりひとりの人間が〈前を合わせて腰で紐を結ぶ〉という方法で毎日きものを〈着てきた〉ところにあり、それを別段意識はせずとも無意識のうちに身につけてしまっていたという共通項が、根底のところで日本人を、そして日本文化を支えていたと考えるのである。頭でわかっているだけではなく、本当にその人自身のもの、その民族のものとなるためには、無意識のところにまで根をおろし、血肉となり、身体の動きとなってはじめて内側から表現する独自の文化となっていく。そうした内面からの表現として外にあらわれるとき、文化のつくり手、担い手の人間が存在するのであって、人間をはなれた文化はなく、また頭だけでわかっているものは、血肉にしみこんでいないから、本当の意味でその人間を、そして民族を支える文化にはなりえない。毎朝好むと好まざるとにかかわらず、きものを着ることを通じて〈型をつくる〉ことを身につけてきたことは、借りものでない自分をつくる基礎となり、そうした日本人のうえに日本文化が成立していたものと思う。

（寺井美奈子『ひとつの日本文化論』より・一部改変）

問一　文中の[A]にあてはまる言葉として最適なものを、次のア～エより選び、記号で答えなさい。

ア　他者も真似をすることができる
イ　肉体がなじまずに見劣りする
ウ　着用者の行為が働いていない
エ　パーソナリティが十分に表現されている

問二　文中の[1]～[6]には、「たとえば」、「しかし」、「つまり」のいずれかが入る。同じ接続表現が入る組み合わせを三つ考え、それぞれ空欄の数字で答えなさい。

問三　文中の[B]～[D]にそれぞれあてはまる書体の名前を、漢字二字で答えなさい。その上で、それぞれの書体として最適なものを、次のア～エより選び、記号で答えなさい。

ア　明治　イ　明治　ウ　明治　エ　明治

問四　――部①「最近デパートなどで、プラスティックでできたオニギリの型というのを売っている」とありますが、筆者はこの話題を通して何を言いたいのか答えなさい。

問五　――部②「そのようなこと」、⑥「それ」、⑧「それ」の指示内容をそれぞれ答えなさい。

問六　文中の[E]にあてはまる言葉として最適なものを、次のア～エより選び、記号で答えなさい。

ア　一しきり　イ　十把《じっぱ》一からげ
ウ　一筋縄　エ　一網打尽

問七　文中の[F]にあてはまる内容を考え、二十字以内で答えなさい。

問八　――部③「いささか乱暴な言い方をすれば」とありますが、筆者がこのように述べる理由を答えなさい。

問九　――部④「われわれは昨年、一昨年つくった洋服をどうしても着る気がしない」の原因を筆者はどのように考えているか答えなさい。

問十　――部⑤「板についた」の用例として最適なものを、次のア～エより選び、記号で答えなさい。

ア　数年前は座の新参者だったあの俳優も、もうすっかり演技が板についてきた。
イ　私に接する時の彼の尊大な態度が板について、頭から離れない。
ウ　彼女は他の模範となるような人物で、その板についた気配りは特筆に値する。

て窮屈なだけなことになる。

このように、きものの場合は、〈着る〉人間が[G]をかけなければ型なしになってしまうが、仕立てによってすでに型を完成させている洋服や、肉体のままに型ができるニットは、肉体をはめこむだけでよいのだから、〈着る〉という行為に[H]をかける必要はない。その代わりこれは精神を托《たく》さないのだから、衣服そのもののもつ表現機能が[I]となり、ものを選択するだけで、〈着る〉というレベルでは人間のほうは[J]になってしまう。これでは本当の意味での人間にとっての衣服というわけにはいかない。これはおそろいを着たときに一番よく判《わ》かるが、洋服の場合の制服はおよそひとりひとりの個性はなく、十人なら十人という数が並んでいるだけだが、きものの場合、たとえ祭りのそろいの浴衣でも十人十色、着方によってそれぞれのパーソナリティがあらわれている。

しかし言うまでもなく、人に着せてもらったきものは、着用者の[K]がかけられていないから、洋服の場合と同様で、テレビに出てくる若い歌手などは、せっかくきものを着ていても、衣裳附《しょうづ》け【衣装係】まかせであるために、きもののもっている表現機能の面白さはまるで殺されてしまい、⑦マネキン人形が並んでいるに過ぎないものになっている。

〈型をつくる〉ということは、あくまで自分の型をつくるのであって、できあがっている〈型にはまる〉のではない。〈型をつくる〉ことと、〈型にはまる〉ことは厳密に区分されなければならないことであって、それをひとことで〈型〉といってしまうところに、プラスティックのオニギリの型ができてしまうのである。型を習う、ということは、あくまで型のつくり方を習うことなのだが、現在の教育ではほとんどそれがやられていない。

学校教育だけでなく、いわゆる稽古ごとやその類でも、全部がそうとは思わないが、一番判かりやすい例をあげれば、わたしが習ったときのお茶の先生は、「畳何目目《もくめ》のところに茶碗《わん》をおく」ことは教えても、「[L]」は一言も言わなかった。坐ったときに手の組み方が右が上になるという。しかし、わたしが中学の作法の時間に習ったのは左が上で、そのとき生徒の質問にたいし、先生は「右は武の手であり、相手と対するにあたって、剣をもつ武の手をおさえること、つまり左手で右手をおさえることが礼儀作法である」といったので、中学生であったわたしたち生徒はそれで納得がいった。そしてその習慣がついてしまったため、今度は⑧それを逆にしろ、といわれても、もう身についてしまっていることでもあるから、すぐに左がうえになってしまう。そのため二言目には「それでは反対です」と言われるので、「なぜ右が上になるのでしょうか」と問うたら、「この流派ではそういうことになっています」と言う。二本しかない手の右が上か、左が上か、別にどっちでもたいしたことではないが、作法の先生のことばは武道に基礎を置いたものとして、それなりに納得ができる。それにたいしてお茶の先生のは答えにもならない。

わたしに言わせれば前者が〈型をつくる〉ことを教えるのであり、後者は〈型にはめる〉だけのことである。畳何目目のところに茶碗をおくのではなく、前後左右のバランスから一番よいという位置におくと、何目目のところになるのであり、おそらく、右手を主にして使うために、常に右手を使いやすくするために右を上にするのだろう。

きものを着なれている人は、自分で紐をしめる位置を考え出して、一番楽な着方をしている。〈前を合わせて紐で結ぶ〉というのも、ことばで言えば一言であるが、それを知るまでには時間がかかる。長いあいだきものを着てきた日本人は、毎朝くりかえしそれをすることによって、無意識とはいえ、きものというもっとも個人に密着したものを通して、自分で自分をあらわす型をつくってきたのである。わたしが日本文化の根底に、きものを〈着る〉ということがあった、と考えたのは、すべての日本人が毎朝それをくりかえしていたのだから、少なくとも身体をしばられずに着ようと考える人ならば、〈働く以上、身体をしばられていたのでは動くに動けない〉誰もたものが、実は表現機能の役割を担っている部分なのであって、一見肉体的には不要と思われる部分を、うまく生かすこと、それが〈着こなし〉であり、それがパーソナルなイメージとして、着用者の精神の表現となる。あらかじめ型のできあがっているものは、型のイメージのほうに人間が分類されてしまって、グループ・イメージにはなるが、パーソナル・イメージにはなりがたい。その代表的なものが、個性を否定した制服である。

　着用者の身体の線に合わせて仕立てられる洋服は、仕立て上がったときにすでに完成された型をもっているから、着るたびに自分で型をつくる面倒もない代わりに、楽しみもない。それゆえ気楽に身体をはめこめばよいということになる。⑥それにたいして、きものは多少の寸法の違いはあっても、基本的な型はひとつしかない。仕立てあげたきものの型(いまのところ男女の別はあるが)は、着用者の個性は全くない万人向きのものである。しかも直線裁ち、直線縫いで平面的なきものは、着用者が〈着る〉たびに自分で自分の型をつくっていかなければならない。腰を基本として身幅を身体に巻きつけ、腰紐《ひも》をゆるくなく、さりとてきつくなく、自分にとって一番坐《すわ》りのよい場所にしめ、衿の形をつくっていく。帯も同じように腰を基本に結び、自分で型をつくる。

　ところが心が急いだり、心にゆとりがなかったりして、こちらの気力がはいらないときは、いくら着なれているようでも、すぐに着くずれてしまい、思うように着こなせない。普段慣れているはずの腰紐の位置さえ決まらず、着たと思ってもすぐにぐずぐずになってしまうことがある。そうすれば胸がはだけたり、足にまといついたり、歩きにくかったりして着用者はきものによって束縛されてしまうことになる。意地の悪いくらい自由にならないものである。ところが気力がはいると〈着る〉行為を通じて、それまで揺れていた心が安定してきて、着終わったときにはぴったりと身についてくる。

　昔からきものは心で着る、と言われているが、心をこめて〈着る〉というのは、〈着る〉という行為に、着用者の主体がかけられていることを意味する。したがって着用者が自分の型をつくるためには、〈着る〉という行為に主体をかけなければならなくなる。ものであるきものを使って、自分自身をあらわそうとするときに、そのものにかける主体的行為が、その人個人の精神の表現であり、これが客体であるきものを思いのままにこなす〈着こなし〉である。そしてきものの場合、身体の型ははっきり出ないから、身体の欠点を隠すことも可能になってくる。身体の線に自信がなくとも、それを心でカバーできるのである。

　このように着こなすことによって、はじめて自分の型ができあがるきものは、表現機能のなかで一番ウエイトをしめる型があくまで着用者自身のその都度の〈着る〉行為にかかっているのだから、材料である色と柄と材質さえ自分に合っていれば、あきるということが少ない。型はきものをぬげば同時になくなってしまうから、ぬげば、もとの材料に近いものに戻ってしまうのである。あきたらしばらくしまっておけば、そのうち出してみると、意外に新鮮なのである。そして、個人の肉体の型には関係ないので転用は自由自在であり、わたしのきものの半分ほどは母と二人の叔母が若いころ着たもので、もちろん戦前のものである。きものを着たいが、一揃《そろ》いつくるとお金がかかるという苦があまりなかったのも、もっぱら母や二人の叔母たちのものをそのままもらったためで、いまでも長襦袢《じゅばん》【和服用の下着】は化繊ではほこりを吸いやすく、その汚れがきものに移ったりするので、だいたい古いきものを色ぬきして染め直して使っている。

　〈着る〉ということによって、自分の型ができあがるきものは、主体をかける人間がいて、はじめてその人のものとなるのだから、仕事から解放されて、自分自身をとりもどしたときの人間にとっての衣服というにふさわしい。すなわち、自分自身が自由につくった型のなかに身体をおいているから、きものを着ると心が落ちつく、ということになる。ただし着方を知らない人にとっては、自分の型を自由につくるということができないからきものに束縛されてしまっっては、その洋服はかれの作品であり、いわばかれの表現力のあらわれである。しかし、仕立てあがったときに洋服の型も完成してしまう。たまたまカルダン【フランスのデザイナーの一人】のデザインによるドレスを着ていても、それは着用者の表現であるまえに、カルダンの作品なのである。カルダンのつくった型のなかに、着用者が身体をはめこんでも、着用者の精神はどこにもあらわれない。完成した型をもつ洋服は、いくらそれが気に入った型であっても、所詮他人のつくった型を借りて、自分をあらわしているに過ぎない。

それでは自分でデザインした洋服はどうか。これなら少なくとも自分の型である。だが④われわれは昨年、一昨年つくった洋服をどうしても着る気がしない、ということがある。べつに流行を追っているわけでもないのに、何とも気に入らなくなってしまったということがある。父が死んだとき、その数年前の大叔母の葬式につくった黒の洋服を箱から出したら、流行の型ではなく、ごく単純なテーラードスーツ【注文して仕立てた服】なのに、どうしても着る気がしないと、妹が言い出したことがある。さりとて翌日の葬式に新しいのをつくり直すわけにもいかず、我慢してそれを着たら、着ているあいだじゅう、着ごこちが悪くてやりきれなかったそうである。そしてとうとう納骨までにまた新しいのをつくる羽目になってしまった。寸法は合っており、また黒という無色で、柄が全くない場合にさえこのようなことがあるのは、型というものが衣服にとって、どれほどウエイトを占めているかをよく語っていよう。

これは昨年の型はあくまで昨年の自分に合った型なのであり、それで現在の自分を表現することはできないのである。主題からはそれるようだが、人間が生きるということは、生涯自分の型をつくっていくというように言うことができる。これは何も生きる年数には関係ない。二十年で死んだ人も、七十年で死んだ人も、生きているかぎり自分の型をつくりつづけている。そしてそれはそれぞれ違う型であり、二度と同じ型をつくることはできない。「人間は生涯に一度だけ、自分にしか書けない大作を書くことができる。それは自伝である」というのは誰のことばか忘れたが、自伝だけは自分にしか書けない。生きる、ということは毎日毎日自分の型をつくりつづけていることであり、したがって昨年の型と現在の型はおのずから違ってくる。ただそれが無形であるために、自覚できない場合が多いから、型としては意識されないのであろうが、衣服のような身近なものをとりあげてみると昨年の自分と現在の自分は決して同一ではありえない、ということは誰にでもわかる。

昨年つくった洋服の型がどうしても気に入らない、というのはこのためなのである。これは洋服を単なるものとして考える場合や、肉体的条件からのみ考えていたのではわからない。肉体的には太りもせず、痩せもせず、昨年と今年は同じ、ということは常にある。だが精神のほうは、進歩しているか後退しているかは別として、一定のところにとどまっているということはない。無形の精神を有形なもので表現する役目を担っているのが、衣服にあらわれる型なのであるから、厳密に言えば、昨年の型はおろか、昨日の型は今日の型ではないのが当然なのである。

洋服の流行が目まぐるしく変わるのもこのためで、もちろん売ることに必死になっている業者がそれに拍車をかけてはいるが、今日の型を求めて、次から次へと新しいものがほしくなるというのは必然で、これは洋服という〈着る〉前に型が完成されたもののもっている宿命のようなものである。そして当然のことながら、複雑な型であればあるほど、洋服の寿命は短い。そして、型のしっかりできている洋服を〈着こなす〉ということは、型の表現のほうに着用者自身が合わせていくことになる。背広【スーツ】が⑤板についたというのは、背広のもっているイメージに人間のほうが、はまってしまうことである。

洋服によって自分の型をつくり出そうとするならば、身体の線に合って、きっちりと型ができていないものでなければならない。つまり〈着る〉ことによって身体の線に合わせていくのである。図式的に言うと、仕立ての段階で身体の線に合わせて切りすててしまっ分にふさわしい〉（またはその場にふさわしいことを含めて）自分のことばを自由に使うのと似てくる。その人自身の語りくちがその人のことばの型となり、その人の自己表現になるわけだが、衣服の場合は〈着方〉が自分の型をつくることになって、表現行為となってくる。

　ことばがコミュニケーション以前の段階にものごとを考え、整理するうえに重要な役割を担っているように、〈着る〉ということは、精神を調えるための役割を担っている。これがわれわれが衣服を選ぶとき、たとえ人目につかない下着でも、単に寸法が合っていればよいというような実用機能ばかりでなく、「自分にふさわしいもの」を選ぼうとする理由である。汚れていれば、どうしても取り替えたくなるのは、決して人に見られるからだけではなく、自分自身が気持が悪く、それによって心の安定をくずしてしまうという、あくまで個人の内面につながっている。

　人間がゆったりとした気持で衣服と一体化できるのは、肉体的にも精神的にも、自分にもっともふさわしいものを着ているときである。そしてそのふさわしい衣服とは、適度の保温を保ち、そして類型的である人型のキャンバスのうえに自分自身の型を自由につくることのできる衣服ということになる。これが人間が〈着る〉ための必要・十分条件をそなえた衣服なのである。この必要・十分条件を衣服の機能に合わせると、肉体的な面は実用機能であり、精神的な面は表現機能といえよう。

　この表現機能が今日的に言えばセンスとなる。センスというと、「おれは全然センスなどない」という人があるかもしれないが、「ピンクのシャツなんか着られない」というのもひとつのその人のセンスであり、ただそれが多いか少ないかの違いだけである。したがって実用かセンスか、という二者択一は、人間を肉体的存在か精神的存在か、と分けるのと同じことであり、実際には両者を兼ねそなえ、統合したものが人間の存在であるように、衣服の場合も、実用機能と表現機能という必要・十分条件をそなえて、はじめて人間のための衣服となるといえる。

　衣服には材質、色、柄、そして型の四つの要素がある。そしてそれぞれが表現機能の役割をもっているが、そのなかで一番大きなウエイトをしめるのが衣服そのものの型である。第一に型をあげることに関しては異論があるかもしれない。しかし衣服がものである以上、型（＝形）がなければ衣服そのものが存在しない。有形無形に限らず、型とは、いわば存在そのものである。材質、色、柄はすでに布地（皮でも紙でもよい）の段階でそなえているものであり、われわれはそれを材料として衣服というひとつの型を仕立てあげる。どんなに材料がよくとも、型が合わなかったり、気に入らなければ着られないし、型がくずれてしまえば、使いものにならない。

　洋服とは、まず第一条件として、着用者の身体の寸法に合ったものでなければならない。そして、オーダーの場合にも、高級品と言われるものほど、仮縫いをくりかえし、身体にぴったり合った入念な仕立てをする。洋服の仕立てのなかで重要な位置を占めるのは裁断の仕事である。③いささか乱暴な言い方をすれば、デザイナーの仕事とは型紙作りであり、そしてできあがった型紙どおりに布地を裁断し、あとのこまかいところを仮縫いでおぎなう。換言すれば、洋服というのは、身体の線に合わない部分を不必要なものとして、ハサミで切りおとし、身体に合ったひとつの型を完成させるのである。したがって洋服とは、ひとつのできあがった型、しかも身体に合った型なのである。

　しかし、こう言い切るのは少しばかり暴言すぎる。あちこちにダーツをとったり【布を身体に合わせて立体化させるために布を縫いつまむこと】、衿《えり》をつけたり、ゆるやかなカーブで「女らしさ」を出したり、またスカートのように足の部分を二本に分けないものが、なんで身体に合った型か、ということになる。たしかにデザイナーたちは、いろいろな表現をもつ線を考え出して、いろいろな型をつくっていく。衿の形、スカートの短長、ポケットの位置、ダーツの位置など、さまざまな工夫をこらしていく。だからデザイナーにと言い方で、[E]に戦後はひどく軽視してしまったが、もちろん悪い一面はあったにせよ、おぼえようとする弟子と、自分の芸を伝えようとする師匠のあいだは、まさに火花が散るものであり、弟子は師匠というひとりの人間と格闘すると同時に、おぼえようとする芸そのものとも格闘しなければならなかった。これが修業であり、自分というひとりの人間の型をつくるための行《ぎょう》であった。行などというと、それこそ古くさいようだが、行とは行為とか行動の行であり、「私がする」ことである。強いられた行は意味をなさないが、自分から行う行はあくまで人間主体であり、そこには人間を中心にすえるという点で著しく今日的な意味がある。

　行を現代に生かすとは、行為を自覚化することである。自分が型をつくる行為、すなわち体験を自覚化し、自分の行為をつくっていくところに思想が生まれる。日本の教育の欠点は「理屈を言っててはいけない」と、その行為の意味を教えることを拒否してしまったところにある。だからここでは本当の意味での教育というものはない。しかし専門家になろうとする人たちは、芸を教わるのではなく盗んで自分で覚えたのである。つまり自分でその意味まで考えていかなければ型にはならなかった。ただ論理的に考えるということを知らなかったから、自分が専門家になっても、考え方の方法論は自覚されておらず、そのため自分の型を弟子に伝える方法は非常に閉ざされたものであった。

　わたしの母方の祖父は謡曲師【能楽を演じる人】であった。わたしが五つのときに死んでいるので、祖父の謡《うたい》がどの程度のものであったかは直接知らない。母たち姉弟や多くの弟子たちの記憶に残っている話から推察するだけである。祖父の内弟子にたいする態度も大へん厳しかったらしい。しかしそれもまた直接教えるものではなく、早朝弟子が稽古する声を寝床のなかでじっと聞いていて、気に入らないと、きせる【タバコを吸う道具】で灰吹きを叩《たた》く。その音が寝静まっている家中にひびき、母たちはよくその音で眼をさましたという。長男である叔父は、若いころ謡曲という世界のもつ封建的な制度に反撥《ぱっ》して、謡曲師の道を進まずにサラリーマンになった。

　ところが戦後、謡曲の教師になった。そのとき叔父は近代教育を受けていたこともあって、小さいとき祖父に習った謡曲を論理化する方法を考え出した。したがって祖父の弟子が五年なり十年なりかかって覚えたものを、叔父の弟子は一年か二年で覚えてしまうという。だから叔父は「親父は芸術家だったが、おれは謡の教師だ。謡そのものは親父にはかなわないが、謡の基礎をきちんと教えることは親父よりすぐれている」と言っている。型をつくる論理をもっている叔父の弟子は、十人のうち九人までが短期間で型づくりの基礎を知ることができる。つまり謡の技術を覚えることができる。しかし祖父の弟子は、五年か十年かかって十人のうち二人か三人、もしかしたら一人ぐらいしか、きちんと基礎を覚えることはなかったであろう。あとは稽古をやめてしまうか、それでもなければ、全く型を真似ただけのいわゆる素人芸である。その代わり、その一人は[F]のだから、すっかり身体についており、そのあと祖父の手によって祖父の芸の域まで達することができる。しかし、それはわずかのものだけである。叔父には祖父だけの芸がないから、あとはいくら教えても、祖父の芸に達するほどの弟子をつくることはできないが、叔父は教師として、あくまで基礎を教えることに自己限定しており、芸術家を生み出すことはそのあとの問題として芸術家にまかせている。

〈着る〉ことによって、パーソナリティ、すなわち個々の人間の精神を表現する〈型をつくる〉ということは、踊りや謡の型をつくるより次元の低いことかもしれない。オニギリのつくり方とチョボチョボか、それに毛のはえた程度のことではある。しかし、パーソナリティを表現するために〈着る〉ということは、ただ単に衣服を身体にまとえばよい、というのとは違うということを言いたかったのである。衣服を身につけるという場合の〈身につける〉というのは、自分のものにしていく、ということである。自己を表現する衣服とは、ことばに照らしてみれば、同じことを表現する場合でも、〈自ものは、たしかに見た眼にはきれいな三角状のオニギリの形をしている。ところが型でつくったオニギリは食べようとすると、御飯がボロボロにくずれてしまって、口のまわりも手も御飯つぶだらけになり始末におえなくなる。それにくらべて手で握ったオニギリは（もちろん上手な人のつくったものだが）、口のなかに入ってからふんわりとほぐれる。

オニギリが三角ということになると、三角状の外型をもって〈型〉というために、三角でありさえすればよいということから、右のようなことになるため、型というのがしばしばマイナスに使われてしまうのである。[3]、オニギリは三角である必要はない。わたしの知っているかぎり、関西の人たちは、角が立たないように、という意味から俵型をつくる。「へえ、東京じゃ三角につくらはるの、そんなん見たことないわあ」とびっくりされたことがある。オニギリ自体は三角でも俵でもいいのだ。ただ口のなかに入ったときに、はじめてほぐれるのがオニギリであって、たまたま手のひらで握るから五角や八角にはなりにくいだけのこと、オダンゴ型だってもちろんよいのである。あまり卑近なことでありすぎるが、オニギリの型をつくる、ということは、オニギリのつくり方、[4]口のなかではじめて御飯がほぐれるようなつくり方を知っている、ということなのである。

型というものについて、もう少し述べてみよう。伝統的な型をもっている踊りを習う場合でも、いわゆるお稽古事でいけば、はじめから手をとって教えてくれる。そしてそのようにして、踊りの形にはなっていく。しかし将来、専門家になろうとするものは、昔は師匠の家に内弟子として住みこんだ。ところが稽古のためにせっかく住みこんだのに、実際には稽古はなかなかしてくれない。「芸は教わるものではなく、盗むものだ」と言われ、やらされることといったら雑用ばかり、たまに「今日は教えてやろう」といわれて喜ぶと、師匠は一度だけ自分で踊ってみせるだけで、「さあ、やってごらん」という。できなければ叱られる。少しでも叱られないためには、一度きりの師匠の踊りを全身全霊で見ていなければならず、またほかの弟子たちに稽古をしているときでも、少しでも暇をみて、それを一生懸命見ていなければ、「さあ、やってごらん」と言われても出来るものではない。いまでも②そのようなことをして、弟子を仕込んでいる師匠があるかもしれないが、大体戦前までのはなしである。

しかし、師匠の家に住み込んで、専門家としての師匠の日常の朝から晩までの何げない姿、[5]食事をする姿、タバコを喫《す》う姿、人に接する姿などに触れることによって、師匠というひとりの人間を全身で受けとめ、そのなかに踊りという外面にあらわれた形だけではなく、踊りの型をつくる心までを読みとり、そのうえで弟子は単に外形を真似るのではない自分自身の踊りの型をつくっていったのである。[6]弟子は踊りの稽古以外の雑用をやりながら、踊りの型をつくる過程を学んでいった。それにたいして、素人の稽古は単なる外形を真似ただけのものであるから、もしその人が専門家として一本立ちしようとすれば、はじめからやり直さなければならなかった。したがって戦前に仕込まれた人たちははっきりと専門家の芸というものをもっており、素人の芸とは区別される。見るものにとっても、素人のおさらいはアクビがでるが、名人の芸には引きこまれるものがある。そしていいかげんな芸しかできないものを専門家にしたのでは、恥をかくのは師匠であったから、師匠のほうも芸のたしかなものしか専門家としての名前を与えるようなことはしなかった。

〈型をつくる〉というのは、外面の型を真似ることではなく、人間の心がおのずから形をなすのであって、質がともなっていなければ型にはならず、ただ形だけを真似ても、それではオニギリがくずれてしまってオニギリとしての用をなさないように、踊りもまた心がなければ本ものの踊りにはならないのである。型というのは、つくり手の表現であるから、いかにして自分の型をつくるかというためには、自分がつくり出そうとしているものと格闘しなければならない。戦前までの師匠と弟子のあいだ柄を封建的徒弟《とてい》制度などという

二〇二三年度 明治大学付属明治高等学校

【国語】（五〇分）〈満点：一〇〇点〉

（注意） 字数制限のある問題については句読点・記号を字数に含めること。

【一】 次の文章を読んで、あとの問いに答えなさい。ただし、【　】は語句の意味で、解答の字数に含めないものとします。

人間のパーソナリティというのはそれぞれ違うので、十人いれば十通り、千人いれば千通りある。絵を描けば、どんなに似せても、決して同じものはできないように、生き方だって十人十通り、同じことに出会っても、それぞれ反応が違う。性格が違うように、感覚もまた違う。それほどひとりひとりが違うのに、肉体は同じ人型である（裸になってしまえば、ひとりひとりの身体は顔と同じようにそれぞれの特徴をもってはいるが）。衣服を〈着る〉というのは、それぞれのパーソナリティ、つまり精神を衣服によって表現するということなのである。つまりもともと空間的には同じような人型存在である肉体の型を、衣服を〈着る〉ことによって、それぞれの精神をもった型としてつくりあげていく。

衣服はたまたま可視的なものであるために、衣服そのものは真似をすることが十二分に可能であるが、〈着る〉ということは、それぞれ着用者個人が〈着る〉のであって、決して他者が〈着る〉のではないのだから、それぞれのパーソナリティが〈着る〉という行為を通して表現されるところに、衣服を〈着る〉という意味がある。

洋服を自分で着られないというのは、よほどの小さな子どもでもないかぎりありえないが、きものとなると、若い人たちのなかには、自分で着られないため、美容師や母親まかせにする人が多い。それで〈着た〉つもりになっているらしいが、自分で着ない衣服は、たとえ肉体のうえにおおわれていても、[A]のだから、〈着る〉ということにはならない。

衣服は人間が〈着る〉ことによって、はじめて人間のための衣服になる、とさきに述べた。つまり〈着る〉ということは、人型という肉体のうえに、着用者自身の〈型をつくる〉ことである。型というと、紋切り型とか、型にはまった、というように、近ごろではすっかりマイナスの意味に使われるようになってしまい、むしろ型なしとか、型くずしのほうにプラスの価値をおいている。[1]、型なしと型くずしでは全然意味が違う。型なしというのははじめから型もなにもないものであって、型くずしとは、一応型がつくられたうえで、くずすのである。それゆえ、自分で着られないで他人に着せてもらったきもの姿は、動いているうちに型をくずすこともできないまま、見るかげもない型なしになってしまう。型をつくることのできる人はくずせる代わりに、またもとに戻すこともできる。

[2]文字もひとつの型である。書き順なしでくずした字は、自分にしか読めず、日記やメモなどの範囲では通用するが、他者に文の意味を伝えることはできない。つまり文字としての共通性がないのだから、そこではコミュニケーションの道具ではなくなる。くずし字というのは、書き順にしたがって[B]を書き、そのうえでくずしたものが[C]であり、[D]である。だから[C]や[D]の書ける人は、当然のことながら[B]を書くことができる。また書き順を知らないまでも、文字の型をそのままに書かなければ文字にはならない。このように、型というのは、そこに意味内容という実質を含んでおり、それを表現した形がひとつの型をなしているのである。ところが、型というものが長いあいだ外面的な形としてのみ重きをおかれており、見た眼《め》にさえその形をしていればよいのだ、といった「形だけでもごまかして」という感覚が、型の意味をすっかりゆがめてしまったのである。

①最近デパートなどで、プラスティックでできたオニギリの型というのを売っている。三角状のもので、そのなかに御飯をつめれば、誰にでもオニギリができるという寸法である。そして出来上がった

英語解答

1 1 stands　2 flying
3 being　4 moving　5 tell
6 goes　7 fall　8 make

2 (1) ④→be given out
(2) ③→which
(3) ③→embarrassed
(4) ①→for not　(5) ②→those

3 ① 3番目…1　5番目…2
② 3番目…6　5番目…4
③ 3番目…4　5番目…7
④ 3番目…1　5番目…7
⑤ 3番目…5　5番目…4

4 ア 2　イ 1　ウ 3　エ 2
オ 4

5 ア 4　イ 5　ウ 6　エ 1
オ 3　カ 2

6 (1) ア…4　イ…3　ウ…2　エ…6
オ…1　カ…5
(2) 1

7 (1) A…3　B…1　C…5　D…6
E…2
(2) a what　b that
(3) 2　(4) 3
(5) ①…3　②…4　③…2

8 (1) college　(2) four
(3) months　(4) weather

9 (1) 3　(2) 1　(3) 2　(4) 3

10 (1) 2　(2) 3　(3) 1　(4) 2

11 (1) 1　(2) 3　(3) 2　(4) 3

1〔長文読解─適語選択・語形変化─ノンフィクション〕

≪全訳≫❶地上約2000メートル，ヘリコプターの開いたドアの前に男が立っている。彼の背中にはジェットエンジンの「翼」がある。彼は4つのエンジンを始動させると，ヘリコプターから飛び降り，猛スピードで地上に向かってダイブする。急降下をやめるために背中を丸めると，彼は空を飛んでいる！ これはアクション映画のワンシーンではない，ジェットマン，イブ・ロッシーの日常なのだ。❷「本当に鳥になったような気分だよ」とロッシーは言う。ロッシーはほとんど装置を持たず，翼を操るための制御装置もない。体を動かすだけで方向を変えるのだ。「本当に純粋に飛んでいるんだ。操縦しているわけではなくて，飛行なんだ」 彼が身につけているのは2つの計器，1つは現在の高度を知らせるもの，もう1つは燃料の量を知らせるもの，だけだ。❸ロッシーの前職である航空会社のパイロットとは違う世界だが，安全性はやはり重要だ。もし何かあったときのために，ロッシーは自分用に2つ，翼用にもう1つのパラシュートを身につけている。もし，エンジンが1つ止まっても，3つ，あるいは2つのエンジンで飛行を続けることができる。「だからプランB，常にプランBなんだ」とロッシーは説明する。❹10分足らずで燃料はほぼ空になる。ロッシーはパラシュートを開くと，静かに地上に降り立つ。これでまた1つ，フライトが成功したわけだ。将来的にこのような飛行をより安全に，そして「誰もができるようになるといい」とロッシーは願っている。

＜解説＞1．後に続く内容から，ヘリコプターから飛び降りる直前の描写だとわかる。ドアの前にstand「立っている」状況である。文章全体が現在形で書かれているので，この文も現在形にするが，主語がa manなので3人称単数のsをつける。　2．ここまでの内容から，男性は空中にいることがわかる。nowとhe'sがあるので現在進行形にする。　3．ロッシーがジェットエンジンの翼で空を飛ぶことを「鳥になった気分」と表現していると考えられる。「～である」の意味を表すbeを選び，直前に前置詞があるので，動名詞(～ing)にする。　4．飛行中，方向を変える方法を述べた部分(直前のbyは「～によって」と‘手段’を表す用法)。何も制御装置を持たないロッシーは，ただ体を「動かす」だけで方向転換するのである。直前に前置詞があるので，動名詞にする。　5．two instrumentsを具体的に説明している部分。2つの空所どちらも，後ろに‘人＋物事’の形が続いていることに着目。‘tell＋人＋物事’「〈人〉に〈物事〉を教える」の形にする。to不定詞なので原形のままでよい。　6．go wrongで「(事が)うまくいかない」。主語に合わせてgoesとする。　7．パラシュートを開いた後の状況を考える。地上に「落下する」のである。動詞begin(s)の目的語となるto不定詞なので原形のままでよい。　8．‘make＋目的語＋形容詞’「～を…(の状態)にする」の形。動詞hope(s)の目的語となるto不定詞なので原形のままでよい。

2〔誤文訂正〕

(1) give outは「～を配る」という意味。これに対応する主語はLeaflets for the upcoming performance「次回の公演のリーフレット」なので，受け身にして「配られる」とする。　「次回の公演のリーフレットは劇場の来客に配られる用意ができている」

(2) tourismの後ろのthatは主格の関係代名詞だが，直前にコンマがあるので非制限用法である。関係代名詞のthatは非制限用法で用いることができない。　「ポルトガル北部のジオパークに世界最長の歩道橋が開通し，地元の人々はコロナウイルスの大流行で打撃を受けた観光業が盛んになることを期待している」

(3) embarrassは「～に恥ずかしい思いをさせる」という意味の他動詞なので，形容詞embarrassingは「(人を)困惑させる」という意味になる。ここでは主語がsome peopleなのでembarrassed「(人が)恥ずかしがる(←恥ずかしい思いをさせられる)」となる。　「今やマスク着用が当たり前となったので，マスクをつけずに素顔で外出することが，恥ずかしかったり居心地が悪かったりする人もいる」

(4) トムが申し訳なく思っているのは「手伝えないこと」に対してなので，sorry for not being able to ...とならなければならない。このように動名詞(～ing)の否定語は直前に置かれる。　「今日の午後トムは同僚に電話をし，プロジェクトについてこれ以上彼らを手伝えないことをわびた」

(5) ②のthemは何を指すのかが不明確なうえ，一般的に直後に関係代名詞はとらない。those who ～とすれば「～する人々」という意味になる。　「ある研究によれば，毎日2，3杯のコーヒーを飲む人は，がんを除くあらゆる要因による死亡リスクを10%軽減できるという」

3〔長文読解―整序結合―物語〕

≪全訳≫❶私は学芸員の後について小さな部屋に入り，その学芸員は机の後ろに座った。彼はもう1つの椅子を指さしたので，私も座った。❷「君が新しい展示についていい仕事をしているとアンナから聞いている」とバルフォア氏が言った。「私はうれしいよ」❸私はほほ笑んだが，①いい気になっているようには見られないように努めた。「アンナが好きです」と私は言った。「僕たちは一緒にいい仕事をしています」❹「私が君に②仕事を与えたのは，君が適任だと思ったからだ」と彼は言った。「それにモーガン夫人が君のことを知っていて，君が正直な青年だと言っているからね」❺「はい，私は正直者です」と私は彼に同意した。「③困ったこともあったかもしれませんが，私は正直者です」❻彼はしばらく考えている様子だったが，こう言った。「警察は君のことをいろいろと質問してくるんだ。君がここに来たわずか2週間後にギルバートソン氏のネックレスが盗まれたので，彼らは心配していたんだ。警察は④それが博物館初の盗まれた品であることも知っている。彼らは変だと思ってるんだ」❼⑤私は怒りで自分の顔が熱くなるのを感じた。私はできるだけ冷静に言った。「バルフォアさん，私は盗んでいません」❽彼は注意深く私を見た。「いや，君がやったなんて思っていないよ，ポール」と彼は言った。「ただ彼らが君を疑っていることは知っておくべきだと思ったんだ」

＜解説＞①try not to ～で「～しないようにする」という意味なので，これをsmiledと並ぶ述語動詞としてand tried not to lookとする。この後は‘look＋形容詞’「～(の状態)に見える」の形と(be) pleased with ～「～に満足して」を組み合わせて，look pleased with myselfとまとめる。残りのtooはpleasedを修飾する副詞として使う。　... and tried not to look too pleased with myself.　②まず‘give＋人＋物’「〈人〉に〈物〉を与える」を考え，the jobを置く。この後はseem to ～「～のように思われる」の形を用いて仕事を与えた理由となる節をつくる。　... the job because you seemed to be the right person for it, ...　③語群のtimes whenに着目し，whenが関係副詞であると判断する。thereとともにbe動詞の過去分詞beenがあるので，「～するときがある」というthere構文を考え，there have been times whenとする。when以降の関係副詞節はI've been in troubleとまとめる。be in troubleで「困っている」という意味を表す。　... there have been times when I've been in trouble, ...　④主語Theyに対応する述語動詞にknowを置く。knowの目的語となる節をit's the first thingで始める。残りはto be stolen from museumとまとめられ，これがthe first thingを後ろから修飾する形にする(to不定詞の形容詞的用法)。　... know it's the first thing to be stolen from the museum.　⑤feelが原形なので，I could feelとする。feel「～を感じる」は知覚動詞で，‘知覚動詞＋目的語＋～ing’の形をとれるので，my face getting hotと続ける。「顔が熱くなった」‘理由’をwithを使ってwith angerで示す。　I could feel my face getting hot with anger.

4〔長文読解─適語(句)選択─説明文〕

≪全訳≫低下する出生率❶現在の傾向として，世界中で家族の規模が変化しており，社会に影響を与えている。女性は晩婚になり，夫婦が子どもを持つまで時間がかかるようになっている。子どもを持つのが遅くなればなるほど，子どもの数は減る。❷家族の規模に影響を与える2つの重要な要因は，女性の教育と雇用である。研究によると，女性が教育を受ければ受けるほど，家族の人数は少なくなる。さらに，女性が学校に長く通うほど，就職の機会に恵まれる。働く女性は若くして結婚したり，大家族を持ったりする可能性が低い。❸少子化に加え，平均寿命の延びもある。人々がますます長生きすると，家族は高齢化がもたらす難題に直面することになる。長生きするほど，介護が必要になる。従来は子どもが高齢の親を自宅で介護してきた。しかし少子化が進めば進むほど，高齢者にとって将来は厳しいものになるだろう。子どもの数が少ないと，家族は年長者の介護をますます難しいと思うかもしれない。

＜解説＞ア．現代の少子化の要因として，女性の結婚が「遅い」ことが挙げられる。　イ．‘the＋比較級～，the＋比較級…’で「～すればするほど…」という意味を表す。学歴が高くなれば，雇用先を見つけられる「機会」は増える。　ウ．be likely to ～は「～しそうである」という意味。一般論として働く女性は結婚の時期が遅くなり，大家族を持つ可能性も低くなると考えられる。be less likely to ～「～する可能性が低い」　エ．ここも‘the＋比較級～，the＋比較級…’の形。長生きするほど，careがより必要になる。　require「～を必要とする」　オ．直後のitは後ろのto不定詞句を受ける形式目的語。‘find it＋形容詞＋to ～’の形で「～するのは…だと思う〔わかる〕」という意味。

5〔対話文完成─適文選択〕

≪全訳≫❶アルド(A)：しまった！　自分を蹴ってやりたいよ！❷ソフィア(S)：何のこと？❸A：僕がどれだけスペイン語を学びたいと思ってるか知ってるよね？　このすばらしいシステムを見てよ。ア半額だったのに。あーあ，それは昨日までなんだ。❹S：ちょっと。そんなのに引っかからないで。寝てる間に語学を学ぶなんてできないわよ。❺A：それはどうかな。脳科学に基づいてるんだって。それにリスクもないし。習得できなかったらお金も戻ってくるんだ。だからきっと本当だよ。❻S：ねえ，アルド。イそれはただの希望的観測よ。英語を学ぶのにどれだけ時間がかかったか考えてみてよ。❼A：でも君はリンゴとオレンジを比べているよ。僕のようにイタリア語を話す人間にとって，スペイン語を習得するのは英語を学ぶよりもずっと簡単なんだ。❽S：それは議論の余地があるわね。ウみんながそう思っているわけではないでしょう。でもとにかく，どんな新しい言語も多くの勉強と練習が必要よ。❾A：そうだね。でも僕は文法の勉強を強制されるのは嫌なんだ。このメソッドでは，その必要はないようだよ。❿S：悪いけど，別の方法があるわけではないの。言語を学ぶには努力が必要なのよ…。エじゃあこうしましょう。私があなたにスペイン語を教えるわ！　今から年末までの間，週に2，3回，夕食を一緒に食べましょう。スペイン語で会話するのよ。すぐに覚えられると思う。⓫A：オ本気で言ってるの？　それなら喜んでレッスン代を払うよ。⓬S：とんでもない。レッスンの日においしいイタリアンの夕食をつくってくれさえすれば，それでチャラよ。きっと楽しいわ！⓭A：夕食？　カ問題ないよ！　どうせ自分でつくるんだから…。ソフィア，君はすごく気前がいいね。⓮S：まあ，仕事ではあなたにすごくお世話になっているし。あなたには借りがあると思うの！

＜解説＞ア．空所の前後から，アルドはスペイン語の教材か何かに申し込み損ねて悔やんでいる様子が読み取れる。4のcould have gottenは‘could have＋過去分詞’の形で「～できただろう」という意味を表す仮定法過去完了の表現。　イ．寝ている間に言語が習得できると信じるアルドに対し，ソフィアが英語の例を挙げて反論していることから考える。　wishful「願望に基づいた」　ウ．イタリア語の話者にとってスペイン語は学びやすいという意見に対し，ソフィアはdebatable「議論の余地がある」と答えている。6の内容はこのdebatableを言い換えた表現になっている。not every ～は「全ての～が(…という)わけではない」という部分否定の表現。　エ．直後でソフィアが，スペイン語を教えてあげるという提案をしていることから考える。Tell you what.は「ではこうしよう，いい考えがある」といった意味で，‘提案’をするときに使われる定型表現。　オ．ソフィアの提案を受けてのアルドの返答。mean itは「本気で言う」という意味。ソフィアの申し出を信じられない気持ちで受け止めているのである。　カ．夕食はどうせつくるものなので，レッスン代の代わりに夕食をつくってというソフィアの提案にアルドは同意したのである。　anyway「いずれにしても」

6〔長文読解総合―説明文〕

≪全訳≫❶ア現代社会では物を使い古したら，それを捨てて，代わりのものを買う。シャツが破れたり，コーヒーメーカーが壊れたりしたら，あなたは捨てるだろう。問題は，人々が以前よりもゴミをたくさん捨てるようになったため，世界中の国々でゴミの山が増え続けていることだ。例えばアメリカでは，1人当たりのゴミの量が1960年代から2014年までの間に2倍以上増えている。❷イどのようにして私たちは廃棄社会になってしまったのだろうか。まず，今は時間とお金をかけて修理するよりも，品物を買い替える方が簡単だ。現代の製造業と科学技術のおかげで，企業は商品をすばやく安価に生産できる。製品が豊富で価格も安いので，私たちは修理するより新しいものを買う。たとえ修理したくても，トースターやテレビなど，多くの物はほとんど修理できない。これらの製品には非常に小さく，複雑な部品がある。小さなコンピューターチップが入っているものさえある。こういった製品は修理するより，廃棄して新しいものを買う方がたやすい。❸ウもう1つの要因は，私たちが使い捨ての商品を好んでいることだ。私たちは忙しいので，常に時間の節約をして生活を楽にする方法を探している。どうして布製のふきんを使う必要があるのか。ペーパータオルを1回ずつ使い捨てにする方が楽だ。企業は数千種類の使い捨て商品を製造している，紙皿，プラスチックコップ，カメラ，ひげそり用かみそりなどである。これらの製品は長持ちするようには設計されていないため，消費者が何度も買い替えなければならないことを企業はわかっている。「それのどこが問題なのか？」と思うだろう。使い捨て製品がゴミ問題の一助となっているのが問題なのだ。❹エ私たちが新製品を欲しがることも問題の一因である。私たちは新しい物を買うことに夢中になっている。消費者として，最新の服や最高のテレビ，最新の機能を備えた携帯電話を欲しがる。企業は私たちにもっと買えと言う。広告では，新しい方がよくて，最新の製品を持てばより幸せになれるとアピールする。その結果，私たちは新しい物が入る場所をつくるために，まだ使える物を捨てるのだ。アメリカでは消費者が電化製品を処分すると，その70％がゴミ処分場に直行する。リサイクルされる電化製品はわずか30％ほどだ。❺オこうした廃棄型生活がもたらした結果を世界中で目にすることができる。ゴミ処分場は，ただ大きくなり続けるだけのゴミの山だ。ゴミの量を減らし，環境を守るために，紙やプラスチック，ガラスなどをリサイクルするよう求める政府が増えている。しかし，実際にリサイクルされているのは，リサイクル可能なものの一部にすぎない。例えば，イギリスでは，家庭ゴミの43％しか実際にリサイクルされていない。たとえリサイクルが役に立っても，過剰なゴミ問題を解決するには至らないのだ。❻カ別の解決策があるかもしれない。まず，物を捨てるのではなく，修理することが必要だ。消費者として，物を長持ちさせるための修理方法を考えるべきだ。さらに，消費に対する考え方を見直す必要がある。クローゼットが洋服でいっぱいなのに，最新のファッションを買う必要が本当にあるのだろうか。修理をしたり，消費行動を改めたりすることが，ゴミの量を減らし，環境を大切にする最も良い方法なのかもしれない。

(1)＜適文選択＞ア．直後の文が空所に入る文の具体例になっていることを読み取る。文章全体のテーマとなるゴミ問題について述べるうえで，その要因となる消費行動の特徴を端的にまとめた導入文になっている。　イ．次の文から第４段落までで，この問いに答える形で，廃棄社会となった要因が説明されている。　ウ．この段落では，人が物を簡単に捨ててしまう理由として，使い捨て商品の存在が挙げられている。　エ．この段落では，別の要因として，新しい物を買うことへの執着について述べられている。　be addicted to ～「～に夢中になる」　appetite for ～「～への欲望」　オ．ここまでに説明してきた内容を，this throwaway cycle としてまとめ，その結果として大きくなり続ける，処分場のゴミの山を挙げている。　カ．解決策について述べた段落である。

(2)＜内容真偽＞１．「廃棄社会になった理由はさまざまである。技術的なものもあれば，私たち自身の心構えに関するものもある」…○　第２～４段落の内容に一致する。　２．「リサイクルできるゴミの量は世界のほとんどの地域で増えている」…×　リサイクルできるゴミの量の変化に関する記述はない。　３．「ゴミの量を減らすには，修理よりもリサイクルする方が効果的である」…×　最終段落最終文参照。ゴミを減らす最も効果的な方法として，修理と消費行動を改めることを挙げている。　４．「クローゼットがいっぱいだと，私たちは買い足す気がなくなる」…×　そのような記述はない。

7 〔長文読解総合―説明文〕

≪全訳≫❶円高が進むにつれて，アメリカで土地や会社を買う日本のビジネスマンが増えている。日本と比べるとそれらは非常に安いのだ。例えば，ある日本の自動車タイヤ会社がアメリカのタイヤ会社の工場を買収した。その工場は毎年大きな赤字を出していた。もともと従業員は1000人いた。それが今や600人しかいなかった。400人が職を失ってしまったのだ。それが４年前のことだ。日本の会社がこの古いタイヤ工場を買い取ったとき，何が起こったか。この話を読めばわかるはずだ。この話はボブ・ロバーツという想像上の人物の言葉で書かれている。彼は実在の人物ではないが，そうである可能性もある。では，ボブ・ロバーツの話を聞くとしよう。❷ええ，私のタイヤ会社はとてもひどい状態でした。仕事を失うんじゃないかととても心配でした。１日に700本のタイヤしか生産しておらず，赤字が続いていたんです。そんなとき工場が日本の大企業に買収されたと聞きました。実は最初にその知らせを聞いたとき，私たちはあまりうれしくはありませんでした。ほとんど休日もなく働かなければならないと思ったからです。それが日本人がしていることですからね。日本人の社員らが到着すると，私たちの労働組合員と会議をしました。その話し合いは怒号が飛び交い，とてもひどいものでした。最後には労働組合長が「我々は我々のやり方で働かなければならないんだ。今すぐ部屋から出ていけ！」と叫んだんです。日本人社員らは部屋を出ていっただけでなく，はるばる東京へと飛行機で帰ってしまったんです！❸私たちは労働組合長に対してとても腹を立てていました。私たちは仕事を続けたかったし，日本のビジネスのやり方が他のアメリカ企業で非常にうまくいっていることも知っていたんです。結局，労働組合長は，腹を立ててしまったことをすまなく思うと東京に手紙を書きました。彼は謝罪をし，日本人が戻ってくることを望んでいました。今度は友好的になると約束したのです。❹日本人の社員が戻ってきたとき，彼らはとても礼儀正しかったですね。あのひどい話し合いのことは口に出しませんでした。もちろん工場ではいろいろな変化がありましたが，それは改善となる変化でした。手始めとして，職を失った400人の従業員全員が再びもとの仕事に戻りました。このことが非常にいい雰囲気をつくり出したのです。無礼な態度をとっていた労働組合長でさえ，日本の経営陣は最高だと認めるようになりました。❺そのうえ，私たちは思っていたほど働く必要はなかったんです。私たちの工場には，巨額を投じて最新鋭の機械が導入されました。従業員として言えるのは，新しい機械で作業する方がずっといいということです。より楽しく，より安全で，より気分がいい。また，懸命に働かなくとも生産量を増やすことができます。従来のシステムでは１日に700本のタイヤしか製造できませんでした。それが今では3000本も生産しているんです！　ある意味，私たちは以前より働いているかもしれません。残業が多いのです。でも，残業１時間当たり20ドルの手当がつくので，うれしいですね。妻も喜んでいます。私たちは大きな家に引っ越し，２人の子どもたちはもうすぐ大学に行きます。昔なら，そんなことは考えられなかったと思います。妻は買い物も楽しくなったと言っています。どうしてかって？　それは日本人が東京からたくさんの桜の木を輸入しているからです。それらの木をショッピングモールや公園に植えているんですよ。自分たちでお花見の飲み会やピクニックをすることもありますよ！　これは実にすばらしい日本の習慣だと思います。❻もう１つ私たちアメリカ人従業員が気に入っているのは，日本人にとって私たちのアイデアが重要であると思われていることです。アメリカ人の上司は私たちにアイデアを尋ねることはありませんでした。「君たちは働くために給料をもらっているのであって，考えるためではない」という態度でした。今は日本人の上司とよくミーティングをします。ビジネスを改善するための提案やアイデアを出すことができるのです。日本人はいつも喜んで私たちの意見に同意してくれます…それに対して何の対処もないこともありますが。多くの場合，何らかの行動を起こしてくれます。例えば，彼らは7000万ドルをかけて別のタイヤ工場をつくることを計画していました。それは遠く離れた別の町に建設されるはずでした。でも私たちは友人や親戚にも新しい工場でいい仕事についてほしかったので，その計画には不満でした。新しい工場は私たちの町につくってほしかったのです。日本人幹部はすでに計画を立てていたため，当初，私たちの考えをよく思ってはいませんでした。うれしいことに，最終的には東京の本社は古い工場のすぐ横に新工場を建設することに同意したんです。アメリカの会社だったらそもそも私たちの声には耳を貸さなかったでしょう。また，私たちを喜ばせるために計画を変更することも決してなかったでしょう。❼実のところ，日本人は終業後にあまり私たちとは会いません。私にはサイトウヒロシという友人がいます。彼によると東京にいるアメリカ人の重役も同じで，ほとんどアメリカンクラブで過ごすと言っていました。とにかく，日本人はただ社交のために一緒に集まる傾向にあります。ヒロシによれば，彼らは本当はフレンドリーでありたいと思っていると言います。でも彼らの多くは英語があまり話せないんです。まあ，それも時間がたてば変わるだろうと思っています。ただ私が言えることは，私の知るかぎり日本人はアメリカでとても歓迎されているということです。

8この架空の話はわずかに変更しただけでほぼ実例をもとにしたものである。あなたがアメリカに赴任する日本人上司になる日がくるかもしれない。英語をしっかり勉強すれば，もっと楽しい時間を過ごせるはずだ。

(1)＜適語(句)選択＞Ａ．空所直後の文が空所前の内容の具体例になっている。for instance は for example とほぼ同義で「例えば」という意味。　Ｂ．会議において日本人社員に怒号を浴びせた労働組合長が，最終的にどのような行動をとったかが述べられている。at last で「最後に，ついに」という意味を表す。　Ｃ．空所の前では新しい機械を操作する利点が述べられており，空所の後ではさらに別の利点について述べている。also は接続詞として，「そのうえ，さらに」という意味を表せる。　Ｄ．空所を含む文の次の文の文頭にある Finally に着目し，「最初は～。(しかし)最終的には…」という文脈であることを読み取る。このように at first「最初は」は，後で状況が変わった場合に用いられる。　Ｅ．前文では東京にいるアメリカ人もアメリカ人どうしで集まりたがるという例を示し，空所の後では再度，日本人に話を戻している。anyway「何はともあれ」は，会話において話が脱線した後，もとの話題に戻すときなどに用いられる。

(2)＜適語補充＞ａ．最初の空所は(　) Bob Roberts has to say で「ボブ・ロバートが言うべきこと」，２つ目の空所は(　) Japanese do で「日本人がすること」という意味になると考えられる。what は先行詞を含む関係代名詞で「～するもの〔こと〕」という意味を表す。　ｂ．１つ目の空所を含む文の主語は Another thing(直後の that は目的格の関係代名詞)で，動詞は is。よって，文の骨組みは‘主語＋is＋～’「〈主語〉は～だ」である。空所の後が‘主語＋動詞...’の節になっていることに着目。この that は節の前に置かれて「～ということ」という意味を表す接続詞。２つ目の空所に入る that は，前文の内容を受ける代名詞。

(3)＜指示語＞この they に当てはめて意味が通る複数形の名詞を探す。同じ文の前半にある many changes in the factory「工場でのいろいろな変化」が該当する。

(4)＜語句解釈＞they は前文の they と同じで日本人幹部を指す。前文の sometimes「ときどき」と下線の文の often「よく」の対比に着目。前文からの「それについて何もしないこともある(が)，多くの場合はする」という流れを読み取る。つまり，下線部 do が意味するのは，do something about it である。

(5)＜英問英答＞①「日本企業が工場に新しい機械を導入した後，何本のタイヤが増産されたか」―３．「2300本」　第５段落第６，７文参照。１日当たり700本の生産数が，新しい機械の導入後は3000本になった。　②「日本人幹部についてアメリカ人従業員が気に入っていたことは何か」―４．「日本人はアメリカ人従業員の考えを聞き，当初の計画を変更した」　第６段落参照。新工場の計画が従業員の声によって変更された具体例が述べられている。　③「日本人が終業後にアメリカ人従業員とあまり会わなかったのはなぜか」―２．「彼らは英語が苦手だった」　第７段落参照。彼らは親しくなりたかったが，英語があまり話せなかったとある。

8～11〔放送問題〕解説省略

2023年度／明治大学付属明治高等学校

数学解答

1 (1) $\frac{3\sqrt{7}+\sqrt{2}}{3}$　(2) 98　(3) 25
(4) $(\sqrt{3},\ 3)$　(5) 6

2 (1) $(x+2y-5)(x-2y-5)$
(2) $(x,\ y)=\left(2,\ \frac{3}{2}\right),\ \left(2,\ -\frac{3}{2}\right),$
$(1,\ 2)$

3 (1) $\left(-3,\ \frac{9}{2}\right)$　(2) 5：11
(3) $\left(-\frac{5}{4},\ \frac{15}{8}\right)$

4 (1) $r=\frac{-a+b+c}{2}\left[r=\frac{bc}{a+b+c}\right]$
(2) $\frac{br}{a}$　(3) $\sqrt{2}r$

5 (1) $\sqrt{3}$　(2) $\sqrt{19}$　(3) $\frac{12}{7}$

1〔独立小問集合題〕

(1)＜連立方程式—解の利用＞$\sqrt{2}x+\sqrt{7}y=3$……①，$\sqrt{7}x-\sqrt{2}y=-6$……②とする。①×$\sqrt{2}$＋②×$\sqrt{7}$より，$2x+7x=3\sqrt{2}+(-6\sqrt{7})$，$9x=3\sqrt{2}-6\sqrt{7}$　∴$x=\frac{\sqrt{2}-2\sqrt{7}}{3}$　①×$\sqrt{7}$－②×$\sqrt{2}$より，$7y-(-2y)=3\sqrt{7}-(-6\sqrt{2})$，$9y=3\sqrt{7}+6\sqrt{2}$　∴$y=\frac{\sqrt{7}+2\sqrt{2}}{3}$　よって，$y-x=\frac{\sqrt{7}+2\sqrt{2}}{3}-\frac{\sqrt{2}-2\sqrt{7}}{3}=\frac{(\sqrt{7}+2\sqrt{2})-(\sqrt{2}-2\sqrt{7})}{3}=\frac{\sqrt{7}+2\sqrt{2}-\sqrt{2}+2\sqrt{7}}{3}=\frac{3\sqrt{7}+\sqrt{2}}{3}$となる。

(2)＜数の性質＞2つの自然数の最大公約数が7より，2つの自然数は7以外に共通の素因数を持たない。よって，a，bを共通の素因数を持たない自然数として，2つの自然数は$7a$，$7b$と表せる。このとき，最小公倍数は$7ab$と表せるから，これが294より，$7ab=294$が成り立ち，$ab=42$……①となる。また，2つの自然数の和は119だから，$7a+7b=119$が成り立ち，$a+b=17$……②となる。②より，$a=17-b$として，これを①に代入すると，$(17-b)\times b=42$より，$b^2-17b+42=0$，$(b-3)(b-14)=0$　∴$b=3$，14　①より，$b=3$のとき，$3a=42$，$a=14$となり，$b=14$のとき，$14a=42$，$a=3$となるから，$(a,\ b)=(3,\ 14)$，$(14,\ 3)$である。したがって，大きい方の数は，a，bのどちらかが14の場合だから，$7\times14=98$である。

(3)＜二次方程式の応用＞AからBまでは時速8kmで，BからCの速さはAからBの速さよりx%速いので，時速$8\left(1+\frac{x}{100}\right)$kmとなり，CからDの速さはBからCの速さより$2x$%遅いので，時速$8\left(1+\frac{x}{100}\right)\left(1-\frac{2x}{100}\right)$kmと表せる。CからDまでの2kmを24分で歩いたから，$8\left(1+\frac{x}{100}\right)\left(1-\frac{2x}{100}\right)\times\frac{24}{60}=2$が成り立つ。これを解くと，$\left(1+\frac{x}{100}\right)\left(1-\frac{2x}{100}\right)=\frac{5}{8}$，$(100+x)(100-2x)=6250$，$2x^2+100x-3750=0$，$x^2+50x-1875=0$，$(x-25)(x+75)=0$　∴$x=25$，-75　$0<2x<100$より，$0<x<50$だから，$x=25$である。

(4)＜関数—座標＞右図で，直線lと円Cは2点O，Aで交わっているので，線分OAは円Cの弦である。よって，線分OAの長さが最大となるのは，線分OAが円Cの直径のときであり，円Cの半径は$\sqrt{3}$だから，このとき，$\mathrm{OA}=2\mathrm{CO}=2\sqrt{3}$である。点Aから$x$軸に垂線AHを引く。点Aは放物線$y=x^2$上にあるから，点Aの$x$座標を$t$とおくと，$y=t^2$となり，A$(t,\ t^2)$となる。これより，$\mathrm{OH}=t$，$\mathrm{AH}=t^2$と表せる。△OAHで三平方の定理より，$\mathrm{OH}^2+\mathrm{AH}^2=\mathrm{OA}^2$だから，$t^2+(t^2)^2=(2\sqrt{3})^2$が成り立ち，$(t^2)^2+t^2-12=0$，$(t^2-3)(t^2+4)=0$より，$t^2=3$，$-4$となる。$t^2>0$だから，$t^2=3$，$t=\pm\sqrt{3}$であり，$t>0$より，$t=\sqrt{3}$となる。したがって，

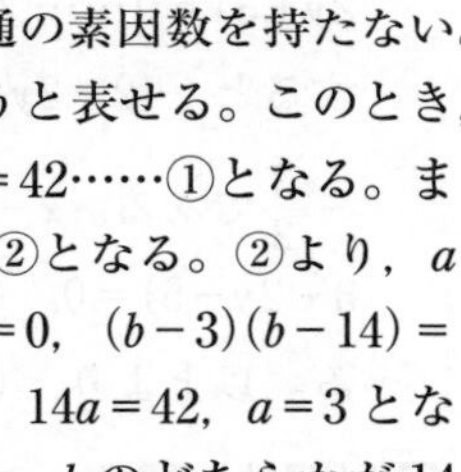

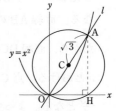

A($\sqrt{3}$，3)である。

(5)<データの活用―xの値>6人の反復跳びの回数のデータなので，第1四分位数は小さい方の3人の回数の中央値より，小さい方から2番目の回数，第3四分位数は大きい方の3人の回数の中央値より，大きい方から2番目の回数である。xは50以下の自然数より，$50-x<50$，$50+x>50$であり，$50-x$，$50+x$を除く4人の回数は，小さい順に，40，47，50，52だから，$50+x$は，$x=1$のとき，$50+1=51$より，大きい方から2番目となり，$x\geqq2$のとき，$50+x\geqq52$だから，大きい方から2番目は52となる。$x=1$のとき，第3四分位数は51回であり，四分位範囲が8回より，第1四分位数は$51-8=43$(回)である。考えられるのは，$50-x=43$であるが，これを解くと，$x=7$であり，$x=1$にならないから適さない。$x\geqq2$のとき，第3四分位数は52回であり，第1四分位数は$52-8=44$(回)となる。考えられるのは，$50-x=44$であり，これを解くと，$x=6$となり，$x\geqq2$を満たすので適する。よって，$x=6$である。

2 〔数と式―連立方程式〕

(1)<式の計算―因数分解>与式$=x^2-10x+25-4y^2=(x-5)^2-(2y)^2$として，$x-5=A$とおくと，与式$=A^2-(2y)^2=(A+2y)(A-2y)$となる。$A$をもとに戻して，与式$=(x-5+2y)(x-5-2y)=(x+2y-5)(x-2y-5)$である。

(2)<連立方程式の応用>(1)より，①は，$(x+2y-5)(x-2y-5)=0$……①′となる。②は，$(x-2)(x+3)-2y(x-2)=0$として，$x-2=B$とおくと，$B(x+3)-2yB=0$より，$B(x+3-2y)=0$，$(x-2)(x-2y+3)=0$……②′となる。②′より，$x=2$か，$x-2y+3=0$である。$x=2$のとき，$x=2$を①′に代入すると，$(2+2y-5)(2-2y-5)=0$，$(2y-3)(-2y-3)=0$，$(2y-3)(2y+3)=0$となるので，$y=\frac{3}{2}$，$-\frac{3}{2}$である。$x-2y+3=0$のとき，$x=2y-3$だから，これを①′に代入して，$(2y-3+2y-5)(2y-3-2y-5)=0$，$(4y-8)\times(-8)=0$，$y-2=0$より，$y=2$である。これより，$x=2\times2-3$，$x=1$となる。以上より，$(x,\ y)=\left(2,\ \frac{3}{2}\right)$，$\left(2,\ -\frac{3}{2}\right)$，$(1,\ 2)$である。

3 〔関数―関数$y=ax^2$と一次関数のグラフ〕

≪基本方針の決定≫(1)　AB∥DCとなることに気づきたい。　(2)　△ABC，△ACDの底辺をそれぞれAB，DCと見る。

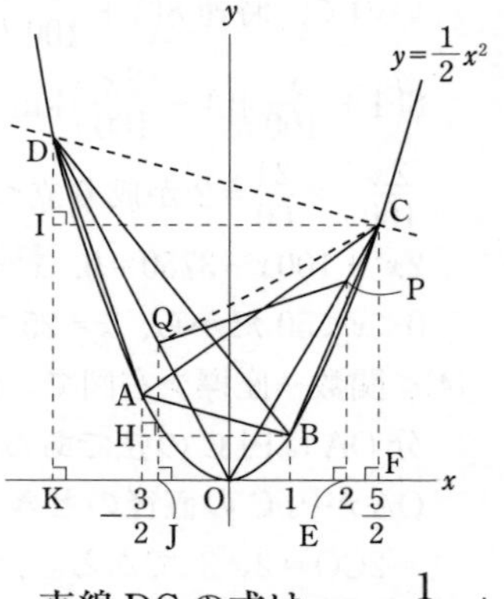

(1)<座標>右図で，3点A，B，Cは，放物線$y=\frac{1}{2}x^2$上にあり，x座標がそれぞれ$-\frac{3}{2}$，1，$\frac{5}{2}$だから，$y=\frac{1}{2}\times\left(-\frac{3}{2}\right)^2=\frac{9}{8}$より，A$\left(-\frac{3}{2},\ \frac{9}{8}\right)$となり，$y=\frac{1}{2}\times1^2=\frac{1}{2}$より，B$\left(1,\ \frac{1}{2}\right)$となり，$y=\frac{1}{2}\times\left(\frac{5}{2}\right)^2=\frac{25}{8}$より，C$\left(\frac{5}{2},\ \frac{25}{8}\right)$となる。△ABC，△ABDの底辺をABと見ると，△ABC＝△ABDより，高さが等しいので，AB∥DCとなる。直線ABの傾きは$\left(\frac{1}{2}-\frac{9}{8}\right)\div\left\{1-\left(-\frac{3}{2}\right)\right\}=-\frac{5}{8}\div\frac{5}{2}=-\frac{1}{4}$だから，直線DCの傾きも$-\frac{1}{4}$となり，直線DCの式は$y=-\frac{1}{4}x+b$とおける。点Cを通るから，$\frac{25}{8}=-\frac{1}{4}\times\frac{5}{2}+b$より，$b=\frac{15}{4}$となり，直線DCの式は$y=-\frac{1}{4}x+\frac{15}{4}$となる。よって，点Dは，放物線$y=\frac{1}{2}x^2$と直線$y=-\frac{1}{4}x+\frac{15}{4}$の交点である。2式から$y$を消去して，$\frac{1}{2}x^2=-\frac{1}{4}x+\frac{15}{4}$，$2x^2+x-15=0$となり，解の公式より，$x=\frac{-1\pm\sqrt{1^2-4\times2\times(-15)}}{2\times2}=$

$\frac{-1\pm\sqrt{121}}{4}=\frac{-1\pm11}{4}$となるので，$x=\frac{-1+11}{4}=\frac{5}{2}$，$x=\frac{-1-11}{4}=-3$である。$x<-\frac{3}{2}$より，点Dの$x$座標は$-3$だから，$y=\frac{1}{2}\times(-3)^2=\frac{9}{2}$より，$\mathrm{D}\left(-3,\ \frac{9}{2}\right)$となる。

⑵＜面積比＞前ページの図で，△ABC，△ACDの底辺をそれぞれAB，DCと見ると，AB∥DCより，高さは等しいので，面積の比は底辺の比と等しくなり，△ABC：△ACD＝AB：DCとなる。点Aを通りy軸に平行な直線と点Bを通りx軸に平行な直線の交点をH，点Dを通りy軸に平行な直線と点Cを通りx軸に平行な直線の交点をIとすると，AB∥DCだから，△ABH∽△DCIとなる。よって，AB：DC＝HB：IC＝$\left\{1-\left(-\frac{3}{2}\right)\right\}:\left\{\frac{5}{2}-(-3)\right\}=\frac{5}{2}:\frac{11}{2}=5:11$となるから，△ABC：△ACD＝5：11である。

⑶＜座標＞前ページの図で，2点C，Qを結ぶ。2点P，Cからx軸にそれぞれ垂線PE，CFを引くと，PE∥CFより，OP：OC＝OE：OF＝$2:\frac{5}{2}=4:5$となるから，△OPQ：△OCQ＝4：5となり，△OCQ＝$\frac{5}{4}$△OPQと表せる。また，△OPQ：△OCD＝1：3より，△OCD＝3△OPQだから，△OCQ：△OCD＝$\frac{5}{4}$△OPQ：3△OPQ＝5：12となり，OQ：OD＝5：12である。2点Q，Dからx軸にそれぞれ垂線QJ，DKを引くと，QJ∥DKより，OJ：OK＝OQ：OD＝5：12となる。点Dのx座標が-3より，OK＝3だから，OJ＝$\frac{5}{12}$OK＝$\frac{5}{12}\times3=\frac{5}{4}$となり，点Qの$x$座標は$-\frac{5}{4}$である。$\mathrm{D}\left(-3,\ \frac{9}{2}\right)$より，直線ODの傾きは$\left(0-\frac{9}{2}\right)\div\{0-(-3)\}=-\frac{3}{2}$だから，直線ODの式は$y=-\frac{3}{2}x$となる。点Qは直線OD上にあるので，$y=-\frac{3}{2}\times\left(-\frac{5}{4}\right)=\frac{15}{8}$より，$\mathrm{Q}\left(-\frac{5}{4},\ \frac{15}{8}\right)$となる。

4 〔平面図形―直角三角形，円〕

≪基本方針の決定≫⑵　△ACD∽△BCAである。相似比を利用する。

⑴＜長さ＞右図1で，△ABCの内接円(3辺に接する円)の中心をOとし，円Oと辺BC，辺CA，辺ABの接点をそれぞれE，F，Gとし，点Oと3点E，F，Gを結ぶ。∠OFA＝∠OGA＝90°となり，∠FAG＝90°，OF＝OGだから，四角形OFAGは正方形である。よって，AF＝AG＝OG＝rとなり，CF＝CA－AF＝$b-r$，BG＝AB－AG＝$c-r$となる。また，∠OEC＝∠OFC＝90°，OC＝OC，OE＝OFより，△OEC≡△OFCだから，CE＝CF＝$b-r$となり，同様に，△OEB≡△OGBより，BE＝BG＝$c-r$となる。BC＝CE＋BEだから，$a=(b-r)+(c-r)$が成り立つ。これをrについて解くと，$2r=-a+b+c$より，$r=\frac{-a+b+c}{2}$となる。

図1

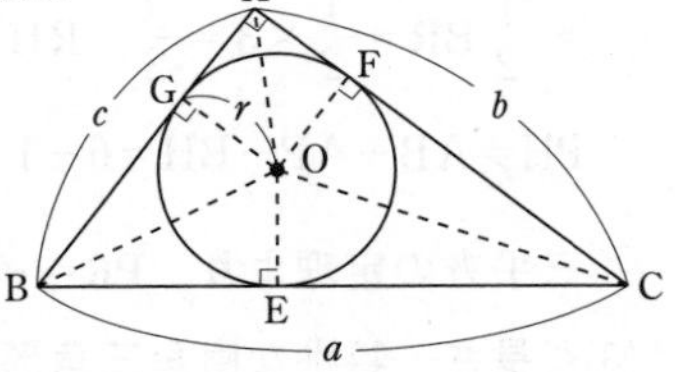

≪別解≫図1で，点Oと3点A，B，Cを結ぶと，OE⊥BC，OF⊥CA，OG⊥ABより，△ABC＝△OBC＋△OCA＋△OAB＝$\frac{1}{2}ar+\frac{1}{2}br+\frac{1}{2}cr=\frac{1}{2}r(a+b+c)$となる。∠BAC＝90°より，△ABC＝$\frac{1}{2}bc$だから，$\frac{1}{2}r(a+b+c)=\frac{1}{2}bc$が成り立ち，$r=\frac{bc}{a+b+c}$となる。

⑵＜長さ＞右図2で，∠ACD＝∠BCA，∠ADC＝∠BAC＝90°より，△ACD∽△BCAである。相似比はAC：BC＝$b:a$だから，△ACDの内接円Qの半径と，右上図1の△BCAの内接円Oの相似比も$b:a$である。よって，円Qの半径は，円Oの半径の$\frac{b}{a}$倍より，$\frac{b}{a}\times r=\frac{br}{a}$である。

図2

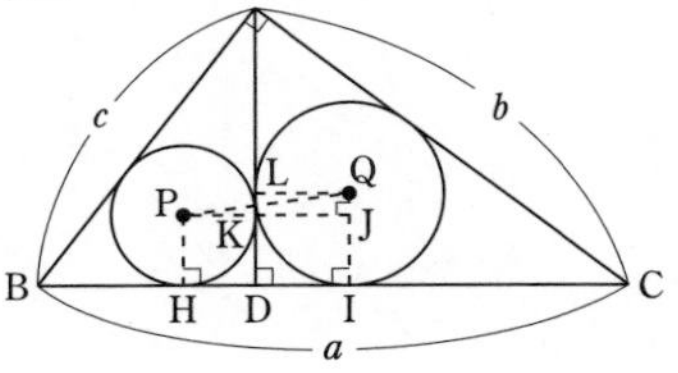

(3)＜長さ＞前ページの図2で，(2)と同様にして，△BAD∽△BCAとなり，相似比はBA：BC＝c：aだから，△BADの内接円Pの半径は$\frac{c}{a}\times r=\frac{cr}{a}$である。(2)より，円Qの半径は$\frac{br}{a}$である。2円P，Qと辺BCの接点をそれぞれH，Iとし，点Pから線分QIに垂線PJを引き，PJとADの交点をKとする。さらに，円QとADの接点をLとする。∠PHI＝∠QIHだから，四角形PHIJは長方形であり，$\mathrm{JI}=\mathrm{PH}=\frac{cr}{a}$，$\mathrm{QJ}=\mathrm{QI}-\mathrm{JI}=\frac{br}{a}-\frac{cr}{a}=\frac{r}{a}(b-c)$となる。また，四角形QLKJも長方形となるから，$\mathrm{PJ}=\mathrm{PK}+\mathrm{JK}=\mathrm{PK}+\mathrm{QL}=\frac{cr}{a}+\frac{br}{a}=\frac{r}{a}(b+c)$となる。△PQJで三平方の定理より，$\mathrm{PQ}^2=\mathrm{PJ}^2+\mathrm{QJ}^2=\left\{\frac{r}{a}(b+c)\right\}^2+\left\{\frac{r}{a}(b-c)\right\}^2=\frac{r^2}{a^2}(b^2+2bc+c^2)+\frac{r^2}{a^2}(b^2-2bc+c^2)=\frac{r^2}{a^2}(b^2+2bc+c^2+b^2-2bc+c^2)=\frac{r^2}{a^2}(2b^2+2c^2)=\frac{2r^2}{a^2}(b^2+c^2)$となる。ここで，△ABCは∠BAC＝90°の直角三角形だから，三平方の定理より，$\mathrm{CA}^2+\mathrm{AB}^2=\mathrm{BC}^2$である。よって，$b^2+c^2=a^2$だから，$\mathrm{PQ}^2=\frac{2r^2}{a^2}\times a^2=2r^2$となる。したがって，$\mathrm{PQ}^2=2r^2$より，$\mathrm{PQ}=\sqrt{2}r$である。

5 〔空間図形―正四面体〕

≪基本方針の決定≫(2)　点Rから辺ABに垂線を引く。　(3)　線分PQ，辺BCを延長して考える。

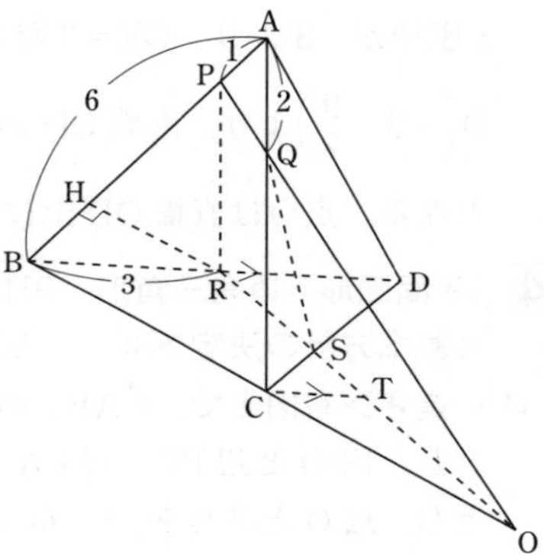

(1)＜長さ―特別な直角三角形＞右図で，立体ABCDが正四面体より，△ABCは正三角形だから，∠PAQ＝60°である。また，AP：AQ＝1：2だから，△APQは3辺の比が$1:2:\sqrt{3}$の直角三角形であり，$\mathrm{PQ}=\sqrt{3}\mathrm{AP}=\sqrt{3}\times1=\sqrt{3}$となる。

(2)＜長さ―三平方の定理＞右図で，△ABDは正三角形だから，∠ABD＝60°である。点Rから辺ABに垂線RHを引くと，△BRHは3辺の比が$1:2:\sqrt{3}$の直角三角形になるので，$\mathrm{BH}=\frac{1}{2}\mathrm{BR}=\frac{1}{2}\times3=\frac{3}{2}$，$\mathrm{RH}=\sqrt{3}\mathrm{BH}=\sqrt{3}\times\frac{3}{2}=\frac{3\sqrt{3}}{2}$となり，$\mathrm{PH}=\mathrm{AB}-\mathrm{AP}-\mathrm{BH}=6-1-\frac{3}{2}=\frac{7}{2}$である。よって，△PRHで三平方の定理より，$\mathrm{PR}=\sqrt{\mathrm{PH}^2+\mathrm{RH}^2}=\sqrt{\left(\frac{7}{2}\right)^2+\left(\frac{3\sqrt{3}}{2}\right)^2}=\sqrt{19}$である。

(3)＜長さ―特別な直角三角形，相似＞右上図で，線分PQの延長と辺BCの延長の交点をOとすると，3点P，Q，Rを通る平面は点Oを通るので，点Sは線分ROと辺CDの交点である。(1)より，OP⊥ABであり，∠PBO＝60°だから，△PBOは3辺の比が$1:2:\sqrt{3}$の直角三角形である。PB＝AB－AP＝6－1＝5だから，BO＝2BP＝2×5＝10となり，CO＝BO－BC＝10－6＝4となる。次に，点Cを通りBDに平行な直線とROの交点をTとする。△COT∽△BORとなるので，CT：BR＝CO：BO＝4：10＝2：5であり，$\mathrm{CT}=\frac{2}{5}\mathrm{BR}=\frac{2}{5}\times3=\frac{6}{5}$となる。また，△CTS∽△DRSとなり，DR＝BD－BR＝6－3＝3だから，$\mathrm{CS}:\mathrm{DS}=\mathrm{CT}:\mathrm{DR}=\frac{6}{5}:3=2:5$である。よって，$\mathrm{CS}=\frac{2}{2+5}\mathrm{CD}=\frac{2}{7}\times6=\frac{12}{7}$となる。

国語解答

一 問一 ウ

問二 たとえば 2，5
しかし 1，3 つまり 4，6

問三 B 楷書・イ C 行書・ア
D 草書・エ

問四 本来型というのは，意味内容という実質を表現した形であるが，外面的な形としてのみに重きが置かれる傾向があるということ。

問五 ② 住み込みの弟子に対して雑用をさせ，滅多に稽古しないこと。
⑥ すでに完成された型を持っている洋服。
⑧ 作法として座ったときに左手が上になるように手を組むこと。

問六 イ

問七 自分で型をつくる過程を考え出した

問八 実際にはデザイナーはいろいろな表現を持つ線を考え，工夫を凝らしているが，筆者は，デザイナーの仕事とは，身体に合った一つのできあがった型をつくることだと言いきっているから。

問九 人間は毎日自分の型をつくり続け，日々変化しているため，昨年の自分に合った型で，現在の自分を表現することはできないから。

問十 ア 問十一 J・客体

問十二 他者のつくった型にはめられているだけで，一人ひとりの個性が表れていないということ。

問十三 なぜその位置になるのか

問十四 ア…× イ…× ウ…×
エ…× オ…× カ…○
キ…○

二 1 融通 2 肥沃 3 丁寧
4 搭載 5 翻弄 6 便箋
7 全貌 8 俸給 9 橋桁
10 拙

一〔論説文の読解―文化人類学的分野―日本文化〕出典；寺井美奈子『ひとつの日本文化論』。

≪本文の概要≫衣服を〈着る〉というのは，着用者の精神を衣服によって表現するということであり，それぞれのパーソナリティが〈着る〉という行為を通して表現されるところに，衣服を〈着る〉ことの意味がある。つまり〈着る〉ということは，人型という肉体の上に着用者自身の型をつくることなのである。ただし，どのようなことにおいても，外形をまねするだけでは実質を伴った型にはならない。自分の型をつくるためには，自分がつくり出そうとしているものと格闘しなければならないのである。また，あらかじめ身体の線に沿ってきっちりとつくられた型に，着用者が〈着る〉ことによって身体の線を合わせる洋服に対し，基本的な型が一つしかない着物は，着用者が〈着る〉たびに自分で自分の型をつくっていかなければならない。したがって，着物において着用者が自分の型をつくるためには，〈着る〉という行為に主体をかけなければならないのである。わたしは，一人ひとりの日本人が，着物の着方を通じて型をつくることを無意識のうちに身につけてきたという共通項が，根底のところで日本人や日本文化を支えていたと考えている。

問一＜文章内容＞「衣服を〈着る〉」ということの意味は，「それぞれのパーソナリティが〈着る〉という行為を通して表現されるところ」にある。したがって，美容師や母親に着物を着せてもらっても，自分自身で着ることをしていないので，「〈着る〉ということにはならない」のである。

問二＜接続語＞1．近頃では「型」というと，紋切り型のように「マイナスの意味」に使われるようになり，「むしろ型なしとか，型くずしのほうにプラスの価値をおいている」が，「型なしと型くずしでは全然意味が違う」のである。　2.「型をつくることのできる人」が「くずせる代わりに，またもとに戻すこともできる」ことの例として，「文字」の楷書やくずし字が挙げられている。　3．オニギリは「三角でありさえすればよい」という考えから，誰にでもオニギリがつくれるように三角状の「オニギリの型」が売られているが，「オニギリは三角である必要」はない。　4．本当の意味での「オニギリのつくり方」を，わかりやすく言い換えれば「口のなかではじめて御飯がほぐれるようなつくり方」ということになる。　5.「専門家としての師匠の日常の朝から晩までの何げない姿」とは，例を挙げれば「食事をする姿，タバコを喫う姿，人に接する姿など」である。　6．弟子が師匠の家に住み込んで「師匠というひとりの人間」を全身で受けとめ，その中に踊りの形だけでなく「踊りの型をつくる心」も読み取ったうえで，「単に外形を真似るのではない自分自身の踊りの型をつくっていった」ということは，つまり，弟子は「踊りの稽古以外の雑用をやりながら，踊りの型をつくる過程を学んでいった」ということである。

問三＜漢字の知識＞書き順に従って一点一画を正確に書いた書体が楷書で(B…イ)，楷書をくずしたものが行書であり(C…ア)，それをさらにくずしたものが草書である(D…エ)。

問四＜文章内容＞オニギリは「口のなかに入ってからふんわりとほぐれる」ようなつくり方をしなければならないのに，「三角状の外型をもって〈型〉という」考えから「オニギリの型」が売られている。「型」とは「そこに意味内容という実質を含んでおり，それを表現した形がひとつの型をなしている」ものなのに，「オニギリの型」では「外面的な形としてのみ」が重視されているのである。

問五＜指示語＞②昔は，住み込んだ弟子に「芸は教わるものではなく，盗むものだ」と言って，弟子を育てていたが，今でも，弟子に「雑用ばかり」をさせ，「たまに」しか稽古をせず，自分の芸を盗ませるように「仕込んでいる師匠」もいるかもしれない。　⑥「着用者の身体の線に合わせ」て仕立てられ，「仕立て上がったときにすでに完成された型」を持っている「洋服」に対して，「きもの」は「多少の寸法の違いはあっても，基本的な型はひとつ」しかない。　⑧「わたし」は，中学の作法の時間に，手を組むときは「左が上」と習ったので，お茶の先生から「左が上」になる手の組み方を「逆にしろ」と言われても，「もう身についてしまっている」のであった。

問六＜語句＞「十把一からげ」は，さまざまな種類のものを一まとめにして扱うこと。「戦前までの師匠と弟子のあいだ柄」について，戦後は一まとめにして「封建的徒弟制度」などという「軽視」するような言い方をした。「一しきり」は，しばらくの間盛んに続くさま。「一筋縄」は，普通のやり方。「一網打尽」は，犯人などを一度に全て捕らえること。

問七＜文章内容＞かつて住み込んで専門家の芸を習った弟子は，稽古以外の雑用をやりながら「型をつくる過程を学んで」いった。祖父の弟子のうち「祖父の芸の域まで達すること」ができた弟子は，型をつくる過程を自分で確立したので，基礎が「すっかり身体について」いたのである。

問八＜文章内容＞デザイナーの仕事は「いろいろな表現をもつ線を考え出して，いろいろな型をつくっていく」ことであり，デザイナーは「さまざまな工夫をこらし」ているが，「わたし」は「デザイナーの仕事とは型紙作り」で，「身体に合ったひとつの型を完成させる」ことだと断言している。

問九＜文章内容＞人間は「生きているかぎり自分の型をつくりつづけて」おり，「昨年の型はあくまで昨年の自分に合った型」であるため，昨年の型で「現在の自分を表現すること」はできない。

問十＜慣用句＞「板につく」は，経験を積んで動作などが職業や地位にしっくり合う，という意味。

問十一＜文章内容＞着物は「着用者が〈着る〉たびに自分で自分の型をつくっていかなければならない」のであり，そのためには「〈着る〉という行為に主体をかけなければ」ならない。着物によって自分自身を表そうとするとき，着物にかける着用者の主体的行為が「その人個人の精神の表現」となるのである。したがって，着物の場合は〈着る〉人間が「主体」をかけなければ「型なし」になるが(…G)，「仕立てによってすでに型を完成させている洋服」は，肉体をはめ込むだけでよいので，〈着る〉という行為に「主体」をかける必要はない(…H)。その代わり，洋服の場合は「精神を托さない」ので，「衣服そのもののもつ表現機能」が「主体」となり(…Ｉ)，〈着る〉というレベルにおいては人間の方は「客体」となる(…Ｊ)。しかし，着物の場合でも「人に着せてもらった」ときは，着用者の「主体」がかけられていないから個性はない(…K)。

問十二＜文章内容＞着物を〈着る〉という行為は，着用者がその行為に「主体」をかけることで，その人の「型」をつくり上げ，自分を表現していくことである。しかし，衣装係に着物を着せてもらったのでは「着用者の主体がかけられていない」ため，洋服の場合と同じく，他人のつくった型に身体をはめているだけになり，着用者それぞれの「個性」が表現されないのである。

問十三＜文章内容＞中学の作法の先生は，手の組み方が「左が上」になる理由を武道で説明してくれたが，お茶の先生は，茶碗を置く位置は教えても，そこに置く理由は説明してくれなかった。

問十四＜要旨＞日本の教育の欠点は「その行為の意味を教えることを拒否してしまったところ」にあり，現在の教育では自分で「型をつくる」ことをほとんど教えない。謡曲師であった「わたし」の祖父は，弟子自身に「型」をつくる過程を学ばせ，弟子の中には「祖父の芸の域まで達すること」ができた者がいたが，叔父は論理によって「謡の基礎」を教えることはできても，「祖父の芸に達するほどの弟子」をつくることはできなかった(ア…×)。衣服を〈着る〉ということは「ただ単に衣服を身体にまとえばよい」ということではなく，着用者が自身の型をつくり，衣服を「自分のものにしていく」ということである。つまり，「自己を表現する衣服とは，ことばに照らして」みれば，自分にふさわしい「自分のことばを自由に使う」のと似ていて，言葉の場合は「その人自身の語りくち」が「その人の自己表現になる」のに対し，衣服の場合は〈着方〉が自己表現となるのである(エ…×)。また，「人間がゆったりとした気持で衣服と一体化できる」のは，肉体的な面の「実用機能」と精神的な面の「表現機能」の両方を備えた自分に最もふさわしいものを着ているときだが，その「表現機能」の要素のうち「一番大きなウエイトをしめる」のは「型」である(イ…×)。洋服は型が「しっかりできている」ため，着こなすには着用者が型の表現に合わせていくことになるが，本来，仕立ての段階で「一見肉体的には不要と思われる部分」を生かすことが「着こなし」であり，それが「着用者の精神の表現」となる(キ…○)。「あらかじめ型のできあがって」いるものは，「型のイメージのほうに人間が分類」されてしまい，「グループ・イメージ」にはなるが，「パーソナル・イメージ」にはなりにくく，その代表的なものが「制服」である(オ…×)。これに対して「基本的な型」が一つしかない着物は，「〈着る〉たびに自分で自分の型をつくっていかなければ」ならず，心にゆとりがないときなどは，すぐに「着くずれ」てしまって，着用者は「きものによって束縛されてしまうこと」になる(ウ…×)。日本人は着物を〈着る〉ことで「〈型をつくる〉ことを身につけて」きた。「わたし」は，日本人が「〈前を合わせて腰で紐を結ぶ〉という方法」を無意識に身につけてきたという共通項が，日本人の「血肉となり，身体の動き」となり，そして「独自の文化」となったと考えている(カ…○)。

二 〔漢字〕

1．必要に応じてうまく処理すること。　2．土地が肥えていて農作物がよくできること。　3．態度や動作などが念入りであること。　4．車両などに資材や人員を積み込むこと。　5．思いのままにもてあそぶこと。　6．手紙を書くための用紙のこと。　7．その物事の全体の様子や姿のこと。　8．給料のこと。　9．橋脚の上に架け渡して橋板を支える材のこと。　10．音読みは「拙劣」などの「セツ」。

2022年度 明治大学付属明治高等学校

【英　語】（60分）〈満点：120点〉

（注意）　リスニング問題は放送による問題で，試験終了20分前に開始します。

■リスニングテストの音声は，当社ホームページで聴くことができます。（当社による録音です）

再生に必要なIDとアクセスコードは「収録内容一覧」のページに掲載しています。

1　次の英文の内容に合うように，（１）～（７）に入る最も適切な動詞を語群よりそれぞれ１つずつ選び，必要があれば適切な形（２語も可）に直して答えなさい。ただし，語群の語は１度ずつしか使えない。

Here I am, cruising on the highway of life but now I'm (　1　) a huge decision.　Luckily, I got some inspiration in English class while (　2　) '*The Road Not Taken*'.　I was pretty bored at first.　It's a poem about (　3　) in the snowy woods and two paths appear before you and what to do.　Then I realized: both paths are pretty much the same.　There's the famous last line ("I took the one less traveled by") but really, the paths are (　4　) as very similar.　Whether I stay in America or go back to Japan, eventually I've got to be the driver of my life.　You don't always know if you're making a good decision until you decide, and getting (　5　) and *backtracking is OK.　I've been *weighing the pros and cons, making lists and doing everything people tell you (　6　) when making a decision, but sometimes you have to just (　7　).　After a long talk, my parents agreed to let me (　7　) the road out for size first, before I make a final decision.

[describe / do / face / lose / read / try / walk]

（注）　backtrack　来た道を引き返す

weigh the pros and cons　良い点と悪い点を比較して検討する

2　次の各英文の下線部①～④のうち，文法的に誤りのある箇所を１つ見つけ，例にならって答えなさい。

（例）　Mr. White ①are teaching English ②in ③this room ④now.

答え：[①→is teaching]

(1)　①To be honest, I have ②no idea ③how this problem should ④solve.

(2)　The real work of ①create a new government ②began ③on ④the fourth day.

(3)　Some states ①charged fees on goods which ②was bought ③in other states, as if ④they were foreign countries.

(4)　*Alice's Wonderland* was about ①a real little girl ②named Alice ③played by a four-year-old actress ④which name was Virginia Davis.

(5)　It would cost ①fewer money to close down Key West and move ②its citizens somewhere else than ③to try ④to save it.

3　次の英文の内容に合うように，[　]内の語(句)を適切に並べ替え，３番目と５番目にくるものを，それぞれ番号で答えなさい。

Emma's dream was to be a boxer.　All her life, she ①[1．a boxer　2．told　3．be　4．was　5．she　6．that　7．couldn't] because she was a girl.　She was told that she should just get a regular job. Her parents told her that she would be killed one day if she kept boxing. It was hard to hear "you can't" all the time. Emma was still determined to prove everyone wrong.

Emma's life was hard. Girls didn't like her, because they thought she was too manly. Guys didn't like her, because they thought she ②[1. as they 2. at 3. good 4. as 5. were 6. boxing 7. wasn't]. Because of all this, Emma didn't have any friends at school. She always sat alone in the cafeteria, and it ③[1. hard 2. partners 3. her 4. for 5. find 6. to 7. was] for group projects.

However, Emma did have friends from her boxing class. They were all female boxers. They ④[1. through 2. understood 3. because 4. Emma 5. going 6. what 7. was] they were in the same position. All they had was each other. They were a family. Because of this, ⑤[1. about 2. Emma 3. class 4. always 5. excited 6. boxing 7. was]. One day, she was going to be a famous boxer. Only then would everyone regret how they treated her.

4 次の英文の(ア)～(キ)に入る最も適切な語をそれぞれ1つ選び，番号で答えなさい。

Laughter is natural for people. We start to laugh at about four months of age. We start to laugh even (ア) we start to speak!

Laughter connects us with other people. We laugh (イ) when we are with other people. Studies find that we are 30 times more likely to laugh with other people than alone. Laughter is also contagious. When one person laughs, other people begin to laugh, too.

It is difficult to pretend to laugh. Laughter is (ウ). Try to laugh right now. It's difficult, isn't it? When people pretend to laugh, most people know it's not (エ). Studies show that people don't like the sound of fake laughter.

When do people laugh? Only 10 to 20 percent of laughter is about something funny. Most laughter is about being (オ) other people. Most laughter says, "I don't want to compete with you. I want to be (オ) you." This kind of laughter brings people together.

We often laugh when we feel (カ). At the beginning of meetings someone often tells a joke when everyone feels (カ). It is usually a small joke, but we laugh a lot. Our laughter helps us relax.

Sometimes we laugh because we think we are better than other people. When we laugh at another person, we are saying, "I am better than you." This kind of laughter makes others feel (キ). Sometimes we laugh because we feel embarrassed.

ア	1	though	2	if	3	before	4	after
イ	1	more	2	less	3	a little	4	a lot
ウ	1	positive	2	negative	3	kind	4	honest
エ	1	funny	2	real	3	important	4	exciting
オ	1	friendly with	2	kind to	3	satisfied with	4	away from
カ	1	happy	2	sad	3	lonely	4	nervous
キ	1	happy	2	bad	3	surprised	4	bored

5 次の会話文の(ア)～(カ)に入る最も適切なものをそれぞれ1つ選び，番号で答えなさい。選択肢は1度ずつしか使えない。

Receptionist : Dr. Carter's Office.
Ronald : Yes, I'd like to make an appointment to see Dr. Carter, please.
Receptionist : (ア)
Ronald : Yes, it is.
Receptionist : Okay. Could I have your name, please ?
Ronald : Yes. My name is Ronald Schuller.
Receptionist : (イ)
Ronald : Uh, I drove past your office yesterday.
Receptionist : Okay. How about the day after tomorrow on Wednesday at 4:00 o'clock ?
Ronald : Uh. (ウ) I usually pick up my kids from school around that time.
Receptionist : Okay. Um . . . how about Tuesday at 8:00 A.M. or Thursday at 8:15 A.M. ?
Ronald : Uh, do you have anything earlier, like 7:30 ?
Receptionist : (エ)
Ronald : Well, in that case, Thursday would be fine.
Receptionist : Okay. Could I have your phone number, please ?
Ronald : It's 643-0547.
Receptionist : Alright. And what's the nature of your visit ?
Ronald : Uh. . . .
Receptionist : Yes, sir.
Ronald : Well, to tell the truth, I fell from a ladder two days ago while painting my house, and I sprained my ankle when my foot landed in a paint can. I suffered a few scratches on my hands and knees, but I'm most concerned that the swelling in my ankle hasn't gone down yet.
Receptionist : (オ)
Ronald : Well yeah. I just filled the paint can with ice and. . . .
Receptionist : And so after you removed the paint can. . . . Sir, sir, Mr. Schuller, are you still there ?
Ronald : Well that's part of the problem. Uh, the paint can is still on my foot.
Receptionist : Look, Mr. Schuller. (カ) I don't think your case can wait.

1 Do you happen to have an opening in the morning ?
2 May I ask who told you to visit our office ?
3 Is this your first visit ?
4 Did you put ice on it immediately after this happened ?
5 No, I'm sorry.
6 Please come in today.

6 次の英文の[A]から[H]に入る最も適切なものを以下の1～8からそれぞれ1つ選び，番号で答えなさい。

Delivering Lunches in Mumbai (India)

No other city in India or in any country has a system like this. The men who make it work are called *dabbawallas.* In Hindi, *dabba* means box and *walla* is a person who holds or carries something. The 5,000 dabbawallas carry lunch boxes — about 175,000 per day — to offices around the city.

Dabbawallas are almost all men. They come from poor families in villages outside Mumbai, and most of them have not had much schooling. [A] But their system works almost perfectly, thanks to good timing, strong teamwork, and a special code with numbers and colors. Business schools in England and the United States have studied the system. [B]

The system was started in the late 19th century by a man named Mahadeo Havaji Bacche. He noticed that lunch was often a problem for workers in government offices in Mumbai. It took too long for them to go home for lunch, but there were too few good, inexpensive restaurants. [C] So Mahadeo hired 100 young men and started a lunch delivery service.

Since then, it has grown and is continuing to grow. One reason is that it costs very little, only 300 rupees or $7.00 per month. [D] They cannot bring it themselves because they often have a long trip to work and leave very early in the morning before lunch can be prepared.

How does it work ? [E] The first one picks up 30 — 40 lunch boxes, mostly from homes, though sometimes these days, they are ordered from hotels or restaurants.

One by one, the dabbawalla picks up the lunch boxes and hangs them on his bicycle. Each of the round metal boxes has a long handle for this purpose. The bicycle is a very important piece of equipment for the job. It must be a good strong bicycle, since each lunch box can weigh two or three pounds. In fact, to start the job, a dabbawalla must have two bicycles — in case of mechanical problems — as well as the traditional white uniform (clothes for work). [F] That is about what the dabbawalla will earn in a month, much more than they could earn in their villages.

By 9:00 A.M., the lunch boxes must all be at the nearest train station. [G] A worker who cannot be perfectly on time will not last long in this job. At the train station, a second dabbawalla *sorts through all the lunch boxes. Each has a code with colored numbers painted on the top. They are put into large wooden boxes and then onto trains that will bring them to the station nearest the customer's office. On each train, a third dabbawalla travels with the *crates.

A fourth dabbawalla picks up the lunch boxes when they arrive and delivers them to the offices, by bicycle or with a cart. By 12:30 each person has received their home-cooked meal. [H] Each dabbawalla gets to know his area and his part of the system very well, and the service goes on in every weather, even the worst of the monsoon rains.

（注） sort through 探し，調べる crate 梱包用の箱

1 Each lunch box is usually handled by three or four different dabbawallas.

2 Time management is an important part of the system.

3 In any case, most Indians preferred a home-cooked meal to a restaurant meal.

4 The other reason is that most Indians still prefer a home-cooked lunch.

5 In the afternoon, the empty lunch boxes are brought back to the homes the same way.

6 According to these studies, the lunch boxes are delivered to the right place 99.9999 percent of the time.

7 Many cannot read or write at all.

8 The total cost of this equipment is about 5,000 rupees, or $120.

7 次の英文を読み，あとの問いに答えなさい。

Throughout my junior year in high school I had been looking forward to the Junior Overnight, a *retreat that was offered to the junior girls at my high school. The purpose was to talk about how our lives were going and to discuss our problems, concerns and worries about school, friends, guys, or whatever. We had some great discussions.

[A] I had learned a lot about people that I could put to good use. I decided to put the papers and notes I had received on the retreat in my journal, which is where I keep some of my most treasured items. Not thinking much about it, I set the journal on top of my dresser and finished unpacking.

I was feeling so great from the retreat that I went into the next week with high hopes. [B] A friend of mine really hurt my feelings, I had a fight with my mom, and I was worrying about my grades, particularly in English. To top it all off, I was worrying about upcoming *prom.

I *literally cried myself to sleep almost every night. I had hoped that the Junior Retreat would have had a deeper impact on calming my nerves and helping me to be stress-free. Instead, I began to think that it had only been a *temporary stress relief.

[C] I was also running late. I dressed quickly, grabbing a pair of socks out of my dresser drawer. As I *slammed the drawer shut, my journal fell off the top of the dresser and its contents spilled all over the floor. As I *knelt down to pick it up, one of the sheets of paper that had fallen out caught my eye. My retreat leader had given it to me. I opened the folded sheet and read it.

> Life isn't about keeping score. It's not about how many people call you and it's not about who you've dated, are dating, or haven't dated at all. It isn't about who you've kissed, what sport you play, or which guy or girl likes you. It's not about your shoes or your hair or the color of your skin or where you live or go to school. In fact, it's not about grades, money, clothes, or colleges that accept you or not. Life isn't about if you have lots of friends, or if you are alone, and it's not about how accepted or unaccepted you are. Life isn't about that.
>
> But life is about who you love and who you hurt. It's about how you feel about yourself. It's about trust, happiness, and *compassion. It's about sticking up for your friends and replacing inner hate with love. Life is about avoiding jealousy, overcoming *ignorance and building confidence. It's about what you say and what you mean. It's about seeing people for who they are and not what they have. Most of all, it is about choosing to use your life to touch someone else's in a way that could never have been achieved otherwise. These choices are what life's about.

I *aced my next English test that day. I had a fun time with my friend that weekend and got the courage to talk to the boy that I liked. I spent more time with my family and made an effort to listen to my mom. I even found a great dress for the prom and had a wonderful time. And it wasn't luck or a miracle. It was a [c　　] in heart and a [c　　] in attitude on my part. I realized that sometimes I just need to sit back and remember the things in life that really matter — like the things I learned on my Junior Overnight.

I am senior this year and preparing to go on my Senior Retreat. But the piece of paper is still in my journal, so that I can look at it whenever I need to remember what life is really about.

(注) retreat 宿泊行事 prom 卒業記念パーティ literally 文字通り
temporary stress relief 一時のストレス解消 slammed バタンと閉めた knelt 膝を曲げた
compassion 思いやり ignorance 無知 aced～ ～を完璧にやった

(1) 本文中の[A]～[C]に入る最も適切なものをそれぞれ1つ選び，番号で答えなさい。

1 However, the week turned out to be an emotional disaster.
2 I couldn't believe I'd never had an opportunity like the retreat.
3 I went home from the retreat with a great feeling.
4 I woke up on Friday morning with a heavy heart and a bad attitude.
5 I was so depressed when I came back home from the retreat.

(2) 次の英文のうち，The Retreat leaderから受け取った手紙の内容に合うものを2つ選び，番号で答えなさい。

1 You shouldn't try to be someone else.
2 You should dress nicely because people judge you on how you look.
3 You should study hard to go to school with a great reputation.
4 If you have negative feelings about someone, it's okay to stay away from them.
5 It's important to put yourself in other people's shoes before saying something.
6 You should try your best to be loved by as many people as possible.

(3) 本文中の[c　]に入る最も適切な語を答えなさい。cから始まる語を書くこと。

(4) 本文の内容に合っているものを1つ選び，番号で答えなさい。

1 The writer couldn't express her opinion to her friends in the discussion during the retreat.
2 The writer kept her important stuff such as a letter from the retreat in the treasure box.
3 When the writer was late for school, she stopped on the way to school and started reading a letter from the retreat.
4 Although the writer solved her problems, she kept a letter from the retreat in her journal.

リスニング問題

8 ノートの取り方についての会話を聞き，以下の文章の(1)～(4)に入る語を答えなさい。( )に入る語は1語です。放送は1回です。

The woman will have a (1) test on Friday. She is worried because she has to (2) a lot of information to pass the test. The man saw her notes and advised her to draw (3). In the end, the man tested her (4). She understood how to take notes.

9 Mario(男性)とTamara(女性)の会話を聞き，その内容を表す文となるように適した選択肢を番号で答えなさい。放送は1回です。

(1) Mario and Tamara are going to
1 play baseball.
2 eat dinner.
3 see a movie.
4 visit his grandparents.

(2) Tamara has watched
1 *Mr and Mrs Jones.*
2 *War Games.*
3 *Robot 2075.*
4 *Midnight Moon.*

(3) Mario and Tamara are going to see
1 *Mr and Mrs Jones.*
2 *War Games.*
3 *Robot 2075.*
4 *Midnight Moon.*

(4) Mario and Tamara are going to meet at
1 6:30.
2 7:00.
3 7:30.
4 8:00.

10 インタビューを聴き，その内容を表す文となるように適した選択肢を番号で答えなさい。放送は１回です。

(1) Andy Wells is
1 a tour guide.
2 an entertainer.
3 a writer of a guidebook.

(2) The best theme park for someone who likes adventurous things is in
1 Florida.
2 Ohio.
3 New York.

(3) Cedar Point has
1 7 rollercoasters.
2 17 rollercoasters.
3 70 rollercoasters.

(4) In the Wizarding World of Harry Potter, people can
1 buy magic sweets.
2 ride a magical coaster.
3 buy picture books.

(5) Ocean Park **DOES NOT** have
1 sea animals.
2 attractions.
3 a zoo.

(6) In Universal Studios in Singapore, you can feel like you are in
1 Hong Kong.
2 Tokyo.
3 New York.

(7) Ocean Kingdom in China will have
1 dinosaurs.
2 a rollercoaster.
3 a dinner restaurant.

＜リスニング問題放送台本＞

8

Mark : What's the matter ?
Clare : I've got a history exam on Friday and I'm worried I'll fail it.
Mark : Why ? You're brilliant at history.
Clare : It isn't difficult but I have to remember a lot of information. These are my notes from today.
Mark : Can I see ?
Clare : Yes.

Mark : These aren't notes! This is a full text!

Clare : What do you mean?

Mark : You don't have to copy everything! 'Notes' are just a few words. You have to write the important words. You don't need to write the extra bits. Look. King Henry the Eighth was married six times.

Clare : That's important information.

Mark : But you don't need to write all of those words. You can draw little pictures too. Pictures can help you to remember things and then you don't need to write so many words. Look.

Clare : That's so good! The crown is for 'King' and the 'H' is for Henry. That's cool. Then the heart is 'love' and a number six . . . well that is ehm . . . six.

Mark : Yes. So look at these notes. Let's test your memory.

Clare : King Henry the Eighth was married six times.

Mark : Exactly! Write notes like this, Clare. Then you won't have six pages of notes, you'll only have two or three!

9

Tamara : Hi, Mario. Do you want to go and watch a film?

Mario : Hi, Tamara. Sure, what's on?

Tamara : Well, there are two action films, *Mr and Mrs Jones* and *War Games*, and they're both in 3D.

Mario : I've already seen *Mr and Mrs Jones*. I haven't seen *War Games*, but I don't really want to see an action film. What else is on?

Tamara : There's that science fiction film, *Robot 2075*, but I've already seen it.

Mario : Is it good?

Tamara : Yes, it is, but I don't want to see it again. There's a romantic comedy called *Forever*.

Mario : Mmm, I'm not sure. Are there any horror films on?

Tamara : Yes, there's *Midnight Moon*. It's got vampires in it.

Mario : OK, sounds good. Let's go and watch *Midnight Moon*. What time is it on?

Tamara : It's on at 12 o'clock or at half past two.

Mario : Is it on this evening?

Tamara : Yes, at 7:30.

Mario : Perfect. Let's go at 7:30.

Tamara : OK, shall we meet at the cinema at 7:00?

Mario : Great! See you later.

Tamara : Bye.

10

Interviewer : Good morning. Today we're going to talk about theme parks and we're going to hear from Andy Wells who has written a guide to theme parks around the world. Welcome to the programme, Andy.

Andy : Hi, it's good to be here.

Interviewer : You really have a dream job, don't you, Andy? Flying round the world all the time, visiting adventure parks . . .

Andy : Well, yes, it's pretty exciting. But it's really hard work too, you know.

Interviewer : I bet. So, what's the number one theme park in the world ?

Andy : That all depends what you're looking for. In terms of numbers, it has to be Magic Kingdom at Disney World in Florida, the most famous theme park. But the most popular park for people who like adventure rides is Cedar Point in Ohio, USA. It has the biggest number of rollercoasters in one park, 17, and three water rides. There are lots of other attractions too. Last year they introduced 50 animatronic dinosaurs. You know, life-size models that move and look real.

Interviewer : Cool ! Have they got anything lined up for this year ?

Andy : Yeah, there's a new rollercoaster called the Gatekeeper. Well, actually it's not a rollercoaster, it's a wingcoaster. It'll be the biggest in the world.

Interviewer : What's a wingcoaster ?

Andy : With a normal rollercoaster you are sitting on a seat with the track under you. With a wingcoaster the seats kind of stick out at the side so the passengers have nothing below or above them. You feel as if you're flying.

Interviewer : So it's more frightening ?

Andy : More exciting ! Way more exciting.

Interviewer : What other attractions have you seen recently ?

Andy : I've just been to The Wizarding World of Harry Potter at the Islands of Adventure in Orlando, Florida. It's great ! You know those shops that sell magic sweets and things in the Harry Potter books ? Well, they have those, just like you've imagined. There's a fantastic tour of Hogwarts School where you meet characters from the books. It's so well done.

Interviewer : Right, sounds interesting. In your book you have a lot of theme parks in Asia too. Can you tell us about them ?

Andy : Sure. Tokyo has had a Disneyland for quite a long time, which attracts a lot of people. Ocean Park in Hong Kong has also been going for a long time — that has a lot of marine animals as well as rides. Lotte World, a huge park in South Korea, has the world's biggest indoor theme park. And then there's Universal Studios in Singapore. That's expanding with additions to its New York street section. There's going to be a Sesame Street dark ride. A dark ride's a ride inside a building.

Interviewer : I see. New York in Singapore ?

Andy : Yeah, it's weird, but it works. But the place to watch at the moment is China — they're really expanding. Lots more parks will open in China in the next few years, including another one with dinosaurs in the north, and Ocean Kingdom in the south. That will have the world's longest roller coaster and tallest Ferris wheel, as well as boat rides and a night-time zoo.

Interviewer : Wow, so that's opening soon ?

Andy : Yes, this year. I'll be there !

Interviewer : Have a ride for me, then.

【数　学】（50分）〈満点：100点〉

（注意）　1．解答は答えだけでなく，式や説明も解答用紙に書きなさい。（ただし，**1** は答えだけでよい。）

2．無理数は分母に根号がない形に表し，根号内はできるだけ簡単にして表しなさい。

3．円周率はπを使用しなさい。

4．定規・分度器・コンパスは使用できません。

1

次の［　　］にあてはまる数や式を求めよ。

(1)　$(a-2)(a-3)(a-4)(a-5)-24$ を因数分解すると，［　　］である。

(2)　nが自然数のとき，$3n-1 \leqq \sqrt{x} \leqq 3n$ を満たす自然数xは2022個ある。このとき，$n=$［　　］である。

(3)　右の図のように，正三角形ABCの頂点Aから辺BCに垂線ADをひく。点DからABに垂線DEをひき，点EからADに垂線EFをひく。さらに，点FからABに垂線FGをひき，点GからADに垂線GHをひく。このとき，AH：HF：FDを最も簡単な整数の比で表すと，AH：HF：FD＝［(ア)］：［(イ)］：［(ウ)］である。

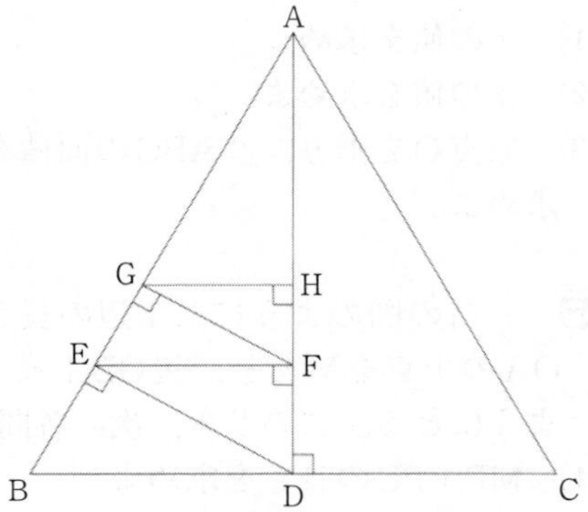

(4)　座標平面上に5点A(−2，5)，B(−5，2)，C(−3，−1)，D(1，−1)，E(4，3)がある。点Aを通り，五角形ABCDEの面積を2等分する直線の式は$y=$［　　］である。

(5)　右の図のように，正方形ACEGの辺AC，CE，EG，GAの中点をそれぞれB，D，F，Hとおき，AからHのうち3点を選んで三角形をつくる。このとき，全部で［(ア)］個の三角形ができ，そのうち二等辺三角形である確率は［(イ)］である。

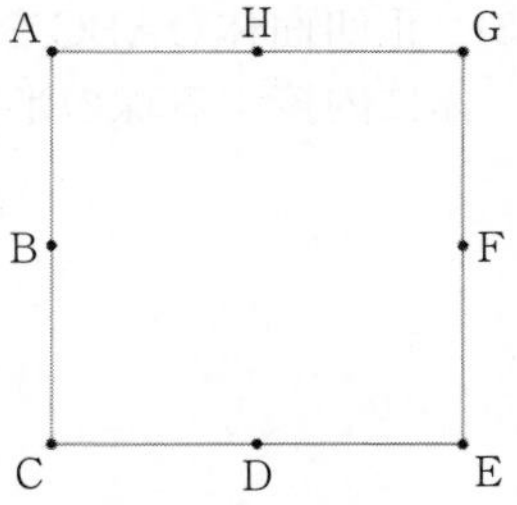

2

xについての2つの2次方程式 $x^2+(a+1)(a+2)x-2a-8=0$……①と $x^2-(a+4)x+2a^2+6a+4=0$……②は，$x=p$を共通な解としてもつ。このとき，次の各問いに答えよ。

(1)　pの値を求めよ。

(2)　p，q，rはすべて異なる数とする。①の解が$x=p$，qで，②の解が$x=p$，rのとき，qの値を求めよ。

3

右の図のように，長さ8の線分ABを直径とする半円Cがあり，線分ACを直径とする半円Dがある。点Bから半円Dに接線をひき，接点をPとする。$\overset{\frown}{AB}$と直線APとの交点のうち，Aと異なるほうをQとし，$\overset{\frown}{AB}$と直線BPとの交点のうち，Bと異なるほうをRとする。このとき，次の各問いに答えよ。

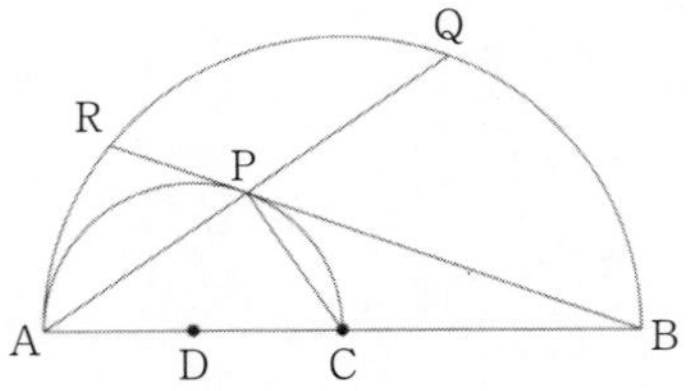

(1)　線分BRの長さを求めよ。

(2)　線分APの長さを求めよ。

(3)　△CQRの面積を求めよ。

4　右の図のように，放物線 $y=\frac{1}{3}x^2$ 上に２点A，Bがあり，$y=\frac{a}{x}(x<0)$ のグラフ上に点Cがある。点A，Cの x 座標はともに $-t$，点Bの x 座標は $2t$ である。$\angle BAC=120°$，△ABCの面積が $\frac{9\sqrt{3}}{2}$ であるとき，次の各問いに答えよ。

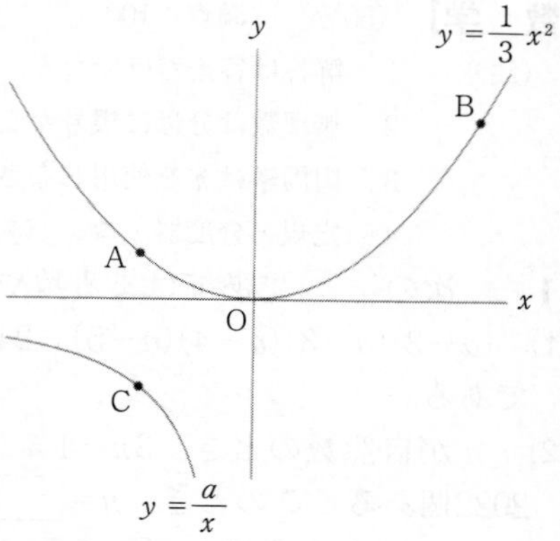

(1)　t の値を求めよ。

(2)　a の値を求めよ。

(3)　原点Oを通り，△ABCの面積を２：１に分ける直線の式を求めよ。

5　右の図のように，１辺の長さが６の正四面体OABCがある。辺OAの中点をMとし，辺OB上に点PをMP＋PCの長さが最短となるようにとる。このとき，次の各問いに答えよ。

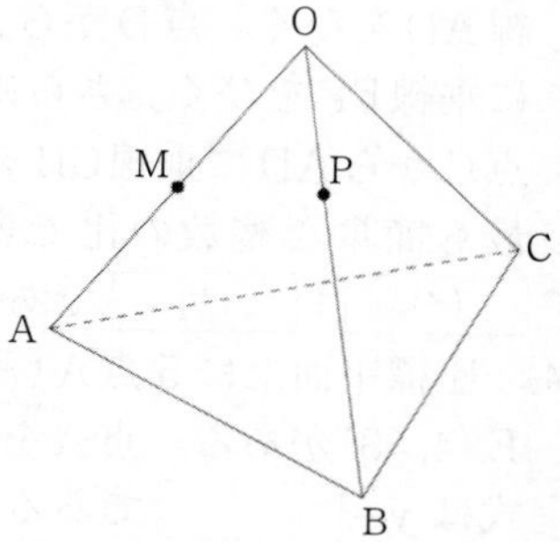

(1)　MP＋PCの長さを求めよ。

(2)　△MPCの面積を求めよ。

(3)　正四面体OABCを面MPCで切断したとき，体積が小さいほうの立体に内接する球の半径を求めよ。

問八　文中 C 、 D にあてはまる言葉を、自分で考えてそれぞれ四字以内で答えなさい。

問九　――部⑥「『一点豪華主義』で生きている人」は、どのような点において強いと筆者は考えているのか、『釣りバカ日誌』のハマちゃんの例を用いて説明しなさい。

問十　文中 E にあてはまる言葉を、本文より二字で抜き出して答えなさい。

問十一　――部⑦『源氏物語』の作者の名前を漢字で答えなさい。また、同時代の作品の組み合わせとして最適なものを、次のア～クより選び、記号で答えなさい。

ア　『万葉集』―奈良時代
イ　『万葉集』―平安時代
ウ　『徒然草』―平安時代
エ　『徒然草』―鎌倉時代
オ　『古今和歌集』―平安時代
カ　『古今和歌集』―鎌倉時代
キ　『おくのほそ道』―鎌倉時代
ク　『おくのほそ道』―江戸時代

問十二　――部⑧「人生地図の濃淡の具合」とは何か、本文の言葉を用いて答えなさい。

問十三　文中 F にあてはまる言葉を、次のア～エより選び、記号で答えなさい。

ア　色めき立つような　　イ　涙をのむような
ウ　板に付いたような　　エ　絵に描いたような

問十四　――部⑨「そこ」、⑩「それら」、⑪「そこ」の指示内容を、それぞれ答えなさい。

問十五　文中 1 ～ 5 にあてはまる言葉を、次のア～オよりそれぞれ選び、記号で答えなさい。ただし、同じ記号は二度使えません。

ア　むしろ　　イ　だから　　ウ　しかし
エ　さて　　オ　もっとも

問十六　文中 G にあてはまる言葉を、次のア～オより選び、記号で答えなさい。

ア　時期尚早　　イ　一朝一夕　　ウ　公明正大
エ　一日千秋　　オ　悠々自適

問十七　筆者は人生に「創造性」を持つためにはどのようにしていくべきだと考えているか、百字以内で説明しなさい。

二

次の1～10の文中の（カタカナ）を漢字で書きなさい。

1　防災（ズキン）をかぶる。
2　（ゴウマン）な振る舞い。
3　上司に（シッセキ）される。
4　新勢力が（ボッコウ）する。
5　（コクヒン）として迎える。
6　会社で（ラツワン）をふるう。
7　一刻の（ユウヨ）も許さない。
8　発言を（サエギ）る。
9　考え方が（カタヨ）る。
10　寄付で費用を（マカナ）う。

ってくれない、自分は見捨てられている、そんな思いにとらわれることも多い。

もちろん、そういった孤独は大切ではある。ちょっと苦しいだけで「癒して〜」と誰かに依存していてはなかなか苦しみの深い意味とは直面できない。私にしても、苦しいときに誰にも会う気にならず、誰にも自分の心を打ち明けることができず、閉じこもりのように引きこもっていたこともあったし、その時期も自分にとっては大切だったのだと思う。しかし、そこから劇的に「生きる意味」が展開していったのは、孤独の極点でもう耐えられなくなり、友人たちに自分の胸の内を吐露し始めてからのことだった。

「苦悩」を探究すること、それにはかなりのエネルギーが必要だ。そして、それは G には成し遂げられない。「苦悩」に向かい合い、それを「内的成長」へとつなげていくには、かなりの時間も必要なのだ。そして、⑪そこを耐え抜き、「生きる意味」へと展開していくには、仲間が、そして仲間とのコミュニケーションが必要なのである。

私たちの多くは、人生に「苦悩」があることが問題なのだと思っている。だから「苦悩」が起こらないようにとびくびくしながら生きている。しかし、問題なのは「苦悩」が生じるかどうかよりも、その「苦悩」が孤立化してしまうかどうかだ。もしあなたに「苦しみ」が生じても、もしその「苦しみ」を聞き届けてくれる仲間が、友人がいれば、もちろん苦しいことは苦しいにしても、あなたの「苦しみ」はそこで受けとめられ、新たな「生きる意味」へと展開していく。そして、一番苦しい時期を何とか耐え抜き、その「苦しみ」を「内的成長」へと育てていくときへとつなげていくことができるのである。

「数字信仰」が私たちからコミュニケーションを奪ってしまう。あるものの意味が、数字という一見客観的な指標で、曖昧《あいまい》さもなく決まってしまえば、私たちがお互いに意味を求めてコミュニケーションする必要はなくなってしまう。数字による意味づけは瞬時に決まるから効率的だ。しかし「生きる意味」は瞬時には決まらない。「生きる意味」を求めて、時間をかけながら、意味を探り出していく、意味を熟成させていく、そんなコミュニケーションは効率的ではないが、しかしそこにこそ生きることの豊かさがあるのだ。

人がワクワクすることをともに喜び、人が苦悩することをともに受けとめる。私たちの「内的成長」は、他者に支えられることから大きなエネルギーを得る。「内的成長」を支えるのは、まさにそうした「豊かな」コミュニケーションなのである。とすれば、私たちがいまこそ取り組むべきは、豊かなコミュニケーションを可能にする社会作りである。「内的成長」をもたらす新しいコミュニティーの創造、それが私たちの課題となるのである。

（上田《うえだ》紀行《のりゆき》『生きる意味』より・一部改変）

問一 文中 A にあてはまる言葉を、本文より四字で抜き出して答えなさい。

問二 ――部①「彗星のごとく」の意味として最適なものを、次のア〜エより選び、記号で答えなさい。

ア 非常に速い段取りで　イ 新しい明確な方針として

ウ 前触れなしに突然に　エ 鮮明な印象を与えるように

問三 文中 B にあてはまる言葉を、自分で考えて八字以内で答えなさい。

問四 ――部②「『いい子』」とはどのような人物か、その問題点も含めて答えなさい。

問五 ――部③「『誰かが意味を与えてくれる』ことに慣れていた」とありますが、誰かが与えてくれる意味とは具体的にどのようなものを指すか、本文の言葉を用いて答えなさい。

問六 ――部④「『おすがり』」とは何を意味しているか、本文の言葉を用いて答えなさい。

問七 ――部⑤「笑えない状況がそこにはある」とありますが、「笑えない」のはなぜか、答えなさい。

[2] それは違う。苦悩とは現実の自分と「ワクワクする自分」との間のギャップから起こるものだ。こうすれば「ワクワクする」という「生命の輝き」が現実によって抑え込まれている。そこに苦悩が生じるのだ。

[3] 「苦悩」とは、自分の「ワクワクすること」に気づく大きなチャンスなのである。自分ではまだ自分が何を求めているのかが分からない。何に「ワクワクする」のかが分からない。自分の「生命力」のありかが分からない。しかし、現実に私は「苦悩」している、という場合、その「苦悩」に向かい合い、その苦悩の意味を探究していくことで、自分が本当に何を求めているのか、どんなことにワクワクするのかが逆に分かってくるのである。

[4] 「苦悩」とはそういった「ワクワク」と「現実」の葛藤《かっとう》の極限状態であって、「苦悩」とまではいかない葛藤もある。それは現実への「違和感」という形で現れてくる。「何か違うんじゃないか」といった感覚である。みんなから「いい人」だと言われ続けて生きてきた、でも自分がとても自由だとは思えない。何か違うんじゃないか。お金儲けを一心にやってきた。でもこのごろ何か違和感がある。何か違うんじゃないか。そんな感覚である。

そうした違和感や苦悩が、むしろ「生きる意味」を明らかにしていく。⑩それらは私たちの生きている現実に対しての私たちの内部からの「異議申し立て」だからだ。私は本当はそんなことをやりたくない。私はもうそんな生き方にうんざりだ。そうした自分自身の隠れた「声」を聞き届けることこそが、私たちの未来への指針となるのだ。

人生の中で苦悩や違和感があること。それは私たちの「生きる意味の再構築」に必要不可欠である。あるときに「私は生きる意味をつかんだ！」と得心【納得】しても、それはときがたつにつれ現実に合わなくなっていくことも多い。「就職して仕事の面白さに目覚めた！　学生時代のようにフラフラ生きるのではなく、仕事に打ち込んで社会的にも大きな貢献をするぞ！」と二〇代半ばで新たな「生きる意味」に出会って快調に人生を走り続けたとしても、そのまま八〇歳までいけるとはとても思えない。あるときから「この働き方ではちょっと体が持たない」とか、「子どもからもっと一緒にいたいと言われた」とか、「何で俺《おれ》にはあいつみたいに趣味がないんだろう」とか、様々な「違和感」が襲ってくる。しかし、その「違和感」は [5] 「生きる意味を創り直すこと」のチャンスなのである。

「内的成長」それは、私たちの「生きる意味の成長」である。そして「ワクワクすること」や「苦悩」、「違和感」への感性が、そのきっかけとなる。「内的成長」は私たちの感性、感受性の成長でもあるのだ。

しかし、その「きっかけ」が「内的成長」へとつながっていくかどうかには、もうひとつの重要な要素がある。それは「コミュニケーション」である。

「ワクワクすること」を育てていけるかどうかには、どんな人と付き合っているかが大切だ。自分のワクワクする話を語っても「お前はしょせん苦労が足りないんだよ」と言われ、夢を語っても、「そんなのどうせ無理だよ」と言われ続けるのでは、人生の輝きからも夢からも見放されてしまう。もちろん、真の友人、先輩として、「ここがまだ足りない」とか「もっとこうしたところを努力すればいい」とか、心からのアドバイスを送ることがキツイ言葉になることはある。しかしそれは友人や後輩の「夢」や「輝き」を尊重すればこそのことであって、自分も不満だらけで生きているのだから、お前もそうでなければダメだというように、妬《ねた》みから潰《つぶ》しにかかるような人間たちに囲まれているのでは、かなりの生命力を持っていなければ、その場での「内的成長」はなかなか難しいだろう。

「苦悩」に直面し、その意味を深く探究することから自分の「生きる意味」を探し出すこと、それもなかなかひとりではできないことだ。苦悩するとき、私たちはとても孤独だ。誰も自分の苦悩を分かし、周囲からは何ひとつ不自由していないと見られても、自分の人生に「内的成長」や「創造性」を欠いてしまっていれば、私たちはどこかで空《むな》しさを感じ、「これでいいのか？」と自問してしまうのだ。

　人生の「創造性」、それは、私たちが常に新しい「生きる意味」に開かれて生きていることを意味している。私たちが「生きる意味」の創造者であり、人生の節目節目で「生きる意味」の再創造を行うことができること、それが人生の創造性なのだ。

　それは「あなたがこの社会で創造性を発揮すれば、その分、あなたに報酬が得られるような、創造的な社会にしましょう」といった、一見「創造的」に見えながら「閉ざされた意味」へと駆り立てていくような、閉じた「創造性」とは違う。小さいときから、最大限効率的に生きることをたたき込み、一生自分が効率的かどうかチェックしながら生きるような社会は、実は創造性を欠き、「内的成長」をもたらさない社会なのだ。

　私たちの社会はもはや物質的には十分豊かだ。いま真に求められているのは、生きることの創造性、「内的成長」の豊かさなのである。

　[1]、そうした「内的成長」のきっかけとなるものは一体何だろうか。言い換えれば、私たちはどうやって私たちの「生きる意味」に気づくのだろうか。「全科目で一〇〇点を取る」といった妄想ではなく、いま私が真に求めているものにどのように出会うのだろうか。

　それは私たちひとりひとりが、二つのものへの感性を研ぎすますことから始まる。それは、「ワクワクすること」と「苦悩」の二つである。

「私にとってワクワクすることは何なのだろう？」、その感性が私たちを「生きる意味」へと導くことにはあまり異論はないかもしれない。彼と一緒にいるとワクワクする。新しい技術がいま完成しようとする瞬間にワクワクする。この提案が明日の会議でどんな反響を呼ぶかということを考えるとワクワクする。

　それは「情熱」と呼ばれることもある。子どもたちのより良い教育のために情熱を燃やす。世界平和の実現のために情熱を燃やす。「ワクワク」がちょっと浮き立つような幸せ感だとすれば、「情熱」は人生に対するほとばしるようなエネルギーである。ワクワクとか情熱というとちょっと動的なイメージが強いが、感じ方はひとりひとり異なる。もっと「安心」といったイメージの人もいれば、「満ち足りた」といったイメージの人もいる。赤ちゃんをあやしているときが一番満ち足りていて自分らしいひとときなんですよね、といったように。

　それは「生きてる！」という感覚でもある。「みんなは何で難民キャンプにボランティアなんかに行くのかって言うんですよ。危険だし、衛生状態だって悪いし。でもあそこに行くと、いま私は最高に「生きてるー！」って感じがするんですよね。忙しいし、疲れるんだけど、でも普段は見えない力がどんどん自分の中から出てくるっていうか……」「森の中を深呼吸しながら歩いているでしょう、ちょっと考え事したりしながら、そういうとき、ああ生きてて良かったってふと思うんですよね」。

「ワクワクすること」「生きてる！　という感覚」は、私たちの「生きる意味」の中核にある。それはまさに「生命の輝き」を実感する一瞬であり、私たちが自分自身の「生きる意味」の創造者となる一瞬である。そしてそれは私たちと世界がどのような「愛」でつながっているのかを実感する瞬間でもある。

「内的成長」のもうひとつのきっかけ、それは「苦悩」である。

　そう言うと、えっ？　と驚かれるかもしれない。さっき「ワクワクすることを大切にすること」と言ったばかりじゃないか。「ワクワクすること」とは「苦悩しないこと」でしょう？　と言われそうだ。

に打ち込んでいる人もいた。しかしその時間は「犠牲」どころか、そのときこそ彼女は光り輝いていた。演劇に取り憑《つ》かれて、大学の講義に来なくなる人もいた。しかし、その公演に行くと彼は教室の中ではついぞ見たことがなかった生命力に溢れたオーラを発していたのだった。

　世界とは効率性の追求のためにあるのではない。自分が何を愛するのか、世界の何と「愛」でつながることができるのか、そのことを見出さなければぼくはこれから生きていくことはできないんだ。それが私にようやく訪れた、ひとつの啓示であった。

　私はこの本においてひとつの新しい言葉を提示しようと思う。それは「内的成長」という言葉だ。私たちの社会はこれまで、年収や成績といった数字に表されるような指標によって、私たちを外側から見る成長観に支えられてきた。それは「経済成長教」が力を持っていた時代には機能してきた成長観だった。しかし、そうした成長観はもはや私たちの生きることを支えてはいけない。私たちの成長を内側から見る目がいま求められている。そして、私はそれを「内的成長」と呼びたいのだ。

　「内的成長」とは何か、それは「生きる意味」の成長である。生まれてから死ぬまで私たちの「生きる意味」は成長し続けていく。私たちの身長はあるところで成長を止める。私たちの収入はあるところまで右肩上がりでそれから下がっていく。しかし、私たちの「生きる意味」はずっと成長を続けていくのだ。

　私たちは生きていく中で私たち自身の「生きる意味」を変化させていく。⑧人生地図の濃淡の具合が変わっていくのだ。例えば、小さいときはお母さんが世界の中心で、学校に行きだすと友達が大切になり、その後バンドにはまった青春期が続き、就職したら仕事がものすごく面白くなり、しかし「釣り」と出会ってからはそれがもう一生の友……といったように、私たちはひとりひとり別々の「生きる意味」の遍歴を持っているものだ。そして、その「生きる意味」の歴史は積み重なり、人生経験となって私たちの生きる意味をさらに深めていく。私たちの人生とは、「生きる意味」の成長とともにあるのである。

　ところが、私は何の「内的成長」もなかったと自分自身を振り返る人もいる。例えば次のような発言は少なからぬ数の女性から聞いたことがある悩みだ。

「私は結局ずっと人の目を気にして「いい子」をやってきたんだと思います。小さいときは親にとっての「いい子」そのものでした。クラスでもいつも優等生でしたが、それも先生や友達の前で「いい子」をやっていたのだと思います。それから「いい妻」になり「いい母」になりました。だから周りの人はみんな「よくできた人だね」って言うんですよ、私のこと。でも、このごろ気づいたんです。私って小さいときから成長してないって。いつも周りの人の目を気にして「いい子」をやり続けてきた。もしかしたら子どものままなんじゃないかって」。

　彼女は人生でたくさんのことをやってきたはずだ。学校では優等生だし、友達にもきっと優しかったことだろう。[F]幸せな家庭を築いてきたのかもしれない。しかし、周囲からは幸せそのものと見えていても、本人が悩んでいるということはよくあることだ。私は何か不自由だ。自分自身が自分でないような気がする。そして、その不満に直面し、自分の人生を見つめ直したとき、自分はいろいろなことをやってきたけれども、「生きる意味」においては全く成長していなかったのではないか、常に「人の目を気にするいい子」を生きてきたのではないかと気づく。そして⑨そこから彼女の人生の転機が始まるのだ。

　周りからは成功者だと思われていても、本人的にはあまり面白い人生を生きていないと思っていることはよくある。それは人生に「創造性」がないからだ。小さいときからずっと「いい子」をやり続ける。「どうやったら儲《もう》かるか」をやり続ける。そのことに成功そんなことはない。誰でも自分の人生を創造することができるのだ。あなたはあなたの人生の主人公なのだと私は断言したい。しかし、ならばどうなったらあなたは満足なのかと問われると、こんどは私たちの欲求は暴走を始める。すべてのことが「最高」なことを思い描くのだ。四〇代半ばの私は、多くの部下を持つ社長で、とてつもない年収を手に入れ、豪邸に帰れば美人の妻と、お嬢様学校に通うかわいい子どもたちに囲まれ、週末はヨット、ゴルフ、そして年に何回も海外旅行、誰からも四〇代に見えないほど若いと言われ、老後の心配もなく、充実した毎日を過ごしている……。

お前はバカか？ と言いたくなるが、「思い通りの人生」と言われたときに、こういった人生を思い描く人は少なくない。まあこの人間が自分の前に立っていたらそれはもはや人間ではなくバケモノだろうが、そうした実際にはありえないバケモノを理想と思い描いてしまうのだ。

その「思い通りの人生」のイメージは、学校の科目ですべて一〇〇点を取れれば最高だろうといった発想にも似て、もの悲しい。人生にも科目があって「仕事」「年収」「結婚」「子ども」「恋愛」「余暇」「時間」「ルックス」「ファッション」……、すべての科目が満点ならば、満点の人生だと思ってしまうのだ。しかし、すべての科目で満点を目指しなさいという発想こそが、私たちを自分自身の「生きる意味」から遠ざけてしまったものだったはずだ。問題は「［C］分野で」ではなくて、「［D］分野で」自分は大きな満足を感じるのか、なのだ。

しかし世の中はそういったあなたの人生の「全体の見通し」を問うことなく、「各科目」の点数を問いがちだ。例えば毎日通勤電車の中で見る雑誌の中吊《づ》り広告には、科目ごとの点数が気になるような記事ばかりだ。「今年のボーナス、あなたは勝ち組か？」「このメイクでライバルに差をつける」「お受験最前線――真のセレブの目指す学校とは」……人生が「各科目」に分断されて問われることで、常に「もっと恵まれている人間がいるのではないか」「自分ももっとがんばらないと」と欲求不満に襲われてしまう。そうして、自分の人生の全体を見通す目を失ってしまいがちになるのだ。

人生の満足度の高い人、それは⑥「一点豪華主義」で生きている人である。この嫁さんと一緒にいさえすれば人生ぜったい満足だという人は強い。ミステリーを読んでさえいれば幸せという人も強い。辛いことがあっても患者さんの笑顔を見れば幸せになるという看護師の人は強い。『釣りバカ』のハマちゃんは強い。

自分の「生きる意味」を生きている人の世界には「濃淡」がある。世界のどこが自分としては譲れない「濃い」部分で、どこがあまり自分には問題にならない「淡い」部分なのかの地図ができている。だから「淡い」部分で何かが起こってもそんなに気にしなくてもいい。「同い年なのに君の年収はぼくより低いね」と言われても、「うん、まあぼくは家族と一緒にいられる時間を一番大事にしているからね」と涼しい顔で言い返すことができるのだ。

自分にとっての「意味」を捨象して、数字という目標に最大限［E］化できる人間のほうがテストは得意だ。しかし、そこから先「自分はどうやって生きていくか」という問いの前では全く無力になってしまう。それは私と世界が「愛」で結ばれていないからだ。

周りを見回してみると、そこには世界を「愛」している人たちも少なからずいた。数学の難問にアタックするのを喜びとしている人。生きるとは何かを求めて難しい哲学書を読みふけっている人。⑦源氏物語の甘美な世界に浸りきっている人……。そうか、学問とは点数を取るためのものではなかったんだ。それは世界の中で「愛」する対象とつながることなんだ、そんなことに遅ればせながらようやく気づいたのだ。

世界と「愛」でつながること。それは学問だけではない。自分の時間を「犠牲」にして、障害を持った人と関わるボランティア活動のだが、それは彼が「生きる意味」の創造者であり、「生きる意味」の自立を成し遂げているからである。

経済的に自立していても、「生きる意味」において自立していなければ、私たちはこの社会システムの奴隷となってしまう。学校の成績が良くても、本当に自分のやりたいことが分かっていなければ、私たちは単なる②「いい子」だ。そこから本当に自分自身が「意味の創造者」となれるかどうかが問われているのである。

私たちはこれまで常に③「誰かが意味を与えてくれる」ことに慣れていた。子どものときは親が意味を与えてくれる。学校が意味を与えてくれる。そして就職すれば会社が意味を与えてくれる。そのように社会の側が私たちの「生きる意味」を与えてくれていた。しかし、いまやその「与えられる」意味を生きても私たちに幸せは訪れない。

社会が転換期を迎えるときには、評論家とかオピニオンリーダーと呼ばれる人たちが次の時代に目指すべき意味を指し示してくれてきた。そして私たちは「次の時代の潮流に乗り遅れないようにしなければ」と必死だった。しかし誰かが指し示す潮流にただ流されて進んでいくことからは、もはや私たちの生き方は生まれえないのである。

かなり前から「これからはモノの時代ではなく、心の時代だ」と言われるようになった。そして新聞などの世論調査を見ても、「モノより心だ」という意識は顕著に表れてきているし、私もその方向性には共感を覚える。しかし繰り返し「心の時代」が説かれているにもかかわらず、私たちがいっこうに豊かさを感じることができないのは何故だろう。

それは「心の時代」の「心」が誰の心なのかという出発点に全く意識が払われていないからだ。「心の時代」の「心」が誰の心なのかと言われれば、それは「あなたの心」でしかありえない。「心の時代」とは私たちひとりひとりの心の満足が出発点になる時代のことなのだ。しかし、私たちの多くはこれまでのように「誰かが私たちの心を満足させてくれる方法を教えてくれるだろう」とか「心の時代の上手な生き方を示してくれるだろう」と思ってしまっている。

あなたの人生のQOL、クオリティー・オブ・ライフは、あなた自身が自分自身の「生きる意味」をどこに定めるかで決まってくるものだ。評論家やオピニオンリーダーの言うことを鵜呑《うの》みにしてしまうのでは、それは既にあなたの人生のQOLではなくなってしまう。この混迷する世の中で、「あなたはこう生きろ！」「こうすれば成功する！」といった書物が溢《あふ》れている。そして、自信のない私たちはそうした教えに頼ってしまいそうになる。しかし、④「おすがり」からは何も生まれない。

「心の時代」とは、私の「心」「感じ方」を尊重しようという時代である。〈これが誰にとっても正しい「心の時代」の過ごし方だ〉などというものはない。自分自身の心に素直になって、自分がいま一番何を求めているのかに従って生きていこう、モノの多さ、地位の高さ、そして他者の目からの要求に惑わされず、自分の感じ方を尊重して生きていこうということこそが「心の時代」なのだ。私たちにいま必要なのは、私たち自身の姿を、私たち自身の心を映す鏡なのである。

しかし、私は一体何を求めているのだろうか？ 私の満足とはどこにあるのだろうか。いざ「あなた自身が〈生きる意味〉の創造者なのです」と言われても困ってしまう人も多いだろう。

「先生、ぼくが何をやりたいのか、教えてください」という大学生を⑤笑えない状況がそこにはある。いざ自分の思い通りに生きろと言われても、どうしていいのか分からないのだ。

まず私たちは思う。そんな、自分の思い通りになど生きられるはずがないではないか。お金もないし、才能もないし、名家の生まれでもない。そんな普通の人間がどうやって思い通りに生きられるというのか。そんなの無理だと思ってしまうのだ。

二〇二二年度 明治大学付属明治高等学校

【国 語】（五〇分）〈満点：一〇〇点〉

（注意） 字数制限のある問題については句読点・記号を字数に含めること。

一 次の文章を読んで、あとの問いに答えなさい。ただし、【 】は語句の意味で、解答の字数に含めないものとします。

いま私たちの社会に求められていること、それは「ひとりひとりが自分自身の「生きる意味」の創造者となる」ような社会作りである。

長い間、この日本社会で私たちは「他者の欲求」を生きさせられてきた。他の人が欲しいものをあなたも欲しがりなさい。そして［ A ］を過剰に意識させられてきた。他の人が望むようなあなたになりなさい。しかし、そうやって自分自身の「生きる意味」を他者に譲り渡すことによって得られてきた、経済成長という利得は既に失われ、私たちは深刻な「生きる意味の病」に陥っている。

そこで①彗《すい》星のごとく現れ出た「構造改革」は、私たちをがんじがらめの不毛な「生きる意味」から解放する、自由の使者のように登場した。しかし、それは一見自由に見えて「生きる意味」においては私たちに全く自由を与えない。「高い報酬を得る」ということ、「高い数字を得る」ということが誰にとっても究極の価値であるという目標が与えられ、その目標を達成するための競争においていままではいろいろな障壁があったのでそれを取り除き、これからは自由に競争できるようにしましょう、という社会ははたして自由な社会であろうか。それは「競争の自由」であって、決して「生きる意味の自由」ではない。それどころか、私たちの「生きる意味」はこれまでよりもいっそう「数字」に縛りつけられることになるのだ。

私たちの抱えている一番の問題、それは私たちが「生きる意味を生み出す自由」を獲得していないということだ。私たちの「生きる意味」は誰かから与えられる。そしてその「生きる意味」に向かってなるたけ効率的に生きなさいという社会。私がいようといまいと、私の「生きる意味」は最初から決まっているように感じられてしまう社会。それは私たちの社会の意味のシステムと私たちひとりひとりの意識が重なり合って生まれている「生きる意味の病」なのである。

そこからの脱出は、私たちひとりひとりが自分自身の生きる意味を創造していける社会への変革である。〈生きる意味を創造するものとしての人間〉という人間像こそが、私たちを解放へと導くものなのである。

「社会に生きている人間は誰もが［ B ］ことを第一の欲求としている」ということが前提とされている社会の、「生きる意味」におけるあまりの貧しさは、既に繰り返し指摘してきた。仕事のやりがいは報酬の額だけではない。自分の仕事に対する誇り、自分の技量が生かされ、自分ならではの貢献ができることの喜び。仕事が取り結ぶ人間関係の豊かさ。報酬の額という数字ではなく、「仕事自体」の喜びがそこにはある。

あるいは、仕事からの報酬はそこそこのものでいい、家族との時間やオフタイムの趣味が楽しくてしょうがないという人もいるだろう。例えば『釣りバカ日誌』のハマちゃんはうだつの上がらない【ぱっとしない】サラリーマンで、出世街道にも乗りそびれているけれど、しかし彼はとても幸せそうだ。それは彼が彼独自の「生きる意味」に支えられているからで、釣りの世界では社長ともタメ口がきけてしまうような自由さがそこにはある。そしてその「生きる意味」をかわいい奥さんも支えてくれているのだから、本当に果報者である。私はこれまで「二一世紀の人間像」といった講演やシンポジウムで、この『釣りバカ日誌』のハマちゃんを「これぞ二一世紀社会における一番「強い」人間像だ」と紹介したことが何回もある

2022年度／明治大学付属明治高等学校

英語解答

1 1 facing　2 reading
3 walking　4 described
5 lost　6 to do　7 try

2 (1) ④→be solved
(2) ①→creating
(3) ②→were bought〔had been bought〕
(4) ④→whose name
(5) ①→less money

3 ①　３番目…６　５番目…７
②　３番目…３　５番目…６
③　３番目…４　５番目…６
④　３番目…４　５番目…５
⑤　３番目…４　５番目…１

4 ア　3　イ　1　ウ　4　エ　2
オ　1　カ　4　キ　2

5 ア　3　イ　2　ウ　1　エ　5
オ　4　カ　6

6 A　7　B　6　C　3　D　4
E　1　F　8　G　2　H　5

7 (1) A…3　B…1　C…4
(2) 1，5　(3) change　(4) 4

8 (1) history
(2) remember〔memorize〕
(3) pictures
(4) memory〔understanding, knowledge〕

9 (1) 3　(2) 3　(3) 4　(4) 2

10 (1) 3　(2) 2　(3) 2　(4) 1
(5) 3　(6) 3　(7) 2

1〔長文読解―適語選択・語形変化―エッセー〕

≪全訳≫私はまさに人生というハイウェイを走っているが，今大きな決断に直面している。幸運にも英語のクラスで『選ばれざる道』を読んでいたとき，ひらめいたのだ。最初はかなりつまらなかった。それは，雪の降る森を歩き，目の前に二手に分かれた道が現れ，どうするかという内容の詩だ。そのとき私は２つの道がほぼ同じであることに気がついた。最後の１行(「私は，踏みならされていない方の道を選んだ」)が有名だが，実はその２つの道はそっくりであると述べられている。私がアメリカにとどまろうが日本に戻ってこようが，結局，自分の人生の運転手は自分でしかない。よい決断なのかどうかはいつだって決断してみないとわからないし，道に迷っても，来た道を引き返してもいいのだ。決断を下すとき，私は良い点と悪い点を比較して検討し，リストをつくり，人から言われたことは全て実行しているが，ただやってみるしかないというときもある。長い間話し合った後，両親は，私が最終的な決断を下す前にその道が合っているか試してみることに同意してくれた。

＜解説＞１．a huge decision「大きな決断」を目的語にとる動詞として適切なのは face「～に直面する」。直前が I'm となっているので現在進行形にする。　２．『選ばれざる道』とは，この後の内容から詩とわかるので，「読んでいる間に」とする。なお，副詞節の主語が主節の主語と同じ場合，副詞節内の‘主語＋be動詞’は省略できる(ここでは while の後に I was が省略されている)。（類例）Don't talk while eating in a restaurant.　３．空所直後の in the snowy woods「雪の降る森の中で」に合う動詞は walk。直前に前置詞 about があるので，動名詞(～ing)にする。　４．直後の as に着目。‘describe ～ as …’で「～を…だと述べる〔表現する〕」という意味を表す。前の文に２つの道がほぼ同じだとあることから，ここはその受け身形だと判断できる。　５．文後半の主語は，getting から backtracking までで，この２つの動名詞が and で並列されている形。よって，backtrack「来た道を引き返す」と同じような表現が入ると考えられる。get lost で「道に迷う」という意味を表せる。　６．everything people tell … は‘名詞＋名詞＋動詞…’の形なので，people 以下が everything を修飾する関係代名詞節だとわかる(目的格の関係代名詞が省略されている)。

everythingの前のdoingに着目し，「人からするように言われた全てのことをする」という内容にする。 ‘tell＋人＋to ～ ’「〈人〉に～するように言う」 7．1つ目の空所の文前半では，じっくり検討して決断すると述べた後，‘逆接’のbutがあるので，これと対照的な内容になると考えられる。try「(試しに)やってみる」がそれに該当する。have toの後なので原形のままでよい。2つ目の空所は‘let＋人＋動詞の原形’「〈人〉に～させる」の形。‘try ～ out for size’で「～が適当か〔気に入るか〕試してみる」という意味。

2〔誤文訂正〕

⑴ solveは「～を解決する」という意味。これに対応する主語はthis problem「この問題」なので受け身にして「解決される」とする。助動詞を含む受け身形は‘助動詞＋be＋過去分詞’となる。「正直なところ，この問題をどのように解決すべきか全くわからない」

⑵ createは「～を創立する，つくり出す」という意味の動詞。ここは前に前置詞ofがあるので，動名詞(～ing)にする。 「新政府をつくる本当の仕事は4日目に始まった」

⑶ goods「商品，品物」は常に複数形で表す名詞で，一般に複数扱い。よってbe動詞はwasではなくwereが適切。または，商品が買われたのはcharged fees「手数料を課した」時点より前に完了していたことなので，‘had＋過去分詞’の過去完了としてもよい。過去完了の受け身は‘had been＋過去分詞’となる。 「他の州で買った商品にまるで外国であるかのように手数料を課す州もあった」

⑷ a four-year-old actressとnameの間に，「4歳の女優の名前」という‘所有’の関係が成り立つ。所有格の関係代名詞はwhichではなくwhoseである。 「『アリスの不思議な国』は，アリスという名の実在の少女をバージニア・デービスという名の4歳の女優が演じたものだった」

⑸ moneyは‘数えられない名詞’なのでfewは使えない。 little－less－least 「キーウエストを救おうと試みるよりも，閉鎖して市民をどこか他の場所に移動させる方が少ない費用で済むだろう」

3〔長文読解─整序結合─物語〕

≪全訳≫❶エマの夢はボクサーになることだった。彼女はずっと，女の子だから①ボクサーにはなれないと言われてきた。ただ普通の仕事につけばいいと言われた。両親は彼女にボクシングを続けたらいつか殺されてしまうと言った。常に「お前にはできない」と聞かされるのはつらかった。エマはそれでもみんなが間違っていることを証明しようと決心した。❷エマの人生は苦しかった。女子はエマが男らしすぎるので好きではなかった。男子は彼女が②自分たちほどボクシングがうまくないと思っていたので好きではなかった。これらの理由で，エマには学校の友達が1人もいなかった。彼女はいつも食堂で1人で座っており，グループ発表の③仲間を探すのは彼女にとって難しかった。❸しかしエマにはボクシング教室の友達がいた。全員が女性のボクサーだった。彼女たちは自分たちも同じ立場だった④ので，エマが経験をしていることを理解していた。彼女たちにあるのはお互いの存在だけであった。彼女たちは1つの家族だった。だから⑤エマはボクシング教室のことを思うといつもわくわくした。彼女はいつか有名なボクサーになろうと思っていた。そのときになって初めて，誰もが彼女への接し方を後悔するだろう。

＜解説＞①語群にある動詞の原形はbeだけなのでこれを助動詞couldn'tの後に置くと，she couldn't be a boxerというまとまりができる。前後の文脈から，女の子だから「ボクサーになれないと言われた」という内容になると考え，文の述語動詞をwas toldとし，残ったthatは目的語となる名詞節を導く接続詞として使う。 … she was told that she couldn't be a boxer … ②sheに続く動詞の候補はwasn'tのみ。asが2つあることから，‘not as … as ～’「～ほど…ではない」の形を用いると考える。be good at ～ing「～するのが得意だ」を用いれば，エマは男子ほどボクシングがうまくない，という文になり，男子がエマを嫌う理由にもなる。最後のwereの後には繰り返しとなるgood at boxingが省略されている。 ... she wasn't as good at boxing as they were.
③ 'It is ～ for … to —'「…が〔…にとって〕—することは～だ」の形式主語構文にすればよい。
... it was hard for her to find partners ... ④ Theyに続けられる述語動詞はunderstoodのみ。この目的語としてwhatで始まる名詞節をつくる。 go through「(つらいことなど)を経験する」 They understood what Emma was going through because they were ... ⑤ wasとexcitedがあるので，主語はEmmaになると考えられる('be動詞＋excited'で「(人などが)わくわくした」)。alwaysのような'頻度'を表す副詞は一般にbe動詞の直後に置く。 ... Emma was always excited about boxing class.

4 〔長文読解—適語(句)選択—説明文〕

≪全訳≫❶人間にとって笑うことは自然なことである。人は生後約４か月から笑い始める。言葉を話し出す前にもう笑い始めるのだ。❷笑いは人と人とをつなぐ。私たちは人と一緒にいるとよりたくさん笑う。研究によると，１人でいるときよりも，他の人と一緒にいるときの方が30倍も笑いやすいことがわかっている。また，笑いは人に伝播《でんぱ》する。１人が笑うと他の人たちも笑い始めるのだ。❸笑うふりをするのは難しい。笑いは正直だ。今すぐ笑ってみてほしい。難しいのがおわかりだろう。笑ったふりをすると，ほとんどの人はそれが本物でないことがわかる。研究によると，人はつくり笑いの声を好まないという。❹人はどんなときに笑うのだろうか。おもしろいことで笑うのは，笑いのうちのわずか10%～20%しかない。ほとんどの笑いは，他の人と友好的であるためのものである。笑いの大半は，「私はあなたと争いたくない。私はあなたと友好的でありたい」という意味である。このような笑いは人々を結びつける。❺私たちはしばしば緊張しているときに笑う。みんなが緊張しているとき，会議の冒頭でよく誰かが冗談を言ったりする。たいていはささいな冗談だが，みんな大いに笑う。笑いは人をリラックスさせるのに役立つのだ。❻ときには自分が他人よりも優れていると思って笑うこともある。他の人を見てあざ笑うとき，「私はあなたより優れている」と言っているのだ。このような笑いは人を嫌な気分にさせる。自分が恥ずかしいと感じたときに笑うこともある。

＜解説＞ア．前文参照。人が生後４か月から笑い始めるということは，しゃべり出すより前に笑い始めるということ。 イ．直後の文参照。人は１人でいるより人といるときの方がよりたくさん笑うのである。 ウ．前文の「笑うふりをするのは難しい」から，「笑い＝正直なもの」という関係性が読み取れる。笑いたくないときに笑うのは難しいということ。 エ．つくり笑いは難しいという文脈から，笑うふりをしても，それが本物の笑いでないことがわかると考えられる。 オ．前後の流れから，直後の文のcompete with ～「～と競争する，張り合う」と反対の意味を表す内容になるとわかる。 be friendly with ～「～と友好的な」 カ．同じ段落の最終文に，笑いは人をリラックスさせるとあるので，緊張をほぐすために笑うと考えられる。 キ．この段落で述べられているのは，人に対して優越感を感じるときの笑いである。この種の笑いは一般に相手を嫌な気分にさせるものである。'make＋目的語＋動詞の原形'「～に…させる」

5 〔対話文完成—適文選択〕

≪全訳≫❶受付係(Re)：カーター診療所です。❷ロナルド(Ro)：もしもし，カーター先生の診察を予約したいのですが。❸Re：ア初診ですか？❹Ro：はい，そうです。❺Re：わかりました。お名前をいただけますか？❻Ro：はい。ロナルド・シュラーと申します。❼Re：イこの診療所へいらっしゃるのはどなたかのご紹介ですか？❽Ro：昨日そちらの診療所の前を車で通ったんです。❾Re：わかりました。明後日水曜日の４時はどうですか？❿Ro：あの，ウ午前中に空きはありますか？ その時間帯は子どもを学校に迎えに行っているもので。⓫Re：そうですか。では…火曜日の午前８時か木曜日の午前８時15分はどうですか？⓬ Ro：もっと早い時間帯，例えば７時30分とかはありますか？⓭ Re：エ申し訳ございませんが，ありません。⓮ Ro：そうですか，であれば，木曜日がいいです。⓯ Re：承知しました。電話番号をいただけますか？⓰ Ro：643－0547です。⓱ Re：かしこまりました。それで，どのような診察でしょうか。⓲ Ro：それが…。⓳ Re：はい，どうされました？⓴ Ro：実は２日前に家のペンキ塗りをしているときにはしごから落ちまして，ペンキの缶の中に着地してしまい足首を捻挫したんです。手とひざはかすり傷で済んだのですが，一番心配なのは，足首の腫れがまだひいていないことなんです。㉑ Re：オその後すぐ足首に氷を当てましたか？㉒ Ro：はい。ペンキの缶に氷を詰め込んだだけですが…。㉓ Re：それで，ペンキの缶をはずした後に…。もしもし，シュラーさん，まだそこにいらっしゃるのですか？㉔ Ro：ええ，それも問題の１つでして。ペンキの缶がまだ足にあるんです。㉕ Re：いいですか，シュラーさん。カ今日来てください。その状況はすぐに処置する必要があると思いますよ。

＜解説＞ア．直後の Yes, it is. という返答を導くものを選べばよい。　イ．ロナルドの「診療所の前を車で通った」という返答から，この診療所を誰に教えてもらったのかを尋ねられたと考えられる。　ウ．水曜日の４時を提案されたが，ロナルドはその時間帯は子どもの迎えがあると答えている。その後，受付係が８時と８時15分を提案しているので，午前中の空きがないかを尋ねたと判断できる。１にある opening は「空き」という意味。　エ．ロナルドはもっと早い時間帯を希望したものの，空所の直後では，すでに提案済みの木曜日でよいと妥協しているので，早い時間帯の空きはないと告げられたのだと考えられる。　オ．直後でロナルドが氷をペンキの缶に詰めたと答えている。受付係は足首を冷やしたかどうかを確認したのである。　カ．直後の文から，ロナルドの状況は急を要することがわかる。すぐに診察に来るように伝えたのである。

6〔長文読解―適文選択―説明文〕

≪全訳≫ムンバイ（インド）における弁当の配達❶インド国内の他の都市はもちろん，どの国の都市にもこのようなシステムはない。このシステムを機能させているのはダッバーワーラーと呼ばれる男たちだ。ヒンディー語で，ダッバー（dabba）は箱，ワーラー（walla）は何かを持ったり運んだりする人という意味である。5000人のダッバーワーラーが，１日約17万5000個の弁当を市内のオフィスに運んでいる。❷ダッバーワーラーのほとんど全員が男性である。彼らはムンバイ郊外の村の貧しい家庭の出身で，そのほとんどが十分な学校教育を受けたことがない。A多くは読むことも書くこともできない。しかし，彼らのシステムは見事な時間調整と強固なチームワーク，そして数字と色を使った特別なコードのおかげで，ほぼ完璧に機能する。イングランドやアメリカのビジネススクールでは，このシステムを研究している。Bこれらの研究によれば，弁当は99.9999パーセントの確率で正しい場所に届けられる。❸このシステムは19世紀後半にマハデオ・ハバジ・バッチェという男性が始めた。彼はムンバイの官公庁に勤務する人たちにとって，昼食がしばしば問題になっていることに気がついた。昼食のために家に帰るには時間がかかりすぎるし，かといって安くておいしいレストランはほとんどなかった。Cいずれにしても，ほとんどのインド人はレストランでの食事よりも家庭でつくられた料理を好んだ。そこでマハデオは100人の若者を雇って弁当の配達サービスを始めたのである。❹それ以来，事業が拡大し，今も成長を続けている。その理由の１つはコストがほとんどかからないことで，月々わずか300ルピー，つまり７ドルだけである。Dもう１つの理由は，ほとんどのインド人が今でも家庭でつくられた弁当を好むことだ。彼らは遠くまで通勤することが多く，弁当が用意できる前の早朝に家を出るので，自分で持っていくことができないのだ。❺その仕組みはどうなっているのだろうか。E１つの弁当を通常３，４人のダッバーワーラーが担当する。１人目は30～40個の弁当を受け取る。ほとんどは一般家庭からだが，最近はホテルやレストランで受け取ることもある。❻ダッバーワーラーは一つ一つ弁当を受け取り，自転車にぶらさげる。このために丸い金属製の弁当箱にはそれぞれ長い取っ手がついている。自転車はこの仕事において非常に重要な道具である。弁当1個当たり2，3ポンドの重さになることもあるので，丈夫な良い自転車でなければならない。実際，ダッバーワーラーの仕事を始めるには，伝統的な白い制服(作業着)だけでなく，機械的な故障に備えて自転車を2台所有しなければならない。FこのX備品の総費用は約5000ルピー，すなわち120ドルである。それはだいたい1か月にダッバーワーラーが稼ぐ金額と同じで，村で稼ぐことができる金額よりもはるかに多い。❼弁当は全て午前9時までに最寄り駅になくてはならない。Gこのシステムにおいて時間管理は重要な要素である。時間をきちんと守れない人は，この仕事を長く続けることはできないだろう。駅では2人目のダッバーワーラーが全ての弁当を探し，調べる。それぞれの弁当の上には，色つきの数字でコードが書かれている。それらを大きな木箱に入れて，客の会社の最寄り駅へと運ぶ電車に載せる。3人目のダッバーワーラーがそれぞれの電車に乗って梱包用の箱と一緒に移動する。❽弁当箱が到着すると4人目のダッバーワーラーが受け取って，自転車や荷車でオフィスまで配達する。12時30分までには各自家庭でつくられた弁当を受け取る。H午後には空になった弁当箱が同じ方法で各家庭に戻される。ダッバーワーラーは皆，自分の担当地域とシステムにおける自分の役割を熟知するようになり，いかなる天候，雨期の最もひどい天候においてでさえも，このサービスは提供されるのだ。

＜解説＞A．7の読み書きができないという内容は，直前の学校教育を受けていないという内容の具体的な補足説明となる。　B．直前でビジネススクールにおける研究について述べられている。6の these studies はそうした研究を受けている。　according to ～「～によれば」　C．直後に‘結果’を表す So「だから」があるので，マハデオが弁当の配達を始めた‘理由’となる内容が入る。　D．前文の One reason に着目。4はこれに対して The other reason「もう1つの理由」で始まっている。　E．弁当配達の仕組みを述べた段落。この後1人目から4人目までの役割が具体的に説明されていくが，1はその前にこの仕組みの概要を示す導入文となる。　F．直後の「それはダッバーワーラーの1か月の稼ぎに相当する」という内容から，具体的な金額を述べている文が入る。　G．直後に時間を守れないと仕事が続けられないとあるので，時間管理の重要さを述べた文を選ぶ。　H．前の文で弁当が届けられるまでの説明が終わっているので，空になった弁当箱がその後どうなるかを述べた文を続けると，システムがどう機能するかの説明が完結する。

7〔長文読解総合―エッセー〕

≪全訳≫❶高校2年のとき，私はジュニア・オーバーナイトという2年生の女子を対象にした宿泊行事をずっと楽しみにしていた。その目的は，自分たちの生活の状況を話し合い，学校や友達，異性に関することなど，あらゆる心配事や悩みを相談するものであった。私たちはすばらしい話し合いができた。❷A私はとても良い気分でその宿泊行事から帰宅した。人に関してためになる知識をたくさん得たのだ。私は宿泊行事でもらった資料やメモを自分の日記に貼ることにした。その日記には私が最も大切にしているものを保管している。あまり深く考えずに私は化粧台の上に日記を置き，荷物を片づけ終えた。❸その宿泊行事のおかげでとても良い気分だったので，大きな期待を持って次の週を迎えた。Bところが，その1週間は感情的に最悪なものになってしまった。友達にひどく気分を害されたり，母とけんかをしたり，自分の成績，特に国語の成績が心配だったりした。そのうえ，間近に迫った卒業記念パーティーも心配だった。❹私は毎晩，文字どおり泣き疲れて眠っていた。私はあの宿泊行事が神経を落ち着かせて，ストレスから解放してくれるような深い影響を与えてくれるだろうと期待していた。しかしそうではなく，あれは一時のストレス解消にすぎなかったと思い始めた。❺C金曜日の朝は，心が重く，後ろ向きの気分で目が覚めた。そのうえ遅刻しそうだった。急いで服を着て，化粧台の引き出しから靴下を取り出した。引き出しをバタンと閉めると，化粧台の上から日記が落ち，中身が床中にばらまかれた。それらを拾うためにひざまずくと，落ちていた手紙の１枚が目にとまった。それは宿泊行事のリーダーが私にくれたものだった。私は折りたたまれていた手紙を開いて読んだ。❻人生とは点数をつけることではない。何人の人があなたに電話をかけてきたかでもなく，誰とデートしたことがあるとか，デート中だとか，全くデートしたことがないということでもない。誰とキスをしたか，どんなスポーツをするか，どんな男性あるいは女性があなたのことを好きか，ということでもない。靴や髪や肌の色や，住んでいる場所や通っている学校のことでもない。実のところ，成績やお金や服装や，大学の合否でもない。友達がたくさんいるとか，１人ぼっちだとか，認められているとか，そうでないとか，ということでもない。人生とはそういうものではないのだ。❼人生とは，あなたが誰を愛し，誰を傷つけるかということだ。人生とは自分自身についてどう思うかなのである。それは信頼と幸福と思いやりのことである。友達の味方になって，心の中の憎しみを愛に置き換えるということである。人生とは，嫉妬を退け，無知を克服して，自信をつけることである。人生とは，あなたが言うこと，意味することそのものなのだ。相手の所有しているものではなく，その人の人柄に目を向けるということである。そして何よりも，人生とは，他の方法では決して成し遂げられない方法で，誰かの人生に関わるために自分の人生を費やす決心をすることなのだ。こうした選択が人生なのである。❽私はその日，次の国語のテストを完璧にやった。その週末は友達と楽しい時を過ごし，思いを寄せる男子と話す勇気をもらった。家族と過ごす時間を増やし，母の言うことに耳を傾けるように努めた。卒業記念パーティーに着るすてきなワンピースも見つかって，すばらしい時を過ごした。それは運でも奇跡でもなかった。それは私の中の心の変化であり，気持ちの持ちようの変化であった。私はゆったりと落ち着いて，宿泊行事で学んだような人生で本当に大切なことをときどき思い出す必要があることに気づいたのだ。❾私は今年３年生で，３年生の宿泊行事に行く準備をしているところだ。しかし，人生の本当の目的を思い出す必要があるときにいつでも見られるように，その手紙はまだ私の日記の中にある。

(1)＜適文選択＞A．前の段落で宿泊行事がすばらしかったと述べていることから，筆者は良い気分で帰宅したと考えられる。　B．空所前後が相反する内容になっていることから判断できる。turn out to be ～「(結局)～になる，～であることがわかる」　C．前の２つの段落より，筆者は気分が落ち込んでいることがわかる。また，空所の後に遅刻しそうだとあり，身支度を急ぐ様子が述べられていることからも判断できる。

(2)＜要旨把握＞第７段落第２文に「人生とは自分自身をどう思うか」とある。これは人生とは，自分の問題だということだと考えられ，１．「他の誰かになろうとするべきではない」はこれに合致する。次の２文では思いやりや，友達を支える大切さが述べられており，５．「何か言う前に相手の立場になって考えることが大切だ」がこれに合致する。‘put ～self into …'s shoes’「…の立場になって考える」　stick up for ～「～を擁護する」

(3)＜適語補充＞文頭のItとは第８段落前半で述べられている，筆者が物事に前向きに取り組むようになり，充実した時を過ごしたことを指す。それは運や奇跡といった与えられたものではなく，自分自身の「変化」にあるといえる。

(4)＜内容真偽＞１．「宿泊行事の話し合いで筆者は友達に自分の意見を言うことができなかった」…×　第１段落最終文参照。すばらしい話し合いができた。　２．「筆者は宿泊行事でもらった手紙などの大事なものを宝箱に保管していた」…×　第２段落第３文参照。宝箱ではなく日記帳。３．「筆者は学校に遅刻していたとき，登校途中に立ち止まって宿泊行事でもらった手紙を読み始めた」…×　第５段落参照。手紙を読んだのは家である。　４．「筆者は自分の問題を解決したが，宿泊行事でもらった手紙を日記に保管していた」…○　最終段落最終文の内容に合致する。

8～**10**〔放送問題〕解説省略

数学解答

1 (1) $(a^2-7a+16)(a-1)(a-6)$

(2) 337

(3) (ア)… 9　(イ)… 3　(ウ)… 4

(4) $-\frac{8}{3}x-\frac{1}{3}$　(5) (ア)…52　(イ)…$\frac{5}{13}$

2 (1) 2　(2) −2

3 (1) $\frac{16\sqrt{2}}{3}$　(2) $\frac{4\sqrt{6}}{3}$

(3) $\frac{16\sqrt{2}}{3}$

4 (1) $\sqrt{3}$　(2) $2\sqrt{3}$

(3) $y=-\frac{\sqrt{3}}{3}x$, $y=\frac{5\sqrt{3}}{3}x$

5 (1) $3\sqrt{7}$　(2) $3\sqrt{5}$

(3) $\frac{9\sqrt{6}-3\sqrt{10}}{22}$

1〔独立小問集合題〕

(1)＜式の計算―因数分解＞与式$=\{(a-2)(a-5)\}\{(a-3)(a-4)\}-24=(a^2-7a+10)(a^2-7a+12)-24$として，$a^2-7a=X$とおくと，与式$=(X+10)(X+12)-24=X^2+22X+120-24=X^2+22X+96=(X+16)(X+6)$となる。$X$をもとに戻して，与式$=(a^2-7a+16)(a^2-7a+6)=(a^2-7a+16)(a-1)(a-6)$である。

(2)＜数の性質＞$3n-1\leqq\sqrt{x}\leqq3n$より，$\sqrt{(3n-1)^2}\leqq\sqrt{x}\leqq\sqrt{(3n)^2}$，$(3n-1)^2\leqq x\leqq(3n)^2$，$9n^2-6n+1\leqq x\leqq9n^2$となる。$n$が自然数より，$9n^2-6n+1$，$9n^2$はともに自然数だから，$x$は$9n^2-6n+1$以上$9n^2$以下の自然数となる。これを満たす自然数$x$が2022個あるので，$9n^2-(9n^2-6n+1-1)=2022$が成り立つ。これを解くと，$6n=2022$より，$n=337$となる。

(3)＜平面図形―長さの比＞右図1で，△ABCは正三角形だから，AD⊥BCより，△ABDは3辺の比が$1:2:\sqrt{3}$の直角三角形であり，∠BAD＝30°，∠ABD＝60°である。また，DE⊥ABなので，△ADE，△BDEも3辺の比が$1:2:\sqrt{3}$の直角三角形となる。これより，AE＝$\sqrt{3}$DE，EB＝$\frac{1}{\sqrt{3}}$DE＝$\frac{\sqrt{3}}{3}$DEとなるので，AE：EB＝$\sqrt{3}$DE：$\frac{\sqrt{3}}{3}$DE＝3：1である。∠AFE＝∠ADB＝90°より，EF∥BDなので，AF：FD＝AE：EB＝3：1となり，AF＝3FDである。さらに，∠AGF＝∠AED＝90°，∠AHG＝∠AFE＝90°より，GF∥ED，GH∥EFなので，AG：GE＝AF：FD＝3：1となり，AH：HF＝AG：GE＝3：1となる。よって，AH＝$\frac{3}{3+1}$AF＝$\frac{3}{4}\times$3FD＝$\frac{9}{4}$FD，HF＝AF−AH＝3FD−$\frac{9}{4}$FD＝$\frac{3}{4}$FDとなるので，AH：HF：FD＝$\frac{9}{4}$FD：$\frac{3}{4}$FD：FD＝9：3：4である。

図1

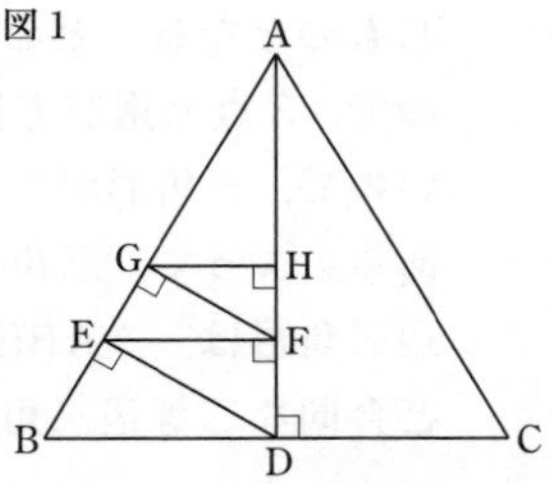

(4)＜関数―直線の式＞右図2のように，点A，点B，点Eを通りy軸に平行な直線と直線CDの交点をそれぞれF，G，Hとすると，C(−3，−1)，D(1，−1)より，直線CDはx軸に平行だから，AF⊥GH，BG⊥GH，EH⊥GHとなる。A(−2，5)，B(−5，2)だから，AF＝5−(−1)＝6，BG＝2−(−1)＝3，GF＝−2−(−5)＝3，GC＝−3−(−5)＝2となり，〔台形ABGF〕＝$\frac{1}{2}\times(6+3)\times3=\frac{27}{2}$，△BGC＝$\frac{1}{2}\times2\times3=3$より，〔四角形ABCF〕＝〔台形ABGF〕−△BGC＝$\frac{27}{2}-3=\frac{21}{2}$となる。また，E(4，3)だから，EH＝3−(−1)＝4，FH＝4−(−2)＝6，DH＝4−1＝3となり，〔台形AFHE〕＝$\frac{1}{2}\times(6+4)\times6=30$，△EDH＝$\frac{1}{2}\times3\times4=6$より，

図2

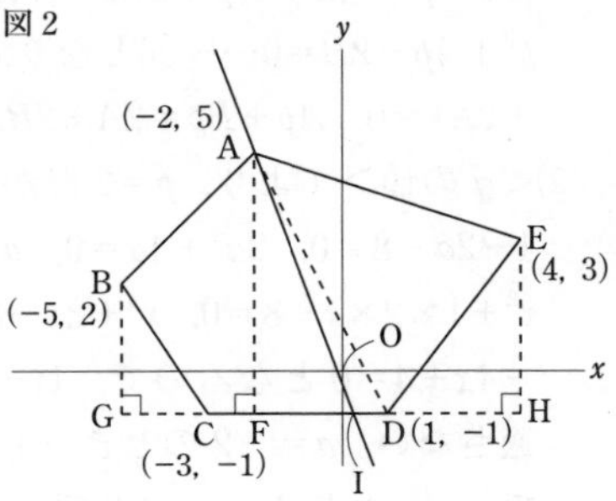

〔四角形AFDE〕＝〔台形AFHE〕−△EDH＝30−6＝24となる。よって，〔五角形ABCDE〕＝〔四角形ABCF〕＋〔四角形AFDE〕＝$\frac{21}{2}+24=\frac{69}{2}$となるので，五角形ABCDEの面積を2等分すると，その面積は$\frac{69}{2}\times\frac{1}{2}=\frac{69}{4}$となる。2点A，Dを結ぶと，FD＝1−(−2)＝3より，△AFD＝$\frac{1}{2}\times3\times6=9$となるから，〔四角形ABCD〕＝〔四角形ABCF〕＋△AFD＝$\frac{21}{2}+9=\frac{39}{2}$である。したがって，〔四角形ABCF〕＜$\frac{69}{4}$，〔四角形ABCD〕＞$\frac{69}{4}$だから，点Aを通り五角形ABCDEの面積を2等分する直線は線分FDと交わる。その交点をIとすると，〔四角形ABCI〕＝$\frac{69}{4}$だから，△AFI＝〔四角形ABCI〕−〔四角形ABCF〕＝$\frac{69}{4}-\frac{21}{2}=\frac{27}{4}$となり，△AFIの面積について，$\frac{1}{2}\times$FI$\times6=\frac{27}{4}$が成り立つ。これより，FI＝$\frac{9}{4}$となるので，点Iの$x$座標は$-2+\frac{9}{4}=\frac{1}{4}$となり，I$\left(\frac{1}{4},\ -1\right)$である。求める直線は2点A，Iを通るので，直線の傾きは$(-1-5)\div\left\{\frac{1}{4}-(-2)\right\}=-6\div\frac{9}{4}=-\frac{8}{3}$となり，その式は$y=-\frac{8}{3}x+b$とおけ，点Aを通るので，$5=-\frac{8}{3}\times(-2)+b$，$b=-\frac{1}{3}$より，求める直線の式は$y=-\frac{8}{3}x-\frac{1}{3}$である。

(5)＜場合の数・確率＞8点A〜Hの中から3点を選ぶとき，順番に選ぶとすると，選び方は8×7×6＝336(通り)あるが，例えば，(1点目，2点目，3点目)＝(A，B，H)，(A，H，B)，(B，A，H)，(B，H，A)，(H，A，B)，(H，B，A)のように順番が入れかわったものは，点の選び方としては同じものとなる。どのような3点を選ぶ場合においても，336通りの中に同じものが6通りずつあるので，3点の選び方は336÷6＝56(通り)ある。このうち，3点が同じ辺上にあると三角形はできないので，三角形ができないのは，AとBとC，CとDとE，EとFとG，GとHとAを選ぶ4通りある。よって，三角形ができる点の選び方は56−4＝52(通り)だから，三角形は52個できる。二等辺三角形は，△ABHと合同な二等辺三角形が4個，△ACGと合同な二等辺三角形が4個，△ADFと合同な二等辺三角形が4個，△BDHと合同な二等辺三角形が4個，△BEGと合同な二等辺三角形が4個なので，4×5＝20(個)できる。したがって，二等辺三角形である確率は$\frac{20}{52}=\frac{5}{13}$である。

2 〔数と式—二次方程式—解の利用〕

(1)＜**pの値**＞①，②はともに$x=p$を解として持つので，解を①に代入して，$p^2+(a+1)(a+2)p-2a-8=0$，$p^2+(a+1)(a+2)p-2(a+4)=0$……③となり，②に代入して，$p^2-(a+4)p+2a^2+6a+4=0$，$p^2-(a+4)p+2(a+1)(a+2)=0$……④となる。$(a+1)(a+2)=A$，$a+4=B$とおくと，③は，$p^2+Ap-2B=0$……⑤となり，④は，$p^2-Bp+2A=0$……⑥となる。⑤−⑥より，$(Ap-2B)-(-Bp+2A)=0$，$Ap+Bp=2A+2B$，$p(A+B)=2(A+B)$となるので，$p=2$である。

(2)＜**qの値**＞(1)より，$p=2$だから，③に代入して，$2^2+(a+1)(a+2)\times2-2(a+4)=0$，$4+2a^2+6a+4-2a-8=0$，$2a^2+4a=0$，$a^2+2a=0$，$a(a+2)=0$より，$a=0$，$-2$となる。$a=0$のとき，①は，$x^2+1\times2\times x-8=0$，$x^2+2x-8=0$となるので，$(x+4)(x-2)=0$より，$x=-4$，2である。②は，$x^2-4x+4=0$となるので，$(x-2)^2=0$より，$x=2$である。②の解が異なる2つの数にならないので，適さない。$a=-2$のとき，①は，$x^2+(-2+1)\times(-2+2)\times x-2\times(-2)-8=0$，$x^2-4=0$となるので，$x^2=4$より，$x=\pm2$である。②は，$x^2-(-2+4)\times x+2\times(-2)^2+6\times(-2)+4=0$，$x^2-2x=0$となるので，$x(x-2)=0$より，$x=0$，2である。このとき，$p=2$，$q=-2$，$r=0$となり，$p$，$q$，$r$は全て異なるので，適する。よって，$q=-2$である。

3 〔平面図形—半円〕

《基本方針の決定》(3)　△CQRは二等辺三角形である。

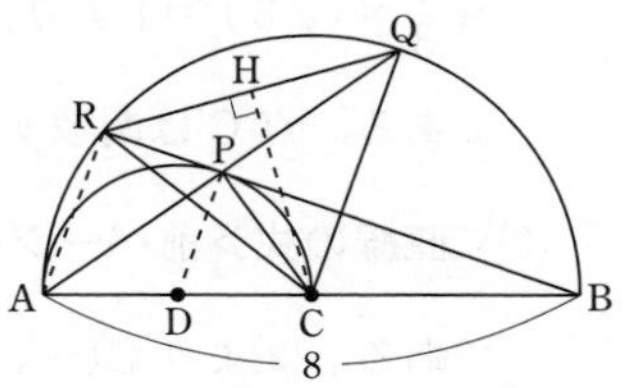

(1)<長さ—相似，三平方の定理>右図で，2点D，P，2点A，Rをそれぞれ結ぶ。線分ABが半円Cの直径より，∠ARB＝90°であり，点Pが半円DとBRの接点より，∠DPB＝90°だから，∠ARB＝∠DPB＝90°である。また，∠ABR＝∠DBPだから，△ABR∽△DBPとなり，AR：DP＝AB：DBである。$AC=CB=\frac{1}{2}AB=\frac{1}{2}\times8=4$，$AD=DC=\frac{1}{2}AC=\frac{1}{2}\times4=2$より，DP＝AD＝2，DB＝DC＋CB＝2＋4＝6だから，AR：2＝8：6が成り立つ。これを解くと，AR×6＝2×8より，$AR=\frac{8}{3}$となる。よって，△ABRで三平方の定理より，$BR=\sqrt{AB^2-AR^2}=\sqrt{8^2-\left(\frac{8}{3}\right)^2}=\sqrt{\frac{512}{9}}=\frac{16\sqrt{2}}{3}$である。

(2)<長さ—三平方の定理>右上図で，(1)より，∠ARB＝∠DPB＝90°だから，AR∥DPである。これより，RP：PB＝AD：DB＝2：6＝1：3となるので，$RP=\frac{1}{1+3}BR=\frac{1}{4}\times\frac{16\sqrt{2}}{3}=\frac{4\sqrt{2}}{3}$となる。$AR=\frac{8}{3}$だから，△PRAで三平方の定理より，$AP=\sqrt{AR^2+RP^2}=\sqrt{\left(\frac{8}{3}\right)^2+\left(\frac{4\sqrt{2}}{3}\right)^2}=\sqrt{\frac{96}{9}}=\frac{4\sqrt{6}}{3}$である。

(3)<面積—相似，三平方の定理>右上図で，∠RPQ＝∠APBであり，$\overset{\frown}{AR}$に対する円周角より∠RQP＝∠ABPだから，△RQP∽△ABPである。よって，RQ：AB＝RP：APだから，$RQ:8=\frac{4\sqrt{2}}{3}:\frac{4\sqrt{6}}{3}$が成り立つ。これより，$RQ\times\frac{4\sqrt{6}}{3}=8\times\frac{4\sqrt{2}}{3}$，$RQ=\frac{8\sqrt{3}}{3}$となる。△CQRはCQ＝CRの二等辺三角形だから，点CからRQに垂線CHを引くと，点Hは線分RQの中点となり，$RH=\frac{1}{2}RQ=\frac{1}{2}\times\frac{8\sqrt{3}}{3}=\frac{4\sqrt{3}}{3}$となる。CR＝AC＝4なので，△RCHで三平方の定理より，$CH=\sqrt{CR^2-RH^2}=\sqrt{4^2-\left(\frac{4\sqrt{3}}{3}\right)^2}=\sqrt{\frac{96}{9}}=\frac{4\sqrt{6}}{3}$となり，$\triangle CQR=\frac{1}{2}\times RQ\times CH=\frac{1}{2}\times\frac{8\sqrt{3}}{3}\times\frac{4\sqrt{6}}{3}=\frac{16\sqrt{2}}{3}$である。

4 〔関数—関数$y=ax^2$と一次関数，反比例のグラフ〕

《基本方針の決定》(3)　求める直線は2つある。

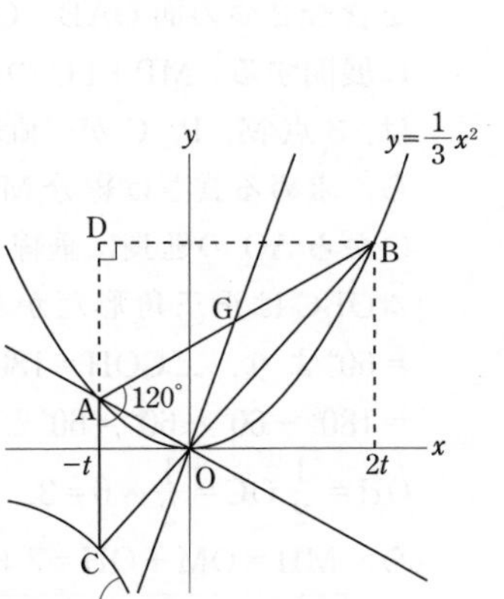

(1)<x座標>右図で，点Bを通りx軸に平行な直線と直線ACとの交点をDとすると，直線ACはy軸に平行なので，∠ADB＝90°となる。∠DAB＝180°－∠BAC＝180°－120°＝60°となるので，△BDAは3辺の比が$1:2:\sqrt{3}$の直角三角形となる。2点A，Bは放物線$y=\frac{1}{3}x^2$上にあり，x座標がそれぞれ$-t$，$2t$だから，$y=\frac{1}{3}\times(-t)^2=\frac{1}{3}t^2$，$y=\frac{1}{3}\times(2t)^2=\frac{4}{3}t^2$より，$A\left(-t,\ \frac{1}{3}t^2\right)$，$B\left(2t,\ \frac{4}{3}t^2\right)$と表せる。よって，$AD=\frac{4}{3}t^2-\frac{1}{3}t^2=t^2$，$BD=2t-(-t)=3t$となり，$AD:BD=1:\sqrt{3}$より，$t^2:3t=1:\sqrt{3}$が成り立つ。これを解くと，$\sqrt{3}t^2=3t$，$t^2-\sqrt{3}t=0$，$t(t-\sqrt{3})=0$より，$t=0$，$\sqrt{3}$となるので，求める$t$の値は，$t=\sqrt{3}$である。

(2)<比例定数>右上図で，(1)より$t=\sqrt{3}$だから，$BD=3t=3\sqrt{3}$である。△ABCの面積が$\frac{9\sqrt{3}}{2}$より，

$\frac{1}{2}\times \mathrm{AC}\times \mathrm{BD}=\frac{9\sqrt{3}}{2}$だから，$\frac{1}{2}\times \mathrm{AC}\times 3\sqrt{3}=\frac{9\sqrt{3}}{2}$が成り立ち，AC＝3である。$-t=-\sqrt{3}$，$\frac{1}{3}t^2=\frac{1}{3}\times(\sqrt{3})^2=1$より，A$(-\sqrt{3},\ 1)$だから，点Cの$y$座標は$1-3=-2$となり，C$(-\sqrt{3},\ -2)$である。点Cは関数$y=\frac{a}{x}$のグラフ上にあるので，$-2=\frac{a}{-\sqrt{3}}$より，$a=2\sqrt{3}$である。

(3)＜直線の式＞前ページの図で，(1)より，$2t=2\sqrt{3}$，$\frac{4}{3}t^2=\frac{4}{3}\times(\sqrt{3})^2=4$となるから，B$(2\sqrt{3},\ 4)$である。(2)よりC$(-\sqrt{3},\ -2)$だから，直線BCの傾きは$\frac{4-(-2)}{2\sqrt{3}-(-\sqrt{3})}=\frac{2\sqrt{3}}{3}$であり，その式は$y=\frac{2\sqrt{3}}{3}x+b$とおける。これが点Cを通るので，$-2=\frac{2\sqrt{3}}{3}\times(-\sqrt{3})+b$，$b=0$となり，直線BCの式は$y=\frac{2\sqrt{3}}{3}x$である。これより，直線BCは原点Oを通る。原点Oを通る直線が△ABCの面積を2：1に分けるので，分けられたうちの小さい方の図形の面積は$\frac{1}{2+1}$△ABC$=\frac{1}{3}\times\frac{9\sqrt{3}}{2}=\frac{3\sqrt{3}}{2}$である。点Aと原点Oを結ぶと，AC＝3であり，これを底辺と見ると，△OACの高さは$\sqrt{3}$となるから，△OAC$=\frac{1}{2}\times 3\times\sqrt{3}=\frac{3\sqrt{3}}{2}$である。よって，△OACは分けられたうちの小さい方の図形であるから，直線OAは求める直線の1つである。A$(-\sqrt{3},\ 1)$より，直線OAの傾きは$\frac{0-1}{0-(-\sqrt{3})}=-\frac{\sqrt{3}}{3}$だから，その式は$y=-\frac{\sqrt{3}}{3}x$である。また，△OAB＝△ABC－△OAC＝$\frac{9\sqrt{3}}{2}-\frac{3\sqrt{3}}{2}=3\sqrt{3}=\frac{3\sqrt{3}}{2}\times 2$だから，原点Oを通り△OABの面積を2等分する直線が，原点Oを通り△ABCの面積を2：1に分ける直線となる。この直線とABの交点をGとすると，点Gは辺ABの中点である。A$(-\sqrt{3},\ 1)$，B$(2\sqrt{3},\ 4)$より，点Gのx座標は$\frac{-\sqrt{3}+2\sqrt{3}}{2}=\frac{\sqrt{3}}{2}$，$y$座標は$\frac{1+4}{2}=\frac{5}{2}$となり，G$\left(\frac{\sqrt{3}}{2},\ \frac{5}{2}\right)$である。よって，直線OGの傾きは$\frac{5}{2}\div\frac{\sqrt{3}}{2}=\frac{5\sqrt{3}}{3}$だから，その式は$y=\frac{5\sqrt{3}}{3}x$である。以上より，求める直線の式は$y=-\frac{\sqrt{3}}{3}x$，$y=\frac{5\sqrt{3}}{3}x$である。

5 〔空間図形―正四面体〕

(1)＜長さ―三平方の定理＞右図1で，MP，PCを含む2つの面OAB，OBCを右図2のように展開する。MP＋PCの長さが最短となるのは，3点M，P，Cが一直線上にあるときだから，求める長さは線分MCの長さである。点CからAOの延長に垂線CHを引く。△OAB，△OBCは正三角形だから，∠AOB＝∠BOC＝60°より，∠COH＝180°－∠AOB－∠BOC＝180°－60°－60°＝60°となり，△COHは3辺の比が$1:2:\sqrt{3}$の直角三角形となる。これより，OH$=\frac{1}{2}$OC$=\frac{1}{2}\times 6=3$，CH$=\sqrt{3}$OH$=\sqrt{3}\times 3=3\sqrt{3}$となる。また，OM$=\frac{1}{2}OA=\frac{1}{2}\times 6=3$だから，MH＝OM＋OH＝3＋3＝6である。したがって，△CMHで三平方の定理より，MP＋PC＝MC$=\sqrt{\mathrm{MH}^2+\mathrm{CH}^2}=\sqrt{6^2+(3\sqrt{3})^2}=\sqrt{63}=3\sqrt{7}$である。

図1

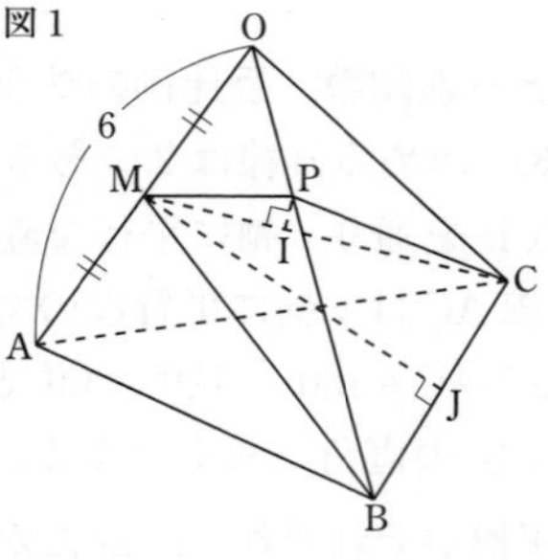

図2

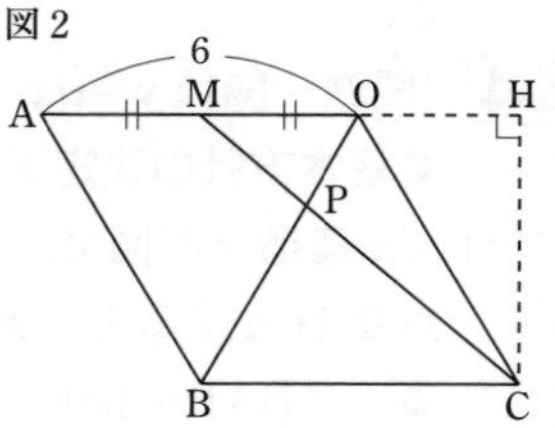

(2)＜面積―三平方の定理＞右上図2で，∠MOP＝∠CBP＝60°，∠OPM＝∠BPCより，△OMP∽△BCPだから，MP：CP＝OM：BC＝3：6＝1：2である。(1)よりMC$=3\sqrt{7}$なので，MP$=\frac{1}{1+2}$MC$=\frac{1}{3}\times 3\sqrt{7}=\sqrt{7}$，CP$=2MP=2\sqrt{7}$である。また，上図1で，△OACは正三角形で，点

Mは辺OAの中点だから，△OMCは3辺の比が$1:2:\sqrt{3}$の直角三角形となる。これより，CM$=\sqrt{3}$OM$=\sqrt{3}\times3=3\sqrt{3}$となる。点Pから線分CMに垂線PIを引き，MI$=x$とすると，CI$=CM-MI=3\sqrt{3}-x$となる。△PIM，△PICで三平方の定理より，$\mathrm{PI}^2=\mathrm{MP}^2-\mathrm{MI}^2=(\sqrt{7})^2-x^2=7-x^2$，$\mathrm{PI}^2=\mathrm{CP}^2-\mathrm{CI}^2=(2\sqrt{7})^2-(3\sqrt{3}-x)^2=-x^2+6\sqrt{3}x+1$となるので，$7-x^2=-x^2+6\sqrt{3}x+1$が成り立つ。これを解くと，$6\sqrt{3}x=6$，$x=\dfrac{\sqrt{3}}{3}$となる。よって，$\mathrm{PI}=\sqrt{7-x^2}=\sqrt{7-\left(\dfrac{\sqrt{3}}{3}\right)^2}=\sqrt{\dfrac{60}{9}}=\dfrac{2\sqrt{15}}{3}$となるから，$\triangle\mathrm{MPC}=\dfrac{1}{2}\times\mathrm{CM}\times\mathrm{PI}=\dfrac{1}{2}\times3\sqrt{3}\times\dfrac{2\sqrt{15}}{3}=3\sqrt{5}$である。

(3)<長さ>前ページの図1で，正四面体OABCを面MPCで切断したときの体積が小さい方の立体は四面体OMPCである。まず，この立体の体積を求める。2点B，Mを結ぶと，BM$=$CM$=3\sqrt{3}$となり，△MBCは二等辺三角形である。また，BM⊥OA，CM⊥OAとなるから，OA⊥〔面MBC〕である。点Mから辺BCに垂線MJを引くと，点Jは辺BCの中点となり，$\mathrm{BJ}=\dfrac{1}{2}\mathrm{BC}=\dfrac{1}{2}\times6=3$である。△MBJで三平方の定理より，$\mathrm{MJ}=\sqrt{\mathrm{BM}^2-\mathrm{BJ}^2}=\sqrt{(3\sqrt{3})^2-3^2}=\sqrt{18}=3\sqrt{2}$となるので，〔四面体OMBC〕$=\dfrac{1}{3}\times\triangle\mathrm{MBC}\times\mathrm{OM}=\dfrac{1}{3}\times\dfrac{1}{2}\times6\times3\sqrt{2}\times3=9\sqrt{2}$となる。四面体OMPC，四面体OMBCを，底面がそれぞれ△OMP，△OMBの三角錐と見ると，高さが等しいので，〔四面体OMPC〕：〔四面体OMBC〕＝△OMP：△OMB＝OP：OBとなる。前ページの図2で，△OMP∽△BCPより，OP：BP＝MP：CP＝1：2となるから，図1で，OP：OB＝1：(1＋2)＝1：3となり，〔四面体OMPC〕：〔四面体OMBC〕＝1：3である。よって，〔四面体OMPC〕$=\dfrac{1}{3}$〔四面体OMBC〕$=\dfrac{1}{3}\times9\sqrt{2}=3\sqrt{2}$である。次に，四面体OMPCに内接する球は，四面体OMPCの全ての面に接する球である。右図3で，その球の中心をQとし，点Qと4点O，M，P，Cを結ぶと，四面体OMPCは4つの三角錐Q-OMC，Q-OMP，Q-OPC，Q-MPCに分けられる。このとき，それぞれの底面を△OMC，△OMP，△OPC，△MPCとすると，高さは球Qの半径と一致する。よって，球Qの半径をrとすると，4つの三角錐の高さはいずれもrとなり，〔四面体OMPC〕＝〔三角錐Q-OMC〕＋〔三角錐Q-OMP〕＋〔三角錐Q-OPC〕＋〔三角錐Q-MPC〕$=\dfrac{1}{3}\times\triangle\mathrm{OMC}\times r+\dfrac{1}{3}\times\triangle\mathrm{OMP}\times r+\dfrac{1}{3}\times\triangle\mathrm{OPC}\times r+\dfrac{1}{3}\times\triangle\mathrm{MPC}\times r=\dfrac{1}{3}r(\triangle\mathrm{OMC}+\triangle\mathrm{OMP}+\triangle\mathrm{OPC}+\triangle\mathrm{MPC})$となる。$\angle\mathrm{OMC}=90^\circ$より，$\triangle\mathrm{OMC}=\dfrac{1}{2}\times3\times3\sqrt{3}=\dfrac{9\sqrt{3}}{2}$となり，図2で，$\triangle\mathrm{OMP}+\triangle\mathrm{OPC}=\triangle\mathrm{OMC}=\dfrac{1}{2}\times3\times3\sqrt{3}=\dfrac{9\sqrt{3}}{2}$である。また，(2)より，$\triangle\mathrm{MPC}=3\sqrt{5}$である。したがって，〔四面体OMPC〕$=\dfrac{1}{3}r\left(\dfrac{9\sqrt{3}}{2}+\dfrac{9\sqrt{3}}{2}+3\sqrt{5}\right)=r(3\sqrt{3}+\sqrt{5})$となる。以上より，$r(3\sqrt{3}+\sqrt{5})=3\sqrt{2}$が成り立ち，$r=\dfrac{3\sqrt{2}}{3\sqrt{3}+\sqrt{5}}$となる。分母を有理化すると，$\dfrac{3\sqrt{2}}{3\sqrt{3}+\sqrt{5}}=\dfrac{3\sqrt{2}(3\sqrt{3}-\sqrt{5})}{(3\sqrt{3}+\sqrt{5})(3\sqrt{3}-\sqrt{5})}=\dfrac{9\sqrt{6}-3\sqrt{10}}{22}$となるので，求める球の半径は$r=\dfrac{9\sqrt{6}-3\sqrt{10}}{22}$である。

図3

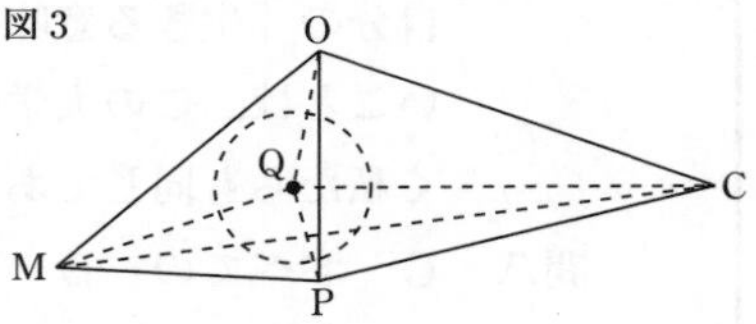

国語解答

一 問一 他者の目　問二 ウ

問三 高い報酬を得る

問四 高い数字を得ることに価値を置く社会システムや，他の人が望むものには忠実に従うことができるが，自分自身が本当に望むものがわからず，自分なりの「生きる意味」を自立させていない人物。

問五 親や学校，会社が与えてくれる年収や点数などといった数字で表される目標や，オピニオンリーダーなどの周りの意見。

問六 評論家やオピニオンリーダーたちが与えてくれる「生きる意味」を鵜呑みにして頼ってしまう姿勢。

問七 他人の価値観や数値目標に縛られ，自分の「生きる意味」を見出せないことは，この大学生だけではなく私たちも同じであるから。

問八 C すべての　D どの

問九 ハマちゃんが，出世できなくても釣りが好きという一点の価値に生きており，十分に「生きる意味」を創造できている点。

問十 効率

問十一 紫式部・オ

問十二 自分の人生において自分としては譲れないという部分と，あまり自分には問題にならないという部分との程度の差。

問十三 エ

問十四 ⑨ 自身の不満に直面し，「生きる意味」における成長のなさに気づいたとき。

⑩ 「ワクワク」と「現実」の葛藤からくる，違和感や苦悩。

⑪ 「苦悩」に直面し，その意味を深く探究する時期。

問十五 1…エ　2…ウ　3…イ　4…オ　5…ア

問十六 イ

問十七 「ワクワク」や「苦悩，違和感」をきっかけとして他者のものではない自分自身の「生きる意味」を見出し，豊かなコミュニケーションを通じてじっくりと時間をかけながら人生において「内的成長」を続けていくべきだ。(100字)

二 1 頭巾　2 傲慢　3 叱責　4 勃興　5 国賓　6 辣腕　7 猶予　8 遮　9 偏　10 賄

一〔論説文の読解─哲学的分野─人生〕出典；上田紀行『生きる意味』。

≪本文の概要≫日本に生きる私たちが抱えている一番の問題は，「生きる意味を生み出す自由」を獲得できていないことである。経済的に自立していても，生きる意味において自立していなければ，私たちは社会のシステムの奴隷となってしまうのである。これまで，私たちの社会は，数字に表される指標といった，外側から見る成長観によって支えられてきた。しかし，これからは，生きる意味の成長ともいえる内的成長が必要となる。私たちは，生きていく中で自身の生きる意味を深化させていくのであり，人生の節目節目で生きる意味の再創造を行えるのである。そして，その内的成長のきっかけとなるものは，ワクワクすることと苦悩である。ワクワクすることは情熱とも呼ばれるもので，

「生きる意味」の中核にあり，苦悩は違和感のようなもので，「生きる意味」を明らかにしていくものである。そして，これら二つのきっかけが内的成長へとつながるためには，コミュニケーションが不可欠である。私たちは，内的成長を支える豊かなコミュニケーションを可能にする社会づくりに，今こそ取り組むべきである。

問一＜文章内容＞日本社会では，長い間「他の人が望むようなあなたになりなさい」というところに「生きる意味」が求められてきた。私たちは，「周りの人の目」や「他者の目」を過剰に意識させられてきたが，これからは「他者の目からの要求」に惑わされずに生きていく「心の時代」なのである。

問二＜語句＞「彗星のごとく」は，何の前触れもなく突然現れて注目を集めるさまを表す。

問三＜文章内容＞「構造改革」によって，私たちは，「高い報酬を与えられる」ことや「高い数字を得る」ことが「誰にとっても究極の価値であるという目標」を与えられ，その目標達成の競争における障壁が取り除かれた。つまり，「社会に生きている人間は誰もが」高収入を得ることを「第一の欲求」としているということが，社会の前提とされるようになったのである。

問四＜文章内容＞学校の成績で「高い数字を得る」ことや，「周りの人の目を気にして」生きることで，「他者の欲求」を生きてきた「いい子」は，「本当に自分のやりたいこと」がわからず，「生きる意味」において自立していないので，「社会システムの奴隷」となってしまうのである。

問五＜文章内容＞私たちは，「生きる意味」を，「親」や「学校」や「会社」から与えられ，成績や収入といった「数字」に縛られて生きてきた。さらに「社会が転換期を迎えるとき」には，「評論家とかオピニオンリーダー」から与えられる，次の時代に目指すべきと指し示されるものに，私たちは「乗り遅れないように」して流されて生きてきた。

問六＜文章内容＞「人生のQOL」は，「自分自身の『生きる意味』をどこに定めるかで決まってくる」のであり，「評論家やオピニオンリーダーの言うことを鵜呑み」にして，そのような人たちの教えにすがって「頼って」いるだけでは，「何も生まれない」のである。

問七＜文章内容＞他者から与えられた「生きる意味」に従っている人の中には，「私は一体何を求めているのだろうか？」とか「私の満足とはどこにあるのだろうか」とかいうことがわからず，自分自身の「生きる意味」を見出せない人も多いので，「ぼくが何をやりたいのか，教えてください」と言う大学生のことを笑えないのである。

問八＜文章内容＞「すべての科目で満点を目指しなさいという発想」が，私たちを「自分自身の『生きる意味』から遠ざけて」しまっているので，「思い通りの人生」において大切なのは，全ての分野で満足することではなく（…Ｃ），どの分野で自分が「大きな満足を感じるのか」ということである（…Ｄ）。

問九＜文章内容＞「ミステリーを読んでさえいれば幸せという人」や「辛いことがあっても患者さんの笑顔を見れば幸せになるという看護師の人」が，「人生の満足度」という点で強いのと同じように，ハマちゃんは，会社で「出世」できなくても，好きな「釣り」をしているという一つのことに幸せを見出し，自分の「生きる意味」を創造できているので，強いのである。

問十＜文章内容＞「私」は，世界と「愛」でつながるために自分の時間を「犠牲」にしている人を見て，輝きやオーラを感じた。「数字という目標」を効率的に達成する人間は，テストでよい点を取れるかもしれないが，「私」は，「世界とは効率性の追求のためにあるのでは」なく，「自分が何を愛するのか」を見出さなければ，「どうやって生きていくか」はわからないことに気づいた。

問十一＜文学史＞『源氏物語』は，平安時代に成立した物語で，作者は紫式部。『古今和歌集』は，平安時代に成立した勅撰和歌集で，撰者は紀貫之ら。『万葉集』は，奈良時代に成立した現存する我が国最古の歌集。『徒然草』は，鎌倉時代に成立した随筆で，作者は兼好法師。『おくのほそ道』は，江戸時代に成立した俳諧紀行文で，作者は松尾芭蕉。

問十二＜表現＞「自分の『生きる意味』を生きている人の世界」には，世界のどこが「自分としては譲れない『濃い』部分で，どこがあまり自分には問題にならない『淡い』部分」であるかといった「地図」ができている。そして，私たちは，「生きる意味」において譲れない「濃い」部分と自分にとっては問題にはならない「淡い」部分を，生きていく中で変化させていくのである。

問十三＜表現＞「絵に描いたような」は，美しくすばらしいさまを表す。

問十四＜指示語＞⑨「彼女の人生の転機」は，「不満に直面し，自分の人生を見つめ直し」たことで，自分は「『生きる意味』においては全く成長していなかったのではないか」と気づいたときから始まる。　⑩「ワクワク」と「現実」の葛藤からくる「違和感や苦悩」は，現実に対しての「私たちの内部からの『異議申し立て』」である。　⑪「『苦悩』に直面し，その意味を深く探究する」ための「かなりの時間」を耐え抜いて，「生きる意味」へと展開していくためには，「仲間とのコミュニケーション」が必要である。

問十五＜接続語＞1．私たちに「真に求められている」のは「『内的成長』の豊かさ」であるが，ところで，その「『内的成長』のきっかけとなるもの」は何だろうか。　2．「ワクワクすること」とは「苦悩しないこと」だと思われるだろうが，「それは違う」のである。　3．「『ワクワクする』という『生命の輝き』が現実によって抑え込まれている」ところに「苦悩が生じる」ので，「苦悩」は，自分の「『ワクワクすること』に気づく大きなチャンス」である。　4．「苦悩の意味を探究していくこと」で，自分が「どんなことにワクワクするのか」がわかってくるとはいうものの，「苦悩」とは「『ワクワク』と『現実』の葛藤の極限状態」であって，「『苦悩』とまではいかない葛藤」もある。　5．人間を襲うさまざまな「違和感」は，どちらかといえば「生きる意味を創り直すこと」のチャンスといえる。

問十六＜四字熟語＞「一朝一夕」は，非常に短い時間のこと。「苦悩」に向き合って，「内的成長」へとつなげるには「かなりの時間」が必要なので，「『苦悩』を探究すること」は，短い時間では成し遂げられない。

問十七＜主題＞「生きる意味の成長」ともいえる「内的成長」を続けていくためには，「ワクワクすること」によって「生きる意味」を創造するのと同時に，「違和感や苦悩」を通じて「生きる意味を創り直すこと」が必要となる。そして，その「内的成長」を支えるのは，「豊かなコミュニケーション」と「時間」である。

二〔漢字〕

1．「頭巾」は，頭部や顔面を覆う布製のかぶり物のこと。　2．「傲慢」は，おごりたかぶって人を見下すさま。　3．「叱責」は，他人の失敗や過ちを厳しく非難すること。　4．「勃興」は，急に勢いを得て盛んになること。　5．「国賓」は，国家が公式にもてなす外国からの客のこと。6．「辣腕」は，物事をてきぱきと的確に処理する能力のあること。　7．「猶予」は，時間を引き延ばして実行しないこと。　8．音読みは「遮断」などの「シャ」。　9．音読みは「偏見」などの「ヘン」。　10．音読みは「収賄」などの「ワイ」。

2021年度 明治大学付属明治高等学校

【英　語】（60分）〈満点：120点〉

（注意）リスニング問題は放送による問題で，試験終了20分前に開始します。

■リスニングテストの音声は，当社ホームページで聴くことができます。（当社による録音です）

再生に必要なIDとアクセスコードは「収録内容一覧」のページに掲載しています。

1　次の英文の内容に合うように①～⑨の語を必要があれば適切な形に直して答えなさい。

Every nation has ①(it) own form of *hospitality. Many countries are ②(pride) of the help they give to strangers. Yet few places can match the *generosity shown by people in the Arab world.

The tradition of Arab hospitality *arose in the *harsh deserts of Arabia, where *mutual assistance was *vital to survival. According to custom, a stranger ③(arrive) at an Arab tent was treated as an *honored guest, provided with food and shelter, and entertained for three days. This tradition continues today in the ④(kind) shown by Arabs to overseas ⑤(visit).

My wife and I lived for two years in Jordan, an Arab country in the Middle East, and were ⑥(deep) impressed by the generosity of people there. We were given gifts, welcomed into people's homes and invited to weddings — often by complete strangers! When we got lost and asked for directions, people went out of ⑦(they) way to take us to our *destination. When we said "Thanks!" they answered, "There's no need to thank us. Helping strangers ⑧(be) our duty."

Once we were invited to an Arab home. "Would you like to watch TV? Or listen to the radio? Or hear some music?" the host asked. To make us ⑨(feel) comfortable, he turned on the TV, the radio and the CD player — all at the same time!

In a world where strangers are often hated or feared, there is much we can learn from the Arabs and their long tradition of hospitality.

（注）hospitality　もてなし　　generosity　気前の良さ　　arose　arise（生まれる）の過去形　　harsh　厳しい
mutual　お互いの　　vital　とても重要な　　honored　大事な　　destination　目的地

2　次の各英文の下線部①～④のうち，文法的に誤りのある箇所を１つ見つけ，例にならって答えなさい。

（例）　Mr. White ①are teaching English ②in ③this room ④now.
答え：[①→is teaching]

(1)　I have a sister ①named Saori. She likes ②talking on the phone and sometimes enjoys ③to talk with her friends ④for a long time.

(2)　I ①was ready to move ②into a new apartment near my school and ③was ④exciting because many classmates lived in that building.

(3)　We ask questions ①in class because we want to learn ②more and this is a good way of ③understand our classes ④better.

(4)　When he learned that I ①was studying business, he found some books ②to me and ③often read them ④to me.

(5)　The man ①painted a picture there is my uncle and he ②has ③been working ④there for two hours.

3 次の英文の内容に合うように，［ ］内の語(句)を適切に並べかえ，３番目と５番目にくるものを，それぞれ番号で答えなさい。

In some parts of the world, it is ①［1. very　2. people　3. to　4. for　5. difficult　6. get］ clean water. In *Ethiopia, only 22% of people can get clean water, while in Japan, everyone can get it without problems.

I read about a woman in a small village in Angola. Her name was Celina. When she was still little, she walked about four hours to get water from a river every day. One day, she saw some big *crocodiles near the river. She was scared, but she went to the riverside and collected water among the crocodiles. She later said, "I did so, because I thought my family ②［1. would　2. without　3. drink　4. to　5. water　6. die］."

Celina had another problem. The water from the river was not clean, and drinking it sometimes made people sick. Some of Celina's family were among those people. After Celina became a mother, some of ③［1. died　2. her children　3. problem　4. because　5. this　6. of］. There are still many people like her in Angola.

A few years ago, UNICEF started to build a pipeline to carry water from the river to the village. It also began to build wells. In addition, it taught ④［1. the water　2. make　3. to　4. safe　5. how　6. people］ to drink. Now more people can get clean water. However, we should always remember that there are still many people in the world who cannot get clean water.

(注)　Ethiopia　エチオピア　　crocodile　ワニ

4 次の英文の(ア)～(キ)に入る最も適切な語をそれぞれ１つ選び，番号で答えなさい。

Mount Kilimanjaro is so (ア) that it is often called the roof of Africa. The mountain rises 19,340 feet, or nearly four miles, into the sky. It is the most elevated point on the entire African continent.

The impressive snow-covered peaks of Kilimanjaro have been an inspiration to visitors for a long time. Over the years, thousands of people have traveled to Tanzania to climb this majestic mountain. Many others have come to (イ) its famous *glacier-covered peak.

One of these visitors was a famous American writer named Earnest Hemingway. He wrote a story about the mountain that made it famous. The story, first (ウ) in 1936, is called 'The Snows of Kilimanjaro.'

Unfortunately, for the last hundred years the snows of Kilimanjaro have been disappearing. This has put this essential water source and beautiful sight at (エ). Some of the beautiful snows of Kilimanjaro are now (オ). But just how much snow is gone ?

Since 1912, Kilimanjaro's glaciers have gotten more than 80 percent smaller. The significant changes that are happening on the mountain are becoming more and more apparent. A NASA satellite has been taking pictures of the mountain's ice cap for more than 15 years. The pictures that the satellite took of Kilimanjaro in 1993 are extremely (カ) from those that were taken only seven years later. They indicate that there have been very big changes on the mountain. There has been a great reduction on the (キ) of ice in Kilimanjaro's ice cap.

(注)　glacier-covered　氷河に覆われた

ア　1　large　　2　high　　3　slow　　4　cold

イ	1	work	2	take	3	view	4	save
ウ	1	recognized	2	concerned	3	published	4	controlled
エ	1	risk	2	first	3	ease	4	once
オ	1	killing	2	missing	3	showing	4	growing
カ	1	clear	2	beautiful	3	cheap	4	different
キ	1	amount	2	quality	3	number	4	total

5 次の会話文の（ア）～（カ）に入る最も適切なものをそれぞれ１つ選び，番号で答えなさい。選択肢は１度ずつしか使えない。ただし，文頭にくる語も小文字で表記してある。

Alicia : Well, that was fun today. We certainly bought a lot of stuff.
Katy : Yes, but we got some sweet bargains. (　ア　)
Alicia : Thanks. And I like those shoes.
Katy : Hey, Alicia, I've never seen that bracelet before. Where did you get it?
Alicia : (　イ　)
Katy : Wait, I remember that bracelet. It was in the last shop we went to.
Alicia : Uh, yeah . . . I bought it when you weren't looking.
Katy : But it was really expensive. Those are real diamonds. (　ウ　)
Alicia : Well, I uh . . . I bought it with my credit card. Anyway, let's go eat.
Katy : Wait. What's wrong, Alicia? I'm your best friend. Tell me.
Alicia : No, nothing.
Katy : Alicia, (　エ　)
Alicia : Well, I . . . I guess maybe I sort of forget to put it back in the case.
Katy : Alicia, that's shoplifting! It's wrong! You have to take it back to the store right now!
Alicia : No. It's just that . . . well, it was so beautiful. I had to have it. I'm really sorry. It's the first time I've ever done it. You believe me, don't you?
Katy : I'm not sure what to believe. Let's go. (　オ　)
Alicia : No, forget about it. I'll never do it again. We could get in trouble if we go back. It's no big deal.
Katy : We could get in bigger trouble if we don't. (　カ　) They might remember us and come looking at the hotel.
Alicia : Wait, someone's knocking. Don't answer!

1 we're taking it back.
2 we're tourists here.
3 did you steal that bracelet?
4 I love that bag you bought.
5 you don't have that much money.
6 it's a good souvenir for my mom.
7 oh, I bought it when you weren't there.

6 次の英文の［ア］～［オ］に入る最も適切なものを以下の１～５からそれぞれ１つ選び，番号で答えなさい。

Some people believe that it's impossible to communicate with foreigners if you don't share a common language. Is that true ? I learned the answer in *Turkey.

[ア]

[イ]

[ウ]

Then something special happened. He began to communicate in gestures !

[エ]

[オ]

So, if you find yourself in a situation with no common language, don't give up. Be creative, use your body and communicate with gestures.

1 At that point, I was ready to give up. I had tried English, French and German, but he didn't understand any of these. Without a common language, how could we communicate ?

2 Next, he pointed at me and *imitated a pianist. "Do you play the piano ?" I shook my head, "No." For the next fifteen minutes, we carried on a *detailed conversation about travel, sports and hobbies, entirely with body language. I was impressed.

3 "Hi !" I said. "Do you speak English ?" He looked at me with a *puzzled face. "*Parlezvous francais* ?" I asked. "Do you speak French ?" No reply. "*Sprechen Sie Deutsch* ? Do you speak German ?" No response.

4 I had just arrived in Istanbul and was eager to meet Turkish people. On my second day, I saw a young guy sitting on a park bench. "This is my chance !" I thought, and sat down beside him.

5 He pointed to his watch, pointed at me, made a traveling motion and a questioning face. He was asking, "When did you come here ?" I pointed to my watch, held up two fingers and pointed behind me: "Two days ago."

（注） Turkey トルコ　imitate 真似る　detailed 詳しい　puzzled 困った

7 次の英文の（ア）～（オ）に入る最も適切な語を本文中より抜き出して答えなさい。

The best way to get around a big city is by subway. Subways are underground trains that take you to your *destination quickly, safely and cheaply.

Are subways around the world all the same ? Not exactly. Each country has its own special system.

In Japan, the subway (ア) is highly *organized and tightly controlled. There are barriers at entrances and exits. Machines check your ticket both when you enter and when you leave.

In France, the subway is less tightly controlled. There's an (イ) barrier and a machine that checks your ticket going in. But when you exit, there's no ticket check. You just walk out the door !

In Germany, the subway is open access. You stamp your own ticket, then get on the train. Everything works on the honor system, with *occasional checks by train staff.

The most strictly controlled subway is in China. At each station entrance, there's security check, just like at the airport.

Subway systems teach us about how much (ウ) there is in each country. Japan has a low level of trust since it checks tickets twice at both entrances and exits. France shows a higher level of trust since it checks tickets at entrances, but not exits. (エ) has the least trust, since it makes all passengers go through a security check. (オ) shows the highest level of trust in its citizens, since it trusts passengers to carry tickets and has no barrier at all!

(注) destination 目的地 organized 組織された occasional 時々の

8 次の英文を読み，あとの問いに答えなさい。

I never thought that the absence of smelly socks and loud music would make my heart ache. But my brother is off at college, and at age 14, I miss him terribly. We share a rare kind of closeness between a sister and a brother, but then, my brother is a rare kind of guy. Of course, he's smart and kind, plus my friends say he is *gorgeous and all that. But it's more how he handles things, how he treats his friends and his family, how he cares about people that makes me so proud. That's the stuff that I hope to be. If it's okay with you, I would like to show you what I mean. . . .

He applied to 14 colleges. He was accepted to all but one, the one he wanted, Brown University. So he chose his second choice, and off he went to a fine though *uneventful first year. When he came home for summer vacation, he informed us that he had come up with a plan. He was going to do *whatever it took to get into Brown. Would we support him?

His plan was to move to Rhode Island near Brown, find a job, and do whatever he could to become known in the area. He'd work his heart out, he said, and do the very best at everything. Someone, he was sure, would notice. This was a big deal for my parents because it meant agreeing to a year without college, a scary thing for them. But they trusted him and encouraged him to do whatever he thought it would take to achieve his dream.

It wasn't long before he was hired to produce the plays at — yes, you guessed it — Brown. Now was his chance to shine, and shine he did. No task was too big or too small. He put every bit of himself into the job. He met teachers and *administrators, talked to everyone about his dream and never hesitated to tell them what he was after.

And sure enough, at the end of the year, when he *reapplied to Brown, he was accepted.

We were all really happy, but for me the happiness went very deep. I had learned an important lesson — a lesson no one could have taught me with words, a lesson I had to see with my own eyes. If I work hard for what I want, if I keep trying after I've been turned away, my dreams also can come true. This is a gift I still hold in my heart. Because of my brother, (　　　　).

Recently, I flew to Rhode Island all by myself to visit him, and I *had a blast *hanging out for a week in an apartment without parents. The night before I left, we were talking about all kinds of stuff like boyfriends, girlfriends, *peer pressure and school. At one point, my brother looked me right in the eye and said he loved me. He told me to remember to never do anything that I feel isn't right, no matter what, and never to forget that I can always trust my heart.

I cried all the way home, knowing that my brother and I will always be close, and realizing how lucky I am to have him. Something was different: I didn't feel like a little girl anymore. Part of me had grown up on this trip, and for the first time I thought about <u>the important job</u> that I had waiting for me at home. You see, I have a 10-year-old little sister. It looks as though I've got my work cut out for me. But you know, I had a great teacher.

(注) gorgeous すてきな uneventful 平凡な whatever 何でも administrator 理事
reapply 再び申し込む have a blast おもいっきり楽しむ hang out だらだら過ごす
peer pressure 同調圧力

(1) 第1段落の内容に当てはまる選択肢を全て選び，番号で答えなさい。

1 The writer lives apart from her brother now.

2 The writer's brother plays sports very well.

3 The writer respects her brother.

(2) 第2・第3段落の内容に当てはまる選択肢を全て選び，番号で答えなさい。

1 The writer's brother took tests for entering college at the age of 14.

2 The writer's brother entered his second-choice university.

3 The writer's brother had a plan to work in Rhode Island.

(3) 第4・第5・第6段落の内容に当てはまる選択肢を全て選び，番号で答えなさい。

1 The writer's brother found a job but he didn't like it.

2 The writer's brother was finally accepted to enter Brown University.

3 The writer was absent from school and studied at home.

(4) 本文中の(　)に入る最も適切なものを1つ選び，番号で答えなさい。

1 I trust life

2 I decided my future career

3 the family's bond became stronger

4 my dream came true

(5) 下線部 the important job の具体的な内容として最も適切なものを1つ選び，番号で答えなさい。

1 To support the writer's brother materially and mentally.

2 To be a good role model for the writer's sister.

3 To study hard to become an English teacher.

4 To grow up to become a good member of society.

リスニング問題

9 放送を聞き，(1)～(4)に入る語を答えなさい。放送は1回です。

Rubbish is everywhere these days. I'm fed up with it. Every time I walk down the street, I'm almost (1) over it. I don't know why people can't throw their rubbish away properly. They are lazy and have no respect for others. They don't seem to care about the (2) either. It's the same in every country. There's litter in the streets, even though there are rubbish bins everywhere. Rivers are full of plastic bags and bottles. This makes a beautiful place look (3). And the countryside is full of rubbish. People even throw their TVs and fridges into (4), or anywhere they think people won't see them. Where I live now, people throw rubbish in the street outside their house. They think other people will pick it up.

10 放送を聞き，質問の答えとして最も適切なものをそれぞれ1つ選び，番号で答えなさい。放送は2回です。

(1) Who will eat the food ?

1 A lot of players on a football team.

2 The man ordering the food.

3 Many people including female soccer players, their coaches and fans.

(2) Who is the water for ?

1 The team's animal. 2 The coach. 3 A parent of a player.

(3) How much is the total cost？

1 $290.13　　2 $290.30　　3 $219.13

(4) How long will he have to wait？

1 For fifteen minutes.　　2 About half an hour.　　3 For an hour.

11 放送を聞き，(1)～(4)の内容が正しければ○を，間違っていれば×を書きなさい。放送は１回です。

(1) Baseball fans in America and the Dominican Republic take baseball games seriously.

(2) When you go to a baseball game in America, you see groups of people cheering for the players by singing and dancing.

(3) Baseball fans in America don't often show their excitement for the game.

(4) People in America often go to a baseball game with their friends and talk with each other.

12 放送を聞き，会話の内容を説明する(1)～(4)の英文の空所に入れるのに最も適切な語を答えなさい。ただし指示されたアルファベットから書き始めること。放送はそれぞれ１回です。

(1) The woman likes old movies because they were not (v　　).

(2) The woman believes that the man is a good (p　　).

(3) The girls have English (h　　).

(4) The women are talking at the (d　　)'s office.

＜リスニング問題放送台本＞

9 放送を聞き，（１）～（４）に入る語を答えなさい。放送は１回です。

Rubbish is everywhere these days. I'm fed up with it. Every time I walk down the street, I'm almost falling over it. I don't know why people can't throw their rubbish away properly. They are lazy and have no respect for others. They don't seem to care about the environment either. It's the same in every country. There's litter in the streets, even though there are rubbish bins everywhere. Rivers are full of plastic bags and bottles. This makes a beautiful place look ugly. And the countryside is full of rubbish. People even throw their TVs and fridges into fields, or anywhere they think people won't see them. Where I live now, people throw rubbish in the street outside their house. They think other people will pick it up.

10 放送を聞き，質問の答えとして最も適切なものをそれぞれ１つ選び，番号で答えなさい。放送は２回です。

Cashier : Hi. Is this going to be for here or to go？

Customer : Uh, to go, and uh, yeah . . . I'd like 80 cheeseburgers. . . .

Cashier : Oh, uh. Is that eighteen . . . one eight, or, uh, eight zero？

Customer : No, no, no . . . eighty, eighty.

Cashier : Okay, uh, eighty cheeseburgers. It sounds like you're feeding a whole football team.

Customer : Well, actually, the food's for a girl's soccer team, and the coaches, and some wild fans.

Cashier : Okay. Uh, yeah. What else can I get for you today？

Customer : Yeah. I'd like 50 large fries, uh, no 60. Make that 60.

Cashier : Okay. Sixty like six zero.

Customer : Right, right, right. ［Okay.］ And then thirteen baked potatoes . . .
Cashier : Okay. . . .
Customer : For. . . . Let's see here. Forty chocolate shakes . . .
Cashier : Four zero, right ?
Customer : Right. ［Okay.］ 15 large cokes, and uh, uh, let's see . . . a glass of water with no ice.
Cashier : No ice ?
Customer : Right, right. It's for our team cat.
Cashier : Oh, yeah. The ice would be confusing (to the cat).
Customer : Okay. And uh, yeah. Yeah. I think that's all.
Cashier : Oh, okay. So, it looks like your total is two ninety, thirteen ($290.13).
Customer : Whew !
Cashier : And it's probably going to take about thirty to forty minutes' cause that is a bit of food.
Customer : Oh, that's fine. Alright, thanks.
Cashier : Alright.

(1) Who will eat the food ?
(2) Who is the water for ?
(3) How much is the total cost ?
(4) How long will he have to wait ?

11 放送を聞き，(1)～(4)の内容が正しければ○を，間違っていれば×を書きなさい。放送は１回です。

Asian visitors to the United States are often surprised and disappointed by how quiet American baseball fans are. "When I went to a baseball game in San Francisco, everybody was just sitting there watching the game. It was kind of boring," says Barry Lin, a Taiwanese student at the University of California, Berkeley. "Baseball was invented in the United States," Lin says, "but Americans don't seem very excited about their game." It's true. Baseball fans in the United States are some of the quietest in the world. It's common to see baseball fans eating hot dogs and popcorn, and chatting with friends. "When I go to a baseball game," says Ginger Hanson from San Francisco, "I want to have fun with friends and catch up on their lives. The real reason I go is for the social experience."

Like the fans in Japan and Taiwan, the fans in the Dominican Republic cheer loudly throughout the game. They also sing and dance ! Since music and dancing are an important part of Dominican culture, you might even find a merengue band moving through the stands at a baseball game. Despite the music and dancing, many Dominican fans are very serious about baseball. Carl Parmenter, an American living in the Dominican Republic, says, "At Dominican games, you see groups of men drinking small cups of sweet coffee, carefully analyzing every pitch, every hit, every play. American fans don't usually follow the game that closely."

12 放送を聞き，会話の内容を説明する(1)～(4)の英文の空所に入れるのに最も適切な語を答えなさい。ただし指示されたアルファベットから書き始めること。放送はそれぞれ１回です。

(1) A : Old movies are the best.
B : Even though they're in black and white ?

A : A good story is more important than color.
B : Actors didn't curse back then.
A : And there was no violence.
B : People today don't like that.
A : No, today people like lots of action.
B : I like a good story.
A : I like to see actors who are like real people.
B : Like real people with real problems.
A : They still make movies like that.
B : Yes, but they never make much money.

(2) A : Tell me, what do you enjoy doing in your spare time?
B : I enjoy drawing and painting.
A : You know how to draw and paint?
B : Yes, I do.
A : When did you learn how to do that?
B : I learned back in high school.
A : Oh, so you took an art class?
B : Yeah, I loved that art class.
A : I see that you're pretty talented.
B : Thank you very much.
A : I wish I had a talent like that.
B : I'm sure you have a talent. It's just hidden.

(3) A : Did you go to school today?
B : Yeah, I went to school today. Were you there?
A : No, I didn't go, I've been sick.
B : Do you want the assignments from English class?
A : That would be nice, thank you.
B : No problem, you're welcome.
A : I will be glad to do the same for you when you're sick.
B : Well, thank you. I hope to see you at school tomorrow.

(4) A : So what brings you to my office today?
B : My tooth is killing me!
A : How long has your tooth been bothering you?
B : It just started hurting me last night.
A : Have you injured your tooth in any way?
B : I think one of my fillings might be coming loose.
A : Do you have a special kind of toothbrush that you like to use?
B : I have an electric toothbrush.
A : Does it bother you when you eat something really sweet?
B : Oh yeah, when I do that, it hurts a lot more!

【数　学】 (50分) 〈満点：100点〉

(注意)　1．解答は答えだけでなく，式や説明も解答用紙に書きなさい。(ただし，**1** は答えだけでよい。)

2．無理数は分母に根号がない形に表し，根号内はできるだけ簡単にして表しなさい。

3．円周率は π を使用しなさい。

4．定規・分度器・コンパスは使用できません。

1　次の［　　］にあてはまる数や式を求めよ。

(1)　$4a^2-b^2+16c^2-16ac$ を因数分解すると，［　　］である。

(2)　$\sqrt{2021}\,x+\sqrt{2019}\,y=2$，$\sqrt{2019}\,x+\sqrt{2021}\,y=1$ のとき，$x^2-y^2=$［　　］である。

(3)　青，赤，黄，緑のサイコロがそれぞれ1個ずつある。4個のサイコロを同時に投げて，出た目の数をそれぞれ a，b，c，d とする。a，b，c，d の最小公倍数が10となる場合は，［　　］通りである。

(4)　下の図のように，1辺の長さが10の正方形ABCDがある。点Bを中心とするおうぎ形BACの $\overset{\frown}{\mathrm{AC}}$ 上に点Pをとり，直線BPと辺DAの交点をQとする。斜線部分㋐と㋑の面積が等しいとき，QD＝［　　］である。

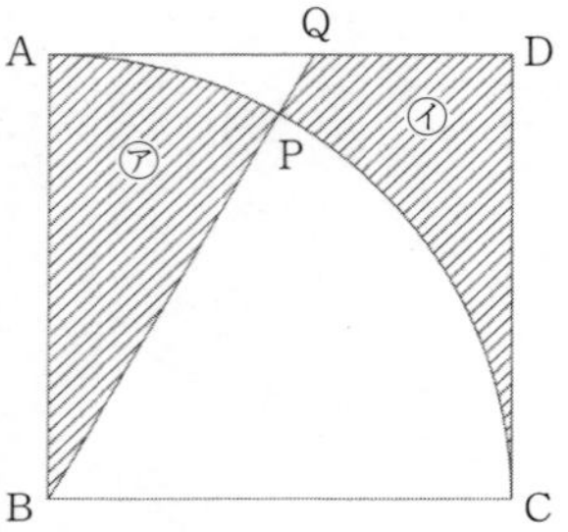

(5)　右の図のように，4点O(0，0)，A(9，0)，B(7，4)，C(4，4)を頂点とする台形OABCがある。点D(6，6)を通る直線 l と辺BC，OAとの交点をそれぞれP，Qとする。四角形OQPCと四角形QABPの面積の比が1：8であるとき，直線 l の式は $y=$［　　］である。

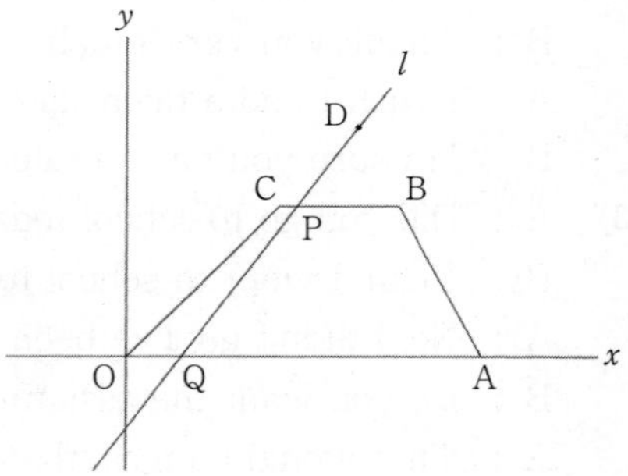

2　次の各問いに答えよ。

(1)　$(\sqrt{2}+\sqrt{3}+\sqrt{6})(2\sqrt{2}-\sqrt{3}-\sqrt{6})$ を計算せよ。

(2)　2次方程式 $x^2+(\sqrt{2}-2\sqrt{3}-2\sqrt{6})x+(5+6\sqrt{2}-2\sqrt{3}-\sqrt{6})=0$ を解け。

3　右の図のように，△ABCの辺AB，BC，CA上にそれぞれ点P，Q，Rをとる。AP：PB＝2：3，AR：RC＝3：2，△APR＝△ABQである。AQとPRの交点をSとするとき，次の各問いに答えよ。

(1)　BQ：QCを最も簡単な整数の比で表せ。

(2)　AS：SQを最も簡単な整数の比で表せ。

(3)　△APSと四角形PBQSの面積の比を最も簡単な整数の比で表せ。

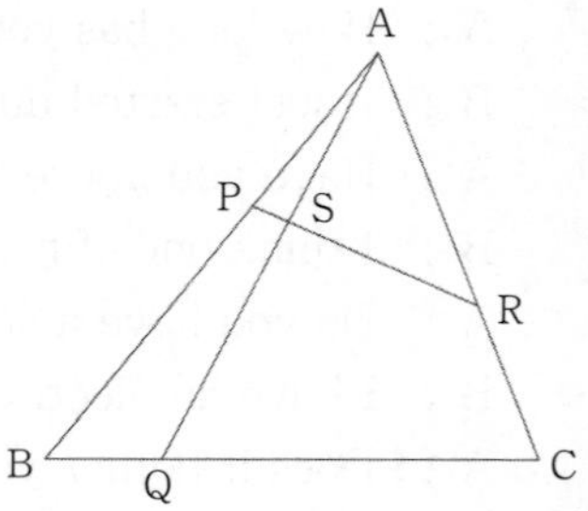

4　右の図のように，放物線 $y=\dfrac{1}{3}x^2$…①と点A$(a,\ b)$がある。ただし，$a>0$，$b>0$とする。点Aを通る3直線があり，x軸に平行な直線をl，傾き$-\dfrac{1}{2}$の直線をm，傾き-1の直線をnとする。また，①とlが交わる2点をB，C，①とmが交わる2点をD，E，①とnが交わる2点をF，Gとする。線分BC，DE，FGの中点をそれぞれL，M，Nとするとき，次の各問いに答えよ。

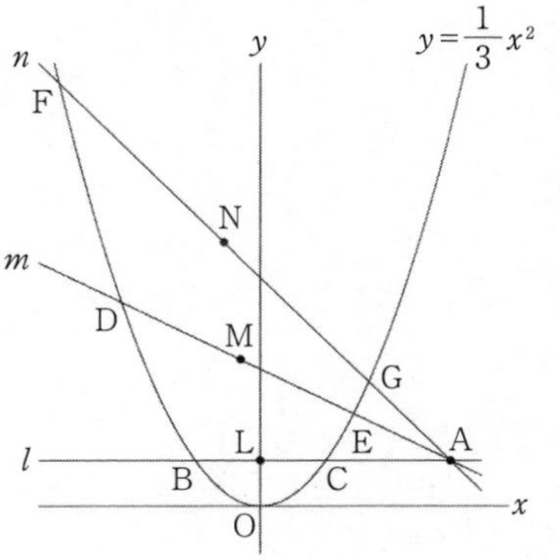

(1)　点Mのx座標を求めよ。

(2)　△LMNの面積を求めよ。

5　右の図のように，1辺の長さが6の立方体ABCD-EFGHがある。2点P，Qは，それぞれ辺BF，GH上にあり，BP：PF＝2：1，GQ：QH＝1：3である。3点A，P，Qを通る平面で立方体を切断すると，その平面は，辺FG上の点R，辺DH上の点Sを通る。PRの延長と辺CGの延長との交点をKとするとき，次の各問いに答えよ。

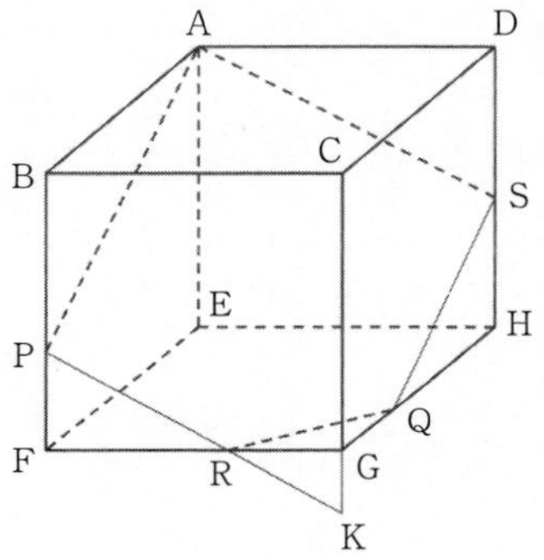

(1)　FRの長さを求めよ。

(2)　GKの長さを求めよ。

(3)　この立方体を切断したあと，点Cを含む方の立体の体積を求めよ。

二 次の1〜10の文中の(カタカナ)を漢字で書きなさい。

1 (ジュンボク)な人柄。
2 発言を(テッカイ)する。
3 彼は(セイレン)潔白だ。
4 海底に(マイボツ)した遺跡。
5 (リンカク)をはっきり描く。
6 駅の(ザットウ)をかき分ける。
7 働いて(ホウシュウ)を得る。
8 蜂が花粉を(バイカイ)する。
9 兄のように(シタ)う。
10 着物のほつれを(ツクロ)う。

まるで自然の草の上にすわっている印象を与え、家も「風の道」を想定しながら、自然のなかで生活をしてきた日本人の知恵を強く感じることができる。

(浜本隆《たか》志『「窓」の思想史』より・一部改変)

問一　文中の(A)、(B)にあてはまる最適な言葉を本文より抜き出しなさい。ただし、(A)は漢字三字、(B)は漢字二字で答えなさい。

問二　――部①「ボヘミア(チェコ)がガラスの製造地となり」とありますが、ボヘミアがガラスの製造地となったのはなぜか、その理由を五十字以内で答えなさい。

問三　――部②「負の歴史を内包していた」とありますが、「負の歴史」とはどういうことか、答えなさい。

問四　――部③「ガラスは現代の無機質的な都市風景の顔となり目となった」とありますが、ガラスが「都市風景の顔となり目となった」とは、どういうことか答えなさい。

問五　――部④「ヨーロッパ人のあくまで人間中心の世界観が認められる」とありますが、光に対するヨーロッパ人の「人間中心の世界観」は、どのようなものだと筆者は述べていますか、答えなさい。

問六　文中の C に入る最適な言葉を本文より九字で抜き出しなさい。

問七　文中の D に入る言葉を、本文の言葉を用いて十字以内で考えて答えなさい。

問八　文中の(E)、(G)に入る最適な言葉を本文よりそれぞれ漢字三字、漢字二字で抜き出しなさい。

問九　文中の(F)、(J)に入る最適な四字熟語を次のア～オより選び、記号で答えなさい。

ア　花鳥風月　　イ　空前絶後　　ウ　晴耕雨読

エ　栄枯盛衰　　オ　天変地異

問十　――部⑤「繊細な日本人の美意識」とありますが、具体的にどのようなことを指しますか、答えなさい。

問十一　文中の 1 ～ 3 に入る最適な言葉を次のア～オより選び、記号で答えなさい。ただし、同じ記号は二度使えません。

ア　しかし　　イ　あるいは　　ウ　たとえば

エ　したがって　　オ　もしくは

問十二　文中の H に入る適切な言葉を次のア～オより選び、記号で答えなさい。

ア　カーテンをつけることで保温する

イ　装飾を施し室内を飾る

ウ　冷たい石の感触を生かす

エ　外部の視線をさえぎる

オ　プライヴァシーを保護する

問十三　文中 (I)を凝らした は「風流のきわみをつくす」、(K)に(L)がない は「数えきれないほど多い」という意味の慣用句となるように、(　)に適する言葉をそれぞれ入れなさい。ただし、(I)、(K)は漢字二字で答えなさい。

問十四　――部⑥「谷崎が金銀の華麗な装飾を否定しているのかといえばそうではない」とありますが、谷崎は金銀の華麗な装飾のどのような点を評価しているか、答えなさい。

問十五　――部⑦「宮沢賢治の童話や小説」とありますが、宮沢賢治の作品を次のア～オよりすべて選び、記号で答えなさい。

ア　『よだかの星』　　イ　『ごんぎつね』

ウ　『セロ弾きのゴーシュ』　　エ　『蜘蛛《くも》の糸』

オ　『注文の多い料理店』

問十六　――部⑧「可変性という開放型の障子」とありますが、この「障子」は「部屋の通風」だけではなく、他にどのような利点があると筆者は述べているか、答えなさい。

問十七　筆者がこの文章で述べている日本とヨーロッパの自然観を五十字以内で説明しなさい。

に違いなく、金色を贅《ぜい》沢に使ったりしたのも、それが闇に浮かび出る工合《ぐあい》や、燈火《ともしび》を反射する加減を考慮したものと察せられる。もはや解説するまでもなく、ここには日本の美の世界に対する深い洞察がうかがえる。日本にも金箔《ぱく》を用いた工芸作品や襖《ふすま》絵などの伝統があったが、実際にそれを見る場合、部屋は薄暗い状態が多かった。日本独特のにぶい金色の美しさは、その背景から生みだされたものである。

［2］ヨーロッパと日本では、光と闇の理解が違うので、両者の金色の解釈が異なる。［1］ウィーンの画家クリムトは日本の蒔絵や尾形光琳《りん》の絵に影響を受けたが、金をふんだんに使ったかれの代表作に対しても、ヨーロッパ人は日本人とは異質な、華麗な金を愛でるという感覚で理解したにちがいない。芸術鑑賞においても、それを生みだした風土がいかに大切であるかがわかるのである。

襖と障子はもともと部屋を仕切るために用いられ、襖は仕切りのみでなく、絵を描いて部屋の雰囲気を出し、障子は障子紙を張り、光を導き入れる役割をはたしていた。日本の場合、襖は障子のヴァリエーションといえよう。それは同様に部屋を区切り、開閉が可能である。その場合、絵が描かれる襖絵のモティーフは多様であるが、自然、（J）が描かれることが多く、日本では人びとが自然に囲まれた世界を求めた証《あかし》である。［3］一般家庭ではヨーロッパのように華美な絵画ではなく、色調を抑えた淡い色合いのものが好まれてきた。

障子は開け閉めによって開口部の面積を自由に可変することができる。いうまでもなくそれは、敷居と鴨《かも》居の間を障子が移動するからである。障子を開けると、部屋は境界がなくなり、庭の自然と一体化する。春の自然の息吹《いぶき》、夏の濃い緑、秋の落ち葉、寒々とした冬、そして雪景色、その移り変わりを肌で敏感に感じ取ることができる。俳句の季語、時候の挨拶状にみられる細やかな自然観の生まれるゆえんである。

とくに障子は日本の音の文化に貢献してきた。ガラスは音を遮断したが、それと違って障子は音を通過させる。水の音、風の音、虫や小鳥の声、木々の葉のすれる音、季節のなかで暮らしてきた日本人の細やかな感覚とつながる。最も敏感なのは聴覚であって、それは日本の擬声音、擬態音というオノマトペの発達とも深くかかわっている。

水に関して思いつくものでも、チョロチョロ、サラサラ、ザアザア、シトシト、ジャブジャブ、ポツポツ、ザブンザブンなど、すぐにいくつか浮かんでくる。風の音でもヒューヒュー、ソヨソヨ、ザワザワ、ゴーゴー、動物の鳴き声でもチュンチュン、カーカー、コロコロ、ニャーニャー、ピィピィ、ゲロゲロ……など（K）に（L）がない。とくに幼児言葉、マンガやアニメにもオノマトペはよく登場し、日本人の言語、文化にも大きな影響をおよぼしていたのである。

オノマトペは感覚的な主観を表現するときに多用されるので、客観的表現を重視する欧米語より、情感を重視する日本語の方が多い。また⑦宮沢賢治の童話や小説では独特のオノマトペが、なつかしいノスタルジアを醸《かも》しだす。それは自然と一体化して暮らしてきた、先史時代からの日本人の情感を再現するような役割をはたしている。

吉田兼好が指摘するように、もともと日本の風土における、家屋の構造は、夏の高温多湿を凌《しの》ぐための先人の知恵が込められていたのである。部屋の通風を考えれば、⑧可変性という開放型の障子が夏には不可欠であったということが理解できる。日本家屋は風通しが第一に考えられ、それによって涼しさを求めたのである。逆に冬は炭火を入れた火鉢という局所的な暖房ということになるが、それでも暑さ寒さを自然環境の一部として取り入れてきたのである。

日本人の融通無碍《むげ》【臨機応変であること】の思想は、自然との折り合いのなかから生みだされてきたといえる。自然を重視したブルーノ・タウトも、日本の住居は仮住まいであると規定している。畳は

の身の回りにある素材の違いにも当てはまる。[1]日本の場合、木の素材を生かした自然の木目のままを利用することが、感覚的に合致しているのに対し、ヨーロッパでは[H]という美的感覚をもっていたのである。

日本の風土は春、ぼんやりと霞《かすみ》がかかり花曇りという風景が一般的である。梅雨はいうにおよばず、夏も高温多湿で、水田はたえず水蒸気を蒸発させ、空気は湿気を含んで透明性を欠くことが多い。日本人にとっては、霞《かす》んでいる状態に違和感は少なく、澄んだ風景よりむしろ、ぼんやりとかすむ光景の方に情緒を感じる傾向が強い。

日本ではヨーロッパと異なり、物理的に光を遮断はしない。日本人は庇《ひさし》を深くして光線をやわらげ、障子によってそれを半透明で通過させた。さらにすだれを垂らしたり、朝顔や蔓《つる》科の植物を植えたりして、木もれ日を楽しみながら夏の直射日光の跳ね返りを排除した。住環境において、このような工夫をこらしたのが、日本建築の特徴であった。

[2]、日本において光と影はヨーロッパのように二項対立ではなく、太陽の移動によって濃淡をともなった無数の段階がみられた。そこから瞬間、瞬間を愛《め》でる美意識が生まれる。日本の詩人も光と闇に関して、きわめて敏感であった。詩人・立原道造の『暁と夕の詩』でも「夜と朝の間」のうつろいを詠《うた》ったものが出色【きわだって優れていること】であるが、ここにも日本の移りゆく瞬間の美学が強く感じられる。

こうして障子、よしず、のれん、御簾《みす》は日本の気候風土と深いかかわりのなかで生まれ、人びとはその生活に馴染《なじ》んできた。障子から柔らかな光が差し込み、庭の木々の影も障子に映り、独特の造形美をつくりだす。影も日光や雲の状態によって、一瞬のうちに変化していく。またその薄明かりは、「おもかげ」というイメージと結びつく。障子がつくりだす半透明性が、日本人の繊細な精神性を生みだしてきたといっても過言ではない。ものごとをあからさまにいわない曖昧さの文化も、障子の半透明の文化と密接にかかわっている。谷崎潤一郎は『陰翳礼讃《えいらいさん》』のなかで次のようにいっている。

> もし日本座敷を一つの墨絵に喩《たと》えるなら、障子は墨色の最も淡い部分であり、床の間は最も濃い部分である。私は、（ Ｉ ）を凝らした日本座敷の床の間を見る毎《ごと》に、いかに日本人が陰翳の秘密を理解し、光りと蔭《かげ》との使い分けに巧妙であるかに感嘆する。

日本文化の再評価の言葉であるが、現在の生活から見れば、暗くて不便であるけれども、薄明かりの陰影が日本的な独特の情緒をただよわす。これを幽玄の世界やわび、さびと結びつけることは可能である。日本昔話、怪談の世界は、かつて日本の闇、薄暗がりの背景があったので、リアリティと迫力が増したのである。

谷崎はヨーロッパ建築を見習った建物について、「……室内に蔭と云《い》うものが一つもなく、見渡したところ、白い壁と、赤い太い柱と、派手な色をモザイクのように組み合わせた床が、刷《す》りたての石版画のように眼に沁み込んで、これがまた相当に暑苦しい」と苦言を呈している。これはたんに谷崎だけでなく、日本文化を愛でる人の共通した美的感覚であった。

[3]⑥谷崎が金銀の華麗な装飾を否定しているのかといえばそうではない。興味深いことに谷崎は、蒔絵《まきえ》などの絢爛豪華な世界についても次のように述べている。

> 派手な蒔絵などに施したピカピカ光る蠟《ろう》塗りの手箱とか、文台《ぶんだい》とか、棚とかを見ると、いかにもケバケバしくて落ち着きがなく、俗悪にさえ思えることがあるけれども、もしそれらの器物を取り囲む空白を真っ黒な闇で塗り潰し、太陽や電燈《とう》の光線に代えるに一点の燈明《みょう》か蠟燭《そく》のあかりにして見給《たま》え、忽《たちま》ちそのケバケバしいものが底深く沈んで、渋い、重々しいものになるであろう。古《いにしえ》の工藝家《げい》がそれらの器に漆を塗り、蒔絵を画く時は、必ずそう云う暗い部屋を頭に置き、乏しい光りの中における効果を狙ったの

は高価な金糸を縫いこんだ刺繍《しゅう》がほどこされ、装飾品のひとつとして珍重された。とくに壁のタペストリー、肖像画、壁画によって王侯の城や邸宅は飾られ、絢爛《けんらん》豪華な装飾文化が花開いた。そのため十六世紀の終わりまで、室内では窓はそれほど重要視されずに、むしろ天蓋つきベッドのカーテンや壁の装飾が重要とみなされていた。

たしかに歴史的に見れば、ルネサンス時代でも板ガラスの製造が困難であったので、窓ガラスも小さく、[D]という必要性はあまりなかった。したがって本来のカーテンの需要は少なかったといえる。その後、バロック時代の十七世紀あたりから、板ガラスの製造技術が発達するにつれて、開口部である窓ガラスが大きくなり、カーテンがガラス全面を覆う方式に変化した。

窓のカーテンには四つの役割があったが、一つ目はいうまでもなく、[D]ためである。二つ目は、プライヴァシーの保護であるが、ガラス窓が普及し窓面積が増えると、とくに夜、外部の視線をさえぎるためにカーテンが用いられた。三つ目には、ガラス窓は比較的熱伝導がいいので、カーテンを使って中に空気層をつくり、保温効果をねらった。四つ目は、室内の（ E ）要素にある。カーテンの色やデザインによって、室内の雰囲気を変化させることができた。インテリアとしてのカーテンは、十七世紀のヴェルサイユ宮殿様式がヨーロッパ・モードとなり、フランス以外でもヨーロッパの王侯貴族の邸宅においても、これが主導的役割をはたした。

日本家屋には更新、建替えという発想があり、もっとも有名なものは伊勢《いせ》神宮の遷宮制度である。よく知られているように、ふつう二〇年に一度宮を移し変えるというのは、建築技術を伝承するという意味もあるが、本質的には日本人の思想や建築観をあらわしているといわれる。台風、水害、（ F ）に襲われる経験から、日本では永遠や絶対ではなく、（ G ）の思想が重要視され、それが建築にもみられるのである。自然に逆らわないこのような発想が一般化したのであろう。

障子紙もかつては最低年一回、年末に張り替え、正月を迎えていた。これは一種の禊《みそぎ》とも解釈され、気持ちを入れ替える再生の通過儀礼のようなものであった。一新するという特性が、独自の精神文化を形成してきた。日本の美意識でははかなさ、一瞬に美の真髄を見いだす文化があり、それは紙という素材とも無関係ではない。

動物学者モースが来日したとき、日本の住宅に興味を示し、『日本人の住まい』を残したが、そのなかに障子について、外国人の細かい観察が記されている。

ときには思いがけず障子紙に小さな穴が開いたり破れ目ができたりする。これを修理するに当たって、つねに真の芸術的感性を発揮する日本人は、われわれアメリカ人のよくするように紙を四角に切り取って貼ることはせず、桜や梅の花といった美しい形に切り抜いたもので破れ目を塞ぐ。このように風流な仕方を見るにつけても、わが国の田舎《いなか》屋などでときおり見かけるのだが、破れた窓ガラスを修理する場合に、残念ながら日本人にたよる必要性があると思うことがよくある。（斎藤正二・他訳）

なにげない光景の描写であるが、モースは障子の修理においても、⑤繊細な日本人の美意識を鋭く洞察している。こうして障子は破れたり、季節によっては張り替えたりして、再生の循環を繰り返してきたのである。

障子はもともと畳のうえに座る文化とともに受け継がれてきた。したがって椅子の文化と異なり、障子の部屋では目線が下に位置する。事実、床から一〇—三〇センチ程度の下支え板から障子を張っていく。開け閉めも本来のマナーでは座っておこなうことになっていた。たとえ障子が破れていても、「うつくしや障子の穴の天の川」（一茶）と、小さな穴から壮大な宇宙的広がりを展望する美的感覚をもっていたのである（李《イー》御寧《オリョン》『「縮み」志向の日本人』参照）。

障子とガラスという素材の違いは、ヨーロッパが石の文化、日本が木の文化というテーゼのヴァリエーションであるが、これは日常さらに十九世紀後半から、合成ソーダが開発され、工場で透明な板ガラスが大量生産されたので、コストダウンがおこなわれた。二十世紀にはフロート法という板ガラスの製法が開発され、この世紀は「鉄とガラスの時代」といわれるようになった。

今やコンクリート、鉄、ガラスという素材の特徴をもった建築が主流を占め、これは一戸建て、集合住宅、高層ビルにみられる共通の原則となる。その目指すところは開放性と光の取り込みである。なお、近年、多用されるようになってきた強化ガラスは、ガラスの弱点である割れやすさを克服した画期的製品で、ガラスの需要を飛躍的に拡大するものであった。やがて大都会のグローバル化が進展し、窓面積をますます拡大し、都市のなかで次々に「ガラスの増殖化」が進んだ。こうして③ガラスは現代の無機質的な都市風景の顔となり目となったのである。

ガラスは日常生活のなかで身近な存在となってきたが、とりわけその透明性が、ガラス窓の最大の利点である。ドイツではガラスが曇っていると、そこから悪魔が覗《のぞ》くという言い伝えがあるので、主婦はピカピカに磨くのを日課にしている。人びとはガラス窓が汚れているのをとくに嫌い、ガラス拭きをしない人を怠け者とみなした。日本人の留学生にはその感覚がわからず、家主に窓の汚れを注意されても、おせっかい焼きと感じるだけである。しかしこの文化摩擦には、ヨーロッパ文化の本質的な問題が含まれている。

ガラスは障子より断熱効果があるが、緯度が高く冬がきびしい中欧、北欧ではさらに二重窓とすることが多い。環境意識が高いドイツのフライブルクの住宅には、三重のガラス窓の使用例もある。これは空洞部に断熱ガスを封じ込め、徹底したエコロジーを追求したもので、エコガラスという名で一般化している。この種の窓は、自然の音も排除して、居住する自己の世界の静寂を生みだす。自然の音が聞きたければ、窓を開ける。ここにも④ヨーロッパ人のあくまで人間中心の世界観が認められる。

ヨーロッパ人と日本人は緯度の関係からか、目の感受性と構造が異なるので、光の問題を考える際に、まずこの身体的な差を念頭においておかねばならない。ヨーロッパでは室内でも、電灯の直射光線をいやがるから、ほとんど間接照明が主流である。ドイツの大学図書館での経験であるが、学生たちは暗くなっても目の前のスタンドを灯《とも》さず、本を読んでいた。どうして明かりを点《つ》けないのか聞いてみたが、それでもじゅうぶん本が読めるという。またドイツ人の車に同乗し、夜間にアウトバーン【ドイツの高速道路】を走行すると、カーブでも道路の照明灯が暗く、不安を感じることが多い。運転するドイツ人に確認すると、よく見えるという返事である。逆にかれらは夏の直射日光が苦手で、サングラスを掛けないと、まぶしすぎるので我慢ができないのである。

もちろん空気の乾燥度、あるいは透明度による光度の違いがあるとはいえ、ヨーロッパ人も光に対する感受性は鋭い。晩秋から冬にかけての日光は乏しく、早く夕暮れが訪れ、曇天の薄暗い日々が続く。それだけに燦々《さんさん》と【光り輝く様子】光線が注ぐ春から夏にかけて、かれらは光を求めて戸外へ出る。その際、日本人と異なる点は、ヨーロッパ人が日光を人間の力によって物理的にコントロールしようとすることである。

日本の障子は自然の移り変わりのまま、間接光を［　C　］が、ヨーロッパではそれと異なり、窓ガラスの光の透過性を、カーテンという厚手の布によって、直接的に遮断し、光を物理的にコントロールする。南側に向いた窓の場合に、とくに光を加減する必要性が高かったが、これは人間の意志による自然の支配の一例といっても、いい過ぎではないであろう。

ヨーロッパのカーテンは、もともと窓を覆うものではなく、王侯貴族の天蓋つきのベッドの周囲を囲むものだった。というのも、かれらの使用する寝室が広く、冬場には部屋の暖房がじゅうぶんでなかったので、寒気を防いで保温する必要があったからだ。また天蓋つきベッドのカーテンには装飾的役割もあった。中世ヨーロッパでは、絨毯《じゅうたん》やタペストリーという室内飾りがつくられたが、ここに

二〇二一年度　明治大学付属明治高等学校

【国　語】（五〇分）〈満点：一〇〇点〉

（注意）字数制限のある問題については句読点・記号を字数に含めること。

一　次の文章を読んで、あとの問いに答えなさい。ただし、【　】は語句の意味で、解答の字数に含めないものとします。

ヨーロッパと日本の窓は、ガラスと紙というきわめて対照的な特性をもつ素材が用いられてきた。材料から見ると、ガラスというすべすべとした無機質な（Ａ）と、紙という有機質の柔らかい感触の不（Ａ）は、単なる素材の違いだけでなく、ここから日欧の基層文化の特徴を比較することができる。

ガラスは原石である石英を精製してつくられた。これは通常、アルカリ・ガラスといわれ、従来、添加物にソーダ灰を用いたが、十六世紀ごろから、ソーダ灰より炭酸カリを含んだ方が透明度の高いガラスがつくられることがわかった。そのためカリ分の多い灰を森林のブナの原木を焼いて手に入れた。こうして必然的に、ガラスの精製は森のなかでおこなわれるのが常となった。その結果、原石を溶解する燃料としての材木と、カリ分を添加するためのブナ林が大量に伐採された。

ルネサンス期のヨーロッパではフランスのロレーヌ地方、ドイツのライン河河畔、南ドイツ、①ボヘミア（チェコ）がガラスの製造地となり、しだいに増大する需要をまかなうようになった。これらの地域は、森林と（Ｂ）に恵まれていたからである。なお、もうひとつの透明ガラスの製法として、鉛ガラスがあったが、これはイギリスで開発された。

近代に入るとガラスの需要がますます増え、各地で森林が大々的に伐採された。原木がなくなれば作業場は、新天地を求めて移動した。なお森と同時に（Ｂ）が必要とされたのは、ガラス製品を各都市へ輸送するためである。中世後期から一六〇〇―一八〇〇年ごろまで、ガラスの製造技術は家内工業的なギルド【同業者の組合】によって守られ、他者の参入を拒んでいた。結婚も同業者の一族でおこなわれ、閉鎖的な社会集団を形成した。領主はガラス製造業を保護していたが、地域ではかれらは相変わらず村人から孤立した移動集団であった。ガラスのみならず、陶器やセメントの製造にも同様に燃料の材木を多量に必要としたので、森のなかで製造されていた。

かつてボヘミアは森林が鬱蒼《そう》と茂る豊かな自然に恵まれていた。とくに手つかずのブナ林、原料の石灰石と無水珪《けい》酸、河川としてモルダウという、ガラス工業の立地条件がすべてそろっていた。その上、この地を治めていたハプスブルク家は、重要なガラス産業を保護した。こうしてルネサンス以降、神聖ローマ帝国下で、需要の増したガラス製造のために、ボヘミアの樹木が大々的に伐採され、森が荒廃した。

現在、チェコを旅すればすぐわかることであるが、かつて豊かであった森林地帯は減少し、もはやボヘミアの森の面影はない。チェコスロヴァキアが戦後の共産圏における工業部門を担ったということもあるが、それ以前からのガラス生産が荒廃の一因であったことは疑いない。現在でもボヘミア・ガラスが有名であるけれども、以上のような②負の歴史を内包していたのである。

ガラス工場はボヘミアだけでなく、ヨーロッパ各地の森を破壊し続けた。製法も移動式の手工業から固定化した近代工場による大量生産方式に変化した。しかしその後も、工業地帯においてガラス産業は他の製造業と同様に、汚染物質の排出などで環境破壊に関与した。これも、ヨーロッパ文明の自然観が生みだした現象のひとつにほかならない。

十七世紀には酸化鉛を使用することによって、透明度の高いクリスタルガラスを比較的安価に製造することができるようになった。

2021年度／明治大学付属明治高等学校

英語解答

1 ① its　② proud　③ arriving
④ kindness　⑤ visitors
⑥ deeply　⑦ their　⑧ is
⑨ feel

2 (1) ③→talking　(2) ④→excited
(3) ③→understanding
(4) ②→for me　(5) ①→painting

3 ① 3番目…4　5番目…3
② 3番目…2　5番目…4
③ 3番目…4　5番目…5
④ 3番目…3　5番目…1

4 ア 2　イ 3　ウ 3　エ 1
オ 2　カ 4　キ 1

5 ア 4　イ 7　ウ 5　エ 3
オ 1　カ 2

6 ア 4　イ 3　ウ 1　エ 5
オ 2

7 ア system　イ entrance
ウ trust　エ China
オ Germany

8 (1) 1，3　(2) 2，3　(3) 2
(4) 1　(5) 2

9 (1) falling　(2) environment
(3) ugly　(4) fields

10 (1) 3　(2) 1　(3) 1　(4) 2

11 (1) ×　(2) ×　(3) ○　(4) ○

12 (1) violent　(2) painter
(3) homework　(4) dentist

1〔長文読解—語形変化—説明文〕

≪全訳≫❶どの国にも独自の形のもてなしがある。多くの国は見知らぬ人に与える援助を誇りに思っている。しかし，アラブ世界の人々が示す気前の良さに匹敵する場所はほとんどない。❷アラブのもてなしの伝統は，アラビアの厳しい砂漠で生まれた。そこでは，生き抜いていくのにお互いに助け合うことがとても重要なのだ。慣習によれば，アラブのテントに着いた見知らぬ人は，大事な客として扱われ，食べ物と避難所が提供され，3日間もてなされた。この伝統は，アラブ人によって海外からの訪問者に示される優しさとして今日も続いている。❸妻と私は中東のアラブの国であるヨルダンに2年間住み，そこの人々の気前の良さに深く感銘を受けた。私たちは贈り物を与えられ，人々の家に歓迎され，それに全く見知らぬ人から結婚式に招待されることもよくあったのだ！　私たちが道に迷って道を尋ねると，人々はわざわざ私たちを目的地に連れていってくれた。「ありがとう！」と言うと彼らは，「感謝する必要はありません。見知らぬ人を助けることは私たちの義務ですから」と答えた。❹一度，私たちはアラブの家に招待されたことがある。「テレビを見ますか？　ラジオを聴きますか？　それとも音楽を聴きますか？」とホストは尋ねた。私たちを快適にするために，彼はテレビ，ラジオ，CDプレーヤーの全てを同時につけたのだ！❺見知らぬ人がしばしば嫌われたり恐れられたりする世の中で，アラブ人と彼らのもてなしの長い伝統から学べることはたくさんあるのだ。

＜解説＞①後ろに form という名詞があるので，所有格 its にする。own「自身の」は所有格の意味を強める形容詞。　②be proud of ～「～を誇りに思う」　③「～している〔する〕」という能動の意味で a stranger を修飾する arriving にする(現在分詞の形容詞的用法)。　④the の後なので名詞 kindness「優しさ」にする。　⑤前の to は「～に」の意味の前置詞なので，'人' を表す名詞の visitor にし，複数の s をつける。直前の overseas は「海外の」という意味の形容詞。　⑥過去分詞 impressed を修飾するので，副詞 deeply にする。　⑦後ろに名詞の way があるので，所有格 their にする。　⑧動名詞 Helping で始まる名詞句が主語なので，3人称単数の is にする。　⑨'make＋目的語＋動詞の原形'「～に…させる」の使役動詞の形。

2〔誤文訂正〕

(1)enjoy は目的語に to不定詞ではなく動名詞(～ing)をとる。　「私にはサオリという名の妹がいる。彼女は電話で話すのが好きで，ときどき友達と長い間話すのを楽しんでいる」

(2)動詞 excite は「〈人〉を興奮させる」という意味。ここから「〈人〉が興奮する」という場合は「興奮させられる」と考え，過去分詞 excited で表す。現在分詞の exciting は「(人を)〈物事などが〉興奮させる，わくわくさせる」という意味。　「私は学校の近くの新しいアパートに引っ越す準備ができ，その建物にはたくさんのクラスメートが住んでいるのでわくわくした」

(3)前置詞 of の目的語なので動名詞(～ing)にする。　「私たちはもっと学びたいので，授業中に質問をする。これは授業をより良く理解する良い方法だ」

(4)find は 'find＋物＋for＋人'「〈人〉に〈物〉を見つける」と前置詞に for を用いる。この「〈人〉に〈物〉を～する」の形で前置詞に for を使う動詞には他に buy，make，cook などがある。一方，to を使う動詞には read のほか，give，send，show，lend，tell などがある。　「彼は私がビジネスを勉強していることを知ったとき，私のためにいくつかの本を見つけて，しばしばそれらを私に読んでくれた」

(5)The man は painting「絵を描いている」という関係なので，「～している」という意味を表す現在分詞にする。　「そこで絵を描いている男性は私のおじで，そこで2時間絵を描いている」

3〔長文読解―整序結合―説明文〕

≪全訳≫❶世界の一部の地域では，①人々がきれいな水を手に入れるのは非常に困難だ。エチオピアでは22%の人しかきれいな水を手に入れることができないが，日本では誰もが問題なく水を手に入れることができる。❷私はアンゴラの小さな村の女性についての本を読んだ。彼女の名前はセリーナだった。彼女はまだ小さい頃，毎日川から水をくむために約4時間歩いた。ある日，彼女は川の近くに何匹かの大きなワニを見た。彼女は怖かったが，川岸に行ってワニがいる中，水をくみ取った。後になって彼女は，「私の家族は②飲み水がなければ死ぬだろうと思ったので，そうしました」と言った。❸セリーナには別の問題もあった。川の水がきれいではなく，ときにそれによって人々は病気になったのだ。セリーナの家族の何人かはそういう人々だった。セリーナが母親になった後，③彼女の子どもたちの何人かはこの問題のせいで死んだ。アンゴラにはまだ彼女のような人がたくさんいる。❹数年前，ユニセフは川から村に水を運ぶためのパイプラインをつくり始めた。井戸もつくり始めた。さらに，④水を安全に飲めるようにする方法を人々に教えた。今ではより多くの人々がきれいな水を手に入れることができる。しかし，世界にはまだきれいな水が手に入らない人がたくさんいることを忘れてはならない。

＜解説＞①'It is ～ for … to ―'「…にとって―することは～だ」の形式主語構文にする。　... it is very difficult for people to get clean water.　②まず，主語 my family に対する述語動詞を would die とする。この後は，「飲み水なしでは」という意味になると推測できるので without water to drink とまとめる(この to drink は形容詞的用法の to不定詞)。　... my family would die without water to drink.　③ some of の後に her children を置くと「彼女の子どもたちの何人かは」となる。述語動詞に died を当て，この後，'理由' を表す副詞句として because of this problem「この問題のせいで」とまとめる。'because of＋名詞' と 'because＋主語＋動詞...' との違いに注意。　..., some of her children died because of this problem.　④主語の it は UNICEF を指す。taught は teach の過去形。まず 'teach＋人＋物事'「〈人〉に〈物事〉を教える」の形を考え，'人' に people を置く。'物事' は 'how＋to不定詞'「～する方法」の形を用い，to の後ろを 'make＋目的語＋形容詞'「～を…(の状

態)にする」の形でmake the water safeとまとめる。safe to drink「飲むのに安全な」→「安全に飲める」。In addition, it taught people how to make the water safe to drink.

4 〔長文読解―適語選択―説明文〕

≪全訳≫❶キリマンジャロ山はとても高いので，よくアフリカの屋根と呼ばれる。その山は1万9340フィート，つまりほぼ4マイルの高さで空に向かってそびえ立っている。それはアフリカ大陸全体の中の最高地点だ。❷雪に覆われた印象的なキリマンジャロの山頂は，ずっと昔から訪問者に刺激を与えてきた。何年にもわたって，何千人もの人々がこの雄大な山に登るためタンザニアに足を向けた。他にも多くの人々が，その有名な氷河に覆われた山頂を見に来ている。❸これらの訪問者の1人はアーネスト・ヘミングウェイという名の有名なアメリカ人作家だった。彼はその山を有名にした物語を書いた。1936年に初めて出版されたその物語は『キリマンジャロの雪』と呼ばれている。❹残念ながら，この100年の間で，キリマンジャロの雪は消えつつある。このことは，そのきわめて重要な水源と美しい光景を危険にさらしている。キリマンジャロの美しい雪の一部は現在なくなっているのだ。しかし，どれだけの雪が消滅したのだろうか。❺1912年以来，キリマンジャロの氷河は80%以上縮小した。その山で起こっている重大な変化はますます明らかになっている。NASAの衛星は15年以上にわたりその山の氷冠の写真を撮っている。1993年にその衛星がキリマンジャロを撮影した写真は，わずか7年後に撮影された写真とは大きく異なる。それらはその山に非常に大きな変化があったことを示している。キリマンジャロの氷冠にある氷の量は大幅に減少しているのだ。

＜解説＞ア．'so ～ that …'「とても～なので…だ」の構文。直後の「アフリカの屋根と呼ばれる」という記述から，キリマンジャロの高さを述べている文だとわかる。　**イ．**its famous glacier-covered peak「その有名な氷河に覆われた山頂」を目的語に取る動詞として適切なものを選ぶ。viewには「～を見る，眺める」という動詞の用法がある。　**ウ．**The story「その物語」を修飾する部分。publish「～を出版する」の過去分詞publishedが適切。　**エ．**put ～ at risk「～を危険にさらす」　**オ．**話の流れから同じ段落にあるdisappearingやgoneとほぼ同じ意味の語が入ると判断できる。　missing「あるべき所にない，なくなっている」　**カ．**be different from ～「～と異なる」　**キ．**前にあるreductionは「減少」という意味。大幅に減少したのは，氷の「量」である。

5 〔対話文完成―適文選択〕

≪全訳≫❶アリシア(A)：今日は楽しかったわ。私たち，本当にたくさんの物を買ったわね。❷ケイティ(K)：そうね，でもすてきな掘り出し物をいくつか手に入れたわね。ア あなたが買ったバッグはとてもいいと思うな。❸A：ありがとう。それにあの靴も気に入っているんだ。❹K：ねえ，アリシア，そのブレスレットは見たことがないけど。どこで買ったの？❺A：イ あっ，あなたがいないときに買ったのよ。❻K：待って，私，そのブレスレットは覚えているわ。私たちが最後に行った店にあった物よね。❼A：ええと…あなたが見ていなかったときに買ったのよ。❽K：でも，それはとても高かったわ。本物のダイヤモンドよ。ウ あなた，そんなにたくさんお金を持っていないでしょ。❾A：うーん，えっとね…私，クレジットカードで買ったのよ。とにかく食事に行きましょう。❿K：待って。どうしたの，アリシア？　私，あなたの親友よね。教えて。⓫A：いいえ，何もないわ。⓬K：アリシア，エ そのブレスレット，盗んだの？⓭A：うーん，私ね…ちょっとケースに戻すのを忘れてしまったのよ。⓮K：アリシア，それって万引きよ！　間違っているわ！　今すぐ店に返しに行かないと！⓯A：だめよ。何ていうか，それがただ…えっと，それがとてもきれいだったから。手に入れなきゃって思っちゃったの。本当に悪いと思っているわ。こんなことしたの初めてよ。信じてくれるでしょ？⓰K：何を信じるべきかわからないわ。さあ，行きましょう。オ返しに行くのよ。17A：だめよ，このことは忘れて。二度としないから。お店に戻ったらトラブルになりかねないし。大したことじゃないわ。18K：お店に戻らないと，もっと大きなトラブルになるかもしれないわ。カ私たちはここに観光客として来ているのよ。お店の人が私たちを覚えていて，ホテルを見に来るかもしれないわ。19A：待って，誰かがノックしている。出ちゃだめよ！

<**解説**>**ア．** 直後でアリシアがお礼を述べているので，お礼を言われるような内容を選ぶ。ケイティはアリシアが買った物を褒めたのである。　**イ．** ケイティはアリシアがブレスレットを買ったことを知らなかった。「ケイティがいないときに買った」という内容の7は，その理由になる。　**ウ．** アリシアが手に入れたブレスレットはダイヤモンドがついた大変高価な物。ケイティはアリシアがそんな大金を持っていないことを知っていたのだと考えられる。この後，アリシアが言葉に詰まりながらクレジットカードで買ったと言っていることも手がかりになる。5にあるthatは「それほど」という意味の副詞。　**エ．** この後のアリシアの返答は，アリシアにブレスレットを盗んだのかと尋ねる3の言葉への弁解と考えられる。　**オ．** この後アリシアは「お店に戻ったらトラブルになりかねない」と言っていることから，ケイティは品物を返しに店に戻ることを勧めているのだと考えられる。　**カ．** 直後の「お店の人が私たちを覚えていて，ホテルを見に来るかもしれない」から，2人が観光客であることがわかる。

6〔**長文読解―適文選択―エッセー**〕

≪**全訳**≫1共通語を持たないと外国人とコミュニケーションを取ることは不可能だと考える人もいる。それは本当だろうか。私はトルコでその答えを知った。2ア私はイスタンブールに到着したばかりで，トルコの人々に会うことを熱望していた。2日目，私は若い男性が公園のベンチに座っているのを見た。「チャンスだ！」と私は思い，彼の脇に座った。3イ「こんにちは！」と私は言った。「英語を話せますか？」　彼は困惑した顔で私を見た。「Parlezvous francais?」と私は尋ねた。「あなたはフランス語を話せますか？」　返事はない。「Sprechen Sie Deutsch?　ドイツ語を話せますか？」　応答なし。4ウその時点で，私は諦める準備ができていた。英語，フランス語，ドイツ語と試してみたものの，彼はこれらのどれも理解しなかった。共通語がなければ，どうしてコミュニケーションを取れようか。5そのとき，特別なことが起こった。彼がジェスチャーでコミュニケーションを取り始めたのだ！6エ彼は時計を指さし，私を指さし，歩行する動作をし，何かを問いかける顔つきをした。彼は「あなたはいつここに来たのですか？」と尋ねているのだ。私は時計を指さし，2本の指を立てて，後ろに向けた。「2日前」であることを示すように。7オすると今度は，彼は私を指さし，ピアニストのまねをした。「あなたはピアノを弾きますか？」　私は「いいえ」と首を横に振った。次の15分間，私たちは旅行やスポーツ，趣味について，全てボディーランゲージで詳細な会話を続けた。私は感銘を受けた。8そういうわけで，共通語がない状況に陥ったとしても，諦めないことだ。創造性を発揮し，体を使って，身振りでコミュニケーションを取ってほしい。

<**解説**>**ア．** 直前の文を受けて，ここからトルコでの体験が語られると考えられる。その始まりとして適切なのは「私はイスタンブールに到着した」で始まる4。　**イ．** 4の後半で，公園のベンチに座る若い男性を見て話しかけるチャンスと考えているのを受けて，実際に声をかける3が続く。　**ウ．** 3で駆使した3言語を受けている1が続く。　**エ．** 直前でこれまでの状況が変わったことを述べているので，不可能と思われたコミュニケーションが始まった5が続く。　**オ．** さらにボディーランゲージによる2人の会話が進展する様子を表す2が続く。

7〔長文読解―適語補充―説明文〕

≪**全訳**≫❶大都市を移動する最良の方法は地下鉄だ。地下鉄とは，目的地まですばやく，安全に，そして安く行くことができる地下を走る電車である。❷世界中の地下鉄は全て同じだろうか。正確にはそうではない。各国には独自の特別なシステムがある。❸日本では，地下鉄のシステムは高度に組織化され，厳重に管理されている。入口と出口には改札がある。入場時と退場時の両方で，機械がチケットをチェックする。❹フランスでは，地下鉄はそれほど厳しく管理されていない。入口の改札と入場するときにチケットをチェックする機械はあるが，退場時にはチケットのチェックはない。ドアから出ていくだけだ。❺ドイツでは，地下鉄は自由に乗れる。自分のチケットにスタンプを押して，電車に乗る。乗務員によってときどきチェックされることもあるが，全てが自己申告システムで運営されている。❻最も厳しく管理されている地下鉄は中国のものだ。各駅の入口には，空港と同じようにセキュリティチェックがある。❼地下鉄のシステムを見れば，各国において(国民が)どれくらい信用されているかがわかる。日本は，入口と出口の両方でチケットを２回チェックするため，信用度が低い。フランスは入口でチケットをチェックするが，出口ではチェックしないため，より高い信用度を示している。中国は全ての乗客にセキュリティチェックを行わせるため，信用度が最も低い。ドイツは，乗客がチケットを持っていると信用しており，改札が全くないため，国民に対して最高レベルの信用度を示している。

＜**解説**＞**ア．**この後に続く２文で説明される内容は，日本の地下鉄の「システム」についてである。

イ．この段落の内容と，第７段落第３文の内容から，フランスの地下鉄では，「入口」にだけ改札があり，出口にはないことが読み取れる。冠詞の an がヒントになる。　**ウ．**この後の記述から，第７段落では，地下鉄のシステムからわかる国家の国民に対する「信用」度が述べられていることがわかる。　**エ．**国民に対する信用度が最も低い国と考えられるのは，地下鉄が最も厳しく管理されている「中国」である。　**オ．**国民に対する信用度が最も高い国と考えられるのは，地下鉄の管理が最も緩い「ドイツ」である。

8〔長文読解総合―エッセー〕

≪**全訳**≫❶くさい靴下や大音量の音楽がなくなって心が痛くなるとは思ってもみなかった。しかし，私の兄は大学に行くため家を離れており，14歳の私は彼がいなくてとても寂しい。私たちは妹と兄という間柄では珍しい親密さを共有しているが，兄自体が珍しい種類の男なのだ。もちろん，彼は頭が良くて親切であり，私の友人たちは彼がすてきだとか，その他いろいろなことを言っている。しかし，それ以上に私が彼を誇らしく思うのは，彼の物事に対する向き合い方であり，友人や家族に対する扱い方であり，人々に見せる気遣いである。それらは私もそうでありたいと望む事柄なのだ。差し支えなければ，私が言いたいことを紹介したいと思う…❷彼は14の大学に出願した。そして志望していたブラウン大学を除く全ての大学に合格した。そこで彼は第２志望の大学を選び，快適だが平凡な１年目を過ごした。夏休みに家に帰ってきたとき，彼はある計画を立てたことを私たちに知らせた。ブラウン大学に入るために必要なことは何でもするというのだ。私たちは彼をサポートすることになるのだろうか。❸彼の計画は，ブラウン大学近くのロードアイランドに引っ越し，仕事を見つけて，その地域で知られる存在になるためにできることは何でもする，というものだった。彼は誠心誠意働き，全てにおいて最善を尽くすつもりだと言った。誰かが気づいてくれるだろうと彼は確信していた。これは私の両親にとって大きな問題だった。なぜなら，それは大学に行かずに１年間過ごすという彼の計画に同意することを意味し，彼らにとってそれは恐ろしいことだったからだ。しかし，彼らは彼を信頼し，夢を実現するために必要だと思うことは何でもするようにと彼を励ました。❹まもなく彼は演劇を制作するために雇われた――

そう，ご想像のとおりブラウン大学で。今こそ彼が輝くチャンスであり，実際，彼は輝いた。大きすぎる仕事も小さすぎる仕事もなかった。彼は自分の全てを仕事に注ぎ込んだ。彼は教師や理事に会い，自分の夢について皆に話し，自分が何を求めているのかを決してためらわずに語った。❺そして，年末，彼がブラウン大学に再び申し込むと，思ったとおり入学を認められたのだ。❻私たちは皆，とても喜んだが，私にとって喜びはとても深いものになった。私は重要な教訓を学んだ。それは誰も言葉では教えられなかっただろう教訓であり，自分の目で見なければならなかった教訓だ。自分のやりたいことをがんばって行えば，そして拒絶された後でも努力を続ければ，夢はかなうのだ。これは私が今でも心にとどめている贈り物だ。兄のおかげで，私は人生を信頼しているのだ。❼最近，私は１人で空路ロードアイランドに行き，彼を訪ね，両親のいないアパートで１週間だらだら過ごし，思いっきり楽しんだ。私が帰る前夜，私たちは，ボーイフレンドやガールフレンド，同調圧力，学校など，あらゆることについて話した。ある場面で，兄は私の目を真っすぐ見て，私を愛していると言った。彼は私に，どんなことであっても間違っていると思うことは決してやらないということを覚えておくように，そしていつも自分の心を信じることを決して忘れないようにと言った。❽私は兄と私が常に身近な存在であることがわかり，兄がいることがどれほど幸運であるかを知って，帰途ずっと泣きどおしだった。何かが変わっていた。私はもう小さな女の子ではなかった。私の一部はこの旅行で成長し，そして私は生まれて初めて，家で私を待っている，私の持つ重要な仕事について考えた。実は，私には10歳になる妹がいるのだ。まるでやっかいな仕事があてがわれているかのようだ。しかし，ご承知のように，私にはすばらしい先生がいたのだ。

(1)＜**内容真偽**＞１．「筆者は今，兄とは別に暮らしている」…○　第２文に一致する。　off「(家から)離れて」　２．「筆者の兄はスポーツがとてもうまい」…×　そのような記述はない。　３．「筆者は兄を尊敬している」…○　後半に一致する。

(2)＜**内容真偽**＞１．「筆者の兄は14歳で大学に入学するための試験を受けた」…×　第２段落第１文参照。14というのは兄が出願した大学の数。　２．「筆者の兄は第２志望の大学に入学した」…○　第２段落第３文に一致する。　３．「筆者の兄はロードアイランドで働く計画を持っていた」…○　第３段落第１文に一致する。

(3)＜**内容真偽**＞１．「筆者の兄は仕事を見つけたが，それが気に入らなかった」…×　第４段落参照。「気に入らなかった」という記述はない。　２．「筆者の兄はついにブラウン大学への入学を認められた」…○　第５段落に一致する。　３．「筆者は学校を休み，家で勉強した」…×　そのような記述はない。

(4)＜**適文選択**＞筆者が兄から学んだのは，人生でたとえ一度失敗しても，その後の継続的努力により夢はかなう，ということ。それは言い換えれば，人生は努力を裏切らない，つまり，１．「私は人生を信頼している」ということである。

(5)＜**語句解釈**＞この後の内容から，筆者には10歳になる妹がいることがわかる。最終文の a great teacher とはもちろん兄のことだと考えられるので，筆者にとっての「重要な仕事」とは，２．「筆者の妹の良いお手本になること」だと判断できる。role model とは「ある役割において模範となる人物」のこと。

9～**12**〔**放送問題**〕解説省略

数学解答

1 (1)　$(2a+b-4c)(2a-b-4c)$

(2)　$\dfrac{3}{2}$　　(3)　50　　(4)　$5\pi-10$

(5)　$\dfrac{6}{5}x-\dfrac{6}{5}$

2 (1)　$-5-6\sqrt{2}+2\sqrt{3}+\sqrt{6}$

(2)　$x=\sqrt{2}+\sqrt{3}+\sqrt{6}$，$-2\sqrt{2}+\sqrt{3}$
$+\sqrt{6}$

3 (1)　6：19　　(2)　10：13

(3)　4：19

4 (1)　$-\dfrac{3}{4}$　　(2)　$\dfrac{9}{32}$

5 (1)　4　　(2)　1　　(3)　$\dfrac{251}{2}$

1〔独立小問集合題〕

(1)＜**因数分解**＞与式$=(4a^2-16ac+16c^2)-b^2=4(a^2-4ac+4c^2)-b^2=4(a-2c)^2-b^2$として，$a-2c=M$とすると，与式$=4M^2-b^2=(2M)^2-b^2=(2M+b)(2M-b)$となる。$M$をもとに戻して，与式$=\{2(a-2c)+b\}\{2(a-2c)-b\}=(2a-4c+b)(2a-4c-b)=(2a+b-4c)(2a-b-4c)$となる。

(2)＜**平方根の計算**＞$\sqrt{2021}=\sqrt{A}$，$\sqrt{2019}=\sqrt{B}$とすると，式は$\sqrt{A}x+\sqrt{B}y=2$……①，$\sqrt{B}x+\sqrt{A}y=1$……②となる。①＋②より，$(\sqrt{A}+\sqrt{B})x+(\sqrt{A}+\sqrt{B})y=3$となり，$x+y=\dfrac{3}{\sqrt{A}+\sqrt{B}}$……③である。また，①－②より，$(\sqrt{A}-\sqrt{B})x+(\sqrt{B}-\sqrt{A})y=1$，$(\sqrt{A}-\sqrt{B})x-(\sqrt{A}-\sqrt{B})y=1$となり，$x-y=\dfrac{1}{\sqrt{A}-\sqrt{B}}$……④である。$x^2-y^2=(x+y)(x-y)$より，この式に③，④を代入すると，$x^2-y^2=\dfrac{3}{\sqrt{A}+\sqrt{B}}\times\dfrac{1}{\sqrt{A}-\sqrt{B}}=\dfrac{3}{(\sqrt{A})^2-(\sqrt{B})^2}$となる。よって，$(\sqrt{A})^2-(\sqrt{B})^2=(\sqrt{2021})^2-(\sqrt{2019})^2=2021-2019=2$なので，$x^2-y^2=\dfrac{3}{2}$となる。

(3)＜**場合の数―サイコロ**＞10は2と5の公倍数なので，青，赤，黄，緑4個のサイコロの出た目a，b，c，dの最小公倍数が10になるのは，2と5の目が出るサイコロがそれぞれ少なくとも1個以上あり，4個のサイコロの出る目が2と5だけのときか，1と2と5だけのときである。そのような目の組合せは，(1，1，2，5)，(1，2，2，5)，(1，2，5，5)，(2，2，2，5)，(2，2，5，5)，(2，5，5，5)の場合がある。(1，1，2，5)の場合，1の目はaとb，aとc，aとd，bとc，bとd，cとdの6通りの出方があり，そのそれぞれについて，2と5の目の出方が2通りずつあるので，$6\times2=12$(通り)となる。同様に，(1，2，2，5)，(1，2，5，5)の場合も12通りの出方がある。また，(2，2，2，5)の場合は，5の目がa，b，c，dのいずれかで出ればよいので4通りとなり，同様に，(2，5，5，5)の場合も4通りある。(2，2，5，5)の場合は，2の目の出方はaとb，aとc，aとd，bとc，bとd，cとdの6通りで，残りは5の目となるから，$6\times1=6$(通り)ある。よって，全部で$12\times3+4\times2+6=50$(通り)となる。

図1

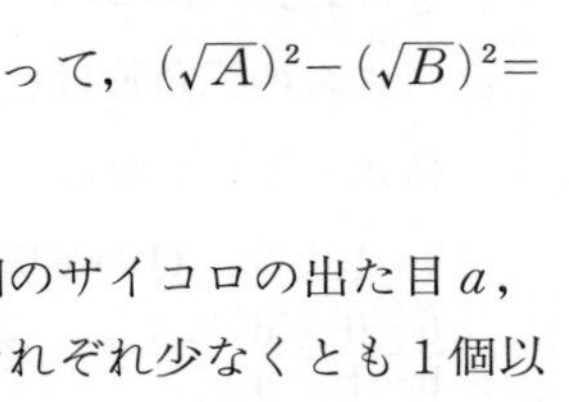

(4)＜**図形―長さ**＞右図1で，斜線部分㋐と斜線部分㋑の面積が等しいことから，斜線部分㋐とおうぎ形BPCを合わせた面積と，斜線部分㋑とおうぎ形BPCを合わせた面積は等しいので，〔おうぎ形BAC〕＝〔台形QBCD〕となる。〔おうぎ形BAC〕$=\pi\times10^2\times\dfrac{1}{4}=25\pi$であり，QD$=x$とすると，〔台形QBCD〕$=\dfrac{1}{2}\times(x+10)\times10=5(x+10)$と表せる。よって，$25\pi=5(x+10)$より，$x+10=5\pi$，$x=5\pi-10$となるので，QD$=5\pi-$

10である。

⑸＜**関数―直線の式**＞右図2で，直線OCは原点を通ることから，比例のグラフであり，C(4，4)を通ることより，傾きが$\frac{4}{4}=1$となるので，その式は$y=x$……①である。また，直線ABは，A(9，0)，B(7，4)を通ることから，傾きは$\frac{0-4}{9-7}=\frac{-4}{2}=-2$となる。これより，直線ADの式を$y=-2x+b$として，点Aの座標から$x=9$，$y=0$を代入すると，$0=-2\times9+b$，$b=18$となるので，直線ADの式は$y=-2x+18$……②となる。直線①，②の式に，$x=6$を代入すると，①より$y=6$，②より$y=-2\times6+18=6$となり，直線①，②はともにD(6，6)を通るので，点Dは，これら2直線の交点である。次に，2点B，Cのy座標が等しいので，BC∥AOであり，△DCP∽△DOQとなる。相似比は，図2のように，点C，Dからy軸に対して，それぞれ垂線CC′，DD′を引くと，C′(0，4)，D′(0，6)となり，OC′＝4，OD′＝6より，C′D′＝6－4＝2となるから，CD：OD＝C′D′：OD′＝2：6＝1：3となる。よって，相似な図形の面積比は相似比の2乗に等しいので，△DCP：△DOQ＝$1^2:3^2=1:9$となり，△DCP＝Sとすると，△DOQ＝$9S$と表されるから，〔四角形OQPC〕＝△DOQ－△DCP＝$9S-S=8S$となる。また，〔四角形OQPC〕：〔四角形QABP〕＝1：8より，〔四角形QABP〕＝8〔四角形OQPC〕＝$8\times8S=64S$となる。同様に，△DBP∽△DAQで，相似比は1：3より，△DBP：△DAQ＝1：9なので，△DAQ：〔四角形QABP〕＝9：8となり，△DAQ＝$\frac{9}{8}$〔四角形QABP〕＝$\frac{9}{8}\times64S=72S$となる。以上より，△DOQ：△DAQ＝$9S:72S=1:8$となり，これらの三角形は底辺をそれぞれOQ，QAとしたときの高さが等しいので，底辺の長さの比は面積比と等しくなる。よって，OQ：QA＝△DOQ：△DAQ＝1：8となるから，OQ＝$\frac{1}{1+8}$OA＝$\frac{1}{9}\times9=1$より，Qのx座標は1である。したがって，直線lはD(6，6)，Q(1，0)を通るから，傾きは$\frac{6-0}{6-1}=\frac{6}{5}$であり，その式を$y=\frac{6}{5}x+c$として，点Qの座標から$x=1$，$y=0$を代入すると，$0=\frac{6}{5}\times1+c$，$c=-\frac{6}{5}$より，直線$l$の式は$y=\frac{6}{5}x-\frac{6}{5}$である。

図2

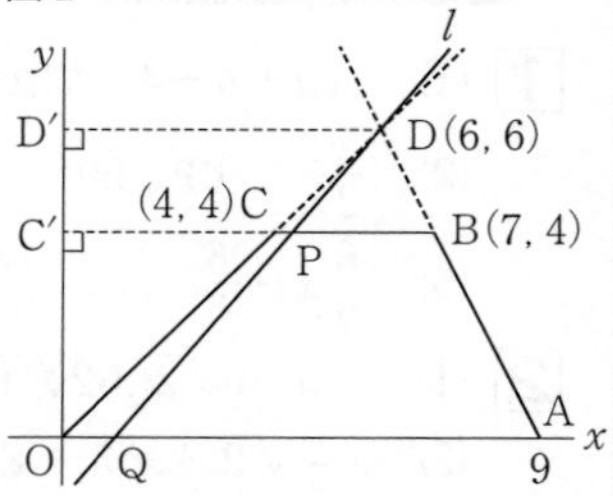

2 〔方程式―二次方程式〕

⑴＜**平方根の計算**＞与式＝$\{\sqrt{2}+(\sqrt{3}+\sqrt{6})\}\{2\sqrt{2}-(\sqrt{3}+\sqrt{6})\}$として，$\sqrt{3}+\sqrt{6}=M$とすると，与式＝$(\sqrt{2}+M)(2\sqrt{2}-M)=4-\sqrt{2}M+2\sqrt{2}M-M^2=4+\sqrt{2}M-M^2=4+\sqrt{2}(\sqrt{3}+\sqrt{6})-(\sqrt{3}+\sqrt{6})^2=4+\sqrt{6}+\sqrt{12}-(3+2\sqrt{18}+6)=4+\sqrt{6}+2\sqrt{3}-(9+2\times3\sqrt{2})=4+\sqrt{6}+2\sqrt{3}-9-6\sqrt{2}=-5-6\sqrt{2}+2\sqrt{3}+\sqrt{6}$となる。

⑵＜**二次方程式**＞二次方程式を$x^2+(\sqrt{2}-2\sqrt{3}-2\sqrt{6})x-(-5-6\sqrt{2}+2\sqrt{3}+\sqrt{6})=0$とする。⑴より，$-5-6\sqrt{2}+2\sqrt{3}+\sqrt{6}=(\sqrt{2}+\sqrt{3}+\sqrt{6})(2\sqrt{2}-\sqrt{3}-\sqrt{6})$であり，$-(\sqrt{2}+\sqrt{3}+\sqrt{6})+(2\sqrt{2}-\sqrt{3}-\sqrt{6})=\sqrt{2}-2\sqrt{3}-2\sqrt{6}$となることから，この二次方程式の左辺を因数分解すると，$\{x-(\sqrt{2}+\sqrt{3}+\sqrt{6})\}\{x+(2\sqrt{2}-\sqrt{3}-\sqrt{6})\}=0$となる。よって，$x=\sqrt{2}+\sqrt{3}+\sqrt{6}$，$-2\sqrt{2}+\sqrt{3}+\sqrt{6}$である。

3 〔平面図形―三角形〕

≪**基本方針の決定**≫⑴　三角形の面積比から，底辺の長さの比として線分の比を求める。　⑵　平行線と線分の比の性質を用いる。

⑴＜**長さの比**＞△ABC＝Tとする。次ページの図のように，線分CPを引くと，AP：PB＝2：3より，△APC：△PBC＝2：3なので，△APC＝$\frac{2}{2+3}$△ABC＝$\frac{2}{5}T$となる。また，AR：RC＝3：2

より，△APR：△RPC＝3：2なので，△APR＝$\frac{3}{3+2}$△APC＝$\frac{3}{5}\times\frac{2}{5}T=\frac{6}{25}T$となる。これより，△ABQ＝△APR＝$\frac{6}{25}T$となるから，△AQC＝△ABC－△ABQ＝$T-\frac{6}{25}T=\frac{19}{25}T$である。よって，BQ：QC＝△ABQ：△AQC＝$\frac{6}{25}T:\frac{19}{25}T$＝6：19となる。

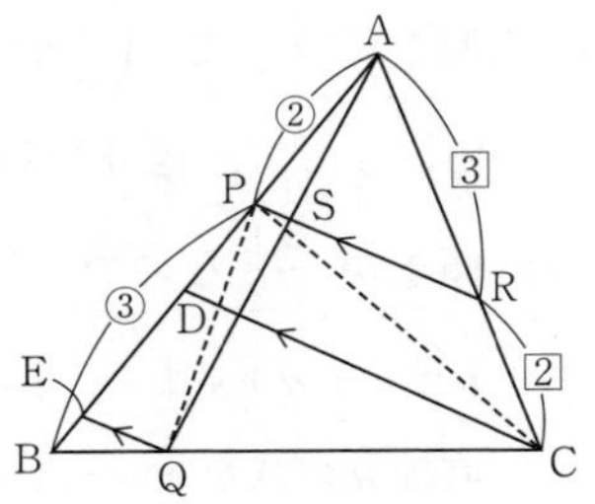

(2)＜**長さの比**＞右図でAB＝aとすると，AP：PB＝2：3より，AP＝$\frac{2}{2+3}$AB＝$\frac{2}{5}a$となる。ここで，点Cを通り，線分PRと平行な直線と辺ABとの交点をDとすると，AP：PD＝AR：RC＝3：2となるので，PD＝$\frac{2}{3}$AP＝$\frac{2}{3}\times\frac{2}{5}a=\frac{4}{15}a$である。また，PB＝AB－AP＝$a-\frac{2}{5}a=\frac{3}{5}a$であり，BD＝PB－PD＝$\frac{3}{5}a-\frac{4}{15}a=\frac{1}{3}a$となる。さらに，点Qを通り線分PRと平行な直線と辺ABとの交点をEとすると，(1)よりBE：ED＝BQ：QC＝6：19となるので，ED＝$\frac{19}{6+19}$BD＝$\frac{19}{25}\times\frac{1}{3}a=\frac{19}{75}a$より，PE＝PD＋ED＝$\frac{4}{15}a+\frac{19}{75}a=\frac{39}{75}a=\frac{13}{25}a$である。よって，SP∥QEより，AS：SQ＝AP：PE＝$\frac{2}{5}a:\frac{13}{25}a$＝10：13となる。

(3)＜**面積比**＞右上図のように，線分PQを引き，△ABQ＝Uとする。AP：PB＝2：3より，△APQ：△PBQ＝2：3となるので，△APQ＝$\frac{2}{2+3}$△ABQ＝$\frac{2}{5}U$となる。また，(2)で，AS：SQ＝10：13より，△APS：△QPS＝10：13であり，△APS＝$\frac{10}{10+13}$△APQ＝$\frac{10}{23}\times\frac{2}{5}U=\frac{4}{23}U$となる。よって，〔四角形PBQS〕＝△ABQ－△APS＝$U-\frac{4}{23}U=\frac{19}{23}U$となるので，△APS：〔四角形PBQS〕＝$\frac{4}{23}U:\frac{19}{23}U$＝4：19となる。

4 〔関数―関数 $y=ax^2$ のグラフと直線〕

《**基本方針の決定**》(1)　直線の傾きを求める式を利用する。　(2)　三角形の頂点の座標を文字で表す。

(1)＜**点の座標**＞右図において，2点D，Eのx座標をそれぞれd，eとすると，これらの点は，放物線$y=\frac{1}{3}x^2$上にあるから，$y=\frac{1}{3}d^2$，$y=\frac{1}{3}e^2$となるので，D$\left(d,\ \frac{1}{3}d^2\right)$，E$\left(e,\ \frac{1}{3}e^2\right)$である。これより，直線$m$の傾きは，$\left(\frac{1}{3}e^2-\frac{1}{3}d^2\right)\div(e-d)=\frac{1}{3}(e^2-d^2)\div(e-d)=\frac{1}{3}(e+d)(e-d)\div(e-d)=\frac{1}{3}(e+d)$となる。これが$-\frac{1}{2}$であることから，$\frac{1}{3}(e+d)=-\frac{1}{2}$より，$e+d=-\frac{3}{2}$となる。よって，線分DEの中点Mの$x$座標は$\frac{e+d}{2}$となるから，$\frac{e+d}{2}=\frac{1}{2}\times\left(-\frac{3}{2}\right)=-\frac{3}{4}$となる。

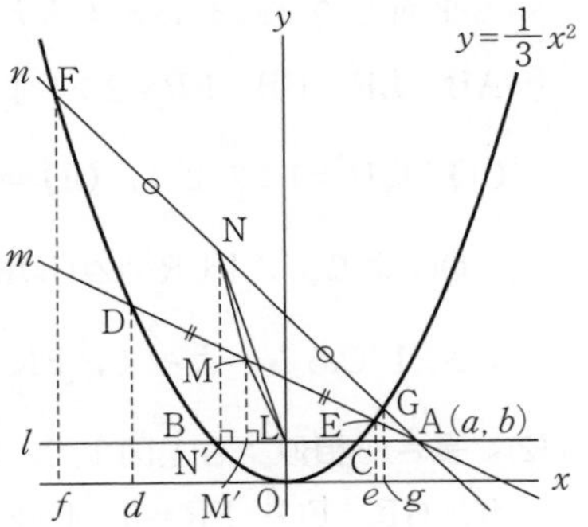

(2)＜**面積**＞右上図で，点M，Nから直線lにそれぞれ垂線MM′，NN′を引き，△LMN＝△NLN′－△MLM′－〔台形NN′M′M〕と考える。まず，図のように，2点F，Gのx座標をそれぞれf，gとして，(1)と同様に線分FGの中点Nのx座標を求める。F$\left(f,\ \frac{1}{3}f^2\right)$，G$\left(g,\ \frac{1}{3}g^2\right)$より，直線$n$の

傾きについて，$\left(\frac{1}{3}g^2-\frac{1}{3}f^2\right)\div(g-f)=-1$が成り立ち，$\frac{1}{3}(g+f)=-1$より，$g+f=-3$となる。よって，線分FGの中点Nの$x$座標は$\frac{g+f}{2}=-\frac{3}{2}$となる。次に，直線$m$はA$(a,\ b)$を通り，傾きが$-\frac{1}{2}$なので，その式を$y=-\frac{1}{2}x+s$として，点Aの座標から$x=a$，$y=b$を代入すると，$b=-\frac{1}{2}a+s$より，$s=\frac{1}{2}a+b$となり，その式は$y=-\frac{1}{2}x+\frac{1}{2}a+b$である。同様に，傾き$-1$の直線$n$の式を$y=-x+t$として，点Aの座標から$x=a$，$y=b$を代入すると，$b=-a+t$より，$t=a+b$となるので，その式は$y=-x+a+b$となる。直線$m$，$n$の式より，点Mは，(1)より$x$座標が$-\frac{3}{4}$なので，$y=-\frac{1}{2}\times\left(-\frac{3}{4}\right)+\frac{1}{2}a+b=\frac{1}{2}a+b+\frac{3}{8}$となり，M$\left(-\frac{3}{4},\ \frac{1}{2}a+b+\frac{3}{8}\right)$であり，点Nは，$x$座標が$-\frac{3}{2}$なので，$y=-\left(-\frac{3}{2}\right)+a+b=a+b+\frac{3}{2}$となり，N$\left(-\frac{3}{2},\ a+b+\frac{3}{2}\right)$である。また，点Lは，放物線$y=\frac{1}{3}x^2$が$y$軸について対称で，$l$∥〔$x$軸〕より，2点B，Cは$y$軸について対称だから，L$(0,\ b)$であり，点M′，N′は直線$l$上の点だから，M′$\left(-\frac{3}{4},\ b\right)$，N′$\left(-\frac{3}{2},\ b\right)$となる。以上より，LN′$=0-\left(-\frac{3}{2}\right)=\frac{3}{2}$，NN′$=\left(a+b+\frac{3}{2}\right)-b=a+\frac{3}{2}$より，△NLN′$=\frac{1}{2}\times\frac{3}{2}\times\left(a+\frac{3}{2}\right)=\frac{3}{4}a+\frac{9}{8}$となり，LM′$=0-\left(-\frac{3}{4}\right)=\frac{3}{4}$，MM′$=\left(\frac{1}{2}a+b+\frac{3}{8}\right)-b=\frac{1}{2}a+\frac{3}{8}$より，△MLM′$=\frac{1}{2}\times\frac{3}{4}\times\left(\frac{1}{2}a+\frac{3}{8}\right)=\frac{3}{16}a+\frac{9}{64}$，M′N′$=-\frac{3}{4}-\left(-\frac{3}{2}\right)=\frac{3}{4}$より，〔台形NN′M′M〕$=\frac{1}{2}\times\left\{\left(\frac{1}{2}a+\frac{3}{8}\right)+\left(a+\frac{3}{2}\right)\right\}\times\frac{3}{4}=\frac{9}{16}a+\frac{45}{64}$となる。したがって，△LMN$=\left(\frac{3}{4}a+\frac{9}{8}\right)-\left(\frac{3}{16}a+\frac{9}{64}\right)-\left(\frac{9}{16}a+\frac{45}{64}\right)=\frac{18}{64}=\frac{9}{32}$となる。

5〔空間図形—立方体〕

《基本方針の決定》(1)，(2)　相似な三角形の辺比を利用する。　(3)　切断面が2等分する直方体を考え，余分な三角錐を除く。

(1)**＜長さ—相似＞**右図1のように，辺EFを延長し，3点A，P，Qを通る平面との交点をLとすると，AB∥FLより，△ABP∽△LFPとなり，AB：LF＝BP：FP＝2：1より，LF$=\frac{1}{2}$AB$=\frac{1}{2}\times6=3$である。また，GQ：QH＝1：3より，GQ$=\frac{1}{1+3}$GH$=\frac{1}{4}\times6=\frac{3}{2}$である。さらに，FL∥QGより，△FLR∽△GQRとなるから，FR：GR＝FL：GQ$=3:\frac{3}{2}$$=2:1$である。よって，FR$=\frac{2}{2+1}FG=\frac{2}{3}\times6=4$である。

図1

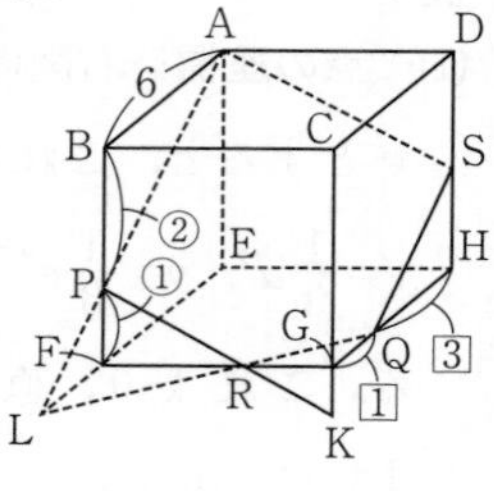

図2

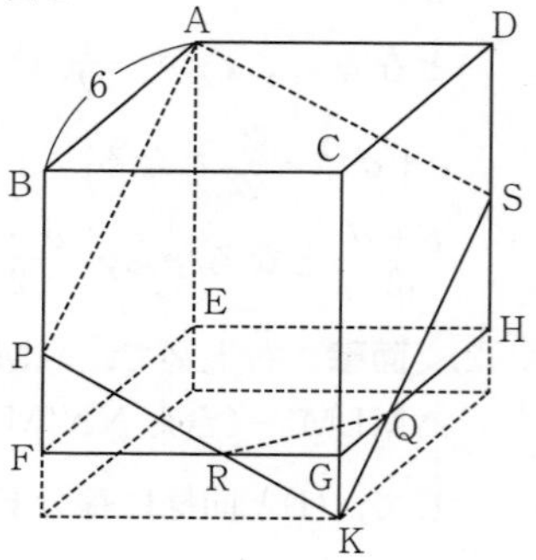

(2)**＜長さ—相似＞**右上図1で，BF∥CKより，△PRF∽△KRGとなり，GR＝FG−FR＝6−4＝2なので，これらの相似比は，FR：GR＝4：2＝2：1となる。よって，FP：GK＝2：1であり，FP$=\frac{1}{2+1}$BF$=\frac{1}{3}\times6=2$なので，GK$=\frac{1}{2}$FP$=\frac{1}{2}\times2=1$となる。

(3)**＜体積＞**右図2のように，立方体ABCD-EFGHを下方に延長し，頂点Kを含む直方体を考えると，この直方体は，3点A，P，Qを通る平面によって2等分される。これより，求める点Cを含む立体

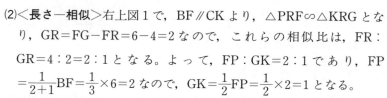

は，この2等分された立体から三角錐K-RGQを除いたものとなる。⑵よりGK＝1なので，CK＝CG＋GK＝6＋1＝7より，直方体の体積は6×6×7＝252であり，2等分された点Cを含む立体の体積は$252\times\frac{1}{2}=126$となる。また，⑴より$GQ=\frac{3}{2}$，⑵よりGR＝2だから，〔三角錐K-RGQ〕$=\frac{1}{3}\times\triangle RGQ\times GK=\frac{1}{3}\times\frac{1}{2}\times\frac{3}{2}\times2\times1=\frac{1}{2}$となる。よって，求める立体の体積は，$126-\frac{1}{2}=\frac{251}{2}$である。

2021年度／明治大学付属明治高等学校

国語解答

一 問一　A　透明性　B　河川

問二　ブナ林，原料などという立地条件がそろっており，さらに統治していたハプスブルク家の保護があったから。（49字）

問三　ガラス産業の発展に伴い，ボヘミアの樹木が伐採され，森が荒廃したこと。

問四　開放性と光の取り込みを目指してガラスを用いた建築が主流となり，割れやすさを克服した強化ガラスの多用によって，窓面積がますます拡大したこと。

問五　光をカーテンという厚手の布によって，直接的に遮断し，物理的にコントロールするもの。

問六　半透明で通過させた

問七　外からの光を遮断する

問八　E　装飾的　G　再生〔循環〕

問九　F…オ　J…ア

問十　障子紙の破れ目を修理するときに，桜や梅の花といった美しい形に切り抜いたもので塞ぐこと。

問十一　1…ウ　2…エ　3…ア

問十二　イ

問十三　I　数奇〔寄〕　K　枚挙　L　いとま〔暇〕

問十四　真っ黒な闇の中に乏しい光で見ると，にぶい美しさが浮かび出る点。

問十五　ア，ウ，オ

問十六　障子を開けると，部屋の境界がなくなり，庭の自然と一体化することで，季節の移り変わりを肌で感じ取ることができる利点。

問十七　日本は自然と一体化することを求める考え方で，ヨーロッパは自然を人間の意志で支配する考え方である。（48字）

二　1　純朴　2　撤回　3　清廉　4　埋没　5　輪郭　6　雑踏　7　報酬　8　媒介　9　慕　10　繕

一〔論説文の読解―文化人類学的分野―日本文化〕出典；浜本隆志『「窓」の思想史　日本とヨーロッパの建築表象論』。

《本文の概要》ヨーロッパと日本の窓の違いから，それぞれの文化の特徴を比較することができる。ヨーロッパの窓にはガラスが用いられる。ガラスは，透明性が高く日光をよく通すので，光の加減を調整したい場合には，カーテンで明るさを物理的にコントロールする。また，ガラスは，音の遮断性が高いため，ヨーロッパ人は，外部の自然から閉ざされた居住空間を生み出してきた。一方日本では，光を直接遮断するのではなく，庇や半透明な障子によって適度に明るさを和らげ，自然な形で光を取り入れてきた。また，紙を素材とする障子やふすまは，音をよく通し，外から虫や鳥の鳴き声などを取り入れやすい。このように，ヨーロッパでは，人間が中心となって自然をコントロールする文化的特徴があるのに対し，日本では，自然との調和を重んじる文化が育まれたことがわかるのである。

問一＜文章内容＞A．ヨーロッパでは，ガラスという透明な素材が窓に用いられた。一方日本では，透明ではない紙を用いて，日光を和らげながら光を部屋に取り入れていた。　B．ガラス製造には，原料である石灰石と無水珪酸だけでなく，灰や燃料の材木などを得るための森と，製品を輸送するための河川が必要だった。

問二＜文章内容＞ボヘミアは，「手つかずのブナ林，原料の石灰石と無水珪酸，河川としてモルダウ」という「ガラス工業の立地条件」を全て満たしており，これに加えて，ハプスブルク家の保護を受けたため，ガラス工業が発展したのである。

問三＜文章内容＞ボヘミアは，ガラス工業が発展し，現在でも有名なボヘミア・ガラスの生産地である。しかし，ガラス工業の発展という表向きの華やかさとは裏腹に，かつてボヘミアにあった森林は，ガラス製造のために伐採が進み，荒廃してしまったのである。

問四＜文章内容＞強化ガラスは，割れやすいという弱点を克服したため，開放性や光の取り込みといったガラスの強みを生かしやすくなった。そこで現在の建築では，ガラスは大量に用いられるようになり，窓面積が拡大したことによって，ガラスは，現代の都市風景の特徴になったのである。

問五＜文章内容＞ヨーロッパの窓は，ガラスが使われているため，光を透過させやすい。そこでヨーロッパの人々は，カーテンという厚手の布を用い，直接的に光を「遮断」することで，人間の意志のままに，光の明るさを「物理的にコントロールする」ようになったのである。

問六＜文章内容＞日本はヨーロッパと違い，カーテンを用いて物理的に光を遮断するのではなく，深くした庇で光線を和らげて，さらに障子によってそれを「半透明で通過」させることで，自然な明るさの光を取り入れてきた。

問七＜文章内容＞ガラスは透明で光をよく通すため，光を遮るためには，厚手の布で窓を覆う必要があった。カーテンは，物理的な光の遮断方法として活用されてきたのであるが，ルネサンス時代では，窓ガラスが小さかったため，遮光という役割でのカーテンの需要は少なかった。

問八＜文章内容＞Ｅ．カーテンには，さまざまな役割があるが，色やデザインによって室内の雰囲気を変える，飾りとしての役割も果たしていた。　Ｇ．日本は，多くの自然災害に襲われるため，永遠や絶対といった考え方よりも，季節などの時間の循環の中で再生を繰り返すという思想が育った。

問九＜四字熟語＞Ｆ．「天変地異」は，自然界で起きる異変のこと。日本は，台風や水害といった自然災害が多いため，自然に逆らうのではなく，自然と調和し再生する発想が重視された。　Ｊ．「花鳥風月」は，自然の美しい景色のこと。日本人は，自然に囲まれた生活を求めたため，ふすまには，自然の風景がよく描かれた。

問十＜文章内容＞モースは，障子紙が破れた場合，日本人が紙を四角に切り取って無造作に貼るのではなく，桜や梅の花のような美しい形にして破れ目を修繕するのを観察して，そこに日本人の芸術的感性の発揮を見たのである。

問十一＜接続語＞１．身の回りにある素材が文化的な特徴を表している例として，日本人が木の素材を生かし，自然の木目のまま利用するのを好んだことが挙げられる。また，ヨーロッパと日本では光と闇の解釈が違うために，金色の解釈が異なる例として，クリムトの金を使った作品に対して，ヨーロッパ人は華麗な金を愛でるという感覚で理解していたと推測されることが挙げられる。

２．日本建築では光を自然な形で取り入れる工夫をしていたため，日本人は，ヨーロッパのように光と影を対立的にとらえるのではなく，時間帯によって光の加減が移り変わっていくことを楽しんだのである。また，日本では蒔絵などの金色は，暗い部屋で見られるため，それを考慮して生み出されたにぶい金色の美しさが好まれるのであり，それゆえ，ヨーロッパと日本では，金色の解釈が異なる。　3．谷崎潤一郎は，ヨーロッパ風の装飾を「暑苦しい」と評したが，金銀を用いた装飾自体を否定していたわけではなく，日本家屋の薄明かりや暗がりと金色の装飾の相性のよさを高く評価した。また，ふすまには自然が描かれることが多かったが，ヨーロッパのように華美なものではなく，色調を抑えたものが好まれた。

問十二＜文章内容＞日本文化は，自然の木目をそのまま生かし，素材に手を加えずに部屋を美しく見せようと工夫することに美的感覚をはたらかせる。一方ヨーロッパの文化は，石などでできた部屋に豪華な装飾などを施すことによって，居住空間を美しくしようとすることに美的感覚をはたらかせる。

問十三＜慣用句＞Ｉ．「数奇を凝らす」は，さまざまな風流な工夫を施す，という意味。　Ｋ・Ｌ．「枚挙にいとま〔暇〕がない」は，数えきる時間的余裕がないほど，数が多いさま。

問十四＜文章内容＞蒔絵などの金銀の装飾は，明るい場所では派手すぎて落ち着きがないように見える。しかし，日本家屋のような薄暗い部屋では，金色などが闇に浮かび上がり，渋く重々しい魅力を発揮する点が美しい，と谷崎潤一郎は評している。

問十五＜文学史＞『ごんぎつね』は，昭和7(1932)年に発表された，新美南吉の児童文学。『蜘蛛の糸』は，大正7(1918)年に発表された，芥川龍之介の短編小説。

問十六＜文章内容＞障子を開けると，部屋と庭を区切る境界線がなくなり，部屋を庭の自然と一体化させることができる。そのため，住人は，部屋にいながらにして外の空気や光景を敏感に感じ取れ，季節の移り変わりを楽しむことができるのである。

問十七＜要旨＞日本文化は，自然に逆らうのではなく，自然と調和し，一体化して自然の変化を味わうことを重視する。一方ヨーロッパの文化は，自然と人間の居住空間を分離して，自然を支配し，人間の手によってコントロールしようとする。

二〔漢字〕

1．「純朴」は，素直で飾り気のないこと。　2．「撤回」は，一度出した意見などを引っ込めること。　3．「清廉」は，心がきよらかなこと。　4．「埋没」は，うずもれて見えなくなること。　5．「輪郭」は，物の周りを形づくっている線のこと。　6．「雑踏」は，大人数で混み合うこと。　7．「報酬」は，労働などに対する対価の金銭や物品のこと。　8．「媒介」は，二つのものの間で仲立ちをすること。　9．音読みは「慕情」などの「ボ」。　10．音読みは「修繕」などの「ゼン」。

＝読者へのメッセージ＝

『陰翳礼讃』は，昭和8(1933)年から昭和9(1934)年にかけて発表された，谷崎潤一郎の随筆です。日本古来の美意識は，光の当たらない陰にあるのだという谷崎の主張は，本文に出てきた芸術品だけでなく，紙や筆といった日用品にまで及んでいます。

2020年度 明治大学付属明治高等学校

【英　語】（60分）〈満点：120点〉

（注意）リスニング問題は放送による問題で，試験終了20分前に開始します。

■リスニング問題の音声は，当社ホームページ（https://www.koenokyoikusha.co.jp）で聴くことができます。（当社による録音です）

1 次の英文の内容に合うように，（１）～（５）に入る最も適切な語を語群の中からそれぞれ１つ選び，必要があれば適切な形に直して答えなさい。ただし，語群の語は１度ずつしか使えない。

At the 1988 Winter Olympics, the most famous competitor wasn't the fastest skier or the strongest ice skater. He didn't (1) a gold medal — or any medals at all. In fact, Eddie Edwards finished last in the ski jumping competition. But his courage (2) him a favorite of fans around the world, who nicknamed him "Eddie the Eagle."

Eddie was a construction worker from a small town in England. He had a dream to make the Olympic team. He was a good skier and almost made the British team in 1984. For the 1988 games, he became England's number one ski jumper for a simple reason — nobody else wanted to try.

Eddie had no money and no coach. He saved money to (3) used equipment — his ski boots were too big, so he wore six pairs of socks, he didn't see very well and wore thick glasses. "Sometimes I take off and I can't see where I'm going," he said. Before each jump, he was afraid that he might fall. But he worked hard to learn and to improve.

At the Olympic Games in Calgary, Eddie competed in the 70 m and 90 m jumps. He (4) without falling, but came in last in both events.

Many people loved Eddie for his dream and his courage. But others thought he wasn't good enough to compete. To these people, Eddie said, "Where is it (5) that the Olympics are only for winners ?"

Eddie's performance (2) him famous in England. When he returned home, 10,000 people met him at the airport. Today, Eddie is a construction worker again, but he is also famous thanks to the 2016 film, "Eddie the Eagle."

[buy / land / make / visit / win / write]

2 次の各英文の下線部①～④のうち，文法的に誤りのある箇所を見つけ，例にならって答えなさい。

（例） Mr. White ①are teaching English ②in ③this room ④now.
　　答え：[①→is teaching]

(1) Builders ①tried to make the building straight again ②as they added more floors, but they couldn't figure out ③how to make it stop ④to lean.

(2) After the Taj Mahal ①was completed, Shah Jahan ②killed the man who made the Taj Mahal because he did not want him to ever ③built anything ④more beautiful than the Taj Mahal.

(3) In 1927, a Japanese doctor, Furukawa Takeji, ①carried out ②research and ③came up with the idea that people with different blood type ④has different personalities.

(4) On February 14, 270 A.D., a man ①named Valentine ②was killed by the Romans ③because his ④beliefs.

(5) After the divorce, Mr. Guersci wanted to ①quick find ②a new wife, so he went to a computer dating agency to help him ③look for ④one.

3 次の英文の内容に合うように，［ ］内の語(句)を適切に並べかえ，３番目と５番目にくるものを，それぞれ番号で答えなさい。

Many students of English think that learning a new language is very difficult. Now think ①［1. learn 2. difficult 3. it 4. English 5. how 6. is 7. to］ when your brain is only the size of a bird's brain! That is what some birds can do.

Many different kinds of birds can copy the sounds of language. African gray parrots are the birds best known for this.

Every December in London, the National Cage and *Aviary Bird Show tries to find the best "talking" bird in the world. One bird named Prudle stood out among the "talking birds" by winning this prize every year from 1965 to 1976.

Prudle was taken from his nest in Uganda in 1958. He was sold to Iris Frost, ②［1. him 2. of 3. home 4. took 5. who 6. at 7. care］ in Seaford, England. Before he died in 1994, aged thirty-five, Prudle knew almost 800 words in English. Prudle was also ③［1. lived 2. that 3. the 4. in a cage 5. bird 6. in the world 7. oldest］.

Another intelligent bird, a *budgerigar named Puck, was tested in 1993. It ④［1. more 2. Puck 3. knew 4. that 5. words 6. out 7. turned］ than Prudle. Puck knew more than 1,700 English words. In the 2003 Guinness Book of World Records, ⑤［1. as 2. was 3. knowing 4. more 5. listed 6. Puck 7. words］ than any other bird in the world.

(注) aviary a large cage in which birds are kept
budgerigar a small Australian bird, also called "budgie"

4 次の英文の(ア)～(オ)に入る最も適切な語をそれぞれ１つ選び，番号で答えなさい。

Most species of birds have (ア)s of branches and leaves, but emperor penguins don't. They use their feet for a (ア).

A female emperor penguin (イ) one egg in May or June. She then goes away to sea to look for food. She leaves the male to take care of the egg. The male penguin holds the egg on his feet to keep it (ウ). If the egg touches the ice, it will freeze and die.

June is the middle of winter in *Antarctica. It is dark and windy. Everything is frozen. Male penguins stand side by side in large groups to keep each other (ウ). They stand like this for four months until the eggs hatch.

When the eggs hatch, the female penguins (エ). Together, the parents take care of the young. By summer, the young are bigger and can look for food by themselves. By winter, the young are big enough to (オ) the cold without their parents.

(注) Antarctica 南極

ア 1 house 2 nest 3 place 4 web
イ 1 puts 2 bears 3 places 4 lays

ウ	1 calm	2 cool	3 warm	4 straight
エ	1 return	2 run	3 retire	4 remain
オ	1 receive	2 swim	3 survive	4 feel

5 次の会話文の(ア)～(オ)に入る最も適切なものをそれぞれ１つ選び，番号で答えなさい。選択肢は１度ずつしか使えない。ただし，文頭にくる語も小文字で表記してある。

Ramon : Hi, Ling. It's Ramon. Is this a good time to talk？

Ling : Um, (　ア　) I'm late for seminar. I'm going to have to run.

Ramon : Oh, OK. I just wanted to ask about this weekend.

Ling : Well, can I call you back tonight？ I've got to get going.

Ramon : OK. (　イ　) I'm going to the gym after work.

Ling : Oh, good. I'll call you later. I'd better go now.

Ramon : Yeah. So think about what you want to do on Saturday.

Ling : (　ウ　) Listen, Ramon, I've really got to go. (　エ　)

Ramon : All right. (　オ　) By the way, what's your seminar about？

Ling : Being *assertive. Bye now！

Ramon : Oh, OK！ Talk to you later.

（注） assertive 積極的な

1 I'm already late.
2 not really.
3 I think so.
4 I'll be home after 8:00.
5 yeah, I will.
6 I'll let you go.

6 次の英文を読み，あとの問いに答えなさい。

(　ア　) From high-tech clothing to artificial arms and legs, there are many new ways to improve performance. However, many people worry that technology can give some athletes an advantage. It can make competitions unfair. Also, often only wealthier athletes and teams can buy expensive, high-tech equipment. Do we want the best athlete to win, or the athlete with the best equipment to win？

(　イ　) Several years ago, sports engineers invented a new material for swimsuits. It has many of the same qualities as shark skin. When swimmers use full-body suits made of this material, they swim faster and float better. The material also sends more oxygen to swimmers' muscles.

(　ウ　) Soon after, swimmers using the suits began breaking world swim records at a surprising rate. In the 2008 Beijing Olympic Games, swimmers broke twenty-five world records. Twenty-three of those swimmers wore the high-tech suits. By comparison, Olympic swimmers broke only eight world records in 2004. Then, in the 2009 World Championships, swimmers broke forty-three world records. People knew that the new suits were helping athletes. In January 2010, the Federation Internationale de Natation (International Swimming Federation, or FINA) banned the high-tech suits. Most competitive swimmers were happy about the ban. As one Olympic swimmer said, "Swimming is actually swimming again. It's not who's wearing what suit, who has what material. We're all under the same guidelines."

(エ) Clearly the expensive, high-tech suits were the reason behind the faster swimming times. The suits gave some swimmers an unfair advantage.

(オ) New equipment can certainly be good for a sport. For example, tennis rackets used to be wooden. The heavy rackets could break and cause injuries. In the 1980s, companies introduced new high-tech carbon rackets, which are easier and safer to use. The new rackets have made tennis more enjoyable for the average tennis player. Technology has improved equipment in all sports, from downhill skiing to bicycle racing.

(カ) In the future, sports engineers may invent an artificial leg that is better than a real leg. Will it be acceptable for competitions ? Do high-tech contact lenses give golfers an advantage ? Can runners use special shoes that help them run faster while using less energy ? These questions do not have easy answers. We must be aware that technology can sometimes make sports unfair. However, we should welcome improvements that make sports more enjoyable and safer for all.

(1) 本文中の(ア)～(カ)に入る最も適切なものをそれぞれ1つ選び，番号で答えなさい。

1 Better equipment is not always a bad thing, of course.
2 Companies introduced these new high-tech swimsuits in 2008.
3 In the two years after the ban, swimmers broke only two world records.
4 Nowadays, new technology is helping athletes.
5 The question is this : When does technology create an unfair advantage ?
6 The story of high-tech swimsuits shows how technology can make sports unfair.

(2) 次の英文のうち，本文の内容に合うものを2つ選び，番号で答えなさい。

1 With full-body swimsuits, swimmers can swim faster and float better.
2 Most of the swimmers who broke world records in the 2008 Beijing Olympic Games were wearing the high tech suits.
3 After January 2010, it became clear that the full-body suits had little connection to new world records.
4 Technological advances in the field of sports are not always bad because they can help people buy new tools at low cost.

7 次の英文を読み，あとの問いに答えなさい。

Joe and Anna are both in their mid-twenties. They met and fell in love two years ago and soon after decided to live together. They have thought about getting married but have no plans to do this just yet. They think they would like to have children one day, but want to be sure they get along well as a couple before taking this big step.

Many couples in the United States today, like Joe and Anna, choose to live together without getting married. [A] Today, cohabitation occurs in all categories of U.S. society — college students, young working adults, middle-aged couples, and even people in their sixties and seventies. In 1970, the number of unmarried couples living together was only *slightly over half a million. By 1998, it had jumped to over four million. A similar trend has occurred in many countries.

These days there is very little social *disapproval of living together, and *courts increasingly protect couples' rights as if they were legally married. Nevertheless, it is still quite rare for couples to live together *permanently without getting married. For most couples, living together is a *temporary arrangement that leads to marriage after two or three years.

Living together is just one example of the many *alternative lifestyles found in the United States and other parts of the world today. Others include staying single, and living with a large group of other adults and their families.

Over the last twenty years, there has been a huge increase in the number of people who remain single. In 1998, about twenty-five percent of all U.S. households were single-person households. In other countries, similar statistics can be seen. In Australia, for example, about one in twelve people live alone, and this number is expected to double over the next twenty years. Most people who live alone are young adults who *postpone marriage into their late twenties, but some are in their thirties and forties. One reason they often give for staying single is that they have not met the right person. Others say that (ア) involves too much *commitment and responsibility, or that they prefer the single lifestyle.

There are two important sociological reasons for the increase in singlehood. First, the social pressure to get married has declined. Second, the opportunity for singles to have a good life has expanded. This is especially true for women. As educational and employment opportunities for women increase, marriage is no longer the only path to economic security, emotional support, social respectability, and meaningful work.

Sometimes a group of people who are not related, but who share similar ideals and interests, decide to live together as one unit or community. In these types of communities, sometimes called (イ), the members share their *possessions and their skills in order to be independent of mainstream society. Many, for example, grow all their own food and educate their children in their own small schools. It is difficult to *estimate how many communes exist in the United States or other countries around the world, but the Fellowship for Intentional Communities estimates there are thousands. More than six hundred of these are members of their organization. While these vary in type and size, all are based on a principle of cooperation among members.

The concept of communal living is now being *applied to some city housing projects. In cohousing, buildings are designed so that residents can really live as part of a community while keeping their own personal space. [B] They take turns cooking three common meals a week, and in many ways behave like one big family — sharing their possessions and helping each other out when needed.

(注) slightly わずかに　disapproval 反対意見　court 裁判所　permanently 恒久的に
temporary 一時的な　alternative 従来のものとは別の　postpone 延期する
commitment and responsibility 義務や責任　possessions 所有物　estimate 推測する
apply ～ to … ～を…に応用する

(1) 本文中の[A]と[B]に入るものとして最も適切なものをそれぞれ選び，番号で答えなさい。

1 In one project in Sacramento, California, residents have their own private areas but share a garden, a dining room, a children's playroom, a laundry, and lounge.

2 The family, the school, and the peer group (that is, people of the same age) are the most important socializing agents. Of these, the family is the most important, especially during the first few years of life.

3 Some people have only one husband or wife at a time, but marry, divorce, and remarry a number of times.

4　In the past, very few couples lived together without a formal wedding ceremony or marriage license.

5　Recently in the United States, there has been a tremendous increase in the numbers of married women who work outside the home — from thirty-two percent in 1960 to sixty-two percent in 1998.

(2)　本文中の(ア)と(イ)に入る最も適切な語を本文中からそれぞれ抜き出して，答えなさい。

(3)　次の英文のうち，本文の内容に合うものを２つ選び，番号で答えなさい。

1　The number of unmarried couples living together increased only in the United States.

2　In communes, people buy things together so that they can buy them at a lower price.

3　Today, there are more unmarried couples living together than in the past.

4　There are people who choose to live together as one community in order to live a different life from others.

5　Very few couples have plans to get married as they do not want to have children.

リスニング問題

8　放送を聞き，説明されている語を答えなさい。放送はそれぞれ１回です。

(1)　＿＿＿＿＿　　(2)　＿＿＿＿＿

(3)　＿＿＿＿＿　　(4)　＿＿＿＿＿

9　放送を聞き，（１）～（５）に入る語を答えなさい。放送は１回です。

In England, students do not go to school for club activities during the summer holidays. Even the teachers stay at home! It is common for families to go on holiday in July or August. Sometimes after important (1)s, such as the GCSEs in England, students will go on summer (2) together, where they can enjoy sports such as sailing, swimming and hiking.

At the end of the summer vacation in America, schools often have an "open house", which both students and parents (3). During this time, the teachers will (4) what will happen during the next school year. Around this time in England, many stores will be selling school (5)s. They use the slogan, "Back to School" in shop windows. Most children dread going shopping for their (5)s with their parents.

10　放送を聞き，質問の答えとして最も適切なものをそれぞれ１つ選び，番号で答えなさい。放送は２回流れます。

(1)　How many people will there be at the BBQ?

1　Four.　　2　Nine.　　3　Eleven.

(2)　What are the woman's friends from work going to bring to the BBQ?

1　Chips.　　2　Steak.　　3　Chicken.

(3)　What does the man's brother, Jim, love to do?

1　To cook.

2　To ride a horse.

3　To eat.

(4)　What are Mike and Megan going to bring from their garden?

1　Tomatoes.　　2　Corn.　　3　Watermelons.

(5) Who are Mike and Megan ?

1 The woman's parents.

2 The woman's neighbors.

3 The woman's friends from work.

11 放送を聞き，続けて流れる質問の答えとして最も適切なものをそれぞれ１つ選び，番号で答えなさい。放送は２回流れます。

(1) 1 His friend did.

2 The manager did.

3 George did.

(2) 1 Washing the dishes.

2 Cooking the dishes.

3 Taking out the garbage.

(3) 1 Sandwich.

2 Hamburger.

3 Louisiana food.

(4) 1 Because cooking was very stressful.

2 Because the food was inexpensive.

3 Because there were not so many cooks.

(5) 1 22 years old.

2 24 years old.

3 26 years old.

＜リスニング問題放送台本＞

8 放送を聞き，説明されている語を答えなさい。放送はそれぞれ１回です。

(1) cake, pie, fruit, pudding, ice cream, etc., served as the final course of a meal

(2) an area of land smaller than a continent and surrounded by water on all sides

(3) a covering for the hand that has separate parts for each finger and the thumb

(4) a small creature with eight legs which makes structures called webs to catch insects for food

9 放送を聞き，（１）～（５）に入る語を答えなさい。放送は１回です。

In England, students do not go to school for club activities during the summer holidays. Even the teachers stay at home ! It is common for families to go on holiday in July or August. Sometimes after important examinations, such as the GCSEs in England, students will go on summer camp together, where they can enjoy sports such as sailing, swimming and hiking.

At the end of the summer vacation in America, schools often have an "open house", which both students and parents attend. During this time, the teachers will explain what will happen during the next school year. Around this time in England, many stores will be selling school uniforms. They use the slogan, "Back to School" in shop windows. Most children dread going shopping for their uniforms with their parents.

10 放送を聞き，質問の答えとして最も適切なものをそれぞれ1つ選び，番号で答えなさい。放送は2回流れます。

Man　 : Hey, Ashley. How many people are coming to the BBQ tomorrow ?

Woman : Well, um, there's your family ; that's four people.

Man　 : Okay.

Woman : There are three from my work. And then Mike and Megan from across the street. And you and me, of course.

Man　 : Okay. So, what is everyone bringing ?

Woman : Um, let's see. Here's my list. Um. . . . Your brothers are bringing hamburgers, cheese, and buns.

Man　 : Oh ! I'm glad they are in charge of that.

Woman : Yeah, me too.

Man　 : You know, my brother, Jim. . . . He eats like a horse. At the last BBQ, he put away at least, what, five hot dogs and five cheeseburgers.

Woman : No, I think it was six. Six cheeseburgers. It might have been more hot dogs. I don't know.

Man　 : He was still hungry !

Woman : I know. I don't know how he did it. He does that all the time, he's . . . and he's not even fat. You'd think (he would be fat). Anyway, oh, yeah, anyway. So, my friends from work said that they could bring chips and salsa.

Man　 : Okay.

Woman : And they're going to bring a salad.

Man　 : Alright.

Woman : And one of them is vegetarian, and so she's going to bring her own veggie burger, so you don't have to worry about her.

Man　 : Okay. That's. . . . That'll work out.

Woman : And Mike and Megan. You're going to love this. They're going to bring some of the corn from their garden.

Man　 : Oh, their corn is always so, so good.

Woman : Yeah, I know. It's wonderful.

Man　 : So, um, yeah. What about drink ?

Woman : Well, we're going to have soda and juice, and iced water as well.

Man　 : Okay. And what about dessert ?

Woman : I already have some ice cream and some homemade apple pie in the fridge.

Man　 : Oh, I can't wait.

Woman : This is going to be fun.

Man　 : Yeah.

(1) How many people will there be at the BBQ ?

(2) What are the woman's friends from work going to bring to the BBQ ?

(3) What does the man's brother, Jim, love to do ?

(4) What are Mike and Megan going to bring from their garden ?

(5) Who are Mike and Megan ?

11 放送を聞き，続けて流れる質問の答えとして最も適切なものをそれぞれ1つ選び，番号で答えなさい。放送は2回流れます。

When I was eighteen, one of my friends worked at a popular restaurant not far from my house. I was interested in working at the restaurant which was called George's, and I asked my friend to help me get a job there. He often told me that working at the restaurant was a lot of fun. A few weeks later I had an interview with the manager, and I was hired to start working soon.

My first job at George's was as a bus-boy. I cleared the tables, washed the dishes, and took out the garbage. I worked four days a week, from 5:00 to 10:00 at night. I didn't enjoy washing dishes very much, but I wanted to become a cook at the restaurant. After working for about a year as a bus-boy, I was told I could start cooking.

There were about fifty items on the menu at George's. We made many kinds of hamburger: cheeseburger, bacon cheeseburger, avocado cheeseburger, and so on. We also made fried fish sandwiches called poor-boys. The poor-boy, or po-boy, is a sandwich on French bread. We also made Louisiana food such as jambalaya, red beans and rice, and crawfish etouffee.

The restaurant was very busy in the evenings and on weekends. There were only two cooks on a shift, and they had to work very quickly. The food had to be good, too. Sometimes cooking was very stressful, but I enjoyed the work very much. I worked at George's for eight years, and I learned many important and useful skills.

(1) Who had an interview with the speaker?

(2) What is the job of a bus-boy? Choose the incorrect answer.

(3) What is the "poor-boy"?

(4) Why was the restaurant very busy in the evenings?

(5) How old was the speaker when he quit the job?

【数　学】（50分）〈満点：100点〉

（注意）　1．解答は答えだけでなく，式や説明も解答用紙に書きなさい。（ただし，**1** は答えだけでよい。）

2．無理数は分母に根号がない形に表し，根号内はできるだけ簡単にして表しなさい。

3．円周率は π を使用しなさい。

4．定規・分度器・コンパスは使用できません。

1　次の □ にあてはまる数や式を求めよ。

(1) $\begin{cases} 2x-\sqrt{3}\,y=1 \\ \sqrt{3}\,x+2y=1 \end{cases}$ のとき，$x+y=$ □ である。

(2) $(x-6y+3z)(x+2y-z)+5z(4y-z)-20y^2$ を因数分解すると，□ である。

(3) ある商品1つの定価を x %値下げすると，売上個数は $\dfrac{x}{4}$ %増加する。この商品の売上総額が16%減少したとき，$x=$ □ である。ただし，$x>0$ とする。

(4) 5個の数字1，2，3，4，5から異なる3つの数字を使って3桁《けた》の3の倍数をつくるとき，小さい方から14番目の数は □ である。

(5) 右の図のように，1辺の長さが a の正三角形ABCを，辺BCの中点Oを中心として1回転させる。このとき，三角形全体が通過する部分の面積を S，辺ABが通過する部分の面積を T とすると，$\dfrac{S}{T}=$ □ である。

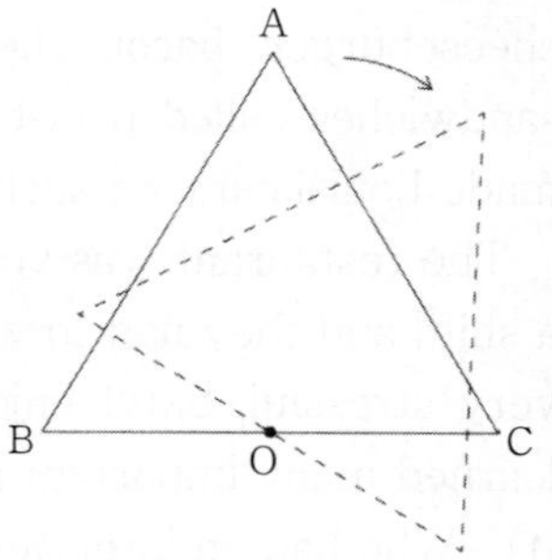

2　x についての2次方程式 $x^2-(a^2-4a+5)x+5a(a-4)=0$ において，a が正の整数であるとき，次の各問いに答えよ。

(1) この2次方程式の解が1つになるような a の値を求めよ。

(2) この2次方程式の2つの解の差の絶対値が8になるような a の値をすべて求めよ。

3　右の図のように，円周上に3点A，B，Cがある。点Aを含まない $\overset{\frown}{BC}$ を2等分する点をDとし，ADとBCとの交点をEとする。AB=5，AC=8，AE：ED=2：3であるとき，次の各問いに答えよ。

(1) AEの長さを求めよ。

(2) BCの長さを求めよ。

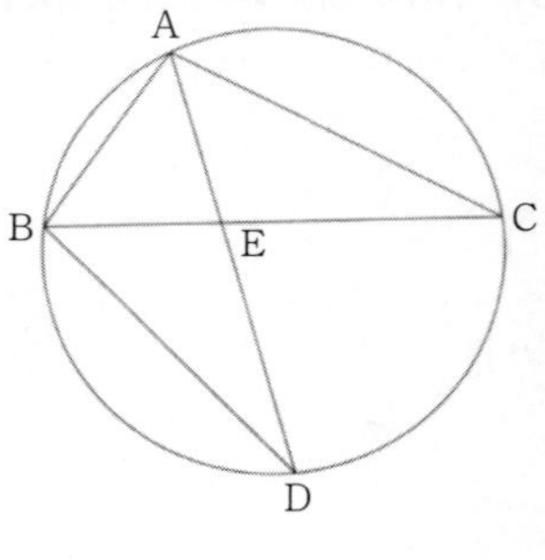

4　右の図のように，放物線 $y=x^2$ 上に2点A，Bがあり，x 座標はそれぞれ -2，1である。線分AB上に点Cがあり，$AC=\sqrt{2}$ である。放物線上の点Aから原点Oまでの部分に点Dを，線分AD上に点Eをとって，BD∥CEにすると台形CEDBの面積が $\dfrac{56}{27}$ になった。このとき，次の各問いに答えよ。

(1) 点Cの座標を求めよ。

(2) 点Dの座標を求めよ。

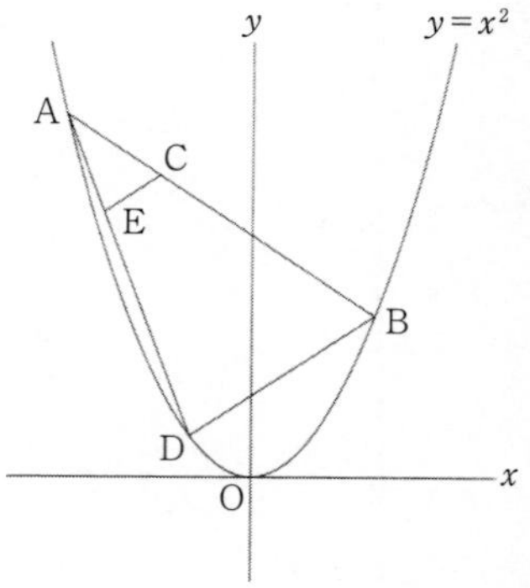

5 右の図のように，放物線 $y=-x^2$ と直線 l との交点をA，Bとする。また，直線 l と x 軸との交点をC，点Aを通る y 軸に平行な直線と x 軸との交点をDとする。点Aの x 座標を $a\left(\frac{1}{2}<a<1\right)$ とすると，直線 l の傾きは $-2a+1$ となった。このとき，次の各問いに答えよ。ただし，原点をOとする。

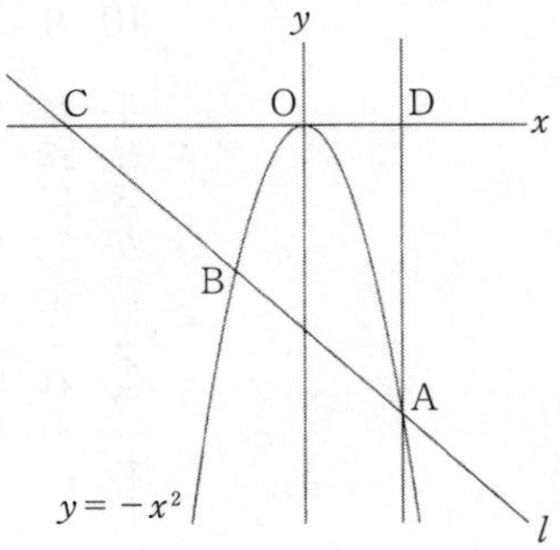

(1) 点Bの x 座標を a の式で表せ。

(2) 点Bが線分ACの中点となるとき，a の値を求めよ。

(3) (2)のとき，△CADの面積は△OBAの面積の何倍か。

イ　T先生は、「名画モナ・リザ」という世評にしばられた模写を目にしたことで、自分の眼にかかった色眼鏡の存在に気づき、モナ・リザの新たな価値の発見にたどり着いた。

ウ　感想文を目的とする読書は、人は感動した時に沈黙するという現象に逆行するものであり、古典の古典たるゆえんを取り逃がすことにもつながってしまう。

エ　それまで自分が持っていた価値判断の枠が外れ、新たな価値を創造することができるという意味で、本の読み深めに恋愛経験が多大な影響力をもっていると言える。

オ　他の人にも通じる正確な理解と文章化の努力なしに、真に個性的な理解にはならないという意味で、筆者は絶対に感想を書く必要があると考えている。

二　次の1～10の文中の（カタカナ）を漢字で書きなさい。

1　実力が（ハクチュウ）している。

2　余計な（カンショウ）を控える。

3　（ザンシン）な考えを持つ。

4　式を（ゲンシュク）に行う。

5　美しい（センリツ）に浸る。

6　情報集めに（ホンソウ）する。

7　水を（フットウ）させる。

8　（ヨイ）の月を眺める。

9　雑踏に（マギ）れる。

10　手続きが（ワズラ）わしい。

なんですよ。野菜煮にしてもクラシック音楽にしても。ただ、お袋だとか、私などみたいな堅物の好みだろうといった軽蔑の念から、それが宝たるゆえんを発見できなかっただけ。恋人に引かれて一度味を覚えると、食わず嫌いで軽蔑していたものの味がわかって好きになる。恋愛というのはじつにうらやましいぐらい大変なものです。

　読書の宝探しも同じだと思うんです。特定の著者への深入りを媒介にして思わざるところにある思わざる宝を見出す術《すべ》を覚える。自由への自由な読書。――もっとも、これは難しい。私などにも無論できておりません。むしろ、本にこだわり、学問にこだわって、眼前の宝を見逃してばかりおります。何しろ思わざるところにしかも思わざる人が持っているもんですから。が、読書の基本はそうでなければならんという確信だけは、ようやく強まってきました。お互いに、思わざるところにある思わざる宝を発掘する術を獲得するよう、努力しましょう。

（内田義彦《ひこ》『読書と社会科学』より・一部改変）

問一 文中の[1]・[2]にあてはまる語句を答えなさい。ただし、[1]は次のア～エより選び、記号で答えなさい。[2]は自分で考えて答えなさい。

ア 私に役に立つことが書いてあるけれど、それは独りよがりだ
イ 私にこう読めることが書いてあるけれど、それはどうしても変だ
ウ 私が言いたいことが書いてあるけれど、それは不十分だ
エ 私にはどうしても読み取れないけれど、それは私だけの問題だ

問二 ――部①・⑦・⑪の指示内容を答えなさい。

問三 ――部②とありますが、「著者にもたれかかる」とはどういうことか、答えなさい。

問四 ――部③とありますが、なぜですか。

問五 文中[3]、[4]にあてはまる四字熟語を次のア～オより選び、記号で答えなさい。

ア 本末転倒　イ 暗中模索　ウ 曖昧模糊《こ》
エ 付和雷同　オ 朝三暮四

問六 ――部④とありますが、ここではどういうことか、説明しなさい。

問七 ――部⑤とありますが、なぜですか。

問八 ――部⑥とありますが、なぜですか。

問九 文中[5]にあてはまる言葉を、二十五字以内で考えて答えなさい。

問十 ――部⑧とはどういうことですか、説明しなさい。

問十一 ――部⑨とありますが、これと似た意味の言葉を次のア～オより選び、記号で答えなさい。

ア 目を皿にする　イ 舌を巻く　ウ 手をやく
エ 顔をしかめる　オ あごを出す

問十二 ――部⑩とありますが、どういう点で特殊なのか答えなさい。

問十三 [6]～[9]にあてはまる最適な言葉を、次のア～エよりそれぞれ選び、記号で答えなさい。ただし、記号は一度しか使えません。

ア しかし　イ もちろん
ウ いわば　エ だから

問十四 ――部⑫を「（　Ⅰ　）ように書け、而して（　Ⅱ　）ように書くな」と書き換えた場合、（Ⅰ）（Ⅱ）に入る共通な言葉を、本文より八字で抜き出しなさい。

問十五 ――部⑬とはどういうことですか、説明しなさい。

問十六 本文の内容として適切なものには「○」を、不適切なものには「×」をつけなさい。ただし、すべて同じ記号の解答は認めません。

ア A氏の本を読み深める過程で得たコツと確信を、他の本の精読にも応用することで、「手ぎわのいい」感想文に向かって本を読むくせが矯正される。

これまた当然に、名画中の名画モナ・リザを見る。「案内」を片手に、一々チェックしている熱心な人もあります。そこで、この眼でモナ・リザを見たが、なるほど名画であったと話すことになるんですけれども、しかし、考えてみると――考えてみるまでもなく――この眼で見、この眼で確かめたのは、本物のモナ・リザがそこに在ったという唯物論的？　事実だけであって、モナ・リザが名画であるゆえんを自分の眼で味わい確認したわけじゃない。絵それ自体に関しては、従前通り、モナ・リザは名画なりという世評をそのまま、その世評の指示範囲内で――漠然と――見ただけということもありえます。あるいは漠然とまでも見ていないのかもしれません。にもかかわらず、ルーブルにいって現物を確かめたという事実の重みが、その人自身をもあざむいて、確かに名画であったと確信させる。そこが恐《こわ》いんです。お互い、そういう確信的な取りちがいをよくやりますね。「実証」の名において。

T先生の名を使ってあげたこの例はそうじゃない。モナ・リザは名画なりという世評に左右されず、この眼で見、この眼でみた感じに従って判断をしている。模写をしている人と実物との違いに気づいても、本物の「すばらしさ」に較べて何という下手と見下したわけではない。ただ局所局所における具体的事実が違うという事実の確認を通じて、「名画モナ・リザ」の背後にあるモナ・リザというモノがこの眼でしだいにハッキリと明確に見えてくるのを意識しただけ。が、そのようにして、いままで自分の眼の射程の外にあったモナ・リザにおける事実、あるいは諸事実が見えてくることによって、絵そのものに対する評価・判定が、その新しく自分が見たところのものにしたがってひっくりかえった、ということですね。自分の眼を通じて自分の眼が、つまりは自分が変わった。

本を読む場合も、⑬こういう解り方が必要だとおもうんです。自分の眼が必ずしも信を置くに値しないこと、眼におおいがあって宝を見逃しているかも知れぬことを、自分の眼そのものによって、――眼を自由に働かせて自分の心で――知る。信を貫きとおすことによってモノを見る自分の眼を深め、測らざるところに宝を発見する。

自分の眼を信ずることは大切で、それは何よりも大切ですけれども、自分の眼を盲信し自分の意見に泥《なず》んじゃ【こだわっては】いけない。見得べきものが見えなくなる。

眼は案外に働いていないものです。すぐ眼の前にある宝が見えない。見るべきときに見るべきほどのことを的確に、誤りなく見得る敏感な眼、あるいは耳をもつことは至難のわざです。

裏からいうと、自分の眼の及ばないところにある宝は無限に存在しているということですね。いつ、どこにあるか分からん。現に眼の前にあっても、その存在に気づかない。何しろ宝の正体、宝はこういうものであるということが最初から分かっていて、その宝を発見するんじゃありませんからね。ああこれが宝であったなということがじっさいに宝にふれて初めて分かる、そういう類の宝の発見ですから。現に眼の前にあって、その存在を――存在としては――見ながら宝としては気がつかないわけです。

宝は、財宝ではありませんから、金や銀、誰にも一目で分かる同一物ではありません。白金も黄金も何せんにと思う大事大切な宝ですけれども、――そうして、そういう財宝をこえる宝を持ち、それを何物にもかえず大事大切にすることは、すべての人に共通して見られることですけれど、では何が宝かというと、同じではない。金銀とは異なって各人各様まことに個性的なもので、これ、あるいはこれとこれが宝だという形をとらない。それが古典の探す宝です。ふつうの「宝さがし」とはちがう。

若い人を見ていると、不意に言うことが変わってきて今まで見向きもしなかったクラシックに凝りだしたり、この野菜煮はおいしいですねなどといって、人をびっくりさせるようなことがあります。調べてみると恋人ができて、その人を媒介にして、趣味が変わってきた。そういうことによくぶつかります。その人は新しい宝を見つけたわけですけれども、何のことはない、前から眼の前にあった宝約数的に個性のない研究会向きの意見表出の場になる危険は強い。
　⑫書け、而《しか》して書くな。これは矛盾です。しかし、矛盾を避けず、むしろ、文字通り矛《ほこ》と盾《たて》の矛盾にしなければなりません。
　読み手としては、どこまで書きにくく読むか――書きにくいところを書きにくいまま受け取ること――が勝負であります。他方書き手としては、読み手である自分が書きにくく受けとってきたその感想を、如何《いか》に明確に書きとめてみせるかが勝負といっていい。読者は、この矛盾した両者を一身のなかでともに育て上げ、競い合わせる。そのせめぎ合いのなかで真に正確で個性的な確かな読みが出てくるんで、そこに、読書の意味と妙味があるんです。
　成心【先入観】をもって本に接し、自分を本にぶつけるようなことをせず、自分を殺し本に内在して、本から、本を通じて著者がいいたかったであろう言い分を、心を尽くして、耳を澄ませて自分で聴きとるようにして下さい。そのように著者を大事に本を読んで、そこに自然に浮かび出る自分自身の感想を何よりも大切にし、それを大事に育て上げるようにして下さい。そして、感想をまとめる場合には、全体のなかで要するにどこが一番自分に面白かったか。つまり、そこのところの一つでも、この本を読んでよかったと思われるところは何か、あるいは何と何かをまずハッキリさせる。そして、それは――そこが自分に面白かったのは――何故であろうかを考える。つまり焦点づくり。あの本は、少なくともここところが――誰が何と言おうといまの自分には――面白かったということ、これが読書の基本です。それをぬいて、「客観的」に本のスジ書きを書いたり、あるいはまた逆に、著者に内在して著者のいい分を聴きとどける努力もしないで、早急に自分の意見を著者にぶつけることをしては、真に個性的な理解に達することは決してできません。
　さいごにもう一つ。確信にあぐらをかくな、ということ。自分の眼を信ずるのはいいが、盲信すれば、確かに見とどけたと思うものにさえぎられてまた、肝心の眼が働かなくなるということです。
　堅くるしい話が続いていますので、具体例で考えることにします。

なくなったフランス文学のT先生のエッセイに、モナ・リザが好きになる話があって、学生時代面白く読んだことがあります。あるいは、先生の友人である人から聞いたことかも知れません。むかしのことでその辺も一つ怪しいのでT先生としておきます。その方が私の読みこみを自由に語りうる便もあります。
　T先生は、もともとモナ・リザをあまり好きじゃなかったらしいですね。うす気味の悪い微笑がどうも気に染まないということでしょうか。というのは完全に私の読みこみで、その辺はわかりませんけれども、とにかくあまり好きじゃなかったらしい。修業時代にパリに行ってルーブル(美術館)で本物をみる。しかしそこでも好きになれなかったらしい。ところが、ルーブルでは、写真は撮らせないけれど絵は――所定の手つづきをとると――画かせるんです。あんなに傍《かたわ》らで大丈夫かなと思うぐらいのところにイーゼルを立てて模写をしている絵かき修業の人が今もたくさんいます。T先生もルーブル通いの都度、モナ・リザを模写する人を見た。見るつもりもないけれど、自然目に入ってくるわけですね。すると、この口のあたりはどうも違うんじゃないかということが、――価値判断じゃなくて事実の問題として――自然目に入ってくる。別の日に行くとまた別の人が模写をしていて、そこでもまた、ここは違うんじゃないかというところに気付く。そのうちにだんだんと原《もと》の絵はこうじゃないかという具合に気が入ってきて、といってもやはり価値判断をするわけじゃないが、気づかずにいた原画の全体が細部のかたまりとしてみえてくる。そういうふうにして見ているうちにいつしか知らん間にモナ・リザが好きになっていた。こういう話で、大変面白かったんです。
　この話の面白いところの一つは、ルーブルで本物を見て、すぐに好きになったんじゃないということです。価値から自由に、価値なるものの呪縛から解放されて、価値判断をしてゆく自由な眼。
　この頃はパリなどはいわば月並み【平凡なこと】で、誰もが気楽にゆく。パリに行けば当然にルーブルにゆき、ルーブル詣《まい》りをすれば、もやっとした、[6]「口ごもった」状態で、⑪それはある。口ごもらざるをえない。

何故そうか。

それは、その文章を、他ならぬまさにその人が、しかもまさにその時に読んだ、個性的で全人間的な読みの残す余韻であるからです。著者によって与えられた衝撃が嫋々《じょうじょう》たる【(音声が)細く長く途切れない様子】余韻となって響いており、その響きには著者の個性と読者の個性が分かち難《がた》く溶けこんでいる。そしてそれは、社会科学の領域での、概念装置の果たす役割りの強い本の場合でも、そうです。見得たもの、そういうものとして表現しうるもののも一つ奥に、確かに[7]表現しがたく聞こえてくるものがある。

[8]人によっては、たとえばある事についてのウェーバーの見解だけに興味をもっていて、他の一切に関心のない人もあって、そういう、文化ショック不感症の人は最初から「もや」というほどの「もや」を感じないで読むでしょうし、[9]読後感をまとめるのにそれほどの苦労をしないでしょうけれども、お互いウェーバー学説そのものの研究を事としていない、ただ、ウェーバーを通じてモノが読めるようになりたいと思っているわれわれ素人は、そうではない。私たち素人が読んで一番印象の深いのは、ところどころの文言が、読み手である私の想像力を喚起し、私のなかにあった経験をゆりおこして、不意に、私の眼にある「モノ」を浮かばせてくれることです。それもモノ一般ではない。私の生活現実と直接にかかわり、それを見据えさせてくれるモノとして、把《たば》え【つかまえ】がたく漠然とはしていても、いぶき【息づかい】をもって確かに眼の前に立ち現れて、ようし今度こそ「それ」をハッキリと明確に把えてやろうと決意させる、ある手ごたえのある物。しかも、この漠としながら明確な手ごたえのあるものは、あちこちのこれまた定かではない文言のなかに、しかし確かに出没している。そうだから、——著者が、文章に苦心して凝結させたところの、自ら見、伝えたかったものが、直接に私の生活現実にかかわって、私の魂に響いてくるからこそ、とらえ難いんです。そう簡単に、まとめうるようなものでは、それは無い。そしてまた、そうだからこそ、このとらえ難いものが大事であり、それをしっかりと受け取ることが、大切なんです。読書が与えてくれるもっとも貴重なもの、豊饒《じょう》【豊かであること】なものはそれです。

その「いぶき」を大切にして、それを取り逃がさないように、しっかり取りこむために感想を書く。書く労苦を払わなければ、その大事な「いぶき」・「もや」も、漠たる印象に終わって、やがて時とともに中身は消えさってしまう。あの本はよかったという印象だけ強烈に残って、さて、しかし何がどうよかったのか全く思い出せない、ということもよくあります。あの時読んだあの本はよかったなというかたちに終わって、時の経過を貫いて「いま」に生きるものを残さない。文化ショックがショックに終わって創造に向かって働かない。だから絶対書かなきゃならない。それも——この本をと思った場合には——自分用のノートにまとめるだけではなく、他人にも理解可能な文章にまとめ上げる労苦を払わねばなりません。他の人にも通じる正確な理解への努力を欠いては、恣意的ではあっても、真に個性的な理解になりませんからね。しかしまた逆に、書くという行為が、大事な「もや」たる「いぶき」を消し、あるいはそもそもはねつけるかたちで本に接する結果をひき起こさぬよう、くれぐれも注意をしていただきたい。とくに、理路整然と他人に理解可能なかたちでの感想文を、みだりに、早急に書くことは特別に要注意です。早急な理路整然化の危険と、他人の同意を安直に求める危険の二つを含んでいますから。それは審査員である他人の価値基準への迎合になりやすい。こう書けば通じるだろうというあれですね。この場合審査員が先生であろうと、世論なるもの、あるいは一般通念であろうと、同じです。

個性的読書を意図したはずの「小論文」が「期待される感想文スタイル」の修得に結果する危険は御承知のとおりですが、研究会的色彩の強い読書会でも、下手をすると、本かぎりの、それも最大公立した文章」を書きえないかぎり、主格たる自分は定立していないわけですね。対象化するとゼロとなる空疎な実体でしか未だない。

　というわけで、文章化にはまことにしんどい思いをする。それだから、そのためにこそ――少なくとも、これぞと思う本については――感想文に感想を凝結させることが絶対に必要なんです。⑧自分が自分になるためにも。その意味では、読めばとにかく感想文を書く風習が必要で、エンカレッジ【励ます】するだけでなく義務づけることも、だから必ずしも間違いではない。

　しかし、そこにまた、[4]の落とし穴があって、他人に通じやすい「他人向き」の「手ぎわのいい」感想文に向かって本を読むくせがつく。

　本をしっかり読むために感想を書く。それも、他人に理解可能な形での整然とまとまった文章表現を与える。そうしなければ自分の感想それ自体があやふやだから、論旨明快を期して感想文を書く。決して感想文を記すために本を読むんじゃない。そこまでは常識でしょう。だから、「感想文が書きやすいようないい本」をと求める学生の出現には、誰しも⑨眉をひそめます。しかし、感想文になりやすいかたちで本を読むという読書術、感想をまとめやすいように――そのように効果的に――本を読む術が読書法だという常識は、いい本とはそのような読書術に応える本、つまりは感想がまとめやすい本だという読書論とともに、案外一般通念になっているんじゃないでしょうか。だからこそ、学問を創設した人の本よりも、すっきりと手ぎわよくまとめられたテキストブックが好まれる。それなら先の学生の出現も不思議ではない。むしろ、徹底している。いぶかられ【不審に思われ】てきょとんとするのが当然でしょう。

　感想を狙いに本を読んじゃいけない。感想は読んだ後から――結果として――出てくるもので、それを待たなければいけない。さいしょから感想を、それも「まとめやすい形での」感想を求めて、いわば「掬《すく》い読み」をするかたちで本に接するから、せっかくの古典を読んでも、そのもっともいいところ、古典たるゆえんが存するところを取り逃がしてしまう。だし殻を拾って肝心のエキスを捨てちゃうみたいなもんです。

　激越な【荒々しい】言葉を吐きましたが、いったい、本にかぎらず、本当にいいものに接して魂がゆすぶられる思いがしたとき、そう簡単に感想が出るもんでしょうか。それも、感想文にまとまりやすいような多少とも理路整然たる形で。そうじゃないですね。

　お芝居だって、本当にいい舞台に接し感動したときは、そう手早く感想が出るもんじゃない。むしろ、人を沈黙へとさそいこむ、あるいは強制する。その力の強さと持続力に、感歎《たん》の深さのほどが現れる。芝居をみたことが、劇場どまりではなく、人生における一つの事件であったと思われるような場合はそうでしょう。文化ショックというべきもの。そういう場合のほんとうの感想は、手早く小ぎれいな表出とは別のところにある。

　もちろん、本は、文字で記されたものであって、音楽や演劇とは違います。内容も違うし、一堂に集まり、揃《そろ》って――同時進行的に――聴くというかたちも持たない。一人で、それぞれの時間で、思い思い緩急自在のテンポで、前後を照らし合わせたりしながら、くり返して読む。読書会で、集って一つの本を同時に読む場合でも、芝居や音楽会の場合の集まりのような同時進行性はありません。それぞれが自分の時間を持ちながら、時が進行してゆく。そこに、⑩読書という行為の特殊な意味と味がある。同じ集団ながら読書という行為によって支えられている集団の特殊な意味もそこにあるわけですね。各人がそれぞれ持つ密室性が強く、その密室性を抜きにしては存在しえない集団。人を直接に集団に結びつける呪術性が、演劇の場合よりもさらにもう一段薄まっている。

　というわけで、読書の場合には、芝居や音楽とちがって感銘のあり方に大きな違いがありますけれども、しかし、この場合でも、本当にいいものに接した場合、そう簡単に感想が出るもんじゃない。感想めいた何か強烈なものがあるにしても、少なくとも文章化可能なような明確な姿態をとったものでないことは、まず明らかです。

していて、何故こういう単純なことが分からなかったか自分でも不思議、というようなことになる。本文のあちこちの文言が一挙にすっきり浮かび上がり読解されてくる。その時は楽しいですよ。もっとも、それがまたひっくり返ったりしますけれども、それも――そういうふうに読み、こちらの眼が変わってきたのも――もともと、その時その時の自分の読みを信じて、賭けたからです。

　どうか、A氏の本を読む修業で得たコツと確信を、A氏のもの以外の本、埋もれた古典、未《いま》だ古典ならざる古典の発掘にも生かしていただきたい。もし逆に、A氏への傾倒が、A氏はすばらしいがそれに較《くら》べてというかたちで、他の著者への無視と軽蔑を結果するようであれば、⑤功罪は逆転する。そんな形の熟読なら、これまた読まない方がいい。本は読むべし、読まれるべからず、といっておきます。

　次にもう一つ。これも刺激的な言い方をしておきますと、「⑥みだりに感想文を書くな」ということ。

　この頃感想文ばやりでしょう。本を読んだら感想を書くという習慣が広まってきたのはいいが、知らん間に、感想文を書かにゃならんから本を読むという変な習慣に変わってきた。ウソじゃないんです。ある高校の図書館の人に聞いた話ですけれども、生徒が熱心に本をさがしているんで、いまどき感心とおもってきいてみたら、つまるところ、感想文が書きやすいような「いい本」が無いかということで、さいしょは呆《あき》れていたけれど、近頃はそういう人ばかり。慣れっこになってこちらも上手になりましたよと笑っているんです。⑦そういう事態が出てきている。

　感想文を書くこと自体を否定するつもりは、もちろん、ありません。感想文を書くために本を読むというウソみたいな［ 4 ］がいつしか慣れになり読書論の常識になる、それが恐いというんです。

　本をていねいに読むためには、読みっぱなしにせずに、書くという作業で感想をまとめておくことが大切で、読み深めに不可欠の作業です。それも、本に線をひいたり、書きこみを入れたりから始まる自分の感想をノートという形で自分用に文章化するだけではなくて、感想文という、これは、ささやかながら公開を前提とした文章ですね、［ 5 ］目的で書かれた公の文章。短いながら、そういうものとしての感想文を書くことは、本を読む上に絶対に必要です。

　感想文ができ上がってくる過程をしらべてみますと、心に感じ、あるいは考えたことをノートに書き綴《つづ》った断片断片――断片的文章のかたちをとった自分の私的意見ですね、だから、他人に解らなくても自分に読めればいい――が一方にあります。他方、また、これとは別に話のかたちで他人に公開した自分の公の意見――読書会や研究会で姿態を整えて文字通り公式に発表したものだけでなく、雑談でつっぱしって思いつきを語ったものまでを含めていうわけですけれども、とにかく話のかたちで理解を求めて他人に公開したとにもかくにも公的な自分の意見です――があります。この二つが感想文のなかで結びついてくる。あるいは――うまく結びつかなければ感想文は書けないので、裏からいうと――自分の感想は、「感想文」という、書いた人間の思索を、それだけで――書き手から離れて――他人に伝えられる「独立した文章」にまとめあげる努力を通じて、初めて、自分にもハッキリしてくるものです。

　勢いこんで、確信をもってしゃべれもしたし他人の納得もえたはずの自分の考えなるものが、いざ筆にする努力を払ってみると、いかに漠然として怪しげなものであったか。お互いおもい知りますね。あるいは、また、綿密に考えたんねんにノートに書き記したはずの考証あるいは考察が、芸術的全体とまではいかなくても、とにもかくにもそれ自体として独立した一箇の文章にまとめあげようとすると、いかに、ちぐはぐでパースペクティヴ【展望】を欠いた、粗雑きわまりないものであったかが、いやになるくらい分かってきます。表現され対象化された自分だけが自分であるとすれば、自分の言いたいことが、すべて文章のなかに書きつくされていて、そこ(文章)に生の自分がいちいち割って入って外から注釈を言わずにすむ「独為どころか、そもそも解明すべき事実なるもの――ここにこう書いてあるがそれは変だというそれ――すら、ハッキリした形では浮かんできません。何となく変だという感じで終わってしまう。

　自分の読み――あるいは読むときの自分の感じ――に対する信念だけあって、はずという、著者らしい著者としてのA氏に対する信の心が無ければ、本文の字句に対する具体的な疑問がかりに起こったとしても、その疑問は、ミスプリか思いちがいだろう、といったかたちで、本文に勝手な改訂を加えて安直に読むことで、解消してしまうでしょう。熟読・熟考によって解明すべき箇所・具体的な事実そのものが、消えてしまう。自負――じつは他者一般に対する浅信――からくる本文の読みとばし・粗読です。

　もっと粗雑に、一読明快に目に映るかぎりで読みとばして何等《なんら》の疑問も生じない無神経な人も多いですけれども、それでは本を読んだことにはなりませんね。本文の一字一句に神経をくばって精読し、おかしいとおもわれる箇所のいくつかを発見してその鍵を解こうとするのは、もともと、「はず」というA氏あるいは「A氏ほどの人」への、さらにいえば、A氏もそれに属しているはずの著者らしい著者というものに対する信念が心に働いているからです。駄本ばかり読んでいると、こういうくせが身についてしまいます。本とは「適当に」読み流すべきもの。

　他方でしかし、①これとは反対に、著者への信だけあって、自分の読みに対する信念がおよそ無ければ、あるいは、本を信じて自分を抛棄《ほうき》【＝放棄】してしまっては、これまた精読はできない。本文を隈《くま》なく精読し読み深める労を払って自分の見たところ、自分の疑惑を確かめ、隠された内実に到達してその本を自分の古典として獲得する創造的読書への道は、ここでもまた、閉ざされてしまいます。「適当に」しか本が読めない。

　深いところで著者を信じることは必要ですが、自分を捨てて②著者にもたれかかっちゃいけない。その時その時の自分の読みをともかくにも信じてそこに自分を賭ける。という行為（のくりかえし）がなければ、A氏の本が名著であるゆえんをこの眼で確認し、自分の古典として獲得することは、何回くりかえし読んでも不可能です。

　こういう、読む人自身への信と忠誠を欠いた「盲信からくる粗読」は、その意味で③非生産的ですが、それだけじゃない。愛読者としての著者への信の面でみても、こういう読書態度は、A氏を、深いところで信ずるというよりも、むしろ、著者らしい著者、信を寄せるに足る人間の一人として見ていないことを、つまるところ本当にはA氏その人に対する人間的信頼が欠如していることを意味する、といっていい。まともにぶつかってゆくことに危惧を感じる。[3]としたままに置くことによって保たれねばならぬような「信頼」関係。それは信頼関係とはいえますまい。

　学者が、慎重に考えた末、仮説を立てるように、本をよく選んで、しかし一度選んだからは、本はその時その時の自分の読みとともに仮説的に信じて、本文を大切に、踏みこんで深く読んで下さい。いい加減に読むくらいなら読まない方がいい。時間の無駄ですから。そのうち選び方もうまくなり、慎重になると同時に真に自主的になってもきます。

　へなちょこ本は、少々踏みこんで読むとふっ飛んじゃうから、そういうものばかり読んでいると、いいところまで踏みこまないくせがついてしまいます。ちょっとやそっと踏みこんでも外されない、そういうものとしてA氏の本を読む。④ぶつかり稽古ですね。そこで本を読む修業ができ、コツを覚えます。A氏は、こういうふうに考えを展開するくせがあるらしい、するとここはこうなっているはずだが、果たしてどうだろうかといった作業仮説作りも自然身についてくる（この、仮説を作って、それに従う方が本文が自然に読めるかどうか、本文でためすという読み方は、是非じっさいに試して下さい）。同時に、自分の読みに対する信念も――試されることで――謙虚さ柔軟さを加えながら深まってきます。

　解《わか》っているつもりのことが、じつはとんでもない誤解だったり、おかしいと思っていたことが、解ってみれば、あまりにもすっきり

二〇二〇年度 明治大学付属明治高等学校

【国 語】（五〇分）〈満点：一〇〇点〉

（注意） 字数制限のある問題については句読点・記号を字数に含めること。

一 次の文章を読んで、あとの問いに答えなさい。ただし、【 】は語句の意味で、解答の字数に含めないものとします。

本をどう読むか。読書の「問題性」からみて勘どころとおもうことを二、三お話しします。読書論ではなくて読書実践ですね、読み深めのための。お座なり【いいかげん】をさけて、実質的に役に立つことを役に立てやすい形で話したい。私の考えを鮮明に浮かび上がらせるために、通念とは逆の面をことさら刺激的ないい方で一方的に強調しますので、そういうものとしてお聞きとり下さい。

まず最初に「信じて疑え」。本を読むからには「信じてかかれ」ということを申し上げたい。仮説的に信じて読むということです。

古典は一読明快ではない。古典の真髄【物事の本質】、古典の古典たるゆえんは、踏みこんで、深読みして――本文との格闘をくりかえして――初めてわかる。それは御了解いただいたと思いますが、しかし、信じてかからなきゃ踏みこめないじゃないですか。「適当に」しか読めない。疑い深く白眼視【人を冷たい目で見ること】しながら踏みこんで本文と格闘するなんてことはできない。それ自体矛盾しています。いわんや、分からぬところを二度三度、時間をかけて根掘り葉掘り深読みの労を払うなど、馬鹿《ばか》馬鹿しくってできるわけないですね。何か期して待つところがなきゃ。信ずるところがあって初めて、読み深めの労苦が払える。

も少し、問題を煮つめておきましょう。いま、ちょっと見たように、信ずることがなければ読み深めの労は出てこないが、それよりもまず、労を払って解くべき問題・事実そのもの――解読すべき本文の字句――が、信の念がなければハッキリした形で目に映ってこない。

たとえばAさんの本を読んでいて、おかしいなと思うとき――あるいは思うところは、誰にもいっぱい出てくると思いますよ。

ここでAさんがいっていること――事実あるいは解釈――は、私の了解しているところと違っている、おかしいなとか、ここにはこう書いてあるけれど、たしか他のところでは別のことをいっていたと思うがなあとか、あるいは、つじつまの合わんこと、あるいは関係のないことが同じこのパラグラフのなかにあるとか。その他、多少読みつけてくると、段落と段落あるいは章と章との関係ですね、さらには全体の編別構成。そのかかり結びがハッキリつかめないとか。要するに文章解読法の鍵になる（かも知れん）いくつかの箇所ですね、具体的な。

文章についてそういう事実（と思われるもの）の発見があり、そこに何故という疑問がおこる。そして、その疑問を解くための探索が始まる。それはそうなんですけれども、その「事実に対する疑い」が、現実に、ある具体的な事実に対するはっきりとした形の「疑い」として読み手に提起され、その「疑い」を解明するための労苦を要する行為に結実してくるためには、その（疑いの）底に信ずるという情念・信の念が働いていなければならないでしょう。一つには、ここにはたしかに[1]という、自分の読みに対する信念が。そしていま一つ。[2]というかたちでの、筆者に対する、これまた信の念が。

この二つの面での信念に支えられて初めて、疑問が、ある事についてのハッキリした形の疑問として起こり、それを解くための苦渋にみちた探索が始まり、また持続するわけです。事実を執念深く確かめてゆく操作のなかで、この二つの面での信念も、それぞれに確かめ直されて中身も変わってくるわけですけれども、それにしても、あらかじめ、端緒において、漠たる【ぼんやりと】形ではあれ、行為へと人をうながさずにおかぬ強烈な信念がなければ、読み深めの行

2020年度／明治大学付属明治高等学校

英語解答

1 (1) win (2) made (3) buy
(4) landed (5) written

2 (1) ④→leaning (2) ③→build
(3) ④→had (4) ③→because of
(5) ①→quickly

3 ① 3番目…3 5番目…7
② 3番目…7 5番目…1
③ 3番目…5 5番目…2
④ 3番目…4 5番目…3
⑤ 3番目…5 5番目…3

4 ア 2 イ 4 ウ 3 エ 1
オ 3

5 ア 2 イ 4 ウ 5 エ 1
オ 6

6 (1) ア…4 イ…6 ウ…2 エ…3
オ…1 カ…5
(2) 1，2

7 (1) A…4 B…1
(2) ア marriage イ communes
(3) 3，4

8 (1) dessert (2) island
(3) glove (4) spider

9 (1) examination (2) camp
(3) attend (4) explain
(5) uniform

10 (1) 3 (2) 1 (3) 3 (4) 2
(5) 2

11 (1) 2 (2) 2 (3) 1 (4) 3
(5) 3

1〔長文読解―適語選択・語形変化―ノンフィクション〕

≪全訳≫❶1988年の冬季オリンピックで，最も有名な競技者は最速のスキーヤーでも最強のアイススケーターでもなかった。彼は金メダルを獲得しなかった―いや，どんなメダルも獲得しなかった。それどころか，エディ・エドワーズはスキージャンプ競技で最下位だった。しかし，彼の勇気は彼を世界中のファンのお気に入りにし，ファンは彼に「エディ・ザ・イーグル」という愛称をつけた。❷エディはイングランドにある小さな町の建設作業員だった。彼には，オリンピック代表チームに選ばれるという夢があった。彼は優秀なスキーヤーであり，1984年には，もう少しでイギリスのチームに選ばれるところまでいった。1988年大会に向けて，彼は簡単な理由でイングランドのナンバーワンスキージャンパーになった――他に誰も参加しなかったのだ。❸エディはお金もコーチも持たなかった。彼はお金を節約して中古の用具を買った――彼のスキー靴は大きすぎたので，6足の靴下を履き，また目があまり良くなかったので，ぶ厚い眼鏡をかけた。「空中に飛び出すと，自分がどこに飛んでいくのかわからないんだ」と彼は言った。いつもジャンプの前に，彼は地面に落下するのではないかと恐れていた。しかし，彼は必死に学び，向上した。❹カルガリー・オリンピックで，エディは70m 級と90m 級のジャンプに出場した。彼は落下することなく着地したが，両方の種目で最下位だった。❺多くの人がエディの夢と勇気をとても気に入った。しかし，彼には競技に参加できるほどの十分な技量がないと考える人もいた。これらの人々にエディはこう言った。「オリンピックが勝者のためだけにあるとどこに書いてあるんだい？」❻エディのパフォーマンスは彼をイングランドで有名にした。彼が故郷に戻ったとき，1万人が空港で彼を出迎えた。現在，エディは再び建設作業員であるが，2016年の映画「エディ・ザ・イーグル」のおかげで今も有名だ。

(1)オリンピックに出た人物が主語で，a gold medal が目的語なので win「(賞品など)を勝ち取る，獲得する」が適切。　(2)'make＋目的語＋名詞〔形容詞〕'「～を…にする」の形。　(3)お金を節約したのは，used equipment「中古の用具」を「買う」ためだと考えられる。　(4)直後に「落下することなく」とあるので，無事に「着地した」のである。　(5)It is written that ～「～と書かれている」の形。「オリンピックが勝者のためだけにあるなんてどこに書いてある？　どこにも書かれていないじゃないか」ということを言いたいのである。

2〔誤文訂正〕

(1)'stop＋to不定詞'は「～するために立ち止まる」という意味。ここは「傾くのを止める」という意味になると考えられるので④の to lean は leaning とする。　「建築者たちは階を増設したとき，建物を再び真っすぐにしようとしたが，傾くのを止める方法がわからなかった」

(2)③は'want＋人＋to不定詞'「〈人〉に～してほしい」の to不定詞の部分なので，動詞の原形でなければならない。not ～ ever で「決して～ない」(≒never)。なお，to ever build は，to不定詞において，to と動詞の原形の間に副詞が入る形で，これは分離不定詞と呼ばれる。　「タージ・マハルが完成した後，シャー・ジャハーンは，タージ・マハルよりも美しいものを絶対につくってほしくなかったので，タージ・マハルをつくった男を殺した」

(3)主節の動詞 carried (out)と came (up with)が過去形なので，④も時制の一致により過去形にする。　「1927年，日本の医師である古川竹二が研究を行い，血液型が異なると性格も異なるという考えを見出した」

(4)because を用いて'理由'を述べる場合，'because＋主語＋動詞...'と'because of＋名詞'の２つの形がある。③は後ろが名詞なので，of が必要。　「西暦270年２月14日，バレンタインという名の男は，彼の信仰が原因でローマ人に殺された」

(5)①は動詞 find を修飾するので，副詞 quickly にする。to不定詞の to と動詞の原形の間に副詞が入る分離不定詞の形。　「離婚後，グエルスチ氏はすぐに新しい妻を見つけたいと思ったので，新しい妻を探すのをサポートしてもらうために，コンピュータによる恋人紹介業者の所に行った」

3〔長文読解─整序結合─説明文〕

≪全訳≫❶英語を学ぶ生徒の多くは，新しい言語を学ぶことは非常に難しいと考えている。あなたの脳が鳥の脳の大きさしかないとき，①英語を学ぶのがどれほど難しいか考えてみてほしい。それは一部の鳥にはできることなのだ。❷さまざまな種類の鳥が言葉の音をまねすることができる。ヨウムは，このことで最もよく知られている鳥だ。❸毎年12月にロンドンで開催される「全国飼育鳥類ショー(National Cage and Aviary Bird Show)」では，世界で最も優れた「話す」鳥を見つけようとしている。プルードルという名前の鳥は，1965年から1976年まで毎年この賞を受賞したことで，「話す鳥」の中でも際立っていた。❹プルードルは1958年にウガンダの巣から連れてこられた。彼(＝プルードル)はアイリス・フロストに売却され，②彼(＝アイリス・フロスト)はイギリスのシーフォードにある自宅で彼の世話をした。プルードルは1994年に35歳で死ぬ前に，英単語を約800語知っていた。プルードルはまた，③鳥かごの中に住む鳥としては世界で最も高齢だった。❺もう１羽の知的な鳥，パックという名前のセキセイインコは1993年にテストを受けた。④パックはプルードルよりも多くの単語を知っていたことが判明した。パックは1700以上の英単語を知っていたのだ。2003年のギネス世界記録では，⑤パックは世界の他のどの鳥よりも多くの単語を知っていると記載された。

①think の目的語となる名詞節をつくる。語群の how と difficult から'how＋形容詞＋主語＋動

詞...’の感嘆文の形，また，語群の it，is，to から‘it is ～ to …’「…することは～だ」の形式主語構文の形を考え，この2つを組み合わせる。‘it is ～ to …’の‘～’に当たる形容詞 difficult が‘程度’を表す how に引っ張られて前に出た形。 Now think how difficult it is to learn English ... ②アイリス・フロストを説明する部分。まず Iris Frost を先行詞とする非制限用法の関係代名詞として who を置くことができれば，残りは took care of him at home とまとまる。 ..., who took care of him at home in Seaford, England. ③the oldest bird とまとまりができ，そうすると「鳥かごの中に住む世界で最も高齢の鳥だった」という文になると推測できる。that は，the oldest bird を先行詞とする主格の関係代名詞として用い，in the world は the oldest bird を修飾するのが自然なのでその直後に置く。 Prudle was also the oldest bird in the world that lived in a cage. ④‘It turns out that ～’「～ということが判明する，わかる」の形を知っていれば，残りは Puck knew more words とまとまる。 It turned out that Puck knew more words than Prudle. ⑤主語を Puck，述語動詞を受け身で was listed とする。list は‘list ～ as …’「～を…として記載する」という形をとることができるので，その受け身形の was listed as とし，残りは knowing more words として as の後に置く。 ..., Puck was listed as knowing more words than any other bird in the world.

4〔長文読解―適語選択―説明文〕

≪全訳≫❶ほとんどの種の鳥は枝や葉でできた巣があるが，皇帝ペンギンにはない。彼らは足を巣に用いる。❷雌の皇帝ペンギンは，5月か6月に卵を1つ産む。彼女はその後，食べ物を探すために海に向かう。彼女は卵の世話をする雄を残す。雄のペンギンは，卵を温かく保つために足の上で卵を抱える。卵は氷に触れると凍えて死んでしまう。❸6月は南極では冬の真っただ中だ。暗くて風が強い。全てが凍っている。雄のペンギンは，大きなグループをつくって並んで立ち，お互いを暖かく保つ。彼らは卵がふ化するまで4か月間このようにして立っている。❹卵がふ化すると，雌のペンギンが戻ってくる。両親は一緒に子どもの世話をする。夏までに子どもは大きくなり，自分で食べ物を探すことができるようになる。冬には，子どもは両親なしで寒さを乗りきるのに十分な大きさになる。

ア．直後に「枝や葉の〔でできた〕」とあるので，nest「巣」が適切。2つ目の空所は，ペンギンが足を「巣」の代わりに使うということ。 イ．目的語が one egg なので「(卵)を産む」という意味がある lay(s)が適切。bear は「(子)を産む」という意味になるので不可。 ウ．雄のペンギンが足の上で卵を抱えるのは，卵を「温かく」保つため。‘keep＋目的語＋形容詞’「～を…(の状態)に保つ」の形。2つ目の空所も同じ形。 エ．この後，「両親は一緒に子どもの世話をする」とあるので，卵の世話を雄に任せて海に向かった雌ペンギンが，卵がふ化した後に「戻ってくる」のだとわかる。 オ．親の助けがなくても寒さを「切り抜け」られるほどに大きくなるということ。‘形容詞〔副詞〕＋enough to ～’「～できるほど〔～するほど〕十分…」の形。 survive「～を生き延びる」

5〔対話文完成―適文選択〕

≪全訳≫❶ラモン(R)：もしもし，リン。ラモンだけど。今，話しても大丈夫？❷リン(L)：うーん，アそうでもないわ。セミナーに遅れそうなの。走らなければならないから。❸R：ああ，そうなの。今週末のことで尋ねたかっただけなんだ。❹L：じゃあ，今夜電話してもいい？ もう行かないと。❺R：わかった。イ8時以降には家にいるよ。仕事の後，ジムに行くから。❻L：あら，そう。後で電話するわ。もう行かないと。❼R：わかった。じゃあ，土曜日に何をしたいかを考えておいて。❽L：

ウわかった，考えておく。ねえ，ラモン，本当に行かないと。エもう遅れているのよ。❾R：わかった。オ行っていいよ。ところで，君のセミナーってどんなことをするの？❿L：積極的になるためのセミナーよ。じゃあね！⓫R：わかった！　後でまた話そう。

ア．ラモンから今電話で話す時間があるかどうかをきかれたリンの返答。リンはセミナーに遅れそうで，急いでいることがわかるので，電話で話す時間がないとわかる。not really は「そうでもない」という意味。　イ．リンから，今夜電話してもいいかどうかをきかれたラモンの返答。この後「仕事の後，ジムに行く」と言っているので，夜家にいる時間をあらかじめ伝えたのだと考えられる。

ウ．土曜日に何をしたいかを考えておくように頼まれたリンの返答。命令文に対して「そうする」と答える5が適切。will の後には繰り返しとなる think about 以下が省略されている。　エ．直前の「ねえ，ラモン，本当に行かないと」からうまくつながるのは，1の「もう，遅れている」。

オ．リンから再三にわたってセミナーに遅れそうだということを告げられているラモンの返答。リンを解放するという6が適切。'let＋目的語＋動詞の原形'「～に…することを許す」の形。

6〔長文読解総合―説明文〕

≪全訳≫❶ア最近，新しい科学技術が選手をサポートしている。ハイテクの衣服から人工の腕や足まで，パフォーマンスを向上させるための多くの新しい方法が生まれている。しかし，多くの人々は，技術が一部の選手に利点をもたらすことを懸念している。そのことが競争を不公平にする可能性があるからだ。また，多くの場合，高価なハイテク装備を購入できるのは，裕福な選手とチームだけだ。私たちが期待するのは，最も優れた選手が勝つことだろうか，それとも最高の装備を持っている選手が勝つことだろうか。❷イハイテク水着の話は，科学技術がスポーツを不公平にすることを示している。数年前，スポーツエンジニアが水着用の新しい素材を発明した。それはサメの皮と同じ特性を多く持つ。水泳選手がこの素材でつくられた全身水着を着用すると，速度が増し，浮力も向上する。その素材はまた，水泳選手の筋肉に，より多くの酸素を送ることもする。❸ウいくつかの企業が2008年にこれらの新しいハイテク水着を世に出した。その後すぐに，この水着を使用した水泳選手が驚くべき割合で世界記録を更新し始めた。2008年の北京オリンピックでは，水泳選手は25の世界記録を更新した。それらの水泳選手のうち23人がハイテク水着を着ていた。それに比べて，2004年のオリンピックでは，水泳選手は8つの世界記録を破っただけだった。その後，2009年の世界選手権では，水泳選手は43の世界記録を更新した。人々は，新しい水着が選手を助けているということをわかっていた。2010年1月，国際水泳連盟(FINA)はハイテク水着を禁止した。ほとんどの競泳選手は禁止を歓迎した。あるオリンピック水泳選手が言ったように，「水泳は再び実際に泳ぐことに戻った。誰がどんな水着を着ているか，誰がどんな素材を持っているかではない。私たちは皆，同じ基準に立つことになったのだ」❹エ禁止後の2年で，水泳選手が更新した世界記録は2つだけだった。水泳の記録短縮の裏にある理由が高価なハイテク水着にあることは明らかだった。その水着は一部の選手に不公平な利点を与えたのだ。❺オもちろん，より優れた装備は必ずしも悪いことではない。新しい装備がスポーツに役立つことがあるのは確かだ。例えば，テニスラケットはかつて木製だった。重いラケットは破損してけがを引き起こしかねない。1980年代，企業は新しいハイテクのカーボン製ラケットを世に出し，これは使いやすく安全性にも優れていた。新しいラケットは，一般のテニス愛好者にとってテニスをより楽しいものにした。技術は，ダウンヒルスキーから自転車レースまで全てのスポーツの装備を向上させた。❻カ問題は，科学技術が不当な優位性を生み出すのはどういう場面か，ということだ。将来，スポーツエンジニアは，本物の足よりも優れた義足を発明するかもしれない。それは競技会に受け入れられるだろうか。ハイテクのコンタクトレンズはゴルファーに利点をもたらしはしまいか。ランナーは，より少ないエネルギーでより速く走ることができる特別な靴を使用してもよいのだろうか。これらの質問には簡単な答えはない。科学技術はスポーツを不公平にする場合があるということに私たちは注意していなければならない。ただし，全ての人にとってスポーツをより楽しく，より安全にする改善は歓迎すべきだ。

(1)＜**適文選択**＞ア．冒頭にくる文。新たな技術が選手を助けているという，この文章のテーマである4が適切。　イ．この段落からハイテク水着の話になる。その導入文となるのは，ハイテク水着がもたらした結果を端的に示している6。　ウ．直後に「その後すぐに，この水着を使用した水泳選手が驚くべき割合で世界記録を更新し始めた」とある。これはハイテク水着が世に登場した結果だと考えられる。　エ．ハイテク水着が禁止された後の状況が入る。その状況を表しているのは，世界記録の更新が激減したという内容の3。　オ．この段落はハイテク装備の利点を述べている。その導入文となる1が適切。　not always ～「いつも～であるとはかぎらない」　カ．結論を述べる段落の冒頭文として，今後の問題点を提示している5が適切。

(2)＜**内容真偽**＞1．「全身水着を使用すると，水泳選手の速度が増し，浮力も向上する」…○　第2段落第4文に一致する。　2．「2008年の北京オリンピックで世界記録を破った水泳選手のほとんどは，ハイテク水着を着ていた」…○　第3段落第3，4文に一致する。　3．「2010年1月以降，全身水着は新しい世界記録とほとんど関係がないことが明らかになった」…×　第4段落参照。明らかになったのは記録短縮の理由が新しい全身水着にあること。　4．「スポーツの分野における科学技術の進歩は，人々が新しい道具を低価格で購入するのに役立つため，必ずしも悪いわけではない」…×　新しい道具が低価格で購入できる，という記述はない。

7〔**長文読解総合―説明文**〕

≪**全訳**≫❶ジョーとアンナはどちらも20代半ばだ。彼らは2年前に出会い，恋に落ち，やがて一緒に暮らすことに決めた。結婚することも考えてはいるが，まだその計画はない。彼らはいつか子どもを持ちたいと思っているが，この大きな一歩を踏み出す前に，夫婦としてうまくやっていけるかどうかを確かめたいと思っている。❷今日，ジョーとアンナのようなアメリカの多くのカップルは，結婚せずに一緒に暮らすことを選択している。A過去には，正式な結婚式や結婚許可証なしで一緒に住むカップルはほとんどいなかった。今日，同居はアメリカ社会の全てのカテゴリー――大学生，若年労働者，中年カップル，さらに60代や70代の人たちでさえ――の間で起こる。1970年には，同居している未婚のカップルの数は50万人をわずかに超えるほどだった。1998年にはそれが400万人以上に急増した。同様の傾向は多くの国で見られる。❸最近では，同居に対する社会からの反対意見はほとんどなく，裁判所はそうしたカップルがまるで法的に結婚しているかのように，彼らの権利をますます保護している。それでも，夫婦が結婚せずに恒久的に同居することはまだ非常にまれだ。ほとんどのカップルにとって，同居は，2，3年後の結婚につながる一時的な取り決めなのだ。❹同居は，今日のアメリカおよび世界の他の地域で見られる，従来のものとは別の多くのライフスタイルの一例にすぎない。その他の例としては，独身生活を保つこと，それに他の大人とその家族からなる大きな集団と一緒に生活することが挙げられる。❺過去20年間で，独身を貫く人の数が大幅に増加している。1998年では，アメリカの全世帯の約25%が独身世帯だった。他の国でも，同様の統計が見られる。例えば，オーストラリアでは，約12人に1人が一人暮らしで，この数は今後20年間で2倍になると予想されている。一人暮らしをする人のほとんどは結婚を20代後半に延期する若者だが，30代から40代の人もいる。彼らが独身でいる理由の１つとしてしばしば挙げるのは，適切な人にまだ出会っていないということだ。また，結婚はあまりにも多くの義務や責任を伴うからとか，独身のライフスタイルの方がよいから，という理由を述べる人もいる。❻独身が増加する２つの重要な社会学的理由がある。第一は，結婚せよという社会的圧力が低下していることである。第二に，独身者が快適な生活を送る機会が拡大したことだ。これは特に女性に当てはまる。女性の教育と雇用の機会が増えるにつれて，結婚は経済的安定，感情的サポート，社会的尊敬，有意義な仕事への唯一の道ではなくなった。❼親族関係にはないが，似たような理想や興味を共有している人々のグループが，１つのユニットまたはコミュニティとして一緒に暮らすことを決める場合がある。コミューンと呼ばれることもあるこれらのタイプのコミュニティでは，メンバーは主流の社会から独立するために所有物と技能を共有する。例えば，多くの人が自分たちの食べ物を全て栽培し，自分たちの小さな学校で子どもたちを教育する。アメリカまたは世界中の他の国にコミューンがいくつ存在するかを推定することは困難だが，インテンショナル・コミュニティ協会は数千あると推定している。これらの600以上がこの組織のメンバーだ。これらはタイプと規模が異なる一方で，全てがメンバー間の協力という原則に基づいている。❽共同生活という考えは現在，いくつかの都市の公営住宅団地に応用されている。コウハウジングにおいては，居住者がコミュニティの一部として実際に生活しながら，自分のスペースを維持できるように建物が設計されている。Bカリフォルニア州サクラメントのある公営住宅団地では，住民は自分が私的に使える区域を持っているが，庭や食堂，子どもの遊び部屋，洗濯室，ラウンジを共有している。彼らは週に３回，交替で皆の食事を調理し，多くの点で１つの大きな家族のように――所有物を共有し，必要なときに互いに助け合いながら――行動している。

(1)＜適文選択＞Ａ．直後の Today「今日では」から，「昔は～。現在は…」という流れになると考えられる。この段落は，結婚せずに一緒に暮らすことを選択する人たちの過去と現在における数が話題である。 marriage license「結婚許可証」 Ｂ．１のサクラメントにおける共同住宅の記述は，この前で述べられている some city housing projects の具体例になっている。 resident「住民」

(2)＜適語補充＞ア．独身を貫く理由を述べている部分。多くの義務や責任を伴うと考えられるのは「結婚」。第３段落最終文にある。 イ．似た理想や興味を共有する人々からなるユニットまたはコミュニティの呼び名が入る。２文後にある communes「コミューン」がその呼び名であることがわかる。

(3)＜内容真偽＞１．「一緒に暮らす未婚カップルの数は，アメリカだけで増えている」…× 第２段落後半参照。多くの国で同様の傾向が見られる。 ２．「コミューンでは，物をより安く買うために一緒に買う」…× そのような記述はない。 ３．「今日では，昔よりも一緒に暮らす未婚カップルが多い」…○ 第２段落後半に一致する。 ４．「他人と異なる生活をするために１つのコミュニティとして一緒に暮らすことを選択する人がいる」…○ 第７段落第１，２文参照。共同生活をするのは「主流の社会から独立するため」とある。mainstream「主流の」とは，「一般的な，普通の」ということ。 be independent of ～「～から独立して，～とは関係なく」 ５．「結婚する予定のあるカップルがほとんどいないのは，彼らが子どもを持ちたくないからだ」…× そのような記述はない。

８～11〔放送問題〕解説省略

2020年度／明治大学付属明治高等学校

数学解答

1 (1) $\frac{4}{7}$
(2) $(x-8y+4z)(x+4y-2z)$
(3) 20　(4) 345　(5) $\frac{4}{3}$

2 (1) 5　(2) 1，3

3 (1) 4　(2) $\frac{13\sqrt{15}}{5}$

4 (1) $(-1,\ 3)$　(2) $\left(-\frac{4}{3},\ \frac{16}{9}\right)$

5 (1) $a-1$　(2) $2-\sqrt{2}$
(3) $2\sqrt{2}$倍

1〔独立小問集合題〕

(1)＜式の値＞$2x-\sqrt{3}y=1$……①，$\sqrt{3}x+2y=1$……②とする。①×2より，$4x-2\sqrt{3}y=2$……①′　②×$\sqrt{3}$より，$3x+2\sqrt{3}y=\sqrt{3}$……②′　①′＋②′より，$4x+3x=2+\sqrt{3}$，$7x=2+\sqrt{3}$　$\therefore x=\frac{2+\sqrt{3}}{7}$　これを②に代入して，$\sqrt{3}\times\frac{2+\sqrt{3}}{7}+2y=1$，$\frac{2\sqrt{3}+3}{7}+2y=1$，$2y=\frac{4-2\sqrt{3}}{7}$　$\therefore y=\frac{2-\sqrt{3}}{7}$　よって，$x+y=\frac{2+\sqrt{3}}{7}+\frac{2-\sqrt{3}}{7}=\frac{4}{7}$となる。

(2)＜因数分解＞与式$=x^2+2xy-xz-6xy-12y^2+6yz+3xz+6yz-3z^2+20yz-5z^2-20y^2=x^2-4xy+2xz-32y^2+32yz-8z^2=x^2-2(2y-z)x-8(4y^2-4yz+z^2)=x^2-2x(2y-z)-8(2y-z)^2$とし，$2y-z=A$とおくと，与式$=x^2-2xA-8A^2=(x-4A)(x+2A)$となる。$A$をもとに戻して，与式$=\{x-4(2y-z)\}\{x+2(2y-z)\}=(x-8y+4z)(x+4y-2z)$となる。

(3)＜二次方程式の応用＞商品1つの定価をa円，定価で売れる個数をb個とする。定価をx％値下げしたとき，商品1つの価格は$a\left(1-\frac{x}{100}\right)$円となり，売り上げ個数は$\frac{x}{4}$％増えたので，$b\left(1+\frac{x}{4}\div100\right)=b\left(1+\frac{x}{400}\right)$個となる。定価のときの売り上げ総額は$ab$円，値下げしたときの売り上げ総額は$a\left(1-\frac{x}{100}\right)\times b\left(1+\frac{x}{400}\right)=ab\left(1-\frac{x}{100}\right)\left(1+\frac{x}{400}\right)$円と表せる。値下げしたときの売り上げ総額は定価のときの売り上げ総額より16％減少しているので，$ab\left(1-\frac{x}{100}\right)\left(1+\frac{x}{400}\right)=ab\left(1-\frac{16}{100}\right)$が成り立ち，$ab\left(1-\frac{x}{100}\right)\left(1+\frac{x}{400}\right)=\frac{21}{25}ab$となる。両辺を$ab$でわって解くと，$\left(1-\frac{x}{100}\right)\left(1+\frac{x}{400}\right)=\frac{21}{25}$，$1+\frac{x}{400}-\frac{x}{100}-\frac{x^2}{40000}=\frac{21}{25}$，$x^2+300x-6400=0$，$(x+320)(x-20)=0$より，$x=-320$，20となる。よって，$0<x<100$より，$x=20$となる。

(4)＜場合の数＞3の倍数は各位の数の和が3の倍数になるから，1，2，3，4，5から異なる3つの数を使って3けたの3の倍数をつくるとき，使われる3つの数の組は，(1，2，3)，(1，3，5)，(2，3，4)，(3，4，5)となる。よって，百の位の数が1の3の倍数は，小さい順に123，132，135，153の4個ある。百の位の数が2の3の倍数は，小さい順に213，231，234，243の4個ある。百の位の数が3の3の倍数は，小さい順に312，315，321，324，342，345，351，354の8個ある。$14-4-4=6$より，小さい方から14番目の数は，百の位が3の数の中の6番目だから，14番目の数は345となる。

(5)＜図形―面積比―特別な直角三角形＞次ページの図で，△ABC全体が回転したときに通過する部分は，線分OAを半径とする円となる。また，点Oから辺ABに垂線OHを引くと，点Hが辺AB

上で点Oから最も近い点となり，点Aが辺AB上で点Oから最も遠い点となるので，辺ABが通過する部分は，線分OAを半径とする円から線分OHを半径とする円を除いた図形となる。△ABCが正三角形より，△ABOは3辺の比が$1:2:\sqrt{3}$の直角三角形となるので，$\mathrm{OA}=\frac{\sqrt{3}}{2}\mathrm{AB}=\frac{\sqrt{3}}{2}a$となり，△AOHも3辺の比が$1:2:\sqrt{3}$の直角三角形となるので，$\mathrm{OH}=\frac{1}{2}\mathrm{OA}=\frac{1}{2}\times\frac{\sqrt{3}}{2}a=\frac{\sqrt{3}}{4}a$となる。よって，$S:T=\pi\times\left(\frac{\sqrt{3}}{2}a\right)^2:\left\{\pi\times\left(\frac{\sqrt{3}}{2}a\right)^2-\pi\times\left(\frac{\sqrt{3}}{4}a\right)^2\right\}=\frac{3}{4}\pi a^2:\frac{9}{16}\pi a^2=4:3$となるので，$\frac{S}{T}=\frac{4}{3}$となる。

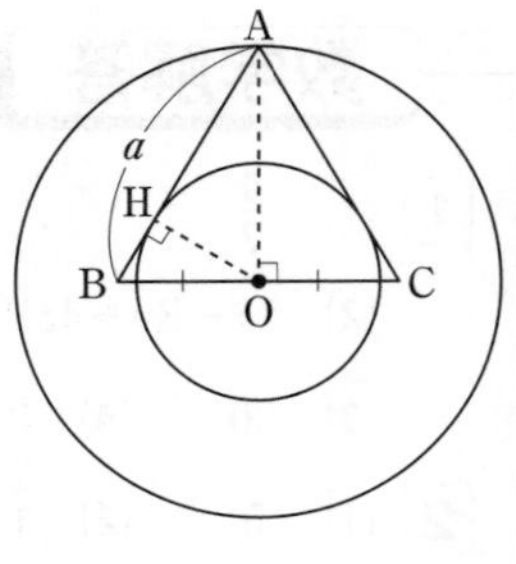

2 〔方程式―二次方程式の応用〕

(1)＜***a*の値**＞$x^2-\{a(a-4)+5\}x+5a(a-4)=0$とし，$a(a-4)=A$とおくと，$x^2-(A+5)x+5A=0$，$(x-A)(x-5)=0$より，$x=A$，5となる。よって，$x=a(a-4)$，5である。二次方程式の解が1つになるので，$a(a-4)=5$が成り立つ。これを解くと，$a^2-4a-5=0$，$(a-5)(a+1)=0$より，$a=5$，$-1$となり，$a$は正の整数なので，$a=5$である。

(2)＜***a*の値**＞(1)より，二次方程式の解は，$x=a(a-4)$，5である。2つの解の差の絶対値が8になるので，$a(a-4)>5$のとき，$a(a-4)-5=8$……①が成り立ち，$a(a-4)<5$のとき，$5-a(a-4)=8$……②が成り立つ。①より，$a^2-4a-13=0$となり，左辺が因数分解できないことから，aは整数にならない。②を解くと，$a^2-4a+3=0$，$(a-1)(a-3)=0$より，$a=1$，3となる。よって，$a=1$，3である。

3 〔平面図形―円〕

≪**基本方針の決定**≫(1)　△ABDと△AECに着目する。

(1)＜**長さ―相似**＞右図で，$\overset{\frown}{\mathrm{BD}}=\overset{\frown}{\mathrm{DC}}$より，∠BAD＝∠EACであり，$\overset{\frown}{\mathrm{AB}}$に対する円周角より，∠ADB＝∠ACEとなるから，△ABD∽△AECである。よって，AB：AE＝AD：ACである。AE＝xとすると，AE：ED＝2：3より，$\mathrm{AD}=\frac{2+3}{2}\mathrm{AE}=\frac{5}{2}x$となる。したがって，$5:x=\frac{5}{2}x:8$が成り立ち，$\frac{5}{2}x^2=40$，$x^2=16$，$x=\pm4$となる。$x>0$だから，$x=4$となり，AE＝4である。

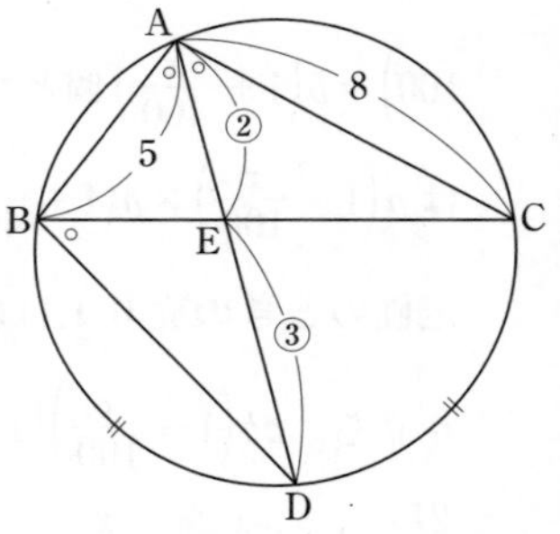

(2)＜**長さ―相似**＞右上図で，$\overset{\frown}{\mathrm{BD}}=\overset{\frown}{\mathrm{DC}}$より，∠BAD＝∠EBDであり，∠BDA＝∠EDBだから，△ABD∽△BEDとなる。これより，BD：ED＝AD：BDである。(1)より，$\mathrm{AD}=\frac{5}{2}\times4=10$，ED＝AD－AE＝10－4＝6である。よって，BD：6＝10：BDが成り立ち，$\mathrm{BD}^2=60$，$\mathrm{BD}=\pm2\sqrt{15}$となる。BD＞0だから，$\mathrm{BD}=2\sqrt{15}$である。次に，$\overset{\frown}{\mathrm{DC}}$に対する円周角より，∠EBD＝∠EACであり，∠BED＝∠AECだから，△BED∽△AECとなる。相似比は$\mathrm{BD}:\mathrm{AC}=2\sqrt{15}:8=\sqrt{15}:4$だから，$\mathrm{BE}:\mathrm{AE}=\sqrt{15}:4$より，$\mathrm{BE}=\frac{\sqrt{15}}{4}\mathrm{AE}=\frac{\sqrt{15}}{4}\times4=\sqrt{15}$となる。同様に，$\mathrm{ED}:\mathrm{EC}=\sqrt{15}:4$より，$\mathrm{EC}=\frac{4}{\sqrt{15}}\mathrm{ED}=\frac{4}{\sqrt{15}}\times6=\frac{8\sqrt{15}}{5}$となる。したがって，$\mathrm{BC}=\mathrm{BE}+\mathrm{EC}=\sqrt{15}+\frac{8\sqrt{15}}{5}=\frac{13\sqrt{15}}{5}$となる。

4 〔関数―関数$y=ax^2$と直線〕

≪基本方針の決定≫(2)　相似比と面積比の関係から△ABD の面積がわかる。

(1)＜座標—特別な直角三角形＞右図で，2点A，Bは放物線 $y=x^2$ 上にあり，x 座標はそれぞれ -2，1なので，$y=(-2)^2=4$，$y=1^2=1$ より，A$(-2,\ 4)$，B$(1,\ 1)$となる。点Aを通り y 軸に平行な直線と点Bを通り x 軸に平行な直線の交点をFとすると，AF $=4-1=3$，BF $=1-(-2)=3$ より，AF＝BF となるから，△ABF は直角二等辺三角形となる。これより，∠FAB $=45^\circ$ である。点Cから線分AFに垂線CGを引くと，△ACG も直角二等辺三角形となるから，AC $=\sqrt{2}$ より，AG＝CG $=\frac{1}{\sqrt{2}}$AC $=\frac{1}{\sqrt{2}}\times\sqrt{2}=1$ となる。よって，A$(-2,\ 4)$より，点Cの x 座標は $-2+1=-1$，y 座標は $4-1=3$ となり，C$(-1,\ 3)$である。

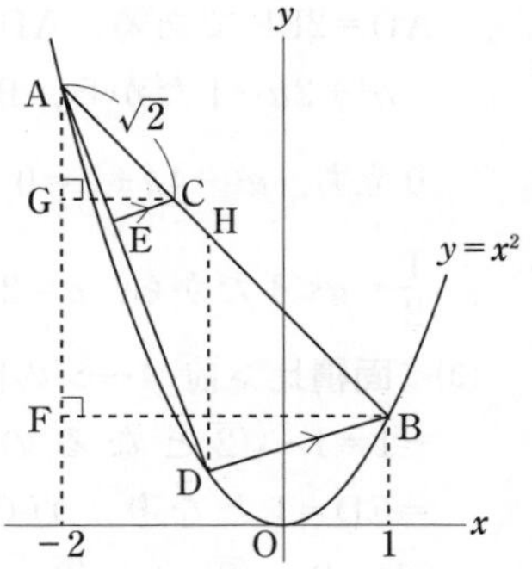

(2)＜座標＞右上図で，BD∥CE より，△ABD∽△ACE となる。(1)より，AB $=\sqrt{2}$AF $=\sqrt{2}\times3=3\sqrt{2}$ なので，相似比は AB：AC $=3\sqrt{2}:\sqrt{2}=3:1$ となり，△ABD：△ACE $=3^2:1^2=9:1$ である。これより，△ABD：〔台形 CEDB〕$=9:(9-1)=9:8$ となる。〔台形 CEDB〕$=\frac{56}{27}$ だから，△ABD $=\frac{9}{8}$〔台形 CEDB〕$=\frac{9}{8}\times\frac{56}{27}=\frac{7}{3}$ となる。次に，点Dを通り y 軸に平行な直線と AB の交点をHとする。AF＝BF より，直線 AB の傾きは $-\frac{\text{AF}}{\text{BF}}=-1$ だから，直線 AB の式は $y=-x+b$ とおける。A$(-2,\ 4)$を通るので，$4=-(-2)+b$，$b=2$ となり，直線 AB の式は $y=-x+2$ となる。点Dの x 座標を t とおくと，点Dは放物線 $y=x^2$ 上にあるから，$y=t^2$ となり，D$(t,\ t^2)$である。点Hの x 座標は t となり，点Hは直線 $y=-x+2$ 上にあるから，$y=-t+2$ より，H$(t,\ -t+2)$となる。よって，HD $=-t+2-t^2$ となる。HD を底辺と見ると，△AHD の高さは $t-(-2)=t+2$，△BHD の高さは $1-t$ となるから，△ABD＝△AHD＋△BHD $=\frac{1}{2}\times(-t+2-t^2)\times(t+2)+\frac{1}{2}\times(-t+2-t^2)\times(1-t)=\frac{1}{2}\times(-t+2-t^2)\times\{(t+2)+(1-t)\}=\frac{1}{2}\times(-t+2-t^2)\times3=-\frac{3}{2}t^2-\frac{3}{2}t+3$ と表せる。これが $\frac{7}{3}$ となるから，$-\frac{3}{2}t^2-\frac{3}{2}t+3=\frac{7}{3}$ が成り立ち，$9t^2+9t-4=0$ より，$t=\frac{-9\pm\sqrt{9^2-4\times9\times(-4)}}{2\times9}=\frac{-9\pm\sqrt{225}}{18}=\frac{-9\pm15}{18}=\frac{-3\pm5}{6}$ となる。したがって，$t=\frac{1}{3}$，$-\frac{4}{3}$ であり，$-2<t<0$ だから，$t=-\frac{4}{3}$ となる。$y=\left(-\frac{4}{3}\right)^2=\frac{16}{9}$ となるので，D$\left(-\frac{4}{3},\ \frac{16}{9}\right)$である。

5 〔関数—関数 $y=ax^2$ と直線〕

≪基本方針の決定≫(1)　点Bの x 座標を文字でおき，a とその文字を使って直線 l の傾きを表す。

(1)＜x 座標—変化の割合＞右図で，点Bの x 座標を b とする。点Bは放物線 $y=-x^2$ 上にあるので，$y=-b^2$ となり，B$(b,\ -b^2)$となる。また，点Aは x 座標が a だから，$y=-a^2$ となり，A$(a,\ -a^2)$である。よって，直線 l の傾きは，$\frac{-a^2-(-b^2)}{a-b}=\frac{-a^2+b^2}{a-b}=\frac{-(a+b)(a-b)}{a-b}=-(a+b)$ となる。直線 l の傾きは $-2a+1$ なので，$-(a+b)=-2a+1$ が成り立ち，これを b について解くと，$b=a-1$ となる。

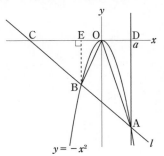

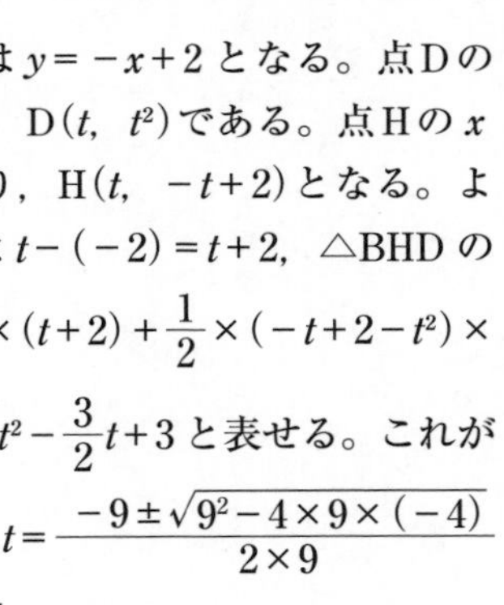

(2)＜a の値＞右図で，点Bから x 軸に垂線 BE を引く。このとき，

$\triangle$CBE∽$\triangle$CAD となり，点Bが線分 AC の中点であることから，BE：AD＝CB：CA＝1：2となり，AD＝2BE である。$\mathrm{AD}=0-(-a^2)=a^2$ である。また，点Bの y 座標は，(1)より，$y=-(a-1)^2=-a^2+2a-1$ だから，$\mathrm{BE}=0-(-a^2+2a-1)=a^2-2a+1$ である。よって，$a^2=2(a^2-2a+1)$が成り立ち，$a^2-4a+2=0$ より，$a=\dfrac{-(-4)\pm\sqrt{(-4)^2-4\times1\times2}}{2\times1}=\dfrac{4\pm\sqrt{8}}{2}=\dfrac{4\pm2\sqrt{2}}{2}=2\pm\sqrt{2}$ となる。$\dfrac{1}{2}<a<1$ だから，$a=2-\sqrt{2}$ となる。

(3)＜**面積比**＞前ページの図で，(2)より，点Aの x 座標は $a=2-\sqrt{2}$，点Bの x 座標は $a-1=(2-\sqrt{2})-1=1-\sqrt{2}$ となるので，$\mathrm{ED}=(2-\sqrt{2})-(1-\sqrt{2})=1$ となる。BE∥AD，CB＝BA より，CE＝ED＝1 となり，点Cの x 座標は $1-\sqrt{2}-1=-\sqrt{2}$ となる。よって，$\mathrm{CO}=0-(-\sqrt{2})=\sqrt{2}$，$\mathrm{CD}=2-\sqrt{2}-(-\sqrt{2})=2$ である。また，$\mathrm{AD}=a^2=(2-\sqrt{2})^2=6-4\sqrt{2}$ である。CB＝BA より，$\triangle$CBO＝$\triangle$OBA だから，$\triangle\mathrm{OBA}=\dfrac{1}{2}\triangle\mathrm{OCA}=\dfrac{1}{2}\times\dfrac{1}{2}\times\mathrm{CO}\times\mathrm{AD}=\dfrac{1}{2}\times\dfrac{1}{2}\times\sqrt{2}\times(6-4\sqrt{2})=\dfrac{\sqrt{2}(3-2\sqrt{2})}{2}$ となり，$\triangle\mathrm{CAD}=\dfrac{1}{2}\times\mathrm{CD}\times\mathrm{AD}=\dfrac{1}{2}\times2\times(6-4\sqrt{2})=2(3-2\sqrt{2})$ となる。したがって，$2(3-2\sqrt{2})\div\dfrac{\sqrt{2}(3-2\sqrt{2})}{2}=2\sqrt{2}$ より，$\triangle$CAD の面積は$\triangle$OBA の面積の$2\sqrt{2}$倍である。

2020年度／明治大学付属明治高等学校

国語解答

一 問一 1…イ

2 Aさんほどの人がいいかげんなことを書くはずがない

問二 ① 自分の読みに対する信念だけあって，著者に対する信の心がないこと。

⑦ 感想文が書きやすいような本を探すという事態。

⑪ 感想めいた何か強烈なもの。

問三 著者が書いていることを盲信すること。

問四 何回繰り返し読んでも，隠された内実に到達できずその本を自分の古典として獲得できないから。

問五 3…ウ　4…ア

問六 そのときの自分の読みを仮説的に信じて，著者の考えの展開に沿っているか試し，自分の読みを深めること。

問七 他の著者への信の心が持てなくなり，他の古典の内実に到達できなくなるから。

問八 最初から感想を書こうと考えてしまうと，すくい読みの形になり，その古典のいいところを取り逃してしまうから。

問九 自分の感想や考えを他の人にも納得してもらう(21字)

問十 自分が思っていることを対象化してはっきりさせること。

問十一 エ

問十二 それぞれが別々の内容にふれ，自分の時間や思い思いのテンポを持っている点。

問十三 6…ウ　7…ア　8…イ　9…エ

問十四 他人に理解可能な

問十五 それまで気づいていなかった作品の価値に気づくために，批評に左右されず，自分の目で見て感じたことに従って判断すること。

問十六 ア…×　イ…×　ウ…○　エ…×　オ…○

二 1 伯仲　2 干渉　3 斬新
4 厳粛　5 旋律　6 奔走
7 沸騰　8 宵　9 紛
10 煩

一〔論説文の読解―芸術・文学・言語学的分野―読書〕出典；内田義彦『読書と社会科学』。

≪本文の概要≫本を読むうえでいくつか重要な心構えがある。まず，自分の読みに対する信念と，著者に対する信念である。これらの信念がなければ，解決すべき問題や事実が明確に浮かび上がってこず，読者と著者の信頼関係を築き上げることもできないからである。また，近頃は感想文がはやっているが，感想文を書くために読書をするのは意味がない。本を読み深めるために感想を書くことは不可欠で，感想をまとめる際の，読書によって得られた言葉にしがたい強烈な感動や衝撃を，文章という形にして残す努力が重要なのである。そして最後に，自分の確信にこだわらず，自由に物事をとらえる姿勢が大切である。自分の考えの及ばないところに，宝のようなすばらしい事実が隠れていることがある。これまでの自分の考えが，意外な発見により変化する自由さも読書の魅力である。

問一＜文章内容＞1．文章に書いてある事実や解釈に対する疑問を，はっきりとした形でとらえるためには，自分の読みが間違っていないと信じることが必要である。　2．自らの読みを信じる一方で，間違ったことは書かない「はず」と，著者に対する信念も持たなくては，疑問を明確にし，読みを深めることはできない。

問二＜指示語＞①自分の読みだけを信じ，著者への信念が欠けているのと反対に，著者への信だけあって，自分の読みに対する信念がない場合も，精読はできない。　⑦感想文を書くために読書をするという本末転倒の習慣が広まり，感想文の書きやすさを基準に本を選ぶ人が，増えてきてしまった。　⑪読書で得られた感動や衝撃は，簡単には言葉にできないほどの強烈なものとして，口ごもった状態で存在する。

問三＜文章内容＞自ら考えることをせず，著者の考えを信じて頼りきるような読み方では，本に書いてある内容を自分のものにすることができないのである。

問四＜文章内容＞自分の読みに対する信念や著者に対する信念がない状態では，疑問が生じず，本に書かれている内容や事実を深く読みとることができない。そのため，たとえ繰り返し読んだとしても，本の内容を自分のものにすることができず，読書をする意味がなくなってしまう。

問五＜四字熟語＞３．自分と著者の両方を信じきることができない曖昧な状態では，読者と著者の信頼関係が成立していないといえる。「曖昧模糊」は，物事がはっきりせず，ぼんやりしているさま。　４．本来は，読書を深める目的で感想文を書くべきなのに，近頃では，感想文を書くために読書をするという，手段と目的の逆転した事態が起こっている。また，読書で得た自分の感想を明確にするために，他人に伝わるように感想文にまとめる努力が必要であるが，気をつけないと手段と目的が逆転して，他人に通じやすい感想文を書くことを目的とした本の読み方になってしまう。「本末転倒」は，根本の重要なことと，枝葉のつまらないことを取り違えること。

問六＜文章内容＞自分なりの読みに信念を持ち，著者の考え方や文章の展開にその読みを当てはめて読書をすることで，自分の読みが，どれだけ本文に通用するのかを検証できる。その作業を繰り返すうちに，自分の読みは鍛えられ，深まっていくのである。

問七＜文章内容＞たとえある著者の本のすばらしさを読みとれるようになったとしても，ある著者を信頼するあまりに，他の著者に信の念が持てなくなるならば，かえってさまざまな本の魅力を見落とすようになってしまうのである。

問八＜文章内容＞感想を書くことを目的に本を読むと，文章としてまとめやすい内容ばかりに目がいき，「掬い読み」の形になってしまう。その結果，言葉にすることが難しいほどの強烈な感想を本から得ることは，できなくなるのである。

問九＜文章内容＞感想文は，単なる個人的なメモやノートと違い，自分の考えをわかりやすく整理し，他人にも理解してもらうために書く，公的な文章としての側面を持っている。

問十＜文章内容＞自分の感想を曖昧な印象のままにせず，文章という他人の目からもわかる具体的な形に表現することでようやく，感想は，自分自身の独立した意見として周囲から評価される状態になる。

問十一＜慣用句＞「眉をひそめる」は，不快なことや不安なことに対して，眉間にしわをよせる，という意味で，「顔をしかめる」は，不快なことで表情をゆがめる，という意味。「目を皿にする」は，注意深く物を見る，という意味。「舌を巻く」は，非常に驚いたり感心したりする，という意味。「手をやく」は，うまく処理できずに困る，という意味。「あごを出す」は，ひどく疲れ，足が出ずにあごだけが出る，という意味。

問十二＜文章内容＞芝居や音楽などの場合，鑑賞する人たちは同じ内容を，同じ時間の流れで味わうことになる。しかし読書は，読む人それぞれが違う内容を，自分なりの時間の流れで味わうという点で，他の芸術鑑賞とは異なっている。

問十三．6＜表現＞読書で得た強烈な印象は，うまく言葉にはできない曖昧なものであり，たとえて言うなら，口ごもった状態と似ている。　7＜接続語＞読んだ文章から得た強烈な印象は，疑う余地のないほど明白なものであるのに，表現することが難しいものでもある。　8＜接続語＞読書からは表現しがたい印象を受けるものだが，言うまでもなく，「ある事についてのウェーバーの見解」のような，一部の限定的なものにしか関心を持たず，読書そのものから強い印象を得ない人もいる。　9＜接続語＞一部のものにしか関心がない人々は，読書から強烈な印象を得ることがないため，感想をまとめるには苦労しないですんでしまう。

問十四＜文章内容＞言葉にしにくい個人的で強烈な印象を，他人に伝わるように書く努力は重要である。しかし，個人的な印象よりも他人へのわかりやすさを優先して文章を書くことは，自分独自の読みを表現できなくなるので，避けるべきである。

問十五＜指示語＞「T先生」の，「モナ・リザ」の実物と模写を見比べるうちに「モナ・リザ」の評価がひっくりかえったという例と同様に，周囲からの評判や価値判断にとらわれることなく，あくまで自分の目で見て判断し，ときには先入観を捨てて考えを変えるという自由な物の見方が，読書の場合でも重要である。

問十六＜要旨＞ア．A氏の本を読む過程で得たコツと確信を，別の著者の本の精読に生かすことで，他のすばらしい古典を見つけることができるようになる(…×)。　イ．「T先生」は，「モナ・リザ」とその模写を自分の目で見比べることで，「モナ・リザ」における事実が見えてくるようになり，作品への評価を変えることになった(…×)。　ウ．感想文は，本来，言葉にならないほどの強烈な印象を文章の形にし，読みを深めるものであるが，はじめから感想文を書くために読書をしてしまうと「掬い読み」の形になり，読んでいる本の持つ真の魅力を見逃すことになってしまう(…○)。　エ．食わず嫌いだった「野菜煮」を恋人の影響でおいしく感じるようになる例と同様に，本の読み深めにおいては，自分の価値判断の枠から外れ，新しいものの見方をする自由さが重要である(…×)。　オ．自分の感想を大事にせず，他人へのわかりやすさだけを優先した感想文を書く姿勢は避けるべきであるが，文章化しにくいほどの強烈な印象を，他人に伝わるような文章の形にする努力は，真に個性的な読みにつながるため，そういう感想文を書くことは必要である(…○)。

二〔漢字〕

1．「伯仲」は，力が同等で優劣がないこと。　2．「干渉」は，他人のことに立ち入り，口出しや考えの押しつけなどをすること。　3．「斬新」は，発想が独自で，今までに類のないような，新しいものであるさま。　4．「厳粛」は，おごそかで，心が引き締まるさま。　5．「旋律」は，一つのまとまりとなった音の流れのこと。　6．「奔走」は，物事がうまくいくよう，あちこちを駆け回ること。　7．「沸騰」は，煮え立つこと。　8．「宵」は，夜になってまだ間もない頃のこと。　9．音読みは「紛争」などの「フン」。　10．音読みは「煩雑」などの「ハン」。

2019年度 明治大学付属明治高等学校

【英　語】（60分）〈満点：120点〉

（注意）リスニング問題は放送による問題で，試験終了20分前に開始します。

■リスニング問題は，当社ホームページ(http://www.koenokyoikusha.co.jp)で視聴することができます。（当社による録音です）

1 次の英文の内容に合うように，（１）～（６）に入る最も適切な語を語群の中からそれぞれ１つ選び，必要があれば適切な形に直して答えなさい。ただし，語群の語は１度ずつしか使えない。

During my first year in Japan I was sick often. That was probably because of the stress of (1) in a foreign country. When I went to see a doctor, I was in for a few surprises. The receptionist asked me one or two questions about why I was there. One of the questions was whether I (2) a fever. When I said I wasn't sure, she passed me a thermometer. I was a little surprised. Taking one's temperature is not really a private activity but I'd never taken mine in a waiting room. In America that would (3) when the patient was in a private room or curtained area. But I understood what I was supposed to do. Or I thought I understood. I stuck the thermometer under my tongue and then noticed some people looking at me. Whoops! Should I have just held the thermometer until the doctor (4) me? Or was I supposed to have gone to the toilet to take my temperature? Maybe there was a special thermometer-taking room! The receptionist saw me and hurried out. She (5) me to take the thermometer from my mouth and stick it under my arm. Under my arm? What was going on? Of course, this is the usual method in Japan, but it's one most Americans have never (6) of.

[happen / have / hear / live / say / see / tell]

2 次の各英文の下線部①～④のうち，文法的に誤りのある箇所を見つけ，例にならって答えなさい。

（例） Mr. White ①are teaching English ②in ③this room ④now.
答え：[①→is teaching]

(1) ①With their computer brains, robots can ②do work ③how humans don't want to do because it is dangerous, dirty, ④or boring.

(2) The double-decker bus ①is very famous in London, but the ②number of double-decker buses ③is becoming ④fewer.

(3) Most of ①schools in Japan are ②on the Internet. If you want to know ③when to take a test or ④how much to pay, it's easy to find out such information on the Internet.

(4) The flu is different ①from a cold. The name "flu" comes from "②influence of the stars." People thought that the flu ③was brought ④for the stars.

(5) How does the flu ①go around the world now? The world is smaller today and the virus is ②easily carried by planes and ③send to many places in the world in only ④a few days.

3 次の英文の内容に合うように，[　]内の語(句)を適切に並べかえ，３番目と５番目にくるものを，それぞれ番号で答えなさい。ただし，文頭にくる語も小文字で表記してある。

Kazuki is a junior high school student. In early July, he was ①[1. do 2. during 3. for 4. looking 5. something 6. summer vacation 7. to]. One day, he read about the Little Teacher Program in the school newspaper. In the program, junior high school students help young children with their homework. He decided to join this program as a volunteer.

On the first day of the program, Kazuki met a boy. His name was Ryo. He was in the fifth grade. ②[1. about 2. after 3. favorite 4. talked 5. their 6. they 7. things], Ryo started answering *arithmetic questions. About ten minutes later, he asked Kazuki for help. Kazuki knew the answer and explained how to get it to Ryo. But Ryo couldn't understand. Kazuki ③[1. change 2. he 3. his 4. of 5. should 6. thought 7. way] teaching.

At home, Kazuki tried to find a better way to teach Ryo, but he couldn't find it for a long time. Then he got an idea: to look at his arithmetic notebook ④[1. grade 2. the fifth 3. he 4. he was 5. in 6. used 7. when]. When he looked at the notebook, he found it had a lot of *figures. He thought, "These kinds of figures helped me a lot then. So Ryo will need them to find the answer, too." Then Kazuki prepared for Ryo.

On the next day, Kazuki taught Ryo with the figures. Ryo said, "I got the answer! These figures are great!" Then Ryo answered more questions in the same way. Kazuki ⑤[1. and 2. began 3. confident 4. enjoy 5. felt 6. teaching 7. to] Ryo. At night, Kazuki opened his notebook again.

（注） arithmetic 算数の figure 図，図形

4 次の英文の（ア）～（カ）に入る最も適切な語をそれぞれ１つ選び，番号で答えなさい。

Make your mind full of *the here and now. This is the first step in a mental training called "mindfulness." So what is mindfulness, and how do people practice it?

The idea of mindfulness comes from a kind of *Buddhist training. In this training, people try to feel the (ア): there is only "now" and no past or future. By feeling that, people notice the (イ) of the things they are seeing, hearing, smelling, or doing at that time. If people think that these things are very important for them, that gives them *satisfaction.

*Psychologists have developed the training into today's mindfulness practice by (ウ) it a little easier for people. For example, you can practice mindfulness at any time and in any place, while in the Buddhist training you need to sit in a quiet room for a long time. With mindfulness, you just do things like walk with all your *concentration and feel the morning sunshine with all your (エ).

People are very (オ) today. They watch TV during dinner, listen to music while they are walking to work or school, and have a mobile phone in their hand most of the time. Do they really (カ) the taste of the food they are eating or notice the beautiful sky above them? If they don't, they should try mindfulness training.

（注） the here and now 今この瞬間 Buddhist 仏教の satisfaction 満足感
psychologist 心理学者 concentration 集中

ア	1 stress	2 moment	3 idea	4 air
イ	1 importance	2 feeling	3 interest	4 time
ウ	1 bringing	2 taking	3 making	4 showing
エ	1 world	2 eye	3 heart	4 hand

オ　1　happy　　2　sleepy　　3　sorry　　4　busy
カ　1　enjoy　　2　have　　3　take　　4　see

5　次の会話文の(ア)～(カ)に入る最も適切なものをそれぞれ1つ選び，番号で答えなさい。選択肢は1度ずつしか使えない。ただし，文頭にくる語も小文字で表記してある。

Ted　:　So, Susan, do you have anything planned for this Saturday ?
Susan :　Uh, I'm kind of busy.　(　ア　)
Ted　:　Oh, I was wondering if you'd like to get together and do something, like catch a movie or take a walk down by the lake.
Susan :　I'd love to, but I'm really going to be busy all day on Saturday.
Ted　:　What do you have going on that day ?
Susan :　First, my mom asked me to help clean the house in the morning, and then I have a dentist appointment at 12:30.　(　イ　)
Ted　:　Well, what about after that ?
Susan :　Well, I'm going to be running around all day.　After the dentist appointment, I need to meet Julie at 2:00 to help her with her science project that's due on Monday morning at school.
Ted　:　Okay, but (　ウ　)
Susan :　Hardly.　Then I have to pick up my brother from soccer practice at 4:30, and my mom asked me to cook dinner for the family at 5:30.　(　エ　)　Then, I have to clean the dishes and finish reading my history assignment.　Who knows how long THAT'll take.
Ted　:　Wow, sounds like you're going to have a full day.　Hey, listen, why don't I come over later in the evening, and (　オ　)
Susan :　Oh, that'd be great, but our TV is broken.
Ted　:　Huh.　Well, (　カ　)
Susan :　Sounds good, but give me a call before you come.　My mom might try to come up with something else for me to do.

1　we can make some popcorn and watch movie.
2　let's just play a game or something.
3　are you free after that ?
4　why do you ask ?
5　I can't miss that because I've canceled twice before.
6　that won't be enough for me.
7　I feel like a slave sometimes.

6　次の英文を読み，あとの問いに答えなさい。

Today I'm writing about writing.　We've all experienced good and bad writing, but what exactly is the difference and why does it matter ?

Bad writing changed my life direction.　I was working on a *PhD in literature because I loved good fiction.　Unfortunately, literature students (　ア　), that is, literary *criticism and critical theory.　Occasionally, I came across a critical book that really spoke to me, but most of the required reading was simply unreadable.

I'll never forget a professor's comment on a critical paper I wrote.　She thanked me for writing clearly and simply and said most of her students' papers were impossible to understand. I knew exactly what she meant. A lot of scholars and other professionals use *jargon and elevated language to (イ). Sometimes they're actually hiding behind fancy language because they don't know what they're talking about. Eventually, I changed my path away from *grad school to (ウ).

Good writing is clear and simple, no matter who the audience is. Some Japanese readers probably think I simplify my writing for second language learners. I don't. Writing for a Japanese audience is the perfect way to (エ).

As William Zinsser said in his classic guide, *On Writing Well*, "The secret of good writing is to *strip every sentence to its cleanest components." In other words, cut unnecessary words and use short, simple ones rather than big, long ones.

Which sentence is better ? You decide:

［A］: Social media platforms are utilized to enhance opportunities for communication outside of the classroom.

［B］: We use Facebook and Twitter to help students communicate better outside class.

When I was a kid, we used to (オ). Do you recognize this one ? "Three visually deficient rodents, three visually deficient rodents. Observe how they perambulate . . ." and so on. That is of course the beginning of this song : "Three blind mice, three blind mice. See how they run . . ."

One lesson to take from all this is writing well doesn't require a lot of fancy English. If you're reading and understanding this essay, you're probably ready to write good English yourself. Practice by creating an English-only Facebook group with friends, or just keep a diary. That might be a fun way to start a new year !

（注） PhD 博士の学位　criticism 批評　jargon 専門用語　grad school 大学院
strip そぎ落とす

(1) 本文中の(ア)～(オ)に入る最も適切なものをそれぞれ1つ選び，番号で答えなさい。

1 remember what's important in good writing
2 spend much of their time reading what other professors write about literature
3 become a professor
4 make fun of big language by singing simple songs in a complicated way
5 sound important or profound
6 avoid reading terrible English

(2) 筆者があげている2つの例文(AおよびB)のうち，筆者が好ましいと考えているのはどちらか。AまたはBの記号で答えなさい。

(3) 次の英文のうち，本文の内容に合うものを3つ選び，番号で答えなさい。

1 The author is writing in simple English because it is meant for Japanese readers.
2 The author didn't like the way her fellow literature students wrote their papers.
3 If the reader is able to read and understand the essay, he/she will be able to write good English.
4 The author would rather read good fictions than read good non-fictions.
5 Making an English-only Facebook group is the only way to make your writing better.
6 The author agrees with what William Zinsser said in his book about how we should write.

7 次の英文を読み，あとの問いに答えなさい。

The twenty-six-year-old mother stared down at her son who was dying of *terminal leukemia. Although her heart was filled with sadness, she also had a strong feeling of *determination. Like any parent she wanted her son to grow up and fulfill all his dreams. Now that was no longer possible, for no one could survive leukemia. But she still wanted her son's dream to come true.

She shook her son's hand and asked, "Bopsy, did you ever think about what you wanted to be when you grew up ? Did you ever dream and wish about what you would do with your life ?"

"Mommy, I always wanted to be a (ア) when I grew up."

Mommy smiled back and said, "Let's see if we can make your wish come true." Later that day she went to her local fire department in Phoenix, Arizona, where she met Fireman Bob, who had a heart as big as Phoenix. She explained her son's final wish and asked if it might be possible to give her six-year-old son a ride around the block on a fire engine.

Fireman Bob said, "Look, [A]. If you'll have your son ready at seven o'clock Wednesday morning, we'll make him an *honorary fireman for the whole day. He can come down to the fire station, eat with us, go out on all the fire calls, the *whole nine yards ! And, if you'll give us his sizes, we'll get a real fire hat — not a toy one — with the emblem on the Phoenix Fire Department on it, a yellow slicker like we wear and rubber boots. They're all made right here in Phoenix, so we can get them fast."

Three days later Fireman Bob picked up Bopsy, dressed him in fire uniform and escorted him from his hospital bed to the waiting hook and ladder truck. Bopsy got to sit up on the back of the truck and help steer it back to the fire station. He was in heaven.

There were three fire calls in Phoenix that day and Bopsy got to go out on all three calls. He rode in the different fire engines, the *paramedics' van and even the fire chief's car. He was also videotaped for the local news program.

Having his dream come true, with all the love and attention that was given a lot to him, so deeply touched Bopsy that he lived three months longer than any doctor thought possible.

One night all of his *vital signs began to drop dramatically and the head nurse, who believed in the hospice concept that no one should die alone, began to call the family members to the hospital. Then she remembered the day Bopsy had spent as a fireman, so she called the fire chief and asked if it would be possible to send a fireman in uniform to the hospital to be with Bopsy as he was going to die. The chief replied, "Well, [A]. We'll be there in five minutes. Will you do me a favor ? When you hear the sirens screaming and see the lights flashing, will you announce over the *PA system that there is not a fire ? It's just the fire department coming to see one of its finest (イ) one more time. And will you open the window to his room ? Thanks."

About five minutes later a hook and ladder truck arrived at the hospital, *extended its ladder up to Bopsy's third floor open window and fourteen firemen and two firewomen climbed up the ladder into Bopsy's room. With his mother's *permission, they hugged him and held him and told him how much they loved him.

With his dying breath, Bopsy looked up at the fire chief and said, "Chief, am I really a fireman now ?"

"Bopsy, [B]" the chief said.

With those words, Bopsy smiled and closed his eyes for the last time.

(注) terminal leukemia 末期の白血病　determination 決意　honorary 名誉
whole nine yards 一切合切　paramedics' van 緊急医療車　vital signs 脈拍や呼吸
PA system 構内放送　extend 伸ばす　permission 許可

(1) 本文中の(ア)と(イ)に入る最も適切な語を本文中からそれぞれ抜き出して，答えなさい。

(2) 本文中の[A]と[B]に入るセリフとして最も適切なものをそれぞれ1つ選び，番号で答えなさい。

[A]　1　you can do it by yourself　2　you can do better than us
　　3　we can do better than that　4　what we can do is very little

[B]　1　you are,　2　no way,　3　are you？　4　will you？

(3) 次の英文のうち，本文の内容に合うものを2つ選び，番号で答えなさい。

1　Bopsy's mother believed that Bopsy would get over the illness in the future.
2　Fireman Bob was generous enough to give Bopsy a chance to work with them.
3　Bopsy became famous because he recorded some fires for the local news program.
4　Bopsy's mother asked the fire chief to send a fireman to the hospital when Bopsy was dying.
5　Bopsy lived longer than expected thanks to the wonderful experience.

リスニング問題

8　放送を聞き，説明されている語を答えなさい。放送はそれぞれ1回です。

(1) ＿＿＿＿＿　(2) ＿＿＿＿＿　(3) ＿＿＿＿＿　(4) ＿＿＿＿＿

9　放送を聞き，（1）～（5）に入る語を答えなさい。放送は1回です。

Mike was turning twenty-five next month. Maria wanted to throw a party for him in celebration, but Mike felt he was too old for those kinds of things. Maria insisted that he (1) her. After much resistance, Maria agreed not to. Mike believed her. Little did he know, Maria planned to surprise him by throwing a birthday party for him to (2) when he came back home from work.

Maria began to make phone calls. She called Mike's best friend Doug, along with other friends from work, to help make the event. Maria even invited the next door (3), Theodore. Everyone she invited said yes to attend the party. Maria planned it to take place on a Friday, one day before his birthday. She told everyone to arrive at 1:00 p.m. to help set up the banners and balloons.

Maria was really (4). She asked Doug if he could help buy the balloons and banners for the party, to which he said yes. All Maria had to buy was the birthday cake. She went to a local bakery to order the cake. She had to make sure not to make Mike suspect a thing.

When she went out to the bakery, Mike was in the apartment napping on the couch. She sneaked (5) the front door, hoping not to wake Mike up. As soon as Maria opened the door, Mike awoke from his sleep.

10　放送を聞き，質問の答えとして最も適切なものをそれぞれ1つ選び，番号で答えなさい。放送は2回流れます。

(1) What does the author say the benefits of exercise are？
1　You enjoy the feeling of movement at work.
2　You stand up and stretch several times a day.
3　You will have more energy.
4　You feel large muscles important.

(2) According to the passage, how can you be healthier in your daily life ?
 1 By making dramatic changes in your life style.
 2 By having a pair of weights on your desk.
 3 By spending your workday quickly.
 4 By adding a small exercise to your everyday routine.

(3) How many times per week should you exercise when you go to work ?
 1 Every day.
 2 A few times.
 3 Once.
 4 Not mentioned.

(4) Which can be added to your daily routine ?
 1 Go to the gym.
 2 Do a short arm exercise.
 3 Enjoy a physically active life.
 4 Join a sports team.

(5) What is the best title for this passage ?
 1 The benefits of exercise
 2 To live longer
 3 Joining a sports team
 4 To challenge yourself

11 放送を聞き，続けて流れる質問の答えとして最も適切なものをそれぞれ１つ選び，番号で答えなさい。放送は２回流れます。

(1) 1 To the city guide.
 2 To the art museum.
 3 To the zoo.

(2) 1 Near the art museum.
 2 At noon.
 3 Indian food.

(3) 1 Because there are unique animals.
 2 Because he doesn't like shopping.
 3 Because the woman wants to go there.

(4) 1 By subway.
 2 On foot.
 3 By bus.

(5) 1 They are at home.
 2 They are on a trip.
 3 They are at school.

＜リスニング問題放送台本＞

8 放送を聞き，説明されている語を答えなさい。放送はそれぞれ１回です。

(1) a piece of glass with a shiny, metal-covered back that reflects light, producing an image of whatever is in front of it

(2) to make food last a long time by storing it at a very low temperature so that it becomes hard

(3) unusual and unexpected, or difficult to understand

(4) something that you can hear or that can be heard

9 放送を聞き，(１)～(５)に入る語を答えなさい。放送は１回です。

Mike was turning twenty-five next month. Maria wanted to throw a party for him in celebration, but Mike felt he was too old for those kinds of things. Maria insisted that he allow her. After much resistance, Maria agreed not to. Mike believed her. Little did he know, Maria planned to surprise him by throwing a birthday party for him to discover when he came back home from work.

Maria began to make phone calls. She called Mike's best friend Doug, along with other friends from work, to help make the event. Maria even invited the next door neighbor, Theodore. Everyone she invited said yes to attend the party. Maria planned it to take place on a Friday, one day before his birthday. She told everyone to arrive at 1:00 p.m. to help set up the banners and balloons.

Maria was really excited. She asked Doug if he could help buy the balloons and banners for the party, to which he said yes. All Maria had to buy was the birthday cake. She went to a local bakery to order the cake. She had to make sure not to make Mike suspect a thing.

When she went out to the bakery, Mike was in the apartment napping on the couch. She sneaked towards the front door, hoping not to wake Mike up. As soon as Maria opened the door, Mike awoke from his sleep.

10 放送を聞き，質問の答えとして最も適切なものをそれぞれ１つ選び，番号で答えなさい。放送は２回流れます。

Why do people exercise? Some people like to feel strong. Other people find large muscles attractive. And others just enjoy the feeling of movement. Whatever the reason, the benefits of exercise are obvious. The more active you are, the better you will feel. You will have more energy, and you may even live longer.

You may be wondering how you can be healthier without making dramatic changes to your daily schedule. Maybe you don't have time to join a sport team. Luckily, you do not need to go to the gym every day in order to improve your health. It is possible to achieve a better level of fitness by adding small exercises to your daily routine. You can build up your strength even if you work in an office.

If your job is close to home, try to walk or bicycle to work a few times per week. Make sure to stand up and stretch several times throughout the day. You can even keep a pair of weights on your desk and do a short arm exercise every hour. These movements may not be very difficult, but try to challenge yourself. You always have the potential to be stronger and to live a more physically active life. Try to add small exercises to your routine. You might feel more powerful in a matter of weeks. And who knows? Your workday might go by more quickly.

11 放送を聞き，続けて流れる質問の答えとして最も適切なものをそれぞれ1つ選び，番号で答えなさい。放送は2回流れます。

Man : So, what do you want to do tomorrow?

Woman : Well, let's look at this city guide here. [Okay] Uh, here's something interesting. [Oh!] Why don't we first visit the art museum in the morning?

Man : Okay. I like that idea. And where do you want to eat lunch?

Woman : How about going to an Indian restaurant? [Humm] The guide recommends one downtown a few blocks from the museum.

Man : Now that sounds great. And after that, what do you think about visiting the zoo? [Oh . . umm . . well . . .] Well, it says here that there are some very unique animals not found anywhere else.

Woman : Well, to tell you the truth, I'm not really interested in going there. [Really?] Yeah. Why don't we go shopping instead? There are supposed to be some really nice places to pick up souvenirs.

Man : Nah, I don't think that's a good idea. We only have a few traveler's checks left, and I only have fifty dollars left in cash.

Woman : No problem. We can use YOUR credit card to pay for MY new clothes.

Man : Oh, no. I remember the last time you used MY credit card for YOUR purchases.

Woman : Oh well. Let's take the subway down to the seashore and walk along the beach.

Man : Now that sounds like a wonderful plan.

(1) Where will they go tomorrow morning?

(2) What will they have for lunch?

(3) Why does the man want to go to the zoo?

(4) How will they go to the seashore?

(5) Where are the man and the woman now?

【数　学】（50分）〈満点：100点〉

（注意）　1．解答は答えだけでなく，式や説明も解答用紙に書きなさい。（ただし，**1** は答えだけでよい。）

2．無理数は分母に根号がない形に表し，根号内はできるだけ簡単にして表しなさい。

3．円周率は π を使用しなさい。

4．定規・分度器・コンパスは使用できません。

1　次の □ にあてはまる数や式を求めよ。

(1)　$(a+2b)^2+2a(a-3b)-(2a-b)^2+2(a+b)(a-b)$ を因数分解すると，□ である。

(2)　x についての2次方程式 $x^2-2(a+6)x+a^2+8a=0$ の解が $x=-3$ のみであるとき，$a=$ □ である。

(3)　右の図のように，$\angle ABC=90°$ の直角三角形ABCがあり，ABを直径とする半円Oと辺ACとの交点をDとする。$\angle ACB=60°$，$BC=4$ のとき，斜線部分の面積の和は □ である。

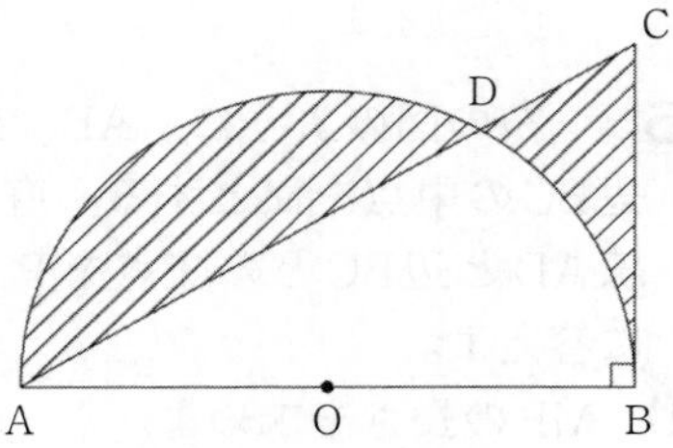

(4)　右の図のように，4点O(0, 0)，A(6, 0)，B(6, 4)，C(0, 4)を頂点とする長方形OABCがあり，点P(3, 7)を通る直線と辺BC，OAとの交点をそれぞれD，Eとする。四角形OEDCと四角形EABDとの面積比が1：3のとき，直線の式は □ である。

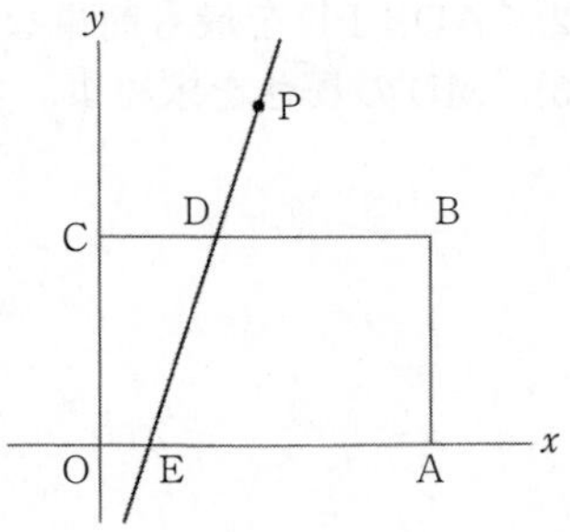

(5)　大小2つのさいころを同時に投げる。大きいさいころの出た目の数を a，小さいさいころの出た目の数を b とする。十の位の数を a，一の位の数を b とする2桁《けた》の整数を n とするとき，$n=ab+8a+2$ となる確率は □ である。

2　x，y についての2つの連立方程式

$$\begin{cases}-bx+5y=4a+3\\5x-6y=3\end{cases}\cdots\cdots①,\qquad\begin{cases}-3x+2y=7\\ax+by=-12\end{cases}\cdots\cdots②$$

がある。①と②の解の x の値は等しく，②の解の y の値は，①の解の y の値に x の値の2倍を加えたものである。このとき，次の各問いに答えよ。

(1)　連立方程式①の解を求めよ。

(2)　a，b の値を求めよ。

3　右の図のように，放物線 $y=\frac{1}{4}x^2$ と直線 $y=-x+3$ ……①がある。また，直線②は，直線①と傾きが等しく，切片が5だけ大きい直線である。放物線と直線①との交点をA，B，放物線と直線②との交点をC，Dとし，2点B，Cの x 座標は正とする。このとき，次の各問いに答えよ。ただし，原点をOとする。

(1)　四角形ABCDの面積を求めよ。

(2)　Oを通り，四角形ABCDの面積を2等分する直線の式を求めよ。

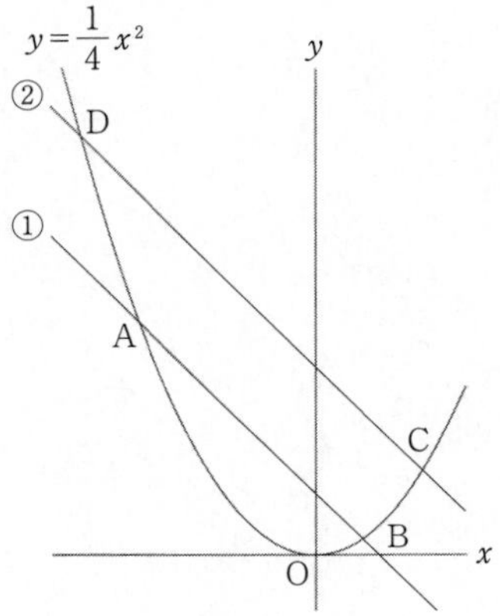

4　右の図のように，１辺の長さが６の正四面体OABCがある。辺OB上にOD：DB＝２：１となる点D，辺OC上にOE：EC＝２：１となる点Eをとる。このとき，次の各問いに答えよ。

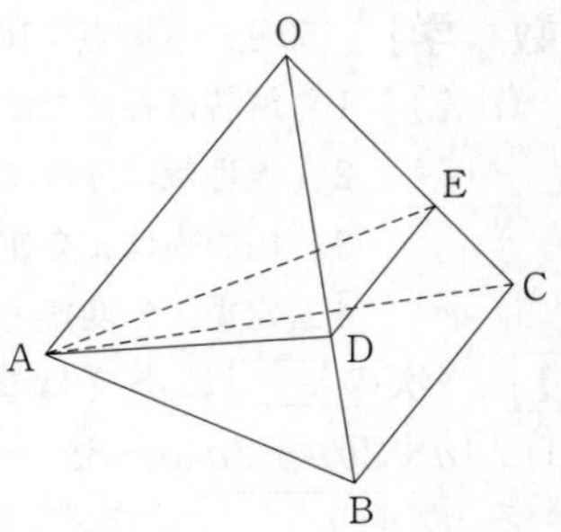

(1)　△ADEの面積を求めよ。

(2)　頂点Oから平面ADEに垂線をひき，平面ADEとの交点をHとするとき，OHの長さを求めよ。

5　右の図のように，AB＝10，BC＝9，CA＝8の△ABCがあり，辺BCの中点をMとする。直線ADは∠BACの二等分線であり，直線ADと辺BCとの交点をPとする。AD⊥BDのとき，次の各問いに答えよ。

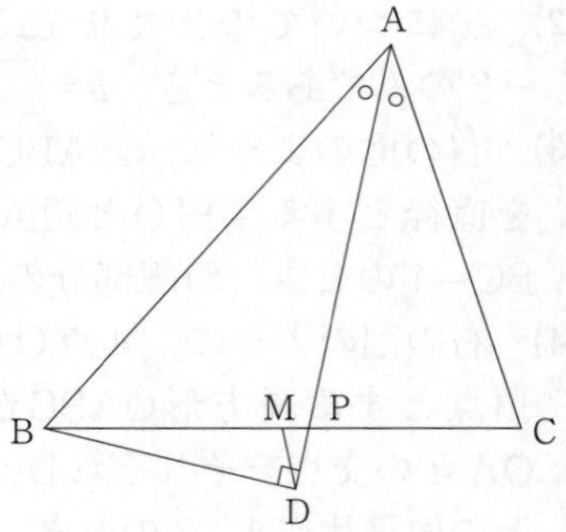

(1)　MPの長さを求めよ。

(2)　AD：PDを最も簡単な整数の比で表せ。

(3)　MDの長さを求めよ。

然の尺度とがちがうからである。そして、その尺度のずれが「いい加減」の第三の意味を形づくる。この言葉が第三の意味、すなわち、「いい加減待たされた」というふうに「かなり」「だいぶ」の意味に使われるのは、人間の考えている尺度よりも自然の尺度のほうがひとまわり大きく、時間に関していうなら悠長であることを暗黙に表現しているのだ。つまり、「いい加減」という言葉の意味はすべてその根を「自然」に持っているのである。だから、この言葉を「自然」に置きかえてみれば納得がゆく。「いい加減待たされた」というのは、自然の運行のように待たされたということであり、「いい加減な処置」というのは、自然に放置されたような処置のことであり、「湯加減は？」と、きかれて「たいへんいい加減です」などと答えるのは、湯の状態が自然のように程よく調節されている、ということなのだ。

だとすれば、この言葉こそ、世界で例外といえるほど優しい山河、おだやかな自然にめぐまれた島国に暮らす日本人独特の表現であり、日本人の心性をこの上なく雄弁に語っている興味深い日常語――といえるのではなかろうか。

（森本哲郎『日本語　表と裏』より・一部改変）

三 次の1～10の文中の（カタカナ）を漢字で書きなさい。

1 （ケントウ）を祈る。
2 （シュウチ）心を持つ。
3 （キョウダン）に立つ。
4 （ヒフ）科を受診する。
5 人格を（トウヤ）する。
6 注意力が（サンマン）になる。
7 これを（ケイキ）に習字を始めた。
8 その服は化学（センイ）でできている。
9 （ヒザ）を交えて議論する。
10 悪を（コ）らしめる。

では、そのような自然とは何なのか。じつはそれが「いい加減」の実体なのである。「いい加減」というのは、そもそも程よく調節されていることである。その場合の「加減」とは、おそらく中国哲学の根本要素ともいうべき陰陽二気の加減であろう。中国人は宇宙の根源に「太極」、あるいは「太一」という絶対的実在を想定し、その「太極」「太一」のなかに「気」がこもっていると考えた。「気」は動くとふたつに分かれ、陰と陽の二気が生じる。そして、この陰陽二気の増減で世界が形づくられているというわけである。陰が極まれば陽になり、陽がふえつづければ陰に転化する。その陽と陰の状態を「消息」というが、「消息」とは、陰陽二気の「加減」の様子をさしている。したがって、「いい加減」とは、陰と陽の加減が最もよくつり合っている状態ということを意味したにちがいない。自然はさまざまに変化するが、最終的には陰陽二気の調和をめざしている。すなわち、「いい加減」の状態に落ちつくものこそ自然なのだ。

だとすれば、「いい加減」の状態とは、すなわち自然の状態ということになる。したがって、「いい加減な人間」とは、自然のままになっている人間、別言すれば、人為を放擲《ほうてき》【投げ出すこと】した人間ということになる。なすべきことをなさず、自然のままに任せておくということは、いくら自然に甘え、自然を信じている日本人にとっても、けっして好ましいことではない。なすべきことを自然のままに放置する、すなわち成りゆきに任せるということは、最終的な解決ではあっても、そこに到達するためには人間である以上、人間的な努力をせねばならぬ。人事ヲ尽クシテ天命ヲ待ツとは中国の名言だが、自然を信仰する日本人もそう思っているのだ。そこで、日本人は人事を尽くさずして自然に任せてしまう安易な人間を「いい加減なヤツ」として糾弾するのである。

したがって、この言葉はこういうふうに解釈できる。すなわち、「いい加減」という言葉が第一に、程よく調節された、とか、適当な、というプラスの意味を持つのは、それが自然について抱いたイメージによるのであり、それが第二の、徹底せぬ、とか、でたらめ、といったマイナスの意味に転化するのは、やるべきことをやらず、すぐに自然に甘えるという安易な人間についての判定による、というわけである。とすれば、「いい加減」という言葉の第二の意味は、でたらめ、というよりは、むしろ投げやり、あるいは、ちゃらんぽらんという語義に近いとみるべきであろう。

この意味で、この言葉は「どうせ」と軌を一《いっ》にしている【同じ使い方をすること】。あるいは「よろしく」というあいまいな言葉とも気脈を通じている。「どうせ」も「よろしく」も、すべて自然にあるべき状態に任せてしまう態度だからである。そして、こうした日本語は、最終的には自然に任せておけばどうにかなるという日本人の楽天的な人生態度を正直に語っているといえよう。

日本人はあきらめがいいとよくいわれる。ふた言目には「どうせ」を連発するところをみると、たしかに日本人はあきらめがよく、いさぎよいように思える。しかし、じつはその根底に自然に頼り切った楽観主義がひそんでいるのである。自然に任せておけば悪いようにはなるまい、時が何とか解決してくれるだろう、下手な小細工をするよりも造化に随ったほうがよい、という自然主義、自然信頼である。こうして「いい加減」という言葉には「どうせ」とおなじように、その表と裏に、まったく反対の心情を塗りこめられることになったのである。

私は『広辞苑』にあげられている「いい加減」の三つの意味のあいだに何の関連も見いだせそうにないといった。だが、以上のように考えてくると、この三つの意味はやはり見えざる糸で結ばれていることに気づく。それはともに日本人の自然観の正直な告白なのである。自然は見方によれば神の摂理のように「程よく調節されて」いる。けれども、べつの観点に立てば、けっして人間の思わくどおりには動いてくれない。だから時として、自然はまさしく「条理を尽くさぬ」「でたらめ」のように思えるのだ。

むろん、自然が「不条理」のように思えるのは、人間の尺度と自場合によって、その意味が異なるどころか、正反対の意味にさえなってしまうのであるから。

たとえば、子供のいたずらが過ぎると、母親はきまって「いい加減にしなさい！」といって叱る。この場合の「いい加減」は、いうまでもなく第一の意味、すなわち「よい程あい」にせよ、ほどほどにしろ、ということである。ところが、そういわれて子供が「いい加減」なことをしたとすると、これまた叱責されることになる。「いい加減」とは「でたらめ」ということでもあるからだ。「いい加減にしなさい！」といって子供を叱った母親は、そういいながら子供が「いい加減な人間」になることを、けっして望んではいないのである。

ではなぜ、「いい加減」が好ましからざる意味を持つようになったのであろうか。それはおそらく、「よい加減」ということを日本人がいいことと思わなかったにちがいない。どうして、いいことと思わなかったのか。その心の底には、日本的自然主義があるように私は思う。

日本の国土は、世界でもまれな温和な気象と美しい自然にめぐまれている。むろん、狭い島国であっても、北と南とでは気候は異なり、生活の条件もかなりちがう。けれども概していうなら、これほど優しい山河に取り巻かれた風土は、地球上で例外といってもよい。このようなおだやかな自然のなかで暮らしつづけてきた日本人は、とうぜん自然に親しみ、自然に甘えてきた。日本人は自然に敵対したり、自然を克服しようなどとは、まったく考えもしなかった。

たしかに自然は災害ももたらした。台風、地震、洪水、旱魃《かんばつ》、豪雪、火山の噴火……こうした天災で人びとは苦しんできた。しかし、それにしても、この国では自然が徹底的に人間を痛めつけることはしなかった。一時的に災害をもたらしても、自然はすぐに優しく人間をいたわり、その打撃から立ち直らせてくれるのである。だから日本人は自然を愛したというより、自然を信じてきたというべきだろう。

自然への信頼は、いつか自然への甘えとなる。自然に親しみつづけてきた日本人が、なぜかくも自然を破壊して顧みなかったのかというその理由は、日本人の自然に対する甘え以外の何ものでもない。人間の手でいくら自然の一部をこわしても、自然は怒らないし、そんなに傷つくこともあるまいという自然への信頼！　それが日本人をして平気で自然環境をそこなわしめたのである。私が日本的自然主義というのは、まるで幼児が母親に甘えるような日本人の自然に対する甘ったれた心情である。その心情は、すべては自然が解決してくれるという信仰にまで達する。日本的自然主義とは、そうした自然信頼にほかならない。

したがって、日本人の最後の安心立命は自然に随順することである。「造化に随《したが》ひ造化に帰れ」ということであった。中国の老子も荘子も無為自然を説いた。しかし、老子、荘子の説く無為自然とは、あくまで人倫を強調した孔子、孟子に対抗して主張された哲学であって、自然に甘えた心情が生み出した自然信仰ではない。自然は老子、荘子にとっては、その懐に抱かれたいといった〝母なる自然〟のようなイメージではなく、厳然たる原理なのである。その原理に拠《よ》って老子、荘子は人為を冷笑し、拒絶したのだ。この意味で老・荘の思想は、日本人の無条件な自然信仰と本質的に異なるといってよい。

とはいえ、日本人も、ただ自然に随順すればそれでよいと考えたわけではない。「造化に随ひ造化に帰れ」といっても、人間は造化＝自然そのものとはちがう。人は死ねば土に還《かえ》るには相違ないが、少なくとも人間は生きているかぎりは人間である。人間である以上、人間的な努力をせねばならぬ。その努力の果てに造化がこころよく待ち受けていてくれるのである。つまり、造化に帰ることはあくまで最終的な解決なのであって、最初から自然に随えばいいということではない。日本人にとって自然とは、いわば〝すべり止め〟的役割を果たしているのだ。〝すべり止め〟としての自然——それが日本的自然主義の正体といってもよかろう。

懐かしい想いに誘うにちがいない。日本人はその昔、南太平洋の島々、あるいは東南アジア、中国の江南地方、朝鮮半島などからさまざまなコースを経て日本列島にやってきた。原始的な小舟を操ってのその航海は、じつにおそろしい体験だったにちがいない。どれほど多くの犠牲者が出たことであろうか。大洋を漂流する彼らが、ただひたすら求めつづけたのは島影だった。そして波を避け島に上陸することのできる入江だったはずである。おそらく、そうした太古の記憶が懐かしいイメージとなってあの「日本三景」に結晶しているのではなかろうか。

問七　――部③・④・⑤の指示内容を簡潔に答えなさい。

問八　文中の（K）・（L）・（M）・（N）に入る最適な語句を、次のア〜クより選び、記号で答えなさい。

ア　主観　　イ　悲観　　ウ　自然
エ　現実　　オ　客観　　カ　民主
キ　楽観　　ク　理想

問九　――部⑥を二十五〜三十字で答えなさい。

問十　文中の（O）に入る最適な語句を、本文より漢字二字で答えなさい。

問十一　文中（P）に、『おらが春』という句文集があり、弱者をテーマにした句作の多い、信濃出身の人物名を漢字で答えなさい。

二　次の文章を読んで、文中にある「日本人の心性」を解答欄の「日本人の」に続けて三十〜三十五字で説明しなさい。ただし、【　】は語句の意味で、解答の字数に含めないものとします。

あなたはいい加減な人だ――そういわれたなら日本人のだれもが不快、どころか、腹をたてることだろう。わたしのどこがいい加減なんですか、と、ムキになって反論する人も多いにちがいない。ということは、「いい加減」という言葉がけっして好ましいことではないことを語っている。

しかし、考えてみると、これはまことに奇妙なことではあるまいか。「いい加減」というのは字義どおりに解すれば、よい加減という意味であり、つまり、適切な、ということだからである。したがって、いい加減な人というのは、ものごとに対してきわめて適切な処置のとれる人、感情の起伏が激しくなく、いつも平静を保っていることのできる人、過激な行動に走ることなく、つねに節度をわきまえている人、ということになる。にもかかわらず、いい加減な人間といわれると、十人のうち十人までが憤《いきどお》るというのは、この言葉がけっしてそうした字義どおりの意味で使われていないことを証明している。そこで私はあらためて辞書を引いてみる。すると、「好い加減」の項にはつぎの三つの意味が記されている。

一、よい程あい。適当。二、条理を尽くさぬこと。徹底せぬこと。でたらめ。いいくらい。三、（副詞的に用いて）相当。だいぶん。かなり。

そして、第三の意味の用例として、「いい加減待たされた」という用法があげられている。だが、どう考えてみても、この三つの意味のあいだには関連が見いだせそうにない。「適当」と「でたらめ」と「かなり」に、どんな共通項があるのだろう。まったくニュアンスを異にする意味を三つもふくんでいるとすれば、「いい加減」という言葉は文脈で判断するほかない。おそらく、日本語のなかで外国人に最も理解しがたいのは、こうした言葉であろう。時といったい、どういう局面でそのような「長考」をするんですか。

すると大山名人は言下《げんか》【相手の言葉が終わった直後】に、「あまりにもうまくいきすぎているときです」と答えた。私は意表を衝《つ》かれ、思わず、「え、⑤それはまた、どういうわけです？」とたずねた。

大山名人の返事はこうであった。

「だいたい、ものごとはそんなにうまくいくわけがないからですよ。それなのに妙にうまくいきすぎるというのは、どこかに落とし穴があるからです。それに欺かれないために、うんと考えこむんですね」

私はえらく感心した。さすが一芸に秀《ひい》でた名人の言葉である。これは将棋にかぎらず人生全般についていえることではないか。と、そう思いつつ、私はこうした確信こそ、まぎれもなく⑥日本的な信条であることに気付いたのだった。

どんな人間もつねに世界にある期待をもって対している。どれほど世界に期待するか、その期待の大きさで人びとの世界観はちがってくる。実際以上の期待を抱くか、実際に見合った期待を寄せるか、それとも実際以下に期待を抑制するか、それによって（M）主義、（N）主義、（L）主義が分かれるのである。だが、実際以上に期待すれば、とうぜんその期待は裏切られることが多い。逆に実際以下に期待をおさえれば、期待を裏切られる苦痛からはまぬがれることができよう。日本人は後者をえらぶのである。この意味で日本人はきわめて臆病であり、小心であるといってもよい。日本人は（K）的であるとともに（L）的であり、（K）が（L）の上に成り立っていると私がいったのはこのゆえである。期するところを少なくすれば、苦痛はそれだけ軽減される。すべてにいちおう満足していられる。これが日本人の基本的な精神の構えである。そして、これを見事にいい当てているのが、ほかならぬ「まあまあ」という日本語のあいまいな Ⅱ なのだ。

「まあまあ」という言葉は、前記のようにじつに多様に使われているが、その本質は（O）にある。「まあまあ、そう怒らずに」「まあまあ、いいじゃないか」「まあまあ、そんなもんだよ」「まあまあの出来だな」「まあまあ有り難《がた》いと思わなくちゃ」

これらはいずれも、自分が実際以下に設定した期待をそのままいあらわしている。期待はつねに大きくなりがちである。ともすれば肥大してゆく期待に対して、日本人は折りにふれてはそれを（O）する。そして期待を（O）することによって、あらためていちおうの満足を得るのである。したがって、「まあまあ」はアメリカふうにいうならば、take it easy！ということになろう。よくいわれる日本人の「まあまあ主義」とは、人生哲学だといってもよい。そして、その哲学をイメージであらわすならば、大海の一部を優しく抱いたあのささやかな入江の景色、「日本三景」になるのではなかろうか。

日本人に愛好される俳人（P）は、死を前にして、こんな句を遺《のこ》した。

是《これ》がまあつひの栖《すみか》か雪五尺

（森本哲郎『日本語　表と裏』より・一部改変）

問一　文中の（A）～（G）に入る最適な語句を、それぞれ五字以内で答えなさい。

問二　文中の Ⅰ ・ Ⅱ に最適な品詞名を漢字で答えなさい。

問三　文中の（H）・（J）に入る最適な漢字一字を答えなさい。

問四　――部①とあるが、「須磨・明石」という巻を含む、五十四巻からなる長編小説名及び作者名を漢字で答えなさい。

問五　――部②とあるが、「蛤《はまぐり》のふたみにわかれ行く秋ぞ」の句は、江戸時代の俳人による紀行文の最後の句である。作品名と作者名を答えなさい。ただし、作者名は漢字で答えること。

問六　本文から次の段落が抜けています。どの形式段落の前に入れるのが適当ですか。その段落の初めの三字を答えなさい。

なぜなのであろうか。おそらく日本民族が体験した太古の記憶が無意識のうちにこのような景色をこのうえなく美しく、とんどが山といってもいいほどなのに、「三景」のなかにひとつも山の風景が入っていない。これはまことに奇妙なことではないか。

第二に、その海岸の景色がみなおだやかな内海に臨むこぢんまりとした浜で、すぐ目の前に小さな島、あるいは洲《す》が見えるといった景観であることだ。逆巻く波が打ち寄せる雄大な海岸線はまったく見捨てられている。「三景」にかぎらない。日本人が名所や歌枕として愛《め》でる風景は、たとえば「①須磨《すま》・明石《あかし》」にしろ、高知県の「桂浜《かつらはま》」にしろ、伊《い》勢の「②二見《ふたみ》ヶ浦《うら》」にしろ、秋田県の「象潟《きさがた》」にしろ、岩手県の「浄土《じょうど》ヶ浜《はま》」にしろ、そのすべてが同工異曲【ほぼ同じであること】のながめである。海といっても男性的な荒海ではなく、女性的な優しい入江に日本人は心惹《ひ》かれるのである。

荒海を乗りきってこの列島にたどりついた日本人、そして海に取り巻かれながら生活を重ねてきた日本民族、とうぜん日本人は海洋民族になってしかるべきである。ところが、私たちは海洋民族にはならなかった。なぜなら、日本人は二度とふたたびおそろしい海へ乗りだそうとはしなかったからである。むろん、海洋への冒険を試みた日本人がいないではなかった。しかし、それはきわめてわずかな例にすぎず、ヴァイキングとして海をのし歩いた北欧人や、大航海時代を現出させたスペイン、ポルトガル、イタリアなどの民や、七つの海を征覇したイギリス人、さらには海洋貿易に活躍したインド人や中国人などと比べれば日本人はまったく海を相手にしなかったといってもいい。③そんなわけで山崎正和氏は日本人を海洋民族ならぬ海岸民族だと評している。まさしくそのとおりだと思う。

では、なぜそうだったのか。日本という島があまりに住み心地よかったからではあるまいか。温暖で湿潤な気候、変化に富んだ山河、外敵侵入のおそれのない安全な島国、こんな快適な国土に住みついたのに、どうしていまさら海へ出て行くことがあろう。ここで仲よく暮らせばそれで充分ではないか。あのおそろしい航海体験を、なんであらためて試みることがあろうか。海の彼方には、もっとすばらしい未知の土地があるかもしれない。しかし、欲を出せばきりのない話だ。この島で結構。ここで安んじて暮らすにしくはない【及ばない】。こうして日本人は太古の記憶を甘美な思い出として胸に抱きながら、④それ以上を望まなかったのである。「日本三景」はこのような日本人の気質を何よりも正直に語っているのだ。

とはいえ、この小さな島に住みついた人たちが何の争いもなく平穏に暮らせたというわけではけっしてない。この島国のなかで、日本人は幾多の戦乱を経験してきた。だが、いくら争ってみても、まわりが海なのであるから逃げ出すわけにはいかない。最終的には何らかの形で敵と妥協し、共存する道をさぐらねばならなかった。必要なことは「分に安んじる」ことであり、それによって「（Ｊ）」を保つことだった。「分に安んじる」とは、かならずしも「身分に安んじる」ことばかりではない。相手のいい分に安んじることでもあり、つねに一定の限度を守ることでもある。それが何よりも、「（Ｊ）」に必要なのだ。一定の限度を守るということは、それ以上を望まぬということである。おのれを抑制することである。

そんなわけで日本人は、自分をやたらに主張してはいけない、そして、ものごとをあからさまにすべきではない、と考えるようになった。自分を主張すれば、とうぜん相手の主張とぶつかることになるし、ものごとをはっきりさせれば、いやおうなく相手との食いちがいが出てくるからである。そうなれば争わざるをえなくなる。日本人はそれを何よりもおそれたのだ。

そう。日本人は本質的に争いを好まず、自然の運行のようにすべてがうまくいくのを期待し、確信しているきわめて（Ｋ）的な、そして同時に（Ｌ）的な民族なのである。（Ｋ）的であるとともに（Ｌ）的、というのは、その（Ｋ）が、じつは（Ｌ）のうえに成り立っているからである。つまり、この世の中はけっして自分の思っているようにはうまくはいかないものだ、という前提のもとに日本人の判断は構成されているのである。

かつて私は将棋の大山名人にきいたことがある。将棋の対局で、しばしば二時間におよぶほどの「長考」がなされることがあるが、

二〇一九年度 明治大学付属明治高等学校

【国 語】（五〇分）〈満点：一〇〇点〉

（注意） 字数制限のある問題については句読点を字数に含めること。

【一】 次の文章を読んで、あとの問いに答えなさい。ただし、【 】は語句の意味で、解答の字数に含めないものとします。

「そいつは、まあ、なんだな……」、「まあ、いいじゃないか」、「まあ、一杯」、「まあ、そんなに遠慮せずに」、「まあ、待ちなさい」、「まあ、ひどい！」……。

日本語のなかで、いちばん便利な言葉は「まあ」という慣用語であろう。便利ということは、多義的ということである。つまり、どんな場合にも、いろいろな形で使うことができるということだ。

「そいつは、まあ、なんだな……」というときの「まあ」は、いわば語句のあいだに挿入される間投詞とみてよかろうが、「まあ、いいじゃないか」という場合の「まあ」は、相手を（ A ）意味を持っている。つぎの「まあ、一杯」も同様だが、こちらの原義は「（ B ）」ということであろう。つぎの「まあ、遠慮せずに」「まあ、待ちなさい」というときの「まあ」は逆に相手を（ C ）する用法で、最後の「まあ、ひどい！」の場合は [Ⅰ] といってよかろう。

こんなふうに「まあ」はさまざまな形で使われ、しかも、そのあいだに微妙な意味の濃淡がある。さらにその「まあ」をふたつ重ねて「まあまあ」となると、これはとうてい厳密に意味を分析できない日本語独特の表現となる。「お元気ですか？」ときかれて、「ええ、まあまあです」と答えれば、特別に（ D ）ことをあらわし、「あしたのお天気はまあまあでしょう」といえば、（ E ）というわけではないが、さりとて（ F ）ほど悪くもないという意味である。強《し》いて英語に訳せばnot bad（悪くない）ということになろうか。

「まあ」と同様、「まあまあ」は相手を促したり、制止したりするときにもさかんに使われる。「まあ、ひどい！」と相手が怒ったとき、「まあまあ、そう怒らないで」となだめる。相手の「まあ」は [Ⅰ] だが、それを制止する「まあまあ」のほうは [Ⅱ] 的用法となる。だが、その「まあまあ」も [Ⅰ] としても使われるのだから何ともややこしい。たとえば、「まあまあ、それはよかった！」、あるいは、「まあまあ、そいつはとんだ災難だったねえ」などというときの「まあまあ」はあきらかに [Ⅰ] といってよかろう。

さらに、「まあまあ」には、（ G ）、という意味もある。「試験はどうだった？」ときかれて、「まあまあです」といえば、（ G ）できたということである。では、そのような場合の（ G ）とはどの程度なのだろうか。『広辞苑《えん》』によれば、「かなりの程度」ということだが、それなら、かなりとはどのくらいなのか、とさらに理詰めで追及されればけっして明確には答えられない。あとは感じに頼るだけである。したがって、日本人のあいだで暗黙のうちに了解されているその程度をつかまないかぎり、このような表現は正確な情報をつたえ得ないということになる。いったい、その「程度」とは、どのくらいの程度なのか。

いつごろ、だれがきめたのかわからないが、わが国に「日本三景」というのがある。日本のなかで最も美しいと思われる三つの景勝地をえらんだもので、周知のように宮城県の「松島」、京都府の「天ノ橋立」、そして広島県の「宮島」である。おそらく中国の「瀟湘《しょうしょう》八景」とか「西湖《せいこ》十景」などに倣《なら》って、室町期か江戸時代にだれがいうともなく人の（ H ）にのぼるようになったものにちがいない。

それはともかく、この「三景」を思い浮かべてみると、そこに共通した性格があることに気付く。第一に、いずれもが海辺の景色であるということだ。日本列島にはまるで背骨のように山脈が南から北まで走り、日本を日本海側と太平洋側のふたつに分けている。ほ

2019年度／明治大学付属明治高等学校

英語解答

1 1 living　2 had　3 happen
4 saw　5 told　6 heard

2 (1) ③→ that〔which〕
(2) ④→ smaller
(3) ①→ the schools
(4) ④→ by
(5) ③→ sent

3 ① 3番目…5　5番目…1
② 3番目…4　5番目…5
③ 3番目…5　5番目…3
④ 3番目…7　5番目…5
⑤ 3番目…1　5番目…7

4 ア…2　イ…1　ウ…3　エ…3
オ…4　カ…1

5 ア…4　イ…5　ウ…3　エ…7
オ…1　カ…2

6 (1) ア…2　イ…5　ウ…6　エ…1
オ…4
(2) B　(3) 2, 3, 6

7 (1) ア fireman　イ members
(2) A…3　B…1　(3) 2, 5

8 (1) mirror　(2) freeze
(3) strange　(4) sound

9 (1) allow　(2) discover
(3) neighbor　(4) excited
(5) towards

10 (1) 3　(2) 4　(3) 2　(4) 2
(5) 1

11 (1) 2　(2) 3　(3) 1　(4) 1
(5) 2

1〔長文読解―適語選択・語形変化―エッセー〕

≪全訳≫日本に来た最初の年，私はよく病気にかかった。外国生活のストレスが原因だったのだろう。医者に診てもらいに行ったとき，私は少々驚いた。受付係が私に，病院に来た理由について１つ２つ質問をしたのだ。質問の１つは熱があるかどうかということだった。私がわからないと言うと，彼女は私に体温計を手渡した。私は少々驚いた。体温を測ることはそれほど個人的な行為ではないが，今まで待合室で自分の体温を測ったことはなかった。アメリカだったら，患者は個室かカーテンで仕切られた場所にいるときにそうするだろう。だが，私はやるべきことを理解していた。あるいは，わかっていると思っていた。私が舌の下に体温計を突っ込むと，何人かの人が私を見ているのに気づいた。しまった！　医者に診てもらうまで，体温計はただ持っているべきだったか？　それとも，体温を測るためにトイレへ行くべきだったか？　体温を測る特別な部屋があったのかもしれない！　受付係は私を見て，大急ぎで出てきた。彼女は私に，口から体温計を出して脇の下に入れるように言った。脇の下？　どういうことだ？　もちろん，これは日本では一般的な方法だが，大半のアメリカ人には前代未聞の方法だ。

1．in a foreign country「外国で」が続くので，live in ～「～で暮らす」の形をつくればよい。前置詞 of の後なので，動名詞 living にする。　2．have a fever で「熱がある」。空所を含む文は過去の文なので，過去形 had にする。　3．空所の前の that は，直前の文の Taking one's temperature「自分の体温を測ること」を指す。語群中でこれに対応する動詞としてふさわしいのは，happen「起こる，生じる」である。ここでは「行われる」といった意味で用いられている。　4．主語の the doctor と目的語の me を関係づける動詞なので，see「～を診る」が適切。この文は 'should have＋過去分詞'「～しておけばよかった」の疑問文で，過去にやらなかったことを後悔する意味を表すので，過去形 saw にする。　5．空所の直後に me to ～ が続いていることから，'tell＋人＋to ～'「〈人〉に～するように言う」の形だと判断できる。文章全体が過去の話なので，過去形 told にする。　6．「日本では一般的」という内容と対比して「アメリカ人」について述べていることや，空所の直後に of があることなどから，hear of ～「～のことを聞く」が入るとわかる。空所の直前のhave neverから現在完了の文だとわかるので，hearの過去分詞heardが適切。

2〔誤文訂正〕

(1)文中のwork「仕事」は名詞で，続くhumans don't want to do「人間がやりたがらない」の目的語としてのはたらきを持っている。よって，これらを結ぶ語としてはhow～「～する方法」ではなく，目的格の関係代名詞that〔which〕が適する。「電子頭脳を使って，ロボットは危険，汚いあるいは退屈だから人間がやりたがらない仕事をすることができる」

(2)but以下の文の主語はthe number「数」で，これに対応して「多い」というときはlarge,「少ない」というときはsmallを用いる。「2階建てバスはロンドンでは大変有名だが，2階建てバスの数はより少なくなりつつある」

(3)代名詞，固有名詞の場合を除き，most of～「～の大部分」の'～'の部分にはtheや～'s, this, theseなどがくる。「日本の学校のほとんどはインターネットに載っている。試験日や受験料を知りたければ，そうした情報はインターネットで簡単に見つけられる」

(4) 3文目のthe flu was broughtという部分は'be動詞＋過去分詞'という受け身形になっているので，by～「～によって」を続けるのが適切。「インフルエンザは風邪とは異なる。『flu』の名称は『influence of the stars(星の影響)』に由来する。人々は，インフルエンザが星によってもたらされると考えていたのだ」

(5)下線部③の直前のandはthe virus isに続く語を並立しているので，carriedと同様に過去分詞sentとし，'be動詞＋過去分詞'の受け身形にすると文脈に合う。「現在，インフルエンザはどのようにして世界に広がるのだろうか。今や世界は小さくなり，ウイルスは飛行機で簡単に運ばれてほんの数日間で世界の多くの場所に送られてしまうのだ」

3〔長文読解―整序結合―物語〕

≪全訳≫❶カズキは中学生だ。7月の初旬，彼は①夏休み中にすることを探していた。ある日，彼は学校新聞を読んでリトル・ティーチャープログラムのことを知った。このプログラムでは，中学生が幼い子どもたちの宿題を手伝うのだ。彼はボランティアとしてこのプログラムに参加することに決めた。❷プログラムの初日に，カズキは男の子と会った。彼の名前はリョウ。5年生だった。②彼らが自分の大好きなものについて話した後，リョウは算数の問題を解き始めた。10分ほどたつと，彼はカズキに助けを求めた。カズキは答えがわかっていたので，リョウにその考え方を説明した。だが，リョウには理解できなかった。カズキは③自分の教え方を変えた方がいいと思った。❸家で，カズキはリョウを教えるよりよい方法を探してみようとしたが，長い間見つけられなかった。その後，彼はある考えに至った。④自分が5年生のときに使った算数のノートを見ることだった。ノートを見て，彼はそこにたくさんの図形があるとわかった。彼は「そのときにはこういう図形がかなり役に立った。だからリョウも，答えを見つけるのに図形が必要だろうな」と思った。それから，カズキはリョウのために準備をした。❹翌日，カズキは図形を使ってリョウに教えた。リョウは「答えがわかったよ！　この図形，すごいね！」と言った。それからリョウは同じ方法でもっと多くの問題に答えた。カズキは⑤自信がつき，リョウに教えるのが楽しくなってきた。夜，カズキは再び自分のノートを開いた。

①語群と直前のwasから，look for～「～を探す」の過去進行形was looking forをつくる。前置詞forの後には名詞がくるのでsomethingを続け，後にto不定詞の形容詞的用法to doを置いてsomething to do「何かすること」とまとめる。最後にduring summer vacation「夏休み中に」を置く。　In early July, he was looking for something to do during summer vacation.　②動詞はtalkedで，これに対応する主語はtheyだとわかるのでthey talkedとし，話した内容をabout their favorite things「彼らの大好きなことについて」と続ければよい。できたまとまりをAfterの後に置

けば，直後の文にうまくつながる。　After they talked about their favorite things, ...　③should の後には動詞の原形がくるのでshould changeとなる。また，wayはway of ～「～の方法」の形になると推測すると，way of teaching「教え方」というまとまりがつくれる。ここから，should change his way of teachingとつなげると，残ったthoughtがKazukiに続き，thoughtの後に考えた内容としてhe should...がくるという形になり，文意が通る。　Kazuki thought he should change his way of teaching.　④he wasに続けられる部分を考えると，he was in the fifth grade「彼は5年生だった」というまとまりがつくれる。さらに語群から，he used「彼が使った」という主語と動詞のまとまりができるが，これは直前のhis arithmetic notebookを修飾していると判断できるので，notebookの後にhe usedを続ける(目的格の関係代名詞which〔that〕は省略されている)。whenをhe wasの前に置いてusedに続ければ「彼が5年生のときに」というまとまりができ，文意が通る。... to look at his arithmetic notebook he used when he was in the fifth grade.　⑤語群から，andがbeganとfeltという2つの過去形の動詞を並立していると判断できる。また，begin to ～「～し始める」とenjoy ～ing「～するのを楽しむ」の形が推測できるのでbegan to enjoy teachingとまとめる。teachingはRyoに続くと考えられるので，残った語でfelt confident「自信を感じた」をつくり，Kazukiに続ける。　Kazuki felt confident and began to enjoy teaching Ryo.

4〔長文読解―適語選択―説明文〕

≪全訳≫❶心を今この瞬間で満たせ。これは「マインドフルネス」という精神修養の第1段階だ。では，マインドフルネスとは何で，人々はどうやってそれを実践するのか。❷マインドフルネスの考えは仏教修養の一種に由来する。この修養で，人々は瞬間を感じようとする。あるのは「今」だけで，過去も未来もない。それを感じることで，人々はそのとき見たり，聞いたり，においをかいだり，行ったりしていることの重要性に気づく。こうしたことを自分にとってとても重要だと思えば，人々はそれで満足感を得られる。❸心理学者は人々のためにその修養を少し簡単にすることで，今日のマインドフルネスの実践へと発展させた。例えば，仏教修養では静かな部屋で長時間座っている必要があるのだが，マインドフルネスはいつでもどこでも実践できる。マインドフルネスでは，全神経を集中して歩くように，そして一心に朝日の光を感じるようにして物事を行うのだ。❹現代人は大変忙しい。夕食中にテレビを見，通勤や通学で歩いている間に音楽を聴き，ほとんどの時間携帯電話を手にしている。彼らは本当に，食べている食べ物の味を楽しんだり，頭上の美しい空に気づいたりしているのだろうか。もしそうでなければ，マインドフルネスの修養を試してみるべきだ。

ア．コロン(：)に続けて空所の内容を「あるのは『今』だけで，過去も未来もない」と言い換えているので，moment「瞬間」が適切。　**イ．**「『今』しかない」という内容に続けて現在進行形の行為を例に挙げ，こうした行為の(　　)に気づく，という文脈になっている。「『今』しかない」という感覚を持つことで気づけるのは，今，自分が行っていることのimportance「重要性」だと判断できる。　**ウ．**空所の直後のit a little easierが‘目的語＋形容詞’の形だと推測できることから，‘make＋目的語＋形容詞’「～を…(の状態)にする」を用いると，「より簡単にすることでその修養を発展させた」となり，文脈が通じる。前置詞by ～「～によって」の後なので，動名詞makingになっている。　**エ．**空所を含むwith all your (　　)のまとまりはfeel「感じる」を修飾しているので，heart「心」で感じる，とするのが適切。　**オ．**直後で現代人が慌ただしく行動する様子が例示されているので，busy「忙しい」が適切。　**カ．**現代人がやることに追われる様子を述べた後で，彼らは今食べている食べ物の味をenjoy「楽しむ」ことができているか，と筆者が疑問を提示している部分である。

5〔対話文完成―適文選択〕

≪全訳≫❶テッド(T)：それで，スーザン，今度の土曜日は何か予定ある？❷スーザン(S)：うーん，ちょっと忙しいな。ア何で？❸T：ああ，一緒に何かできないかと思ってさ，映画を見に行ったり湖まで散歩したりとか。❹S：そうしたいけど，土曜日は１日中本当に忙しくなりそうなの。❺T：その日は何をするの？❻S：まず，午前中はお母さんに家の掃除を手伝うように頼まれてて，それから12時半に歯医者を予約してる。イ前に２回キャンセルしたから休めないの。❼T：じゃあ，その後は？❽S：うーん，１日中走り回っていそう。歯医者の予約の後は，２時にジュリーに会って，学校で月曜日の朝締め切りの彼女の科学の課題を手伝わないといけないの。❾T：わかった，でもウその後は時間ある？❿S：無理かなあ。その後は４時半に弟をサッカーの練習から連れて帰らなきゃいけないし，５時半には家族に夕食をつくるようお母さんに頼まれちゃった。エまるで奴隷だって感じることがあるわ。それから，洗い物をして歴史の宿題を読み終えなくちゃいけないの。それにどれだけ時間がかかるかなんて誰にもわからないわ。⓫T：わあ，忙しい１日みたいだね。じゃあ，ねえ，僕が夜遅く君の家に行くのはどうかな？オポップコーンをつくって映画が見られるよ。⓬S：あら，それはいいけど，家のテレビ壊れてるわよ。⓭T：うーん。じゃあ，カゲームか何かしようよ。⓮S：いいわね，でも来る前に電話して。お母さんが私にやらせることを他に何か見つけようとするかもしれないから。

ア．第３段落はテッドが第１段落でスーザンの予定を尋ねた理由になっているので，スーザンは理由を尋ねたのだとわかる。　**イ．**直前で歯医者の予約が話題になっているので，以前２回キャンセルしたから休めないと言っている５が文脈に合う。miss は「～を休む，欠席する」。　**ウ．**直後のスーザンの返答から，テッドは第８段落のスーザンの予定を理解したうえで，その後は時間があるかと尋ねたのである。　**エ．**第６段落では朝に，第10段落では夕方に母からの頼まれごとがあると発言しており，こうした自分の状況を奴隷にたとえている。　**オ．**直後でテレビが壊れていることを理由に却下されているので，「ポップコーンをつくって映画を見る」が適切。　**カ．**今までの提案が却下されたので，何か別のことを提案したのだと判断できる。

6 〔長文読解総合―エッセー〕

≪全訳≫❶今日，私は文章について書いている。私たちは皆，優れた文章と悪い文章に出会うが，その違いは正確には何で，なぜそれが問題なのか？❷悪い文章は私の人生の進路を変えた。私は優れた小説が大好きだったので，文学博士の学位に取り組んでいた。残念ながら，文学を学ぶ学生はア他の教授が文学について書いたもの，つまり，文学批評や批判理論を読むことに多くの時間を費やす。ときには本当に心に訴える評論書に遭遇することもあったが，必読書の大半はただ読むに耐えないものだった。❸私は自分が書いた評論のレポートに対する教授のコメントを決して忘れないだろう。彼女は私が明瞭かつ簡潔に書いたことに感謝し，学生のレポートの大半は理解不能だと言った。私は彼女の言いたいことがはっきりわかった。多くの学者や他の専門家は，イ重要，あるいは深遠に思われるように専門用語や高尚な言葉を使う。自分たちが何について話しているのかわかっていないので，実際には装飾的な言葉の陰に身を隠していることもあるのだ。結局，私はウひどい英語を読むのを避けるために進路を変更して，大学院を離れた。❹たとえ読者が誰であっても，優れた文章は明瞭で簡潔だ。私が第２言語学習者のために文章を易しくしていると思っている日本の読者がいるかもしれない。そうではない。日本の読者のために書くことは，エ優れた文章には何が重要なのかを思い出す完璧な方法だ。❺ウィリアム・ジンサーが名指導書『上手に書くことについて』で述べていたように，「優れた文章の秘訣《ひけつ》は，全ての文をそぎ落として一番すっきりとした要素にすることだ」。言い換えれば，不要な語を削って，難解で長い語よりもむしろ短くて易しい語を使うことだ。❻どちらの文が優れているだろう？　決めてみよう。A：ソーシャル・メディア・プラットフォームは，教室外のコミュニケーションの機会を増やすために利用される。B：学生がクラス外でよりよいコミュニケーションをとる手助けとなるように，私たちはフェイスブックやツイッターを利用する。❼私が子どもの頃，オ単純な歌を複雑に歌って，大げさな言葉をよくからかった。この歌がわかるだろうか？　「目に欠陥のある３匹の齧歯《げっし》動物，目に欠陥のある３匹の齧歯動物。動き回る姿を観察してごらん…」など。それはもちろんこの歌の歌い出しだ。「目の見えない３匹のねずみ，目の見えない３匹のねずみ。走る姿を見てごらん…」❽以上全てのことから導き出せる１つの教訓は，上手に書くことは多くの凝った英語を必要としないということだ。このエッセーを読んで理解していれば，おそらく自分で優れた英語を書く準備ができているだろう。友人と英語限定のフェイスブックグループをつくって練習したり，あるいは単に日記をつけたりしてみよう。それは新年を始める楽しい方法かもしれない！

(1)＜**適語句選択**＞**ア．**直後で「つまり，文学批評や批判理論」と前の内容を言い換えていることから，「他の教授が文学について書いたもの」という内容を含む２が適切。what は先行詞を含む関係代名詞「～するもの〔こと〕」。　**イ．**空所を含む to不定詞は，直前の内容を修飾していると推測できる。「専門用語や高尚な言葉」を修飾する語としては「重要，あるいは深遠」という語を含む５が適切で，‘目的’を表す to不定詞の副詞的用法だと理解できる。　‘sound＋形容詞’「～に思われる」　profound「深遠な，奥深い」　**ウ．**第２段落第１文に「悪い文章は私の人生の進路を変えた」とあり，続く部分では学者や教授の書く文章がひどいものであると説明されている。よって，「ひどい英語を読むのを避ける」ために大学院を離れたとするのが適切。　avoid ～ing「～(するの)を避ける」　**エ．**第４段落では，優れた文章が話題になっている。また，空所を含む to不定詞は the perfect way「完璧な方法」を修飾する形容詞的用法だと判断できるので，「優れた文章には何が重要なのかを思い出す完璧な方法」とすると文脈に合う。　**オ．**直後に歌詞の例が挙げられているので「単純な歌」という語句を含む４が入ると判断できる。　make fun of ～「～をからかう」

(2)＜**要旨把握**＞第５段落にあるように，筆者にとっては短くて易しい語で書かれた文章の方が好ましいのだから，utilize「利用する」や enhance「高める」といった語があるＡは好ましくない。

(3)＜**内容真偽**＞１．「日本の読者向けなので，筆者は易しい英語で書いている」…×　第４段落第２，３文参照。筆者は否定している。　２．「筆者は文学を学んでいる仲間のレポートの書き方が好きではなかった」…○　第２段落第３，４文の内容に一致する。　３．「読者がこのエッセーを読んで理解できれば，その人は英語が上手に書けるだろう」…○　最終段落第２文の内容に一致する。　４．「筆者は優れたノンフィクションを読むよりはむしろ優れた小説を読みたい」…×　このような記述はない。　５．「英語限定のフェイスブックグループをつくることは，文章が上達する唯一の方法だ」…×　最終段落参照。文章が上達する唯一の方法だ，という記述はない。　６．「筆者は，どう書くべきかについてウィリアム・ジンサーが自著で述べたことに賛成している」…○　第４，５段落の内容に一致する。

7〔長文読解総合―物語〕

≪**全訳**≫❶26歳の母親は末期の白血病で死にかけている息子をじっと見下ろした。彼女の心は悲しみであふれていたが，強い決意も持っていた。どの親もそうであるように，彼女は息子が成長して夢を全て実現することを望んでいた。今ではそれはもはや不可能だった，というのも，誰も白血病を切り抜けて生き延びることができなかったからだ。だが，それでも彼女は息子の夢をかなえてあげたかった。❷彼女は息子の手を握って，「ボプシー，大きくなったら何になりたいか今までに考えたことがある？　今まで人生をどうしようかって夢見たり願ったりしたことはある？」と尋ねた。❸「ママ，僕はいつも大きくなったら消防士になりたいと思ってたんだ」❹ママはほほ笑み返して，「あなたの願いがかなうかやってみましょう」と言った。その日遅く，彼女はアリゾナ州フェニックスにある地元の消防署へ行き，そこで消防士のボブと出会ったのだが，彼はフェニックスと同じくらい広い心を持っていた。彼女は息子の最後の願いを説明し，６歳の息子を消防車に乗せて街区を回ってもらうことはできないかと尋ねた。❺消防士のボブは「いいですか，私たちはそれ以上のことができますよ。水曜日の朝７時に息子さんの準備ができれば，丸１日息子さんを名誉消防士にしましょう。消防署へ来て，我々と一緒に食事をして，全ての火事の通報に出動し，いっさい合切ができます！　そして，息子さんのサイズを教えてもらえれば，フェニックス消防署の紋章がついた，おもちゃではない本物の消防ヘルメットと，我々が着ているような黄色のコート，ゴム長靴をご用意します。それらは全部ここフェニックスでつくられているので，すぐに手に入ります」と言った。❻３日後，消防士のボブはボプシーを迎えに行き，消防服を着せて，病院のベッドから待機していたはしご車へと彼を案内した。ボプシーは消防車の後部座席に座り，消防車に指示をして消防署へ戻るのを手伝わせてもらった。彼は最高に幸せだった。❼その日，フェニックスで３件の火事の通報があり，ボプシーはその３件全てに出動させてもらった。彼はさまざまな消防車，緊急医療車，そして消防署長の車にさえ乗った。彼は地元のニュース番組用の録画撮影もされた。❽自分にたくさん注がれた全ての愛情と配慮のおかげでボプシーの夢はかない，彼は深く感動したので，どの医者が可能だと考えていたよりも３か月長く生きた。❾ある夜，彼の脈拍や呼吸が全て劇的に下がり始めた。看護師長は，誰も１人で死ぬべきではないというホスピスの考えを信じていたので，病院へ来るよう家族に電話し始めた。そのとき彼女はボプシーが消防士として過ごした日を思い出したので，消防署長に電話をして，ボプシーが危篤なので，ボプシーと一緒にいるために制服を着た消防士を１人病院に送ることが可能かどうかを尋ねた。署長は答えた。「ええ，私たちはそれ以上のことができます。５分以内にそちらに行きます。お願いしてもいいですか？　サイレンが鳴っているのが聞こえて，ライトが光っているのが見えたら，構内放送で火事ではないと放送してくれますか？　消防署が最高の隊員の１人にもう１度会うために向かっているだけだと。そして彼の部屋の窓を開けてくれますか？　よろしくお願いします」❿約５分後にはしご車が病院に到着し，ボプシーのいる３階の開いている窓まではしごを伸ばし，14名の男性消防士と２名の女性消防士がはしごでボプシーの部屋まで登った。母親の許可をもらって，彼らは彼を抱きしめてどれほど彼を愛しているかを伝えた。⓫息を引き取る間際に，ボプシーは消防署長を見上げて「署長さん，今僕は本当に消防士なの？」と言った。⓬「ボプシー，そうだよ」と署長は言った。⓭その言葉を聞いて，ボプシーはほほ笑み，永眠した。

(1)＜**適語補充**＞**ア**．第３段落でボプシーが伝えた望みをかなえるため，母は第４段落で消防署に向かっている。また，第５～７段落や第11段落からも，ボプシーの願いが fireman「消防士」になることだったとわかる。　**イ**．空所を含む文は消防署長の言葉で，「消防隊が最高の(　　)の１人にもう１度会うために向かっているだけだ」という意味。ボプシーは名誉消防士として丸１日活動した経験があるので，第９段落第１文にある members を「隊員」という意味で入れると文脈に合う。

(2)＜**適文選択**＞A．第５，９段落ともに，空所の前の依頼を受け，空所の後で自分たちはそれ以上のことができると具体的に説明している。　B．空所の直前のボプシーの問いかけに対し，「そうだ」と同意する内容が合う。you are の後には，really a fireman now が省略されている。

(3)＜**内容真偽**＞1．「ボプシーの母親は，ボプシーが将来病気を克服すると信じていた」…×　第１段落参照。　2．「消防士のボブは寛大にも消防隊と働く機会をボプシーに与えてくれた」…○　第５段落の内容に一致する。　3．「ボプシーは地元のニュース番組用に火事を録画したので，有名になった」…×　第７段落最終文参照。録画されたのはボプシー自身である。　4．「ボプシーが危篤状態になったとき，彼の母親は消防署長に，病院に消防士を送ってもらうように頼んだ」…×　第９段落第２文参照。このとき消防署長に連絡をしたのは看護師長である。　5．「すばらしい経験のおかげで，ボプシーは予想より長く生きた」…○　第８段落の内容に一致する。

8～**11**〔**放送問題**〕解説省略

2019年度／明治大学付属明治高等学校

数学解答

1 (1)　$(a+b)^2$　(2)　-9

(3)　$2\pi+2\sqrt{3}$　(4)　$y=\frac{10}{3}x-3$

(5)　$\frac{11}{36}$

2 (1)　$x=3$，$y=2$　(2)　$a=4$，$b=-3$

3 (1)　50　(2)　$y=-\frac{15}{4}x$

4 (1)　$4\sqrt{6}$　(2)　$2\sqrt{3}$

5 (1)　$\frac{1}{2}$　(2)　9：1　(3)　1

1〔独立小問集合題〕

(1)＜因数分解＞与式$=a^2+4ab+4b^2+2a^2-6ab-(4a^2-4ab+b^2)+2(a^2-b^2)=a^2+4ab+4b^2+2a^2-6ab-4a^2+4ab-b^2+2a^2-2b^2=a^2+2ab+b^2=(a+b)^2$

(2)＜二次方程式の応用＞解が$x=-3$のみである二次方程式は，$(x+3)^2=0$である。左辺を展開すると，$x^2+6x+9=0$となる。二次方程式$x^2-2(a+6)x+a^2+8a=0$の解が$x=-3$のみとなるので，この方程式が$x^2+6x+9=0$と同じになればよい。xの係数，定数項について，$-2(a+6)=6$……①，$a^2+8a=9$……②が成り立つ。①より，$a+6=-3$，$a=-9$となる。②より，$a^2+8a-9=0$，$(a-1)(a+9)=0$となり，$a=1$，-9である。よって，$a=-9$である。

(3)＜図形—面積＞右図1で，点Oと点Dを結ぶ。2つの斜線部分のうち，$\overset{\frown}{\mathrm{AD}}$と線分ADで囲まれた方は，〔おうぎ形OAD〕－△OADであり，$\overset{\frown}{\mathrm{BD}}$と線分BC，CDで囲まれた方は，△ABC－△OAD－〔おうぎ形OBD〕である。∠ABC＝90°，∠ACB＝60°より，△ABCは3辺の比が$1:2:\sqrt{3}$の直角三角形だから，∠BAC＝30°，$\mathrm{AB}=\sqrt{3}\,\mathrm{BC}=\sqrt{3}\times4=4\sqrt{3}$である。△OADがOA＝ODの二等辺三角形より，∠AOD＝180°－30°×2＝120°となり，$\mathrm{OA}=\mathrm{OD}=\mathrm{OB}=\frac{1}{2}\mathrm{AB}=\frac{1}{2}\times4\sqrt{3}=2\sqrt{3}$だから，〔おうぎ形OAD〕$=\pi\times(2\sqrt{3})^2\times\frac{120^\circ}{360^\circ}=4\pi$となる。また，∠BOD＝180°－∠AOD＝180°－120°＝60°だから，点Dから線分ABに垂線DHを引くと，△ODHは3辺の比が$1:2:\sqrt{3}$の直角三角形となり，$\mathrm{DH}=\frac{\sqrt{3}}{2}\mathrm{OD}=\frac{\sqrt{3}}{2}\times2\sqrt{3}=3$となる。よって，$\triangle\mathrm{OAD}=\frac{1}{2}\times\mathrm{OA}\times\mathrm{DH}=\frac{1}{2}\times2\sqrt{3}\times3=3\sqrt{3}$，$\triangle\mathrm{ABC}=\frac{1}{2}\times\mathrm{AB}\times\mathrm{BC}=\frac{1}{2}\times4\sqrt{3}\times4=8\sqrt{3}$，〔おうぎ形OBD〕$=\pi\times(2\sqrt{3})^2\times\frac{60^\circ}{360^\circ}=2\pi$となるから，斜線部分の面積の和は，$(4\pi-3\sqrt{3})+(8\sqrt{3}-3\sqrt{3}-2\pi)=2\pi+2\sqrt{3}$である。

図1

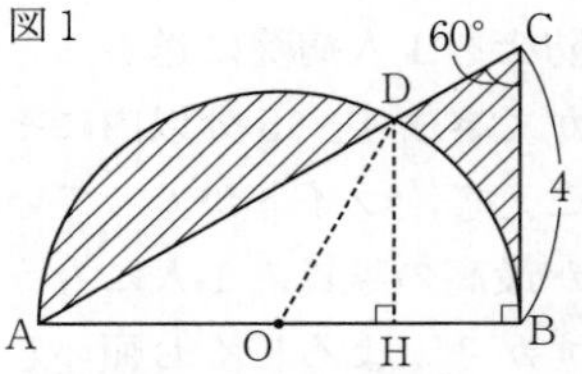

(4)＜関数—直線の式＞右図2で，〔長方形OABC〕＝4×6＝24だから，〔四角形OEDC〕：〔四角形EABD〕＝1：3より，〔四角形OEDC〕$=\frac{1}{1+3}$〔長方形OABC〕$=\frac{1}{4}\times24=6$，〔四角形EABD〕＝24－6＝18となる。線分CB，OAの中点をそれぞれM，Nとすると，〔長方形ONMC〕$=\frac{1}{2}$〔長方形OABC〕$=\frac{1}{2}\times24=12$より，〔四角形ENMD〕＝〔長方形ONMC〕－〔四角形OEDC〕＝12－6＝6となり，〔四角形OEDC〕＝〔四角形ENMD〕となる。よって，求める直線は，長方形ONMCの面積を2等分する直線である。点Mのx座標は$\frac{0+6}{2}=3$より，M(3，4)だから，長方形ONMCの対角線の交点をQとすると，点Qのx座標は$\frac{0+3}{2}=\frac{3}{2}$，$y$座標は$\frac{0+4}{2}=2$となり，$\mathrm{Q}\left(\frac{3}{2},\ 2\right)$である。求める直線は2点P，Qを通るから，傾きは(7－2)

図2

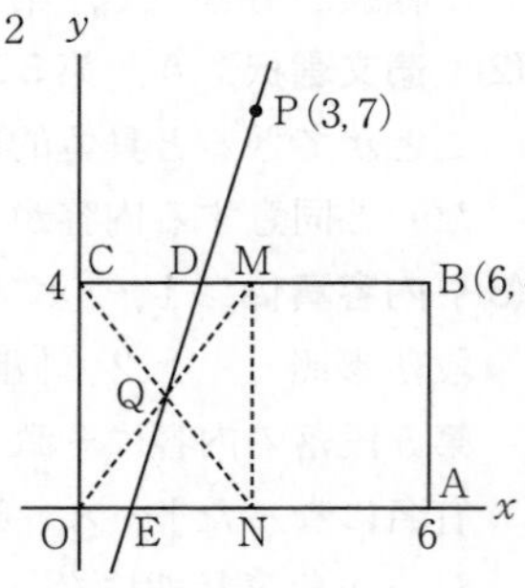

$\div\left(3-\frac{3}{2}\right)=\frac{10}{3}$ となり，その式は $y=\frac{10}{3}x+b$ とおける。点Pを通るから，$7=\frac{10}{3}\times3+b$，$b=-3$ となり，直線の式は $y=\frac{10}{3}x-3$ である。

(5)＜**確率—さいころ**＞さいころの目の数の出方は全部で $6\times6=36$(通り）だから，a，b の組は36通りある。$n=10a+b$ だから，$n=ab+8a+2$ より，$10a+b=ab+8a+2$ が成り立ち，$ab-2a-b+2=0$，$a(b-2)-(b-2)=0$，$(a-1)(b-2)=0$ となる。これを満たすのは，$a=1$，または，$b=2$ だから，$(a,\ b)=(1,\ 1)$，$(1,\ 2)$，$(1,\ 3)$，$(1,\ 4)$，$(1,\ 5)$，$(1,\ 6)$，$(2,\ 2)$，$(3,\ 2)$，$(4,\ 2)$，$(5,\ 2)$，$(6,\ 2)$ の11通りある。よって，求める確率は $\frac{11}{36}$ である。

2 〔方程式—連立方程式の応用〕

(1)＜**連立方程式の応用**＞連立方程式①の解を $x=p$，$y=q$ とすると，$-bp+5q=4a+3$……㋐，$5p-6q=3$……㋑ が成り立つ。また，連立方程式②の解は $x=p$，$y=q+2p$ だから，$-3p+2(q+2p)=7$……㋒，$ap+b(q+2p)=-12$……㋓ が成り立つ。㋑，㋒を連立方程式として解く。㋒より，$-3p+2q+4p=7$，$p+2q=7$……㋒′　㋑＋㋒′×3 より，$5p+3p=3+21$，$8p=24$　$\therefore p=3$　これを㋒′に代入して，$3+2q=7$，$2q=4$　$\therefore q=2$　よって，連立方程式①の解は $x=3$，$y=2$ である。

(2)＜**連立方程式の応用**＞(1)より，$p=3$，$q=2$ だから，これを㋐に代入すると，$-3b+10=4a+3$，$4a+3b=7$……㋔ となり，㋓に代入すると，$3a+b\times(2+2\times3)=-12$ より，$3a+8b=-12$……㋕となる。㋔×3－㋕×4 より，$9b-32b=21-(-48)$，$-23b=69$，$b=-3$ となり，これを㋔に代入して，$4a-9=7$，$4a=16$，$a=4$ となる。

3 〔関数—関数 $y=ax^2$ と直線〕

≪基本方針の決定≫(1)　2点A，Bを通り y 軸に平行な直線で，3つの図形に分けるとよい。

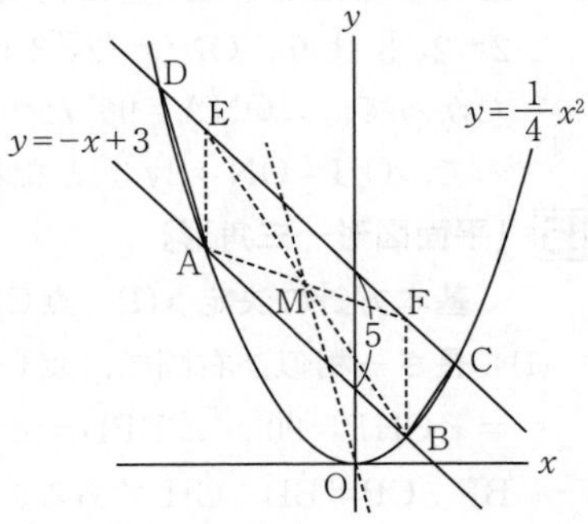

(1)＜**面積**＞右図で，2点A，Bは放物線 $y=\frac{1}{4}x^2$ と直線 $y=-x+3$ の交点だから，$\frac{1}{4}x^2=-x+3$，$x^2+4x-12=0$，$(x+6)(x-2)=0$　$\therefore x=-6,\ 2$　点Aの x 座標は -6，点Bの x 座標は2だから，$y=-(-6)+3=9$，$y=-2+3=1$ より，A$(-6,\ 9)$，B$(2,\ 1)$ である。直線CDは，直線 $y=-x+3$ と傾きが等しく，切片が5だけ大きいから，$y=-x+8$ である。2点C，Dは放物線 $y=\frac{1}{4}x^2$ と直線 $y=-x+8$ の交点だから，$\frac{1}{4}x^2=-x+8$ より，$x^2+4x-32=0$，$(x-4)(x+8)=0$　$\therefore x=4,\ -8$　点Cの x 座標は4，点Dの x 座標は -8 だから，$y=-4+8=4$，$y=-(-8)+8=16$ より，C$(4,\ 4)$，D$(-8,\ 16)$ である。ここで，2点A，Bを通り y 軸に平行な直線とCDとの交点をそれぞれE，Fとする。このとき，四角形ABCDは，△AED，▱ABFE，△BFCに分けられる。2直線AB，CDの切片の差が5より，BF＝AE＝5となる。これを底辺とすると，2点B，Aの x 座標の差より，▱ABFEの高さは $2-(-6)=8$ となる。また，AEを底辺とすると，2点A，Dの x 座標の差より，△AEDの高さは $(-6)-(-8)=2$ となる。BFを底辺とすると，2点C，Bの x 座標の差より，△BFCの高さは $4-2=2$ となる。よって，四角形ABCDの面積は，△AED＋▱ABFE＋△BFC＝$\frac{1}{2}\times5\times2+5\times8+\frac{1}{2}\times5\times2=50$ である。

(2)＜**直線の式**＞右上図で，(1)より，△AED＝△BFCだから，原点Oを通り四角形ABCDの面積を2等分する直線は，▱ABFEの面積を2等分する直線である。▱ABFEの対角線の交点をMとすると，点Mを通る直線によって▱ABFEの面積は2等分されるので，直線OMが求める直線である。

B$(2,\ 1)$，E$(-6,\ 14)$より，点Mの x 座標は $\frac{2+(-6)}{2}=-2$，y 座標は $\frac{1+14}{2}=\frac{15}{2}$ となり，M$\left(-2,\ \frac{15}{2}\right)$だから，直線OMの式を $y=ax$ とすると，$\frac{15}{2}=-2a$ より，$a=-\frac{15}{4}$ となる。よって，求める直線の式は，$y=-\frac{15}{4}x$ である。

4 〔空間図形―正四面体〕

≪基本方針の決定≫(1)　△ADEの3辺の長さを求める。

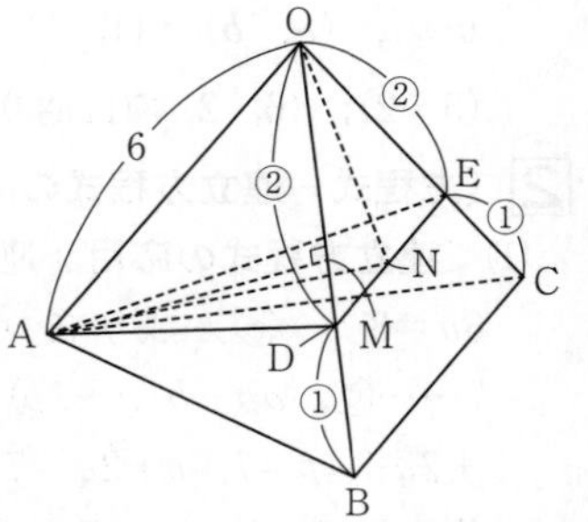

(1)**＜面積―三平方の定理＞**右図で，∠DOE＝60°であり，OB＝OC，OD：DB＝OE：EC＝2：1より，OD＝OEだから，△ODEは正三角形である。よって，DE＝OD＝$\frac{2}{2+1}$OB＝$\frac{2}{3}\times 6=4$ である。次に，辺OBの中点をMとすると，AM⊥OBとなる。△OAMは3辺の比が $1:2:\sqrt{3}$ の直角三角形だから，OM＝$\frac{1}{2}$OB＝$\frac{1}{2}\times 6=3$ より，AM＝$\sqrt{3}$ OM＝$\sqrt{3}\times 3=3\sqrt{3}$ となり，MD＝OD−OM＝$4-3=1$ となる。△AMDで三平方の定理より，AD＝$\sqrt{\mathrm{MD}^2+\mathrm{AM}^2}=\sqrt{1^2+(3\sqrt{3})^2}=\sqrt{28}=2\sqrt{7}$ である。同様に AE＝$2\sqrt{7}$ である。したがって，△ADEは二等辺三角形だから，線分DEの中点をNとすると，AN⊥DEとなる。DN＝$\frac{1}{2}$DE＝$\frac{1}{2}\times 4=2$ だから，△ADNで三平方の定理より，AN＝$\sqrt{\mathrm{AD}^2-\mathrm{DN}^2}=\sqrt{(2\sqrt{7})^2-2^2}=\sqrt{24}=2\sqrt{6}$ となり，△ADEの面積は，$\frac{1}{2}\times 4\times 2\sqrt{6}=4\sqrt{6}$ である。

(2)**＜長さ―三平方の定理＞**右上図で，AN⊥DEであり，△ODEが正三角形より，ON⊥DEだから，DE⊥〔面OAN〕，〔面OAN〕⊥〔面ADE〕となる。よって，頂点Oから平面ADEに垂線を引くと，この垂線は面OAN上にある。$\mathrm{OA}^2=6^2=36$，$\mathrm{AN}^2=(2\sqrt{6})^2=24$ であり，ON＝$\sqrt{3}$ DN＝$\sqrt{3}\times 2=2\sqrt{3}$ より，$\mathrm{ON}^2=(2\sqrt{3})^2=12$ だから，$36=24+12$ であり，$\mathrm{OA}^2=\mathrm{AN}^2+\mathrm{ON}^2$ が成り立つ。したがって，∠ONA＝90°だから，頂点Oから平面ADEに引いた垂線OHは，線分ONと一致するので，OH＝ON＝$2\sqrt{3}$ となる。

5 〔平面図形―三角形〕

≪基本方針の決定≫(1)　点Cから線分ADに垂線を引いて，三角形の相似を利用する。

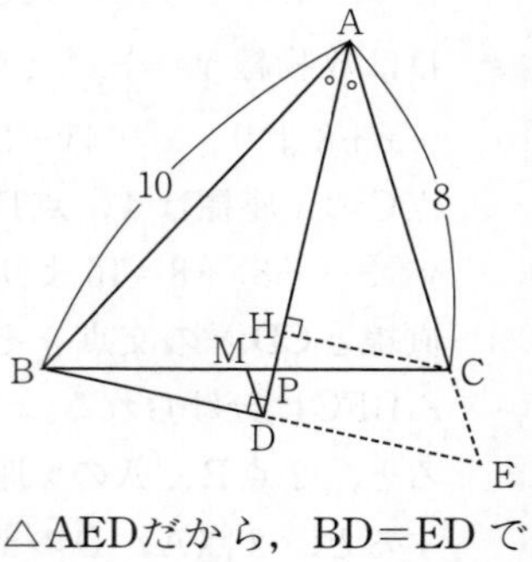

(1)**＜長さ―相似＞**右図で，点Cから線分ADに垂線CHを引く。∠BDP＝∠CHP＝90°，∠BPD＝∠CPHより△BDP∽△CHPだから，BP：CP＝BD：CHである。また，∠BAD＝∠CAHだから，△ABD∽△ACHとなり，BD：CH＝AB：AC＝10：8＝5：4である。よって，BP：CP＝5：4となる。これより，BP＝$\frac{5}{5+4}$BC＝$\frac{5}{9}\times 9=5$ となる。BM＝$\frac{1}{2}$BC＝$\frac{1}{2}\times 9=\frac{9}{2}$ だから，MP＝$5-\frac{9}{2}=\frac{1}{2}$ である。

(2)**＜長さの比―相似＞**右図で，2直線AC，BDの交点をEとする。AD＝AD，∠BAD＝∠EAD，∠ADB＝∠ADE＝90°より，△ABD≡△AEDだから，BD＝EDである。また，BM＝CMだから，△BECで中点連結定理より，DM∥ECとなる。よって，△PCA∽△PMDとなり，PA：PD＝CP：MPである。(1)より，CP＝9−5＝4，MP＝$\frac{1}{2}$ だから，CP：MP＝4：$\frac{1}{2}$＝8：1より，PA：PD＝8：1となり，AD：PD＝(8＋1)：1＝9：1である。

(3)**＜長さ―相似＞**右上図で，△ABD≡△AEDより，AE＝AB＝10だから，CE＝10−8＝2である。よって，△BECで中点連結定理より，MD＝$\frac{1}{2}$CE＝$\frac{1}{2}\times 2=1$ である。

国語解答

一 問一　A　促す　B　先ず　C　制止
D　異状のない　E　快晴
F　雨が降る　G　だいたい
問二　Ⅰ　感動詞〔感嘆詞〕　Ⅱ　副詞
問三　H　口　J　和
問四　作品名『源氏物語』
作者名　紫式部
問五　作品名『おくのほそ道』
作者名　松尾芭蕉
問六　荒海を
問七　③　日本人が海を全く相手にしてこなかったということ。
④　日本という島よりももっとすばらしい未知の土地。
⑤　うまくいきすぎている局面で「長考」すること。
問八　K…キ　L…イ　M…ク　N…エ
問九　世の中は自分の思っているようにはいかないものだという判断。（29字）
問十　抑制　問十一　小林一茶

二 ［日本人の］最終的には，自然が全て解決してくれるだろうという楽観的な傾向。（31字）

三 1　健闘　2　羞恥　3　教壇
4　皮膚　5　陶冶　6　散漫
7　契機　8　繊維　9　膝
10　懲

一〔論説文の読解―文化人類学的分野―日本文化〕出典；森本哲郎『日本語 表と裏』「まあまあ」。

≪本文の概要≫「まあまあ」という言葉は，日本語の中でも特に便利な慣用語であり，相手を促したり，制止したり，また程度を表したりなど，さまざまな場面で使われている。この「まあ」という語には，日本人の人生哲学が秘められている。日本人は古来より，自然や世界に対しての期待を抑えようとしてきた。例えば「日本三景」は，冒険的な大海ではなく，穏やかな入江ばかりが選ばれている。それは，海へ出て外の世界を目指すよりも，今暮らしている島での安住に魅力を感じたことの表れである。日本人は，世の中に期待を抱きつつも，世の中は自分の思いどおりにならないと考え，ある程度のところで現実に満足をしようと努める民族なのである。そうすれば期待を裏切られる苦痛が軽くなり，全てのことに一応の満足を得ることができる。こうした現実認識の姿勢が，「まあまあ」という曖昧な日本語の本質にあるといえるだろう。

問一＜文章内容＞A．「まあ，いいじゃないか」「まあ，一杯」の「まあ」には，相手にある行動をするように勧めるはたらきがある。　B．「まあ，一杯」の「まあ」のもとの意味は，手始めに，である。　C．「まあ，遠慮せずに」「まあ，待ちなさい」の「まあ」には，相手の行動を止めるはたらきがある。　D．「まあまあ」の健康状態とは，健康に特別問題がないことを表す。
E・F．「まあまあ」の天気とは，特によいというわけではなく，また雨になるほど悪いわけではない天気を表す。　G．試験の出来についての「まあまあ」は，他人に対し，試験が全体的によくできた実感を控えめに伝えるはたらきがある。

問二＜品詞＞Ⅰ．感動や呼びかけを表す感動詞。　Ⅱ．「怒らないで」を修飾する副詞。

問三．H＜慣用句＞「口にのぼる」は，話題やうわさになる，という意味。　J＜文章内容＞逃げ場のない島国の中で平和に暮らすため，「敵と妥協し，共存する」には，己を抑制することが必要だった。「和を保つ」は，協力関係を維持する，という意味。

問四＜文学史＞『源氏物語』は，平安時代に成立した紫式部による物語。

問五＜文学史＞『おくのほそ道』は，江戸時代に成立した松尾芭蕉による俳諧紀行文。

問六＜文脈＞「日本三景」には，女性的な優しさがある入江ばかりが選ばれている。それは，日本民族が広い海を渡ってくる中で，上陸が可能な入江を探し求めてきたからである。

問七＜指示語＞③山崎正和氏が日本人のことを海洋民族ではなく，海岸民族であると考えたのは，日本人は広い海へ冒険に出ようとせず，海を相手にしなかったからである。　④日本人は，「欲を出せばきりのない話」なので，自分たちが住んでいる土地以上にすばらしい場所を求めようとはせず，今いる地に安住することを選んだ。　⑤「長考」をするのは全てが「うまくいきすぎているとき」であるという話を大山名人から聞き，意外に思った「私」は，理由を尋ねた。

問八＜表現＞K．日本人は，自然の運行のように物事がうまくいくと期待している点で「楽観的」である。　L．日本人は，物事が自然とうまくいくよう期待する一方で，世の中は自分の思いどおりにならないという諦めを前提にする「悲観的」な面を持つ。　M．現実の世界に対し，「実際以上の期待を抱く」のは「理想主義」である。　N．現実の世界に対し，「実際に見合った期待を寄せる」のは「現実主義」である。

問九＜文章内容＞「私」は，大山名人との会話から，たとえ物事がうまく運んでいるように見えても，世の中は自分の思っているとおりになるはずがないという価値観が，日本人の判断の前提となっていることに気づいた。

問十＜文章内容＞「まあまあ」という言葉の本質には，思いどおりにならない現実に対し，過度な期待を寄せないように努める日本人の基本的な姿勢がある。

問十一＜文学史＞『おらが春』は，江戸時代に成立した小林一茶の句文集。

二〔**論説文の読解―文化人類学的分野―日本文化**〕出典；森本哲郎『日本語 表と裏』。

≪本文の概要≫「いい加減」は字のとおりに解釈すれば「適切」というよい意味になるはずであるが，「でたらめ」の意味で使われることが多い。また，「かなり」という程度を表す意味もある。それら三つの意味には，日本人の自然観が隠されている。日本人は自然を信じてきた。日本人にとっての自然は，全てをほどよく調節し，調和をもたらしてくれる存在である。人間としての努力をしたうえで，自然の成り行きに任せておけば，最終的な解決を得ることができると日本人は楽観的に考える。しかし全てを自然に任せては，人として生きるうえで不真面目である。努力もせず，最初から自然の成り行きだけで生きていくわけにはいかない。また，そもそも自然は人間の考える程度や尺度では測りきれず，思いどおりにいくものでもない。こうした日本人の自然観を反映した「いい加減」という言葉は，日本人の心性をよく表現した興味深い日常語といえるだろう。

＜主題＞「いい加減」「どうせ」「よろしく」といった言葉には，「自然にあるべき状態に任せてしまう態度」が共通して見られる。自然は物事を「程よく調節」し，最終的にあらゆる問題を解決してくれるという楽観主義が，日本人の心の根底に存在しているのである。

三〔**漢字**〕

1．よくがんばってたたかうこと。　2．恥ずかしく思うこと。　3．教室で，教師が立つ壇のこと。　4．身体の表面を覆っている組織のこと。　5．才能や性質を育てること。　6．気持ちや考えが集中せず，とりとめのないさま。　7．変化や発展を起こすきっかけのこと。　8．細い糸のような物質のこと。　9．「膝を交える」で，互いにうちとけて話し合う，という意味。10．音読みは「懲罰」などの「チョウ」。

2018年度 明治大学付属明治高等学校

【英　語】（60分）〈満点：120点〉

（注意）　リスニング問題は放送による問題で，試験終了20分前に開始する。

■リスニング問題は，当社ホームページ（http://www.koenokyoikusha.co.jp）で視聴することができます。（当社による録音です）

1　次の英文の内容に合うように，（1）～（8）に入る最も適切な語を語群の中からそれぞれ1つ選び，必要があれば適切な形に直して答えなさい。ただし，語群の語は1度ずつしか使えない。

I was in my second year of living in Tokyo.　I thought I was a real expert in Japanese etiquette and culture.

I knew that I had to push gently onto the subway cars.　I knew that I shouldn't (　1　) eye contact with people.　I knew that blowing my nose loudly, "American style", was very rude.　And I knew that I shouldn't talk to people on the subway.　That wasn't a problem because my Japanese wasn't that good.

But one day, I was riding home from work on the subway, and I remembered that I (　2　) to call a friend about meeting for dinner.

I took out my cell phone and called her.　Of course, if you know the Tokyo subway, you know that there are "no cell phone" signs everywhere.　But I also (　3　) that many passengers used their phones on the subway.　I thought that the no cell phones rule in Japan was like the no food rule on the New York City subway.　It's a rule, but no one (　4　) it, and no one enforces it.

As I was talking, other passengers looked at me sideways like Japanese people do when they think you are being rude.　One elderly woman (　5　) her head and looked straight at me.

I finished my conversation, and I got off the train.　I was very (　6　).　Japanese people use their phones.　Why can't I do the same ?　I asked myself.

Later that evening, I told my friend about the experience.　She smiled.　"The rule is no (　7　) on cell phones," she said.　"The others are all text messaging or playing games on their phones. Occasionally they whisper a very short message to someone on a cell phone.　But they never have whole conversations on their phones in the subway."

I was embarrassed.　I still had a lot to (　8　).　Even though I knew a lot of Japanese habits, I was still American.

［confuse / follow / learn / make / need / notice / shake / take / talk］

2　次の各英文の下線部①～④のうち，文法的に誤りのある箇所を見つけ，例にならって答えなさい。

（例）　Mr. White ①are teaching English ②in ③this room ④now.
　　　答え：［①→is teaching］

(1)　I ①am sure that your new restaurant ②will succeed because the food is delicious, the prices are very ③low, and you are a very hard ④working.

(2)　Thomas Edison ①has invented the phonograph in 1877.　②With this new tool, people could ③listen to ④recorded sound.

(3) Everyone who ①was invited to his ②welcome party ③to attend except for Martin, who ④wasn't feeling well.

(4) More than 80 ①percent of the Japanese people ②think the consumption tax ③will raise in the ④near future.

(5) ①There was a major blackout ②during we ③were making preparations ④for the convention.

3 次の各英文の内容に合うように，［ ］内の語(句)を適切に並べかえ，３番目と６番目にくるものを，それぞれ番号で答えなさい。

(1) The people in [① called ② Egypt ③ a ④ had ⑤ system ⑥ ancient ⑦ writing] hieroglyphics, which was a type of picture writing. For a long time, no one was able to understand this language.

(2) One of the most common butterflies of the ten thousand species in North America is the monarch butterfly. It is one of the most beautiful. The adult [① on ② green ③ lays ④ the leaves ⑤ tiny ⑥ of ⑦ eggs] the milkweed plant, which the young will eat when the eggs hatch.

(3) Bees [① divided ② according ③ groups ④ be ⑤ two ⑥ into ⑦ can] to their living styles. Solitary bees live alone. On the other hand, social bees, like ants, live in groups. Only about six hundred species are in this category.

(4) We usually say that people have five senses. Senses [① is ② what ③ the way ④ learn ⑤ are ⑥ that ⑦ we] happening around us. The five main senses are sight, hearing, touch, taste, and smell.

(5) Mosquitoes have an interesting life cycle. The female mosquito bites a person or animal in order to get some blood. It is [① mosquito ② interesting ③ note ④ that only ⑤ female ⑥ to ⑦ the] will bite for blood. She has a special mouth which can go into an animal's skin or a person's skin.

4 次の会話文中の(ア)～(カ)に入る最も適切なものをそれぞれ１つ選び，番号で答えなさい。

Andrew : So, Vera, what movie would you like to see ?
Vera : Anything's OK with me — except horror.
Andrew : (ア) I'm not into horror movies, either. We can decide later.
Vera : We can just go to the Multiplex on Broadway and see what's on.
Andrew : OK. (イ)
Vera : Hmm, let me see . . . how about around five o'clock ?
Andrew : Could we make it just a little later, say 5:30 ?
Vera : Sure. 5:30 is fine.
Andrew : Great. (ウ)
Vera : Well, how about meeting in front of the theater ?
Andrew : Or, you know, there's a coffee shop just around the corner from the theater. (エ)
Vera : OK, good idea. (オ) Oh, can you tell me your cell phone number ?
Andrew : Sure. It's 917-473-8214.
Vera : 917-473-8214. And here's mine.
Andrew : (カ)

Vera　　: Sure . . . it's 917-376-0980.

Andrew : Great.　Got it.　See you on Sunday.

1．And where do you want to meet ?
2．You must be kidding.
3．Then it's not a problem if one of us is late.
4．No problem.
5．OK . . . can I borrow your pen ?
6．Why don't we meet there and have some coffee before the movie ?
7．When do you want to meet ?

5 次の英文を読み，あとの問いに答えなさい。

Every year companies spend millions of dollars on advertising to create buzz about their products. Companies know that people like to talk about unusual, funny, and *remarkable things.　Nowadays, companies are using many creative ways to (　ア　).

One idea that can *contribute to popularity is to do something very unusual.　Red Bull™ is a company that makes energy drinks.　They want people to feel energetic when they think about Red Bull.　So they sponsored an unusual event : 43-year-old Felix Baumgartner jumped from 39 kilometers up in space to set a new world record for skydiving.　He traveled more than 1,300 kilometers per hour in a space suit with Red Bull's name on it.　This is part of a new trend in advertising, in which companies pay for unusual events, hoping that customers will talk more about their products.

Some other companies choose to (　イ　).　A good example is a company called Blendtec™. Tom Dickson, Blendtec's owner, had an idea to make his *blenders look more interesting.　He made videos showing his blenders mixing up unusual things.　He put items like smartphones, *rakes, or sports equipment into one of the machines and asked, "Will it blend ?"　People were surprised to see a blender cut a smartphone into small pieces.　Everyone talked about the videos and wanted to find out more about the blenders.　Dickson was invited to demonstrate his products on TV shows.　His blenders became much more popular, and he sold a lot more of them.

The company that makes Doritos™, a snack food, had a different idea about creating buzz.　They decided to (　ウ　).　So they began a competition.　They asked customers to make their own TV advertisements.　Then, they asked viewers to choose the advertisements that they liked the best. This created buzz because people like to participate and express their own opinions.

Another way to make a product popular is to (　エ　).　To improve sales, the maker of Kit Kat™ chocolate bars used advertisements that connected Kit Kat bars with coffee.　They hoped that every time people drank coffee, they would think of Kit Kat bars.　They were right.　Sales improved by more than 50 percent when people connected Kit Kat bars with coffee.

There are many ways that advertisers hope to make their products become popular.　Whatever method is used, the result is clear : more buzz and more popularity.

(注)　remarkable　目立った　　contribute to～　～に貢献する　　blender　ミキサー
　　　rake　くま手

(1)　本文中の(ア)～(エ)に入る最も適切なものをそれぞれ１つ選び，番号で答えなさい。

1．do something surprising so that people will remember their product and spread their idea
2．connect it in people's minds with something that they see often

3. help products become more popular
4. hold an event where customers can experience their products
5. get their customers involved

(2) 本文中の"buzz"の意味を日本語で答えなさい。

(3) 次の英文のうち，本文の内容に合うものを２つ選び，番号で答えなさい。

1. Companies know how to make people feel like buying their products.
2. A company decided to use skydiving in their advertising because their products and skydiving were deeply connected.
3. A company showed how to mix up many different things with their product so that customers can do the same thing when they buy it.
4. A company asked customers to create their advertisements because they wanted to save their advertisement fee.
5. Every example shown in the text is successful and many other companies followed their ways.
6. There are four examples of companies shown in the text. They have tried different ways to advertise, but their purposes were the same.

6 次の英文を読み，あとの問いに答えなさい。

At some point following World War II, a phone box was placed in the Mojave Desert, 12 miles from the nearest *interstate. It seems like a strange location for a phone box, but there are two *mines in the area, and the phone was originally placed for use by the miners and their families.

Godfrey Daniels, a computer programmer from Arizona, heard about the phone from a friend. [ア] He didn't really expect a response, and sure enough, there was no answer when he called.

After dialing the number *periodically, he was shocked to hear a busy signal one day. [イ] After several tries, someone actually answered the phone. Daniels spoke with a woman who worked at one of the mines. She lived in a lonely area without phone service and used the phone for making calls.

Daniels loved the idea of a phone in the middle of nowhere. He was even more attracted by the idea that someone might actually be available to answer the phone in such a lonely place. Just as Daniels was ①intrigued by the idea of the phone box in the middle of the desert, so were the callers who had visited his website.

Daniels eventually traveled to Southern California to visit the box himself. Apparently, he wasn't the only person to have ②that idea. As more people heard about the Mojave Desert phone box, tourists decided to visit the location. [ウ] When someone answered the phone, he or she had the opportunity to speak with callers from all around the United States, as well as Germany, England, Italy, France, Australia, and South Africa.

What did strangers find to talk about during these unusual calls? They also discussed where they were calling from and how they had heard about the phone box. One thing people love about the Internet is how it seems to make the world feel smaller. Maybe in some small way, the Mojave Desert phone box achieved ③the same thing.

In May of 2000, the National Park Service and Pacific-Bell, the owner of the phone box, made the decision to remove the box. The National Park Service felt that the area was receiving too much traffic as a result of all the *publicity about the box. [　エ　] They also felt that it was their responsibility to protect the land of the Mojave Desert National Preserve.

Today, the place where the box once stood is marked by a simple *tombstone. People who don't know that it was removed still call the number. There is no disconnect message on the line. The number just rings and rings, as the caller waits patiently for someone to answer.

（注） interstate 州間高速自動車道　mine 鉱山　periodically 定期的に　publicity 評判
tombstone 墓石

(1) 本文中の[ア]～[エ]に入る最も適切なものをそれぞれ１つ選び，番号で答えなさい。

1．They were worried that it might somehow damage the environment.
2．He assumed that there was a problem with the line, but he kept calling anyway.
3．He had some friends working near the box and wanted to talk with one of them immediately.
4．He had the number and decided to call it one day, just to see if anyone might answer.
5．People who called the phone began to frequently hear a busy signal.

(2) 下線部①の意味に最も近いものを１つ選び，番号で答えなさい。

1．tired of　　2．interested in
3．afraid of　　4．disappointed in

(3) 下線部②を具体的に説明している部分を，本文中より４語で抜き出して，答えなさい。

(4) 下線部③を具体的に説明している部分を，本文中より６語で抜き出して，答えなさい。

(5) 本文中から下記の２つの文が抜けている。その２つの文が入る最も適切な箇所の直前の２語をそれぞれ抜き出して，答えなさい。

A：He posted the phone number on the Internet, and people began calling it.
B：They usually introduced themselves.

リスニング問題

7 放送を聞き，説明されている語を答えなさい。放送はそれぞれ１回です。

(1) ＿＿＿＿＿　(2) ＿＿＿＿＿　(3) ＿＿＿＿＿　(4) ＿＿＿＿＿

8 放送を聞き，続けて流れる質問の答えとして最も適切なものをそれぞれ１つ選び，番号で答えなさい。放送は１回です。

(1) 1．A book and an animal.
2．A person and an animal.
3．A book and a building.

(2) 1．Pencils, erasers and paper.
2．Paper, a ruler and scissors.
3．Crayons, paper and glue.

(3) 1．She went to the park.
2．She went home.
3．She went to the tennis court.

(4) 1．Her teacher.　2．Her cousins.　3．Her father.

(5) 1．At school.　2．At home.　3．At the tennis court.

9 放送を聞き，次の各英文を完成させるのに最も適切なものをそれぞれ１つ選び，番号で答えなさい。放送は２回流れます。

(1) The man ________ with friends to celebrate the New Year when he was younger.
　１．played games
　２．watched movies
　３．watched fireworks

(2) The man and his friends ate ________ on New Year's Eve.
　１．salad　　２．fried chicken　　３．pizza

(3) When the man's children were little, he ________ on that night.
　１．put them to bed early
　２．watched TV together
　３．stayed up late

(4) Now, the man usually ________ on New Year's Eve.
　１．goes for a drive
　２．goes to bed early
　３．makes a special dinner

(5) For the man, New Year's Day isn't a big celebration because ________.
　１．every new day is a new beginning
　２．he doesn't like change
　３．he feels like he is getting older

10 放送を聞き，（１）～（４）に入る語を答えなさい。放送は１回です。

Bingo is a popular game played for money in the UK. Bingo nights are held in (1) halls, clubs and pubs all over the country.

To play the game you have to buy one or more cards with numbers printed on them. The game is run by a caller, whose job it is to call out the numbers and check winning tickets. The caller will usually say "Eyes down," to indicate that he or she is about to start. They then call the numbers as they are randomly (2), either by an electronic Random Number Generator (RNG), by drawing counters from a bag or by using balls in a mechanical draw machine. The numbers are called out (3), for example, "Both the fives, fifty-five," or "Two and three, twenty-three." Some numbers have been given nicknames, for example, "Two Fat Ladies," which is the number eighty-eight. Players cross out the numbers on their card as they are called out. The first player to mark off all their numbers (4) "Bingo !" and is the winner.

＜リスニング問題放送台本＞

7 放送を聞き，説明されている語を答えなさい。放送はそれぞれ１回です。

(1) castle：a large, strong building that was built in the past to protect the people inside from being attacked

(2) festival：a special day or period when people celebrate something, especially a religious event

(3) cycling：the activity of riding a bicycle

(4) newspaper：large, folded sheets of paper that are printed with the news and sold every day or every week

8 放送を聞き，続けて流れる質問の答えとして最も適切なものをそれぞれ1つ選び，番号で答えなさい。放送は1回です。

Emily : Welcome home, Dad.
Dad : Oh, Emily. How are you today?
Emily : Fine.
Dad : Good. And how was school today?
Emily : Really fun.
Dad : Good. And what did you do?
Emily : We made things.
Dad : Like what types of things did you make?
Emily : We made books.
Dad : You made books! Okay. And what else?
Emily : We . . . we made paper kangaroos.
Dad : You made paper kangaroos? Okay, and what did you need to make your paper kangaroos? What kind of supplies did you need?
Emily : We used crayons, paper, glue, and we had to follow directions.
Dad : Well good. And what did you do after school?
Emily : We went home, played games.
Dad : And did . . . Mom said you went to the junior high school.
Emily : I rode my bike in the tennis court.
Dad : Did you go by yourself?
Emily : I went with the whole family, and we went with Nathan, Sara, Rachel.
Dad : You went with your cousins.
Emily : And my mom.
Dad : Well, that's great. Well, let's get ready for dinner.
Emily : Okay.

(1) What did Emily make at school?
(2) What did Emily use to make things at school?
(3) Where did Emily go first after school?
(4) Who went to the junior high school with Emily?
(5) Where are Emily and her father now?

9 放送を聞き，次の各英文を完成させるのに最も適切なものをそれぞれ1つ選び，番号で答えなさい。放送は2回流れます。

Hi, everyone. I want to talk about what I do to celebrate the New Year. For most people, this will probably sound a little boring, but I prefer to live a simple, yet happy life.

Many years ago when I was much younger, I used to enjoy staying up late with my friends. We would have a party, play games, and eat lots of food. I don't remember exactly, but I'm sure we didn't eat a nice tasty salad with plenty of vegetables in it. Rather, we probably just ate greasy, unhealthy food like pizza, burgers, and drank lots of soda.

Now that I am older, things have changed. When our kids were little, we sometimes stayed up late with them to celebrate the New Year, but those times have changed. I find that every day is a new day, and we don't have to wait until the New Year to change our lives. Each day gives you a new opportunity to be better.

As a result, we don't do anything special on New Year's Eve. We generally stay home that evening because there are sometimes careless drivers on the road. We sometimes watch a movie or visit family, but I usually go to bed before midnight. I'm usually not a late night person, and I would much rather get in bed around 10:00 or so and watch a movie and fall asleep before it's over.

I just enjoy the simple things of life. Happy New Year.

10 放送を聞き，（１）～（４）に入る語を答えなさい。放送は１回です。

Bingo is a popular game played for money in the UK. Bingo nights are held in (1 church) halls, clubs and pubs all over the country.

To play the game you have to buy one or more cards with numbers printed on them. The game is run by a caller, whose job it is to call out the numbers and check winning tickets. The caller will usually say "Eyes down," to indicate that he or she is about to start. They then call the numbers as they are randomly (2 selected), either by an electronic Random Number Generator (RNG), by drawing counters from a bag or by using balls in a mechanical draw machine. The numbers are called out (3 clearly), for example, "Both the fives, fifty-five," or "Two and three, twenty-three." Some numbers have been given nicknames, for example, "Two Fat Ladies," which is the number eighty-eight. Players cross out the numbers on their card as they are called out. The first player to mark off all their numbers (4 shouts) "Bingo !" and is the winner.

【数　学】（50分）〈満点：100点〉

（注意）　1．解答は答えだけでなく，式や説明も解答用紙に書きなさい。（ただし，**1** は答えだけでよい。）

2．無理数は分母に根号がない形に表し，根号内はできるだけ簡単にして表しなさい。

3．円周率は π を使用しなさい。

4．定規・分度器・コンパスは使用できません。

1　次の □ にあてはまる数や式を求めよ。

(1)　$(x-2)(x-3)(x+5)(x+6)-240$ を因数分解すると，□ である。

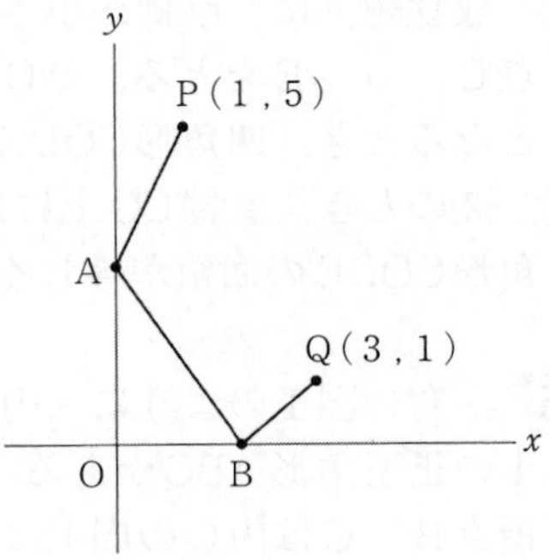

(2)　右の図のように，2点P（1，5），Q（3，1）がある。y 軸上に点A，x 軸上に点Bをとり，PA＋AB＋BQの長さが最短になるようにしたときの直線ABの式は □ である。

(3)　袋の中に，赤玉と白玉が合わせて16個入っており，赤玉の個数は白玉の個数より多い。この袋の中から続けて2個の玉を取り出すとき，赤玉，白玉の順に取り出す確率は $\frac{1}{5}$ である。このとき，この袋の中の赤玉は □ 個である。

(4)　$\frac{8}{5}<a<\frac{9}{5}$ とする。a^2 と a の小数部分が等しくなるとき，$a=$ □ である。

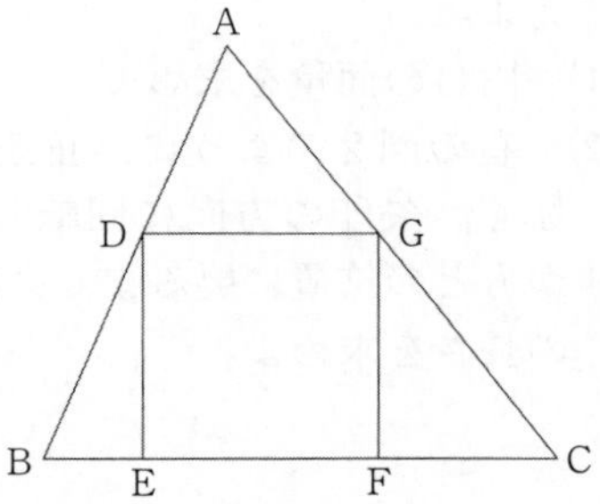

(5)　右の図のように，AB＝13，BC＝14，CA＝15の△ABCがある。2点D，Gはそれぞれ辺AB，AC上にあり，2点E，Fは辺BC上にある。四角形DEFGが正方形であるとき，正方形DEFGの1辺の長さは □ である。

2　a，b を自然数とし，$a<b$ とする。次のように，数が規則的に並んでいるとき，下の各問いに答えよ。

1，a，b，$a\times b$，1，a，b，$a\times b$，1，a，b，$a\times b$，1，a，……

(1)　$a=4$，$b=6$ とする。最初の数から n 番目の数までの和が1300になるとき，n の値を求めよ。

(2)　最初の数から200番目の数までの和が7150であるとき，a，b の値を求めよ。

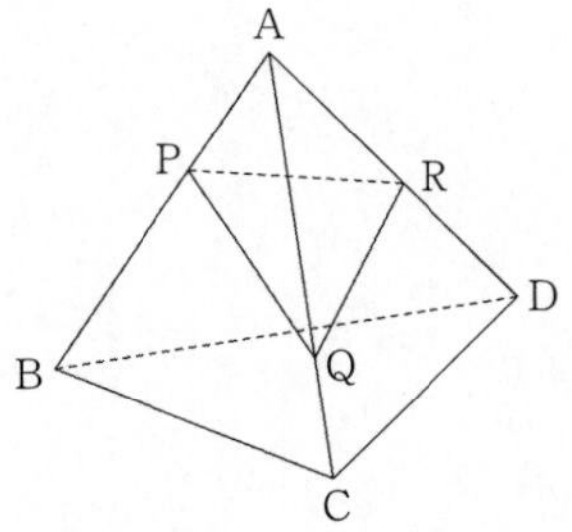

3　右の図のように，1辺の長さが8の正四面体ABCDの辺AB，AC，AD上にそれぞれ3点P，Q，Rがある。AP＝3，AQ＝5，AR＝4であるとき，次の各問いに答えよ。

(1)　△APQと△ABCの面積の比を最も簡単な整数の比で表せ。

(2)　四面体A‒PQRと正四面体ABCDの体積の比を最も簡単な整数の比で表せ。

(3)　四面体A‒PQRの体積を求めよ。

4　右の図のように，放物線$y=\dfrac{1}{4}x^2$と直線$y=\dfrac{1}{2}x+3$が2点A，Bで交わっている。このとき，次の各問いに答えよ。ただし，原点をOとする。

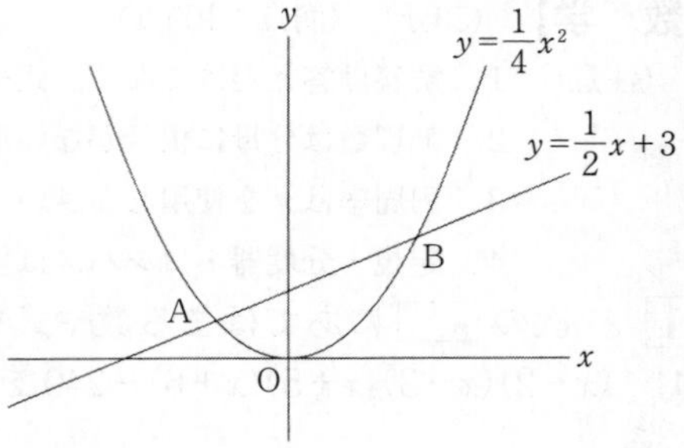

(1)　△OABの面積を求めよ。

(2)　放物線上にx座標が小さいほうから順に，Oと異なる3点C，D，Eをとる。△OAB＝△ABC＝△ABD＝△ABEとなるとき，四角形CODEの面積を求めよ。

(3)　(2)のとき，直線CO上に点Fをとる。△CEFの面積と四角形CODEの面積が等しくなるとき，点Fのx座標を求めよ。

5　右の図1のように，円Oの内側に1辺の長さが1の正三角形ABCがある。正三角形ABCの2つの頂点B，Cは円Oの周上にあり，円の中心Oと頂点Aとの距離は1である。このとき，次の各問いに答えよ。

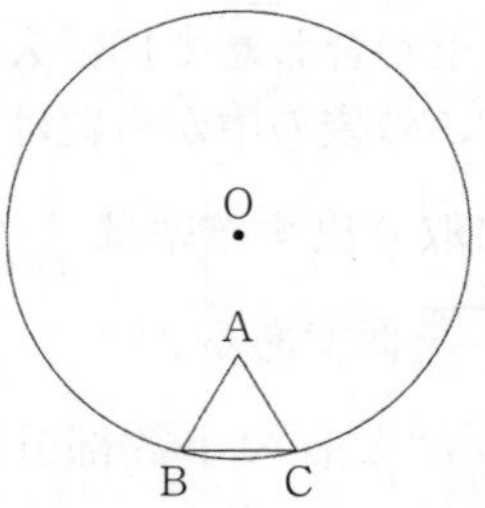

図1

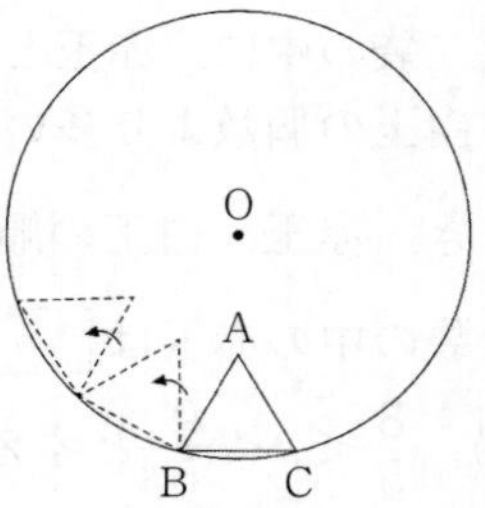

図2

(1)　円Oの面積を求めよ。

(2)　右の図2のように，正三角形ABCがすべることなく，矢印の方向に回転していく。正三角形ABCがもとの位置に戻るまでに頂点Aが動いてできる線の長さを求めよ。

ツ

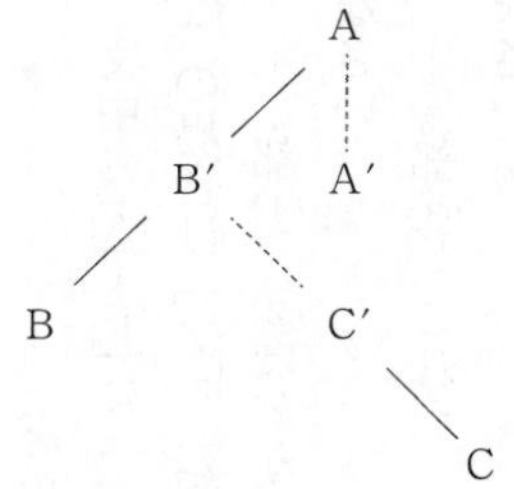

テ

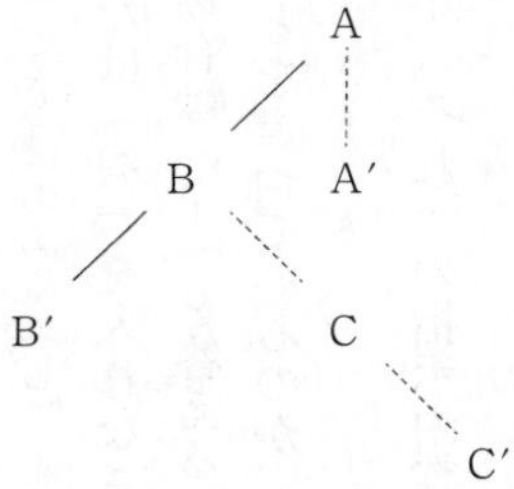

ト

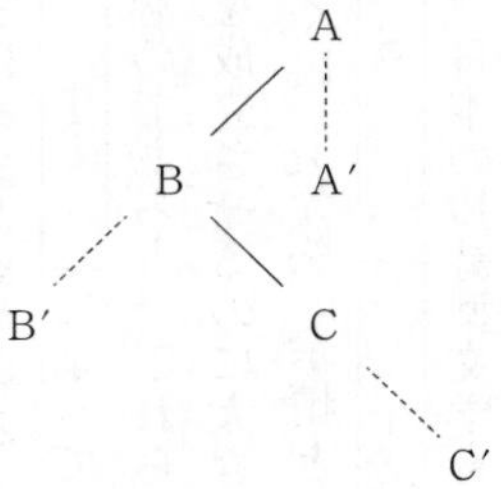

問十一 文中の［P］に入る最適な語句を考え、三字で答えなさい。

問十二 「行く春や鳥啼き魚の目は泪」の主題を文中の語句五字以内で答えなさい。

問十三 ――部⑩はどういうことを言っているのか、解答欄の「こと」につながるように四十字以内で答えなさい。

問十四 ［S］・［T］に入る最適な語句を、文中より五字以内で答えなさい。

二 次の**1**〜**10**の文中の（カタカナ）を漢字で書きなさい。

1 （ケンキョ）な姿勢で臨む。

2 先生に（アイサツ）する。

3 彼はみんなの（ショウケイ）の的だ。

4 文豪に（シシュク）する。

5 新作を（ヒロウ）する。

6 （シュウカク）の時を迎える。

7 学級（コンダン）会。

8 血液が（ジュンカン）する。

9 （ネラ）いを定める。

10 （サワ）やかな風が吹く。

学会で研究発表をする学者が、Aはこう言っている、Bはこうのべている、Cはこういう説を発表している、とえんえんと紹介する。よほど意味があるのだろうと思っていると、最後へ来て、「わたくしは、これらの諸説のいずれにも反対であります。わたくしの意見はもう時間もありませんし、別の機会にゆずらせていただきます」などと言う。終わりの方がさかのぼって全体を支配するのである。

修辞的残像に対してこれを修辞的遡《そ》像とよぶとすれば、さきの「行く春や……」の句などは、⑩この遡像のはたらきによって、重層的表現の妙味を出しているように思われる。

日本人は昔から、漢文で返り点読みということをしてきた。あとの方から前へひっくりかえしてことばを解することになれているのかもしれない。外国語を訳して読むときもやはり、返り点読みをしている。「……するところの○○」などと、関係代名詞のあとの部分の方から訳すのなどはその一例である。ほかの国の人に比べて、われわれは修辞的遡像のはたらきもつよいのではあるまいか。

ことばをまとめているのは、ここにのべてきた、[S]と[T]によって、前後から空白を埋めようとする作用によるものであろう。これらの作用は意識されることはまれであるが、表現を成立させるのに大きな役割を果たしているように思われる。

とくに、余韻、余情といった情緒的効果を説明するのに、[S]、[T]は便利な考え方であるように思われる。日本の短詩型文学もこういう作用の力によってのみ可能なのではあるまいか。

（外山滋《しげ》比古『ことばのある暮し』より・一部改変）

問一 文中の[A]～[E]に「点」または「線」を入れなさい。ただし、「点」の場合は「ア」、「線」の場合は「イ」を答えること。

問二 ――部①・②はどういうことを言っているのか、それぞれ答えなさい。

問三 ――部③「これ」・――部④「それ」の指示内容を正確に答えなさい。

問四 文中の[F]・[H]に入る最適な接続詞を次のカ～コより選び、記号で答えなさい。

カ では
キ だから
ク または
ケ そのうえ
コ ところが

問五 文中の[G]・[I]・[O]・[R]に入る最適な語句を次のサ～ソより選び、記号で答えなさい。

サ 情緒　シ 直線　ス 直観
セ 必然　ソ 暗示

問六 ――部⑤・⑥・⑦・⑧・⑨はどういうことを言っているのか、それぞれ答えなさい。

問七 文中の[J]・[K]に入る最適な語句を答えなさい。ただし、[J]は漢字二字の故事成語、[K]は最適な漢字一字を考えて答えなさい。

問八 文中の[L]に入る人物名、『[Q]』に入る作品名を答えなさい。

問九 [M]・[N]に入る最適な文中の語句を答えなさい。

問十 文中の[★]に入る最適な図を次のタ～トより選び、記号で答えなさい。

タ

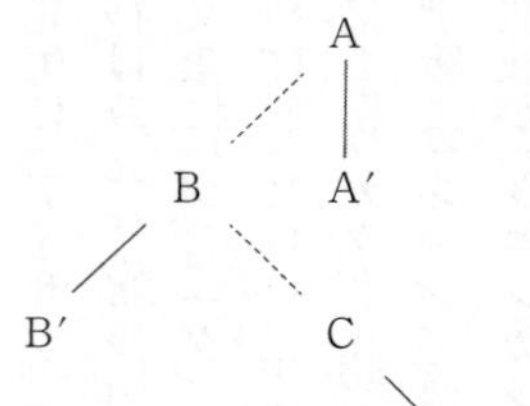

チ

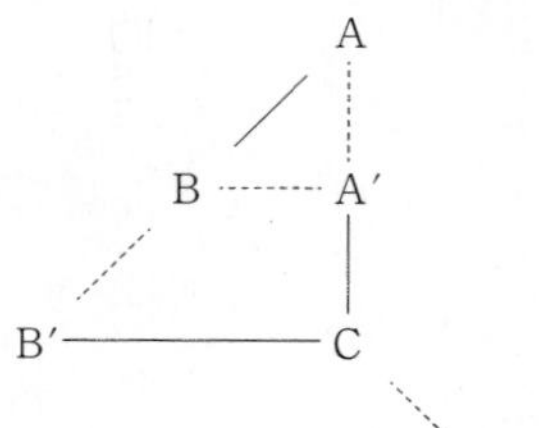

度を示している。ここでも、二元的表現になっていて、A――Bのところと同じように、ややあいまいな、おもしろい含みのある表現効果をあげている。このように考えると、俳句は空白部において大きな抒情を行い、それによって、短小な形式でよく大きなものを暗示することができるようになっていることがわかる。A――B――Cの構造をまとめてみると、

★

のようになる。字面の表現はA――B――Cであるけれども、その裏にA′――B′――C′という副旋律があって、主旋律と交響している。俳句の音楽はこれを見のがしては成立しないように思われる。それにつけても、俳句にとって切れ字がいかに大きな役割を果たしているかということを改めて知るのである。

A……A′に対して、A――B、B……B′に対して、B――Cというのは、ヴァリエーションである。

「古池や蛙飛びこむ水の音」の一句は、かくして、古池の静寂の中へ、蛙の動と滑稽とを点じ、さらに、水の音を配することによって、古池や[P]をいっそうつよく感じさせるというパラドキシカル【逆説的】な抒情に成功するのである。

漢詩における、起承転結が、すぐれた定型の作法となりうるのもまた、それぞれの部分において、折線表現を必然的なものにし、そこにおいて二重の意味をあらわすことができるからであろう。俳句の上五中七下五は、起承(上五)、転(中七)、結(下五)に対応すると考えることもできる。

ことばの残像、慣性が、生理学や物理学と性格をことにする点がひとつある。

残像も慣性も、前から後へという一方的であるのに、ことばには、残像のほかに、逆の方向に走るイメージもあるらしい。

やはり、[L]の句であるが、有名な『[Q]』の中の一句、

行く春や鳥啼《な》き魚の目は泪《なみだ》

というのがある。

はじめのところ「行く春や」は、春を惜しむ哀愁の情をつよく押し出したものである。行く春にまつわるさまざまな連想がわいてくるであろう。しかし、なお、明確な焦点は欠けている。そのあと、どういう展開をするか読者には見当がつかない。

つづけて、「鳥啼き」は嘱目【目に触れること】の自然を詠《うた》い上げたともとれないことはない。「啼き」はこれだけではかならずしも、悲しみの心をあらわすとはかぎらない。ただ、先行の「行く春や」と重ねられると、「啼き」の中の悲しみのニュアンスはいくらか強化されるかもしれない。

さらに、最後の「魚の目は泪」というところへきて、焦点は一挙に定まる感じだ。これは「鳥啼き」ほどに常套《とう》的表現ではない。それだけに「悲しみ」との関係は不動のものになる。

「行く春や」は伝統的な措辞で高度の暗示をおこない、ついで「鳥啼き」で、かすかな哀愁の感情を志向し、さらに「魚の目は泪」で、悲しみの焦点を決定した。[R]的な表現を、すこしずつ限定の明確なもので絞って行く手法である。

一句を読み終わってはじめて、別離の情がはっきりする。そこで、もう一度、はじめに帰ってみる必要がある。和歌もそうであるが、俳句を読み上げるとき、二度ずつ読むのはなかなか意味のあることのように思われる。終わりまで行かないと、意味の完結しない表現が日本語にはすくなくない。

日常の会話においても、

「きのう、久しぶりだから、街へ出て、映画でもみて、古本屋をひやかし、そこいらでコーヒーでものんで、日曜らしい気分にひたろうと思っていたが、あいにく、出がけに、人がきたものだから、おじゃん【だめになること】になった」

などというのがある。「思っていた」というあたりまでは、そうしたのか、と思う。ところが、終わりへ来てどんでん返しになる。

である。まだ、あとに続くことがたくさんありそうに思われるだけに、突如として、終わってしまえば、いやでも、余韻を生じないではいられない。

『ボヴァリー夫人』がスピードを出したクルマがすこしずつ減速して、終わりになるといった書き方であるとするなら、日本的抒《じょ》情作品は、⑧全速力で走ってきた、あるいは、急にスピードを増したクルマが突然、急停車するようなものである。読者はいやでもつよい衝撃を覚える。前のめりになって、空白部の中へ放り出される。その状態から余韻が感じられる。

余韻をつくり出している力は修辞的残像であり、それを顕在化させるきっかけになっているのは末尾の空間だということになる。

抒情ということはことばの技巧によっても可能であるけれども、われわれ日本人は、ここにのべたような空間の抒情を好むのではないかと思われる。

空間はただの空間ではない。残像が顕現することによって独自の表現性を帯びた空間である。詩歌にあっては、抒情の主軸となるこの空間は、語りや話芸においては「K」とよばれて、これまた大きな役割を果たすことが知られている。

若手の落語家が話したときに、すこしもおもしろくなかった同じはなしを、名人上手と言われる人が演じると、何ともいわれない味わいとおもしろさが出る。どこがちがうのかというと、「K」のとりかたが違うのだ、と言われる。それほど全体を左右する力をもっている。

俳句は世界でももっとも短い詩であろう。どうしてそういう短詩型が生まれたのか、われわれは、それをあまり考えることをしない。短ければ、少しのことしか表現できないのは当然であるのに、俳句はかなり複雑なことを言いうるし、何よりも、深みを感じさせられる。ふしぎである。

残像、そして、余韻という考えを援用して俳句の美学の一端をさぐってみることにしたい。いまかりに、L の、

古池や蛙飛びこむ水の音

を例にとると、まず、切れ字「M」がある。これは読んで字のごとく、表現を次へすぐつなげてはいけないというしるしのことばである。とすれば、そのあとには、

古池や□□□□蛙飛びこむ水の音

と大きな空白があることになる。さらに、「飛びこむ」のあとにも、切れ字はないが、かすかに切れている。さらに「水の音」のあとにはもっと大きな空白部がある。いまこの空白を□で示すとすれば、

古池や□□□□蛙飛びこむ□□水の音□□□□□□

……

というようになるだろう。

まず、「古池や」の上五だが、切れ字によって「古池」の感じをつよく前面に押し出す。あとは空白がつづくから、古池のもつもろもろの連想が、そこで存分に N としてひろがるようにされている。

俳句の妙味は、次の中七を思い切って、上五とは離れたところへ置くことができるところから生まれる。「古池や」をA、「蛙飛びこむ」をB、「水の音」をCとするならば、

A□□□□B□□C□□□□□□

のような空間構造になる。そして、AとBとの結合状態は、

A――B

のようではなくて、Aのあとに残像のA′が余韻をひびかせる中へ、Bというまったく異質の表現がつきつけられる。「古池や蛙飛びこむ」のところは、A……A′とA――Bという二重複元表現の効果になる。A……A′は余韻、余情の潜在的含蓄であり、A――Bは、具体的表現である。⑨両者が矛盾、葛藤するところに、ここのおもしろさ、複雑さ、深みが生まれる。

BとCとの結合もまた O 的でなく、折線になっている。

Bもやはり、あとの空白部でB′という残像の意味、余韻を生じる。ところが、実際の表現は「水の音」というもので、やはり違った角

るように考えるのもまた、心理的残像によって、空白が消されているからにほかならない。一日と一日との間には夜という何も起こらない時間があるのに、われわれは日々が続いているように思っている。一日の残像が次の日への連続を保証し、次の日のコースを左右する。そこから、生活の継続性、保守性、惰性も生まれるのである。

　残像が作用するのは、その作用がはっきりするのは空間においてである。映画においても、フィルムのひとコマひとコマの間に白い部分がなければ、残像作用ははたらきようがない。

　ことばについても、同じことである。修辞的残像がはたらくには、空白部、空間がなくてはならない。

　語と語、句と句、節と節との間にはいずれも空白部がみとめられる。語と語、句と句、節と節をつなぐのに残像が役立つのはすでにのべたとおりである。

　この空白部でもっとも注目すべきは、はっきり用意された空間である。言いかえると、修辞的残像がいやでも姿を見せずにはいられないように配慮された空間である。

　残像は前のことばから、後のことばへ流れていて、通常、意識されない。正体をあらわさない。ところが、後に続くことばがないときには、残像は拍子抜けする。映画でいえばフェード・アウトに近い効果を出す。つづくことばがあれば、それにかぶさって行くところであるが、空白になっていれば、残像のはたらきが表面化せざるを得ない。

　残像が表面化すると、どうなるか。情緒的な効果を生ずるのである。

「新潟へ行くには途中に山がある。山には雪が降っているだろう。新潟まで雪を見に行かなくても、道中の雪景色で堪《たん》能するに違いない」（内田百閒《けん》『第二阿房《あほう》列車』）という文章がある。これを、

　新潟へ行くには途中に山がある。
　山には雪が降っているだろう。
　新潟まで雪を見に行かなくても、
　道中の雪景色で堪能するに違いない。

とすると、印象がかなり変わってくる。この差はどこから生じるのであろうか。各行の終わりに空白があるのによると考えるほかない。一行の意味が、その空白部でフェード・アウトする。情緒性が高まる。ひとつづきに書かれているときには意識されなかったものである。

　いまは、どこの国でも定型詩がすくなくなった。自由詩である。自由詩は措《そ》辞【言葉の使い方や配置】において散文とほとんど違うところがない。しかし、ひとつだけ形式上で守っていることがある。それはさきの散文を改行したのと同じように毎句で改行しているのだ。どんな自由詩も、散文と同じように⑦追い込んで書いたり、印刷したりはしない。

　やはり、改行によって生じる空白部が、詩的表現には不可欠なものであることを詩人たちが感じているからであろう。さきの百閒の文章でも改行した方がずっと［ I ］的になっている。偶然ではない。

　もともと散文として書かれたものを、行分けして「詩」に改装したら、りっぱに詩で通用したという例もある。残像は思いのほか大きなはたらきをするもののようである。

　詩の各行の終わりにある空白は、まだ、小さいものである。もっとも大きな空間は、一篇《ぺん》の文学作品の最後に意識して準備されているものであろう。ことに日本の文学にはこの末尾の空白部が重要な役割を果たしているようにおもわれる。外国の小説、たとえば『ボヴァリー夫人』など、後ろの方の何分の一かはない方がよいように日本人には思われる。［ J ］の感がある。だから、心に残る響きというものに乏しい。もっとも、作者は、詩を書いたのではない。散文小説である。すべてを記述するのが任務で余情で全体を包むのは邪道であると言うかもしれない。

　日本の文学作品は、クライマックスの部分を迎えたら、そのあと、くだくだのべることをしない。あっさり、そこで終わってしまうの

どあるものではない。早く読まないと、残像に助けられてとらえられる意味は成立しない。しかし、外国語である。辞書首っぴき【絶えず参照すること】で、なめるようにして読んでも何のことかわからない。まして、早く読んだりしては、どうなるかしれない。それで、いつまでたっても残像のはたらくようにはならないのである。

シェイクスピアの戯曲を読む。それこそ辞書首っぴき、語釈首っぴきで、のろのろと読む。さっぱり進まない。それでかろうじて何とか意味が通じる程度。英語で演じられるシェイクスピアを見てもわかるわけがない、と頭から、おそれをなす。[F]、芝居を見ると、思ったよりずっとよくわかる。のろのろとテキストを読んでいたときより、ずっとよくわかるのである。演技に助けられるということもあるが、それ以上にここでいう修辞的残像がはたらくために、流れとして理解できるためであろう。

自転車に乗りはじめのとき、こわいから速く走れない。ゆっくり走るからフラフラして倒れやすい。すると、よけいこわくなって、いっそう速く走れなくなり、いっそうころびやすくなる。相当なスピードで走っていれば、自転車はめったなことでは倒れないものである。習いはじめのうちは、なかなか、④それがわからない。

外国語でも同じことが言える。速く読めないから、わかりにくい。それでいっそう臆病になってのろのろ読むから、ますますわかりにくくしてしまう、というわけである。おそいとかえってわかりにくいのは、残像の継続時間が短いことを考えると、納得できる。

文章を読んでいると、代名詞が出てくる。その代名詞が前のどの名前を指すか。そんなことを気にして読むことはほとんどない。[G]的に、名詞へ還元される。残像がそれを可能にするのである。[H]、あまりはなれたところへ代名詞を使うことは適切ではない。名詞にすぐ接したところへ同じ名詞をくりかえすのはわずらわしい。⑤代名詞が生きる。遠くはなれていると、名詞の残像が消えてしまうから、代名詞が何を指すのかはっきりしなくなってしまう。大学入試の国語の問題などで、よく、代名詞が何を指すかをきくことがある。入学試験で緊張して、ことさらゆっくり読んでいると、残像が消えやすく、別のものを指しているように考えやすい。

われわれはよく、前後関係、コンテクスト【文脈】ということを言う。ひとつひとつのことばは独立してはいろいろな意味をもっている。たとえば「夜」とか「街」とかのことばはそれだけでは、夜に何があったのか。どこのどういう街であるか見当がつかないが、「彼は夜おそくひとり街を歩いた」というような文章の中へ入ると、単独にもつであろういくつかの意味の中から、前後関係に合ったもののみがすくい上げられて、あとはすてられる。⑥「夜」も「街」もいちじるしく限定されて、明確になる。

この限定を行うのも残像である。残像があとに続くことばの意味に干渉して、その中から好都合なものを選び出す。それがさらにつぎの部分を限定して、前後関係を強化する。

残像は視覚の作用である。聴覚についても同じようなことがおこっていると思われる。さきにふれた畑中の琴の音は前の音の残響によって連続音のように感じられたのである。音楽の理解は残響作用によるところがすくなくないように思われる。

ことばとか音とかを離れても、この心理的残像は承認されるように思われる。

われわれは、すみからすみまで知っていると信じている親しい人間を何人かもっているものだ。ところがよく考えてみると、その人について知っていることは、いくつかの断片でしかすぎない。三日に一度、あるいは、一週間に一度くらい会って話をする、食事をする。それでその人がすっかりわかったような気持ちになる。

断片と断片との間に大きな空白部があるのに、われわれはいつしかその断片を結び合わせ連続のように思い込んでしまう。さきの断片の残像が次の断片までの空白を埋めるのである。

親しい友人だけのことではない。きのうときょうが、おとといときのうが、そして、また、去年と今年とがひとつらなりに続いていて遠くからきくと、流れをもった線のように感じられる。どうして、点が線のようになるのか。どうも、A と B を結ぶものがあるに違いない。近くでは C であることのはっきりしている音が遠くできくと D であることがぼんやりして、E のように感じられるのがおもしろかった。

英語の単語と単語がバラバラにならないで、まとまった意味を表現することができるのと、この麦畑越しにきいた琴の音がなだらかな流れをもった連続としてきこえたのとの間には何かしら関係があるように思われた。

そういうことがあってしばらくあとのこと、映画のフィルムのことを思いついた。

映画のフィルムはひとコマひとコマは静止している。となりとの間には空白部がある。これを一定の速度で映写すると、おもしろいことにフィルムのひとコマひとコマの間にある切れ目が消えてしまう。そして、動きがでる。運動の方は、フィルムをまわすからだということで説明できるが、切れ目が消えるのはなぜだろう。などと、改まるまでもなく、残像のためであることは、小学生でも知っている。前のコマの映像を見る。それが消えてもしばらくの間はその残像が見えている。スクリーンの上では何も写っていない瞬間があるのにもかかわらず、人間の目はそれを感じない。前の像の残曳《えい》がその空白をつぶしてしまうからである。こうして、次々像が重なると、切れたフィルムであることはまったくわからなくなってしまう。

ことばについても、①似たようなことが起こっているのではあるまいか。英語の単語のひとつひとつは、フィルムのひとコマひとコマに相当するものと考える。語と語の間にある空白はフィルムの切れ目と同じではないかと思った。

文章がまとまった意味をもつようになるのは、ことばの残像の作用によって、単語と単語の切れ目をふさいでしまうからではないか。ことばと映画のフィルム、映画との間に②類比が成立すると考えた。さきに麦畑できいた琴の音のことも思い合わされる。前の語の残像が次の語にかぶさって行って、意味の流れが生じる。映画に働いているのは生理学的残像であるが、ここに考えられるのはことばの残像である。そこで、語間を流れる、普通は意識されないでいるその作用に〝修辞的残像〟という名をつけた。心理的残曳の一種である。

残像に似た作用はあらゆる分野に見られるようである。生理学での現象には〝残像〟という名前がついている。心理学では名前がない。保守性への傾向は心理的残像として説明することができよう。親しい友人が突然いなくなったとする。その友人のもつイメージの残像が〝淋《さび》しさ〟として感じられる。きのうまでしてきたことはきょうになって、何となくやめにくく、前例にしたがって続けたくなる保守性も、心理的残像の一種であろう。

物理学の世界で残像に相当するものを求めるとすれば、慣性であろう。中学生のときに慣性の法則というのを教わった。運動している物体は、外からの力の作用を受けない限り、その運動を継続しようとする習性があるというのである。

走っている電車が、急停車すると、乗客は将棋倒しに前のめりになる。その前のめりがすなわち慣性のあらわれである。親しい友人が急にいなくなって、淋しく感じるのも、感情の示す慣性であると考えることができる。

ものごとは、自然な状態ではその状態を保持しようという性質をひろくもっているもののようである。生理学ではそれに残像という名をつけ、物理学は慣性の法則をこしらえた。心理学でははっきりした名を与えていないが、心理の保守性、惰性については知らぬものもない。

文章の理解において、③これがあらわれたものが、修辞的残像だと考えた。

わが教室にいた学生たちの読むような英語では、修辞的残像が働かない。なぜか。あまり、ごつごつ、つっかえつっかえ読むからである。

残像作用はほんの束《つか》の間しか続かない。一分も二分も続く残像な

二〇一八年度　明治大学付属明治高等学校

【国語】（五〇分）〈満点：一〇〇点〉

（注意）字数制限のある問題については句読点を字数に含めること。

一　次の文章を読んで、あとの問いに答えなさい。ただし、【　】は語句の意味で、解答の字数に含めないものとします。

ことばがあるルールに従って並べられると、バラバラなものが、くっついて、まとまりをつくる。

「私は朝、七時に起きて、顔を洗い、食事をして学校へ行った。」

これはまとまった意味をもつ。ところが、

「私を朝へ七時の起きれば、顔を洗え、食事をとりながら学校へ行かない。」

などとすれば、ことばは並んでいるが、意味は通じない。〝まとまりのある〟意味、とかんたんに言っているけれども、〝まとまる〟ためにはかなり複雑な心理作用がはたらいているらしい。

ただ、生まれてからずっと使っていることばでは、その面倒な作用がほとんど反射的になされているために、どうして、ことばが〝まとまる〟のか、と言った問題に思いわずらうこともないままに、一生をすごしてしまう人が大多数である。

外国語では、そういう感覚ができていないから、いちいち、戸惑う。

もう、三十年ちかい昔のことになる。学校を出たての新米教師として大学生に英語を教えることになった。

かけ出し教師だから、どうして、こんなやさしい英語がわからないのだろうか。なぜ、こんな妙ちきりんな誤りをするのだろうか。ことごとに腹をたて、ひとりひとりに文句を言った。

そのうちに、みんな勝手に間違えているのではないらしいということがわかってきた。できない学生はできない学生なりに、〝文法〟にしたがって誤っているようだと見当がついてきて、急に、おもしろくなってきた。これらの学生の頭にあるメカニズムは英語の文章に出会うと、一定の反応を示す。それがことごとく誤りになるのは、英語が日本語でないからであって、メチャメチャに間違っているのではない。

こういう学生の反応に注意して、日本人が英語に対しておこしやすい、周期的にあらわれる誤りをひろいあげたら、「誤解の文法」にまとめられるのではないかと考えた。

学生がいちばんひっかかるのは、日本語で、

私はきのう本を買った。

とひとつらなりになっているのに、英語は、

I bought a book yesterday.

という五つの単語が区切れていることにあるらしい。もちろん、学生はそのことをはっきり意識していない。語と語が切れている。それをどう結びつけたらいいのか。ひとつひとつの語を訳すと、

わたくし　かった　ひとつ　ほん　きのう

のようになる。これを、

私はきのう本を買った。

とまとめるのができない。語の順序を入れかえるのが難しい。日本語と英語の構造上のちがいがわかっていないから、訳文にすることができない。

切れ切れになっている語と語がひとつらなりのものになり、動きのある意味を結ぶのはなぜだろうか。

そのころ、たまたま、こんなことがあった。いまは繁華な街になっているが、当時は麦の青々とした郊外であったN区に住んでいた。ある日、バスから降りると、風に乗った琴の音が青い麦畑をわたってきこえてきた。いかにものどかである。いい気分になって歩き出す。

しばらくして、その音が流れをもったメロディであることに興味をもった。琴の音は断音のはずである。点の音だ。それが、こうし

英語解答

1 (1) make (2) needed
(3) noticed (4) follows
(5) shook (6) confused
(7) talking (8) learn

2 (1) ④→worker
(2) ①→invented
(3) ③→attended
(4) ③→will rise〔will be raised〕
(5) ②→while〔when〕

3 (1) ３番目…④ ６番目…⑤
(2) ３番目…② ６番目…④
(3) ３番目…① ６番目…③
(4) ３番目…⑥ ６番目…②
(5) ３番目…③ ６番目…⑤

4 ア…4 イ…7 ウ…1 エ…6
オ…3 カ…5

5 (1) ア…3 イ…1 ウ…5 エ…2
(2) 口コミ (3) 1，6

6 (1) ア…4 イ…2 ウ…5 エ…1
(2) 2 (3) to visit the box
(4) to make the world feel smaller
(5) A lonely place
B unusual calls

7 (1) castle (2) festival
(3) cycling (4) newspaper

8 (1) 1 (2) 3 (3) 2 (4) 2
(5) 2

9 (1) 1 (2) 3 (3) 3 (4) 2
(5) 1

10 (1) church (2) selected
(3) clearly (4) shouts

1 〔長文読解―適語選択・語形変化―エッセー〕

≪全訳≫❶私は東京に住んで２年目だった。私は日本の礼儀作法と文化に熟達していると思っていた。❷私は穏やかに地下鉄の車両に押し入らなければならないことを知っていた。私は人々と視線を合わせるべきではないことを知っていた。私は大きな音で鼻をかむ「アメリカ式」がとても無作法だということを知っていた。そして私は地下鉄で人々と話をするべきではないということを知っていた。私の日本語はそれほど上手ではなかったので，それは問題ではなかった。❸しかしある日，私は職場から家に向かい地下鉄に乗っていると，夕食の待ち合わせについて友人に電話をかける必要があることを思い出した。❹私は自分の携帯電話を取り出して，彼女に電話した。もちろん，東京の地下鉄を知っていれば，いたるところに「携帯電話禁止」の掲示があることは知っている。しかし，私は多くの乗客が地下鉄で自分たちの携帯電話を使っていることにも気づいていた。私は日本の携帯電話禁止のルールはニューヨーク市の地下鉄の食事禁止のルールのようなものだと思っていた。それはルールであるが，誰も従っておらず，誰も強要していない。❺私が話をしていたとき，他の乗客は日本人が相手のことを無作法だと思っているときにするように，私を横目で見ていた。一人の年配の女性は首を横に振って私をまっすぐに見た。❻私は会話を終えて，電車を降りた。私はとても困惑していた。日本人は自分たちの携帯電話を使っている。なぜ私は同じことをしてはいけないのだろうか。私は自問した。❼後でその晩に，私は友人にその経験について話した。彼女はほほ笑んだ。「ルールは携帯電話で話をしてはいけないということよ」と彼女は言った。「他の人たちはみんな携帯電話でメールをしたりゲームをしたりしているの。ときおり携帯電話で誰かにとても短いメッセージをつぶやいているのよ。でも，彼らは決して地下鉄に乗っている間に携帯電話で完全な会話をしたりはしないわよ」❽私はきまりが悪かった。私にはまだ学ばなければならないことがたくさんあった。日本人の習慣をたくさん知っていたが，私はそれでもなおアメリカ人だったのだ。

(1) make eye contact with ～で「～と視線を合わせる」。助動詞の否定形 shouldn't の後なので，動詞の原形。　(2)この後，実際に友人に電話をしているので，「電話をする必要があった」という意味になると考えられる。need to ～で「～する必要がある」。I remembered that ～の that節内の動詞は，時制の一致で過去形になる。　(3)後に that節が続いている。前の文とのつながりを考えて，「しかし私は～ことにも気づいていた」となる noticed が適切。　(4)日本では「携帯電話禁止」の掲示があるにもかかわらず，多くの乗客が携帯電話を使っていることが述べられているので，「誰も従っていない」となる follows が適切。この後の対となっている文 no one enforces it に合わせ，'現在の状態' を表す現在形にする。3単現の s を忘れないこと。　(5) shake ～'s head で「首を横に振る」。不賛成などを表すジェスチャーである。　shake－shook－shaken　(6)この後，「日本人は自分たちの携帯電話を使っている。なぜ私は同じことをしてはいけないのだろうか。私は自問した」と続いているので，その時「私」は「困惑していた」と考えられる。confuse「～を困惑させる」を受け身形にする。　(7) 'no＋～ing' で「～してはならない，～禁止」。（例）No Parking.「駐車禁止」　(8)友人の話を聞いて「私はまだ学ばなければならないことがたくさんあった」と悟ったのである。to learn は to不定詞の形容詞的用法で a lot を修飾している。

2〔誤文訂正〕

(1) working は「働くこと，仕事」という意味の(動)名詞。主語が you であること，また前に a があることから，ここは worker「働く人」としないと意味が通じない。　「食べ物がおいしくて，値段がとても安くて，あなたはとても働き者なので，私はあなたの新しいレストランはきっと成功すると思う」

(2)現在完了は，過去の一時点を表す語句(yesterday，last night，～ ago など)と一緒に使うことはできない。ここでは in 1877 があるので，invented と過去形にする。　「トーマス・エジソンは1877年に蓄音機を発明した。この新しい道具で，人々は録音した音を聞くことができた」

(3)文の主語は Everyone で，who was invited to his welcome party という関係代名詞節が Everyone を修飾しているが，この後に主語 Everyone に対応する動詞がない。③の to attend を attended にすると文として成立する。　「気分がすぐれなかったマーティン以外，彼の歓迎パーティーに招待された誰もが出席した」

(4) think の後に「～ということ」という意味の接続詞 that が省略されている。that節内の主語は「消費税」なので，「上がる」という意味の自動詞 rise にする。raise は「～を引き上げる」という意味の他動詞。または，「引き上げられる」と考え，be raised と受け身形にしてもよい。　「日本人の80パーセント以上が，近い将来消費税は上がる〔引き上げられる〕だろうと考えている」

(5) during「～の間に」は前置詞なので後に名詞(句)がこなくてはいけない。ここでは，we were making ... と文が続いているので接続詞の while「～の間に」または when「～するとき」にする。「私たちが会議の準備をしていたとき，大規模な停電があった」

3〔整序結合〕

(1)「古代エジプトの人々は象形文字と呼ばれる書記体系を持っていた。それは一種の絵文字であった。長い間，誰もこの言葉を理解することができなかった」　直前の in をヒントに「古代エジプトの人々は」と考え，The people in ancient Egypt とまとめる。動詞は had と called が考えられるが，後続の内容から had を用い had a writing system と続ける。最後にこれを修飾する過去分詞 called を置く。なお，hieroglyphics は，これを説明している直後の関係代名詞節の内容から「象形文字」という意味だと推測できる。　The people in ancient Egypt had a writing system called hieroglyphics, ...

(2)「北アメリカの1万種のうち最も一般的なチョウの1つはオオカバマダラである。それは最も美しいものの1つである。成虫はトウワタという植物の葉に小さい緑色の卵を産む。卵がふ化するとそれを幼虫が食べるのだ」 lay eggs で「卵を産む」。また，語群の leaves と直後の the milkweed plant から，「milkweed という植物の葉に(卵を産む)」という意味になると推測できるので，lay eggs on the leaves of (the milkweed plant)とまとまる。ここまでくれば，残った green と tiny「ごく小さな」は，eggs を修飾すると判断できる(the leaves と，the と leaves がつながっているので，ここでは green leaves などと leaves を修飾することはできない)。形容詞が2つ以上あるときは，通常，‘数量’→‘大小’→‘形状’→‘新旧’→‘色’の順序で並べる。 The adult lays tiny green eggs on the leaves of the milkweed plant, ...

(3)「ハチはその生活様式によって2つのグループに分類できる。単生バチは単独で生活する。一方，社会性バチはアリのように集団で生活する。およそ600種だけがこの部類に入る」 according to ～ で「～によって」なので，according を最後に置く。また，語群から，「ハチは2つのグループに分けられる」という意味になると推測できるので，‘can be＋過去分詞’「～されることができる」の受け身の形にまとめる。 ‘divide ～ into …’「～を…に分類する」 Bees can be divided into two groups according to their living styles.

(4)「私たちはいつも，人々は五感を持っていると言う。感覚とは私たちが周囲で起こっていることを知る方法である。5つの主な感覚は視覚，聴覚，触覚，味覚，嗅覚である」 主語が senses と複数形なので are を続け，この後‘the way (that)＋主語＋動詞...’「～が…する方法，仕方」の形で the way we learn とまとめると，「感覚とは，私たちが知る方法だ」となる。learn の目的語に what を，先行詞を含む関係代名詞「～するもの〔こと〕」として用いて what is とまとめると後ろの happening につながる。 Senses are the way that we learn what is happening around us.

(5)「蚊はおもしろい生活環を持っている。メスの蚊は血を得るために人や動物を刺す。メスの蚊だけが血のために刺すということに気づくことは興味深い。メスの蚊は動物や人間の皮膚の中に入ることのできる特別な口を持っている」 ‘It is ～ to …’「…することは～だ」の形式主語構文にする。動詞 note「～に気づく」の目的語を接続詞 that で導く節にする。 It is interesting to note that only the female mosquito will bite for blood.

4〔対話文完成―適文選択〕

≪全訳≫❶アンドリュー(A)：それで，ベラ，どんな映画が見たいの？❷ベラ(V)：私はどんなものでも大丈夫よ―ホラー以外なら。❸A：ア問題ないよ。僕もホラー映画には興味がないから。後で決めよう。❹V：ブロードウェイの複合型映画館に行って，何が上映されているか見てみましょう。❺A：わかった。イ待ち合わせはいつにする？❻V：うーん，5時くらいでどう？❼A：もう少し遅く，5時半くらいにしてくれる？❽V：もちろん。5時半でいいわ。❾A：よし。ウそれでどこで会う？❿V：うーん，映画館の前はどう？⓫A：それか，映画館の角のところに喫茶店があるよね。エそこで待ち合わせて映画の前にコーヒーでも飲まない？⓬V：そうね，いい考えね。オそれならどちらかが遅れても問題ないし。そうだ，あなたの携帯電話の番号を教えてもらえる？⓭A：もちろん。917－473－8214だよ。⓮V：917－473－8214。私の番号はこれよ。⓯A：カわかった。ペンを借りてもいい？⓰V：もちろん。917－376－0980よ。⓱A：よし。了解。じゃあ，日曜日に。

ア．直後でアンドリューもホラー映画に興味がないと言っている。直前のベラの「私はどんなものでも大丈夫よ―ホラー以外なら」に対して「問題ないよ」が文脈に沿う。 イ．直後のベラの返答から，アンドリューは時間を尋ねていることがわかる。　ウ．直後のベラの返答から，アンドリューは場所を尋ねていることがわかる。　エ．直前で映画館近くの喫茶店を話題に挙げているので，そこで待ち合わせて映画の前にコーヒーでも飲もうと誘う6が文脈に沿う。Why don't we ～？は「～しませんか？」と相手を誘う表現。there は喫茶店を指す。　オ．アンドリューの発言に対して前の文で「そうね，いい考えね」と同調しているので，喫茶店で待ち合わせることの利点を述べている3が適切。Then はここでは「それなら(喫茶店で待ち合わせれば)」という意味。　カ．ベラが自分の携帯電話の番号を示した後の発言。前後の内容から，アンドリューがベラの電話番号を書きとめようとしていると判断できる。Can I ～？は「～してもいいですか？」と‘許可’を求める表現。

5〔長文読解総合―説明文〕

≪全訳≫❶毎年企業は，自分たちの製品についての口コミを生み出す広告に何百万ドルも費やしている。企業は，人々が珍しくておもしろく，そして目立つものについて話をするのが好きなことを知っている。最近，企業は<u>ア製品により人気が出る助けとなる</u>ような多くの創造的な方法を使っている。❷人気に貢献しうる一つのアイデアは，とても珍しいことをすることである。Red Bull™(レッドブル)は，栄養ドリンクをつくる会社だ。彼らは人々がレッドブルについて考えるとき，精力的に感じてほしいと思っている。そこで彼らはある珍しいイベントを支援した。それは43歳のフェリックス・バウムガートナーがスカイダイビングで世界新記録を目指し，高度39キロメートルからジャンプするものだった。彼はレッドブルの名前のついた宇宙服を着て，時速1300キロメートル以上で移動した。これは広告における新しいトレンドの一部だった。そこで企業は客がもっと自分たちの製品について話をしてくれることを望みながら，珍しいイベントに金を費やすのだ。❸他のいくつかの会社は，<u>イ人々が自分たちの製品を覚えて自分たちの考えを広めるように，驚くようなことをする</u>ことを選択している。好例は Blendtec™(ブレンドテック)という会社である。ブレンドテックの経営者，トム・ディクソンには自分のミキサーをより興味深く見えるようにするアイデアがあった。彼は自分のミキサーが珍しいものを混ぜ合わせることを示すビデオを撮った。彼はスマートフォン，熊手，スポーツ用品といったものを機械の一つに入れて，「それは混ぜることができるだろうか？」と尋ねた。人々はミキサーがスマートフォンを粉々にするのを見て驚いた。誰もがそのビデオについて話をして，そのミキサーについてもっと知りたいと思った。ディクソンはテレビ番組で自分のミキサーを実演するために招かれた。彼のミキサーはさらに人気が出て，さらにたくさん売れた。❹スナック菓子の Doritos™(ドリトス)をつくる会社は，口コミを生み出すことについて別の考えを持っていた。彼らは<u>ウ客を巻き込む</u>ことに決めた。そこで彼らはコンテストを始めた。彼らは客に自分たちのテレビ広告をつくるよう求めた。そして，彼らは視聴者に一番好きな広告を選ぶよう求めた。人は参加して自分たちの意見を述べることが好きなので，これは口コミを生み出した。❺製品の人気が出るようにするもう一つの方法は，<u>エ人々の頭の中でそれをよく目にするものと結びつける</u>ことである。売り上げを伸ばすために，チョコレートバーの Kit Kat™(キットカット)の製造者はキットカットバーとコーヒーを結びつけた広告を使った。彼らは，人々がコーヒーを飲むたびにキットカットバーを思い出すことを望んだ。彼らは正しかった。人々がキットカットバーをコーヒーと結びつけると，売り上げは50パーセント以上伸びた。❻広告者が自分たちの製品の人気が出るようにすることを望む多くの方法がある。たとえどんな方法が使われても，結果は明白だ。つまり，より多くの口コミを得ると，より多くの人気を得るということだ。

(1)＜適語句選択＞ア．直後の第2段落第1文に「<u>人気</u>に貢献しうる一つのアイデア」とあり，それ以降，企業が自社製品の人気向上のために行っているさまざまな試みの具体例が紹介されていることから，ここで「自社製品の<u>人気</u>獲得に役立つ創造的な手法」という話題を提示していると考えられる。　イ．この後第３段落では，ブレンドテックのトム・ディクソンによる驚きの宣伝方法が紹介されている。‘so that＋主語＋(助)動詞...’で「～が…するように」。　ウ．この後第４段落では，ドリトスが客が参加するコンテストを行ったことが述べられている。get their customers involved は‘get＋目的語＋形容詞’「～を…(の状態)にする」の形。involved は，interested, excited のように，動詞(involve「～を巻き込む」)の過去分詞が形容詞化したもの。　エ．この後第５段落では，キットカットの製造者が自社のチョコレートとコーヒーを結びつける広告を展開した例について述べられている。

(2)＜語句解釈＞buzz は，第１段落第１文，第４段落第１文および最終文，最終段落最終文の，計４回用いられている。「buzz を生み出す」「より多くの buzz を得ると，より多くの人気を得る」という表現や文章全体の内容から，「口コミ，評判，うわさ」といった意味だと推測できる。

(3)＜内容真偽＞１．「企業は人々に自分たちの製品を買いたい気持ちにさせる方法を知っている」…○　第１段落に一致する。　２．「ある会社は，自分たちの製品とスカイダイビングが深く結びついているので，スカイダイビングを自分たちの広告に使うことを決めた」…×　第２段落参照。製品がスカイダイビングと深く結びついている，という記述はない。　３．「ある会社は，客が自社製品を買うときに同じことができるように，その製品でいろいろなものを混ぜ合わせる方法を示した」…×　第３段落参照。客が自社製品を買うときに同じことができるように，という記述はない。　４．「ある会社は，自分たちの広告費を節約したかったので，客に自分たちの広告をつくるように求めた」…×　第４段落参照。広告費を節約したかった，という記述はない。　５．「本文に示された全ての例は成功していて，他の多くの会社がそれらの方法に従った」…×　第２～５段落に成功例が示されているものの，他の多くの会社がその方法に従った，という記述はない。　６．「本文には４つの会社の例が示されている。それらは広告するための異なる方法を試してきたが，目的は同じだった」…○　第２～５段落に４つの会社の異なる例が示されている。彼らの目的は皆，自社の製品を人気のあるものにする，ということで一致している(第６段落)。

6〔長文読解総合―ノンフィクション〕

≪全訳≫❶第二次世界大戦後のあるとき，一つの電話ボックスが，最も近い州間高速自動車道から12マイルのところにあるモハーヴェ砂漠に設置された。それは電話ボックスには奇妙な場所のように思われるが，その地域には２つの鉱山があり，その電話はもともと炭鉱夫とその家族が使用するために設置された。❷アリゾナ出身のコンピュータプログラマーのゴッドフリー・ダニエルズは，友達からその電話について聞いた。ア彼はその電話番号を持っていて，誰かが出るかどうかをただ確かめるために，ある日その電話に電話をかけてみることにした。彼はそんなに応答を期待していなかったが，やはり彼が電話をかけると誰も出なかった。❸定期的にその番号に電話をかけていると，ある日彼は話し中の信号を聞いて驚いた。イ彼は電話線に問題があるのだと思ったが，とにかく電話をかけ続けた。数回試みたところ，実際にある人が電話に出た。ダニエルズは鉱山の一つで働いているある女性と話をしたのだ。彼女は電話サービスのない人里離れた地域に住んでおり，電話をかけるためにその電話を使っていた。❹ダニエルズは人里離れた場所の電話といった考えがとても気に入った。彼は誰かが実際にそんな人里離れた場所の電話に出るかもしれないという考えにさらに引き寄せられた。A彼がインターネットにその電話番号を載せると，人々はその番号に電話し始めた。ダニエルズが砂漠の真ん中にある電話ボックスといった考えに興味を抱いたのと同様に，彼のウェブサイトを訪れて電話をかけた人たちも興味を抱いた。❺ダニエルズは結局，自分自身でその電話ボックスを訪れるために南カリフォルニアに行った。どうやら彼だけがそのような考えを持っていたわけではなかったようだった。より多くの人々がモハーヴェ砂漠の電話ボックスについて伝え聞くにつれて，観光客はその場所を訪れることに決めた。ウその電話に電話をかけた人々は頻繁に話し中の信号を聞くようになった。誰かが電話に出ると，その人はアメリカ全土からだけではなく，ドイツ，イギリス，イタリア，フランス，オーストラリア，南アフリカから電話をかけてきた人たちと話をする機会を持った。❻これらの普通ではない電話の最中，見知らぬ人たちはどんな話題を見つけたのだろうか。B彼らはたいてい自己紹介をした。彼らはまた，どこから電話をかけているかや，どのようにしてその電話ボックスについて聞いたのかを話した。人々がインターネットについて大好きな一つのことは，世界がより小さく感じられるようにしていることである。モハーヴェ砂漠の電話ボックスは，おそらく規模は小さいが，同じことを成し遂げたのだ。❼2000年5月，国立公園局と電話ボックスの所有者であるパシフィックベルは，その電話ボックスを撤去する決定をした。国立公園局は，その地域が電話ボックスに関するあらゆる評判の結果として交通量が多くなりすぎていると感じていた。エ彼らはそれがなんらかの形で環境を損ねるかもしれないと心配したのだ。彼らはまた，モハーヴェ砂漠国立自然保護区の土地を保護することは自分たちの責任であると感じた。❽今日，かつてボックスがあった場所は簡素な墓石で示されている。それが撤去されたことを知らない人々は今なおその番号に電話をかけている。断線のメッセージは流れない。電話は繰り返しコールされるだけだ。電話をかける人が誰かが出ることを辛抱強く待っているのだから。

(1)＜適文選択＞ア．前文に「友達からその電話について聞いた」とあり，空欄アの後では実際に電話したことがわかるので，「電話をかけることにした」という内容の4が適切。このifは「～かどうか」という意味。see if ～で「～かどうかを確かめる」。　イ．前文の「話し中の信号を聞いて驚いた」と直後の「数回試みたところ，実際にある人が電話に出た」をつなぐ内容として適切なのは2。keep ～ingで「～し続ける」。　ウ．多くの人がその場所を訪れるようになったという前文の内容から，その電話ボックスを使う人も多くなったと考えられる。そこに電話した人々が「話し中の信号を頻繁に聞くようになった」という5が文脈に沿う。　エ．前後の内容から，環境に関する内容の1が入ると判断できる。選択肢1のTheyは国立公園局で働く人々，itはtoo much trafficを指す。

(2)＜語句解釈＞intrigueは「～の興味をそそる」という意味の動詞。ここはその受け身形で「～に興味をそそられている」→「～に興味を抱いている」。第4段落第1，2文のlovedやwas attractedから，ダニエルズが人里離れた場所の電話に肯定的な感情を持っていることがわかる。‘(Just) as ～, so …’で「～であるのと同様に…」。

(3)＜指示語＞「そのような考え」とは，前文にある「その電話ボックスを訪れる」ということ。

(4)＜語句解釈＞「同じこと」とは前文にある「世界がより小さく感じられるようにする」ということ。‘make＋目的語＋動詞の原形’で「～に…させる」。

(5)＜適所補充＞A．文の意味は「彼がインターネットにその電話番号を載せると，人々はそれに電話し始めた」。第4段落最終文に「彼のウェブサイトを訪れて電話をかけた人たちも興味を抱いた」とあるので，その直前に入れると話がつながる。　B．文の意味は「彼らはたいてい自己紹介をした」。第6段落第1文に「見知らぬ人たちは話すためにどんな話題を見つけたのだろうか」とあるので，その直後に入れると話がつながる。Theyはstrangersを指している。この後They also ～「彼らはまた，～」と続いていることも大きなヒントである。

7～**10**〔放送問題〕解説省略

数学解答

1 (1) $(x+1)(x+2)(x^2+3x-30)$

(2) $y=-\dfrac{3}{2}x+\dfrac{7}{2}$ (3) 12

(4) $\dfrac{1+\sqrt{5}}{2}$ (5) $\dfrac{84}{13}$

2 (1) 150 (2) $a=10,\ b=12$

3 (1) 15：64 (2) 15：128

(3) $5\sqrt{2}$

4 (1) $3\sqrt{13}$ (2) 36 (3) $\dfrac{4}{5},\ -\dfrac{44}{5}$

5 (1) $(2+\sqrt{3})\pi$ (2) 4π

1 〔独立小問集合題〕

(1)＜因数分解＞与式$=\{(x-2)(x+5)\}\{(x-3)(x+6)\}-240=(x^2+3x-10)(x^2+3x-18)-240$ となるから，$x^2+3x=A$ とおいて，与式$=(A-10)(A-18)-240=A^2-28A+180-240=A^2-28A-60=(A+2)(A-30)$ である。A をもとに戻して，与式$=(x^2+3x+2)(x^2+3x-30)=(x+1)(x+2)(x^2+3x-30)$ となる。

(2)＜関数―直線の式＞右図１で，y 軸について P(1, 5) と対称な点を P′ とすると，P′(−1, 5) となる。x 軸について Q(3, 1) と対称な点を Q′ とすると，Q′(3, −1) となる。PA＝P′A，BQ＝BQ′ だから，PA＋AB＋BQ＝P′A＋AB＋BQ′ であり，この長さが最短になるのは，４点 P′，A，B，Q′ が一直線上にあるときである。直線 AB の式を $y=ax+b$ とすると，点 P′ を通るから，$5=-a+b$……①が成り立ち，点 Q′ を通るから，$-1=3a+b$……②が成り立つ。①，②を連立方程式として解くと，$a=-\dfrac{3}{2}$，$b=\dfrac{7}{2}$ となるから，直線 AB の式は $y=-\dfrac{3}{2}x+\dfrac{7}{2}$ である。

図１

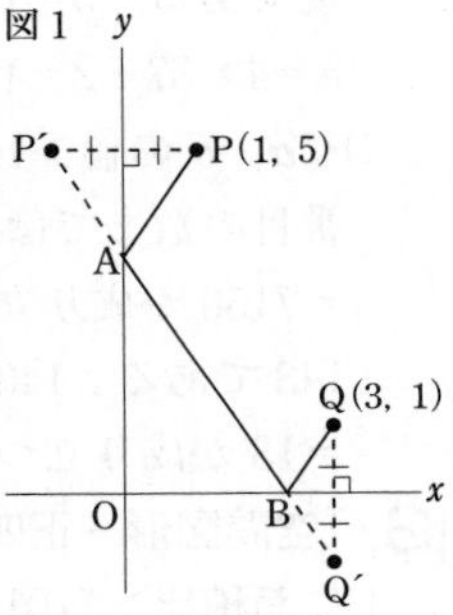

(3)＜確率―赤玉と白玉＞赤玉の個数を x 個とすると，赤玉と白玉が合わせて 16 個だから，白玉は $16-x$ 個と表せる。16 個の玉の中から続けて２個の玉を取り出すとき，取り出し方は，１個目は 16 通り，２個目は 15 通りだから，全部で $16\times15=240$(通り)ある。このうち，赤玉，白玉の順に取り出すのは $x(16-x)$ 通りあるから，確率は $\dfrac{x(16-x)}{240}$ となる。これが $\dfrac{1}{5}$ だから，$\dfrac{x(16-x)}{240}=\dfrac{1}{5}$ が成り立つ。これを解くと，$x(16-x)=48$，$x^2-16x+48=0$，$(x-4)(x-12)=0$ $\therefore x=4,\ 12$ $x=4$ のとき $16-x=16-4=12$，$x=12$ のとき $16-x=16-12=4$ であり，赤玉の方が多いことより $x>16-x$ だから，$x=12$ である。よって，赤玉は 12 個である。

(4)＜数の性質＞$\dfrac{8}{5}<a<\dfrac{9}{5}$ より，$1\dfrac{3}{5}<a<1\dfrac{4}{5}$ だから，a の整数部分は１であり，小数部分は $a-1$ と表せる。また，$\left(\dfrac{8}{5}\right)^2<a^2<\left(\dfrac{9}{5}\right)^2$，$\dfrac{64}{25}<a^2<\dfrac{81}{25}$，$2\dfrac{14}{25}<a^2<3\dfrac{6}{25}$ だから，a^2 の整数部分は２か３である。これより，a^2 の小数部分は，$\dfrac{64}{25}<a^2<3$ のとき a^2-2，$3\leqq a^2<\dfrac{81}{25}$ のとき a^2-3 と表せる。a^2 と a の小数部分が等しいので，$\dfrac{64}{25}<a^2<3$ のとき，$a^2-2=a-1$ が成り立ち，$a^2-a-1=0$ より，$a=\dfrac{-(-1)\pm\sqrt{(-1)^2-4\times1\times(-1)}}{2\times1}=\dfrac{1\pm\sqrt{5}}{2}$ となる。$\dfrac{8}{5}<a<\dfrac{9}{5}$ だから，$a=\dfrac{1+\sqrt{5}}{2}$ であり，このとき，$a^2=\left(\dfrac{1+\sqrt{5}}{2}\right)^2=\dfrac{3+\sqrt{5}}{2}$ より，$\dfrac{64}{25}<a^2<3$ を満たすから，適する。$3\leqq a^2<\dfrac{81}{25}$ のとき，$a^2-3=a-1$ が成り立ち，$a^2-a-2=0$，$(a+1)(a-2)=0$ より，$a=-1,\ 2$ となり，これらは $\dfrac{8}{5}<a<\dfrac{9}{5}$ を満たさないから，適さない。以上より，$a=\dfrac{1+\sqrt{5}}{2}$ である。

(5)＜図形—長さ＞右図2で，点Aから辺BCに垂線AHを引き，$BH=x$とする。△ABHで三平方の定理より，$AH^2=AB^2-BH^2=13^2-x^2$である。また，△ACHで，$AH^2=AC^2-CH^2=15^2-(14-x)^2$である。よって，$13^2-x^2=15^2-(14-x)^2$が成り立ち，$28x=140$，$x=5$となる。これより，$AH=\sqrt{13^2-5^2}=\sqrt{144}=12$である。次に，AH，DGの交点をIとし，正方形DEFGの1辺の長さをyとする。$IH=DE=y$より，$AI=AH-IH=12-y$と表される。△ADG∽△ABCより，DG：BC＝AI：AHだから，$y:14=(12-y):12$が成り立つ。これを解くと，$12y=14(12-y)$より，$y=\frac{84}{13}$となる。

図2

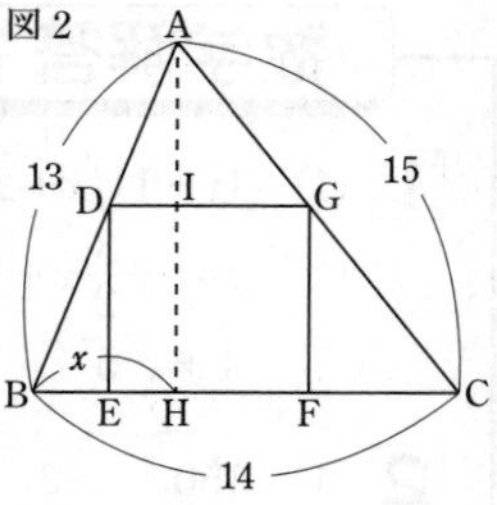

2〔特殊・新傾向問題—規則性〕

(1)＜nの値＞$a=4$，$b=6$のとき，$a\times b=4\times6=24$だから，数は，1，4，6，24，1，4，6，24，……のように並び，4つの数1，4，6，24の繰り返しとなる。$1+4+6+24=35$だから，$1300\div35=37$あまり5より，最初の数からn番目の数までの和が1300になるのは，4つの数が37回繰り返された後である。$5=1+4$だから，残りは，38回目の繰り返しの中にある2つの数1，4である。よって，$n=4\times37+2=150$である。

(2)＜a，bの値＞1，a，b，$a\times b$の4つの数が繰り返されるので，$200\div4=50$より，最初の数から200番目の数までは，この4つの数の50回の繰り返しとなる。その和が7150だから，$50(1+a+b+ab)=7150$が成り立ち，$1+a+b+ab=143$となる。これより，$(1+a)+b(1+a)=143$，$(1+a)(1+b)=143$である。$143=11\times13$であり，a，bは自然数，$a<b$だから，$1+a<1+b$より，$1+a=11$，$1+b=13$が成り立つ。よって，$a=10$，$b=12$となる。

3〔空間図形—正四面体〕

(1)＜面積比＞右図1で，2点B，Qを結ぶ。△APQと△ABQで，辺AP，ABをそれぞれ底辺とすると，高さは等しいから，△APQ：△ABQ＝AP：AB＝3：8である。同様に，△ABQ：△ABC＝AQ：AC＝5：8である。以上より，$\triangle APQ=\frac{3}{8}\triangle ABQ=\frac{3}{8}\times\frac{5}{8}\triangle ABC=\frac{15}{64}\triangle ABC$だから，$\triangle APQ:\triangle ABC=\frac{15}{64}\triangle ABC:\triangle ABC=15:64$となる。

図1

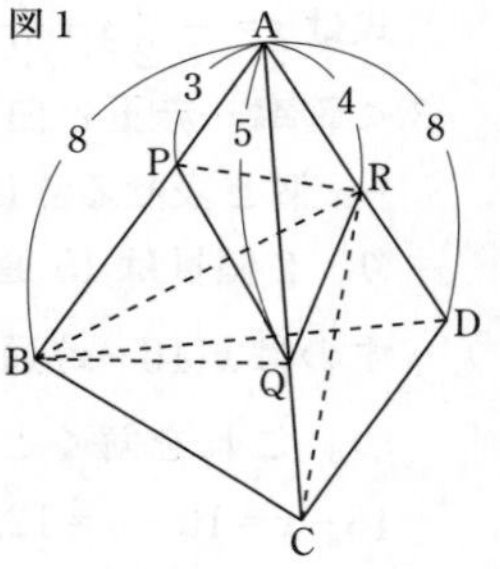

(2)＜体積比＞右図1で，点Bと点R，点Cと点Rをそれぞれ結ぶ。四面体A-PQRと四面体A-BCRで，それぞれ△APQ，△ABCを底面とすると，高さが等しい三角錐と見ることができるから，体積の比は底面積の比に等しい。(1)より，△APQ：△ABC＝15：64だから，〔四面体A-PQR〕：〔四面体A-BCR〕＝15：64となる。また，AR＝4より，点Rは辺ADの中点だから，四面体A-BCRの体積は正四面体ABCDの体積の$\frac{1}{2}$である。よって，〔四面体A-PQR〕$=\frac{15}{64}$〔四面体A-BCR〕$=\frac{15}{64}\times\frac{1}{2}$〔正四面体ABCD〕$=\frac{15}{128}$〔正四面体ABCD〕となるから，四面体A-PQRと正四面体ABCDの体積の比は$\frac{15}{128}$〔正四面体ABCD〕：〔正四面体ABCD〕＝15：128である。

図2

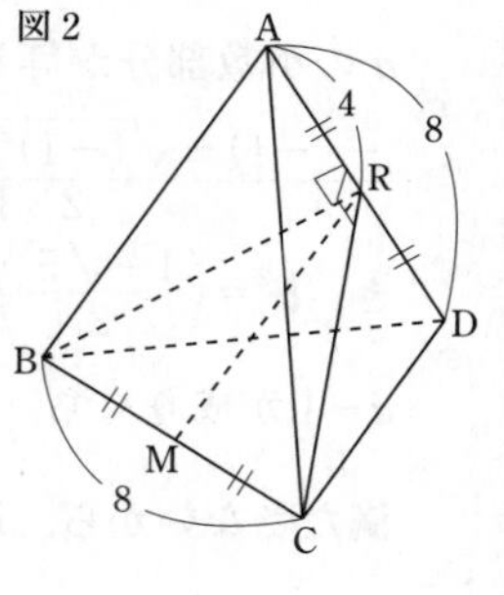

(3)＜体積—三平方の定理＞右図2で，△ABDと△ACDは正三角形で，点Rは辺ADの中点だから，BR⊥AD，CR⊥ADである。よって，AD⊥〔面BCR〕である。△BCRは，$RB=RC=\sqrt{3}AR=\sqrt{3}\times4=4\sqrt{3}$の二等辺三角形だから，辺BCの中点をMとし，2点R，Mを結ぶと，RM⊥BCとなる。$BM=\frac{1}{2}BC=\frac{1}{2}\times8=4$だから，△RBMで三平方の定理より，RM＝

$\sqrt{\mathrm{RB}^2-\mathrm{BM}^2}=\sqrt{(4\sqrt{3})^2-4^2}=\sqrt{32}=4\sqrt{2}$ となる。したがって，四面体A-BCRの体積は$\frac{1}{3}\times\triangle\mathrm{BCR}\times\mathrm{AR}=\frac{1}{3}\times\left(\frac{1}{2}\times8\times4\sqrt{2}\right)\times4=\frac{64\sqrt{2}}{3}$となり，正四面体ABCDの体積は$\frac{64\sqrt{2}}{3}\times2=\frac{128\sqrt{2}}{3}$となるから，(2)より，四面体A-PQRの体積は$\frac{15}{128}\times\frac{128\sqrt{2}}{3}=5\sqrt{2}$である。

4 〔関数─関数 $y=ax^2$ と直線〕

(1)＜面積＞右図で，2点A，Bは放物線$y=\frac{1}{4}x^2$と直線$y=\frac{1}{2}x+3$の交点だから，$\frac{1}{4}x^2=\frac{1}{2}x+3$より，$x^2-2x-12=0$となり，解の公式を用いて，$x=\frac{-(-2)\pm\sqrt{(-2)^2-4\times1\times(-12)}}{2\times1}=\frac{2\pm\sqrt{52}}{2}=\frac{2\pm2\sqrt{13}}{2}=1\pm\sqrt{13}$となる。よって，2点A，Bの$x$座標はそれぞれ$1-\sqrt{13}$，$1+\sqrt{13}$となる。直線ABと$y$軸の交点をPとすると，P(0，3)だから，OP＝3である。これを底辺とすると，△OAPの高さは$0-(1-\sqrt{13})=\sqrt{13}-1$，△OBPの高さは$1+\sqrt{13}$だから，$\triangle\mathrm{OAB}=\triangle\mathrm{OAP}+\triangle\mathrm{OBP}=\frac{1}{2}\times3\times(\sqrt{13}-1)+\frac{1}{2}\times3\times(1+\sqrt{13})=3\sqrt{13}$である。

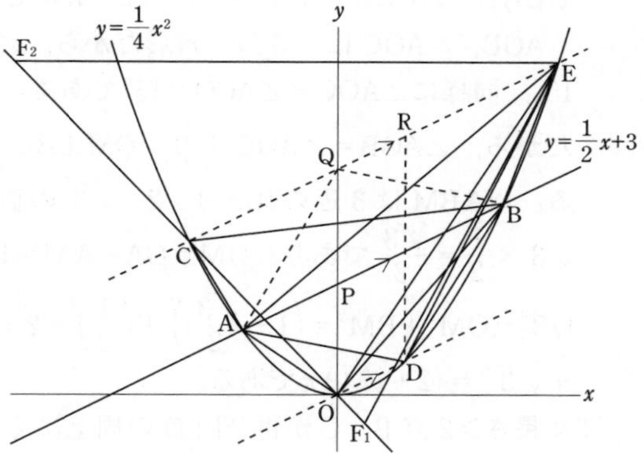

(2)＜面積＞△OAB＝△ABC＝△ABD＝△ABEとなる3点C，D，Eは上図のような位置にある。△OAB＝△ABDより，OD∥ABである。直線ABの式が$y=\frac{1}{2}x+3$だから，直線ODの式は$y=\frac{1}{2}x$となる。これと放物線$y=\frac{1}{4}x^2$との交点が点Dだから，$\frac{1}{4}x^2=\frac{1}{2}x$，$x^2-2x=0$，$x(x-2)=0$より，$x=0$，2となり，$y=\frac{1}{4}\times2^2=1$だから，D(2，1)である。次に，直線CEと$y$軸との交点をQとする。△ABC＝△ABEより，CE∥ABだから，△ABC＝△ABQである。また，△OAB＝△ABCだから，△ABQ＝△OABとなり，PQ＝OPである。OP＝3だから，OQ＝3×2＝6となり，直線CEは直線$y=\frac{1}{2}x+3$に平行だから，その式は$y=\frac{1}{2}x+6$となる。これと放物線$y=\frac{1}{4}x^2$との交点が点C，点Eだから，$\frac{1}{4}x^2=\frac{1}{2}x+6$，$x^2-2x-24=0$，$(x+4)(x-6)=0$より，$x=-4$，6となり，$y=\frac{1}{4}\times(-4)^2=4$，$y=\frac{1}{4}\times6^2=9$だから，C(−4，4)，E(6，9)である。点Dを通りy軸に平行な直線を引き，辺CEとの交点をRとする。CE∥AB，OD∥ABより，CE∥ODだから，四角形ODRQは平行四辺形で，OQ＝6を底辺とすると，高さは2になる。また，△COQは，OQ＝6を底辺とすると，高さは4になり，△ERDは，DR＝OQ＝6を底辺とすると，高さは6−2＝4になる。したがって，四角形CODEの面積は$\triangle\mathrm{COQ}+\square\mathrm{ODRQ}+\triangle\mathrm{ERD}=\frac{1}{2}\times6\times4+6\times2+\frac{1}{2}\times6\times4=36$である。

(3)＜x座標＞(2)より，△CEF＝〔四角形CODE〕＝36である。このようになる点Fは，上図のように，F_1，F_2の2つある。OQ＝6で，2点C，Eのx座標がそれぞれ−4，6より，$\triangle\mathrm{OCE}=\triangle\mathrm{OCQ}+\triangle\mathrm{OEQ}=\frac{1}{2}\times6\times4+\frac{1}{2}\times6\times6=30$である。よって，$\triangle\mathrm{OCE}:\triangle\mathrm{CEF}_1=30:36=5:6$だから，$\mathrm{OC}:\mathrm{F}_1\mathrm{C}=5:6$となる。これより，2点O，Cの$x$座標の差と2点$\mathrm{F}_1$，Cの$x$座標の差も5：6だから，点$\mathrm{F}_1$の$x$座標を$t$とすると，$\{0-(-4)\}:\{t-(-4)\}=5:6$が成り立ち，$5(t+4)=24$より，$t=\frac{4}{5}$となる。

同様に，$OC：CF_2=5：6$ となるから，点 F_2 の x 座標を s とすると，$\{0-(-4)\}：(-4-s)=5：6$ が成り立ち，$5(-4-s)=24$ より，$s=-\frac{44}{5}$ となる。以上より，点Fの x 座標は，$\frac{4}{5}$，$-\frac{44}{5}$ である。

5 〔平面図形—円と正三角形〕

(1)＜面積—三平方の定理＞右図1で，点Oと2点B，Cを結び，直線OAと辺BCとの交点をMとする。$\triangle AOB\equiv\triangle AOC$ となるから，$\angle BAC=60^\circ$ より，$\angle OAB=\angle OAC=(360^\circ-60^\circ)\div2=150^\circ$ となる。また，$OA=AB=AC$ より，$\triangle AOB$，$\triangle AOC$ は二等辺三角形だから，$\angle AOB=\angle ABO=(180^\circ-150^\circ)\div2=15^\circ$，同様に $\angle AOC=\angle ACO=15^\circ$ である。$\triangle OBC$ は $OB=OC$ の二等辺三角形だから，$\angle AOB=\angle AOC$ より，$OM\perp BC$，$BM=CM=\frac{1}{2}BC=\frac{1}{2}\times1=\frac{1}{2}$ となる。$\triangle ABM$ は3辺の比が $1：2：\sqrt{3}$ の直角三角形だから，$AM=\sqrt{3}BM=\sqrt{3}\times\frac{1}{2}=\frac{\sqrt{3}}{2}$ であり，$OM=OA+AM=1+\frac{\sqrt{3}}{2}$ となる。よって，$\triangle OBM$ で三平方の定理より，$OB^2=OM^2+BM^2=\left(1+\frac{\sqrt{3}}{2}\right)^2+\left(\frac{1}{2}\right)^2=2+\sqrt{3}$ となるから，求める円Oの面積は $\pi\times OB^2=\pi\times(2+\sqrt{3})=(2+\sqrt{3})\pi$ である。

図1

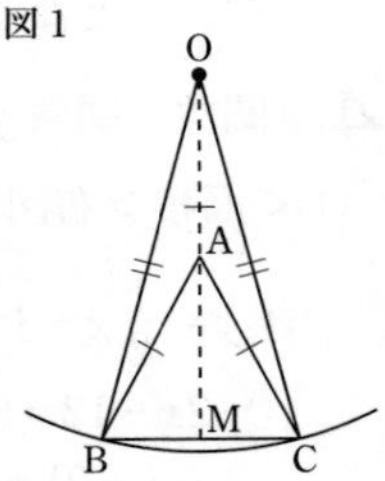

(2)＜長さ＞2点B，Cが再び円Oの周上にくるまでは，右図2のようになるので，頂点Aが動いてできる線は $\overset{\frown}{AA_1}$ と $\overset{\frown}{A_1A_3}$ である。$AB=1$ であり，$\angle C_1BO=\angle ABO=15^\circ$ より，$\angle ABA_1=\angle ABO+\angle C_1BO+\angle A_1BC_1=15^\circ+15^\circ+60^\circ=90^\circ$ だから，$\overset{\frown}{AA_1}=2\pi\times1\times\frac{90^\circ}{360^\circ}=\frac{1}{2}\pi$ である。同様に，$\overset{\frown}{A_1A_3}=\frac{1}{2}\pi$ となる。ここで，$\angle AOA_3=6\angle AOB=6\times15^\circ=90^\circ$ だから，$360^\circ\div90^\circ=4$ より，正三角形ABCがもとの位置に戻るまでに，頂点Aは，$\overset{\frown}{AA_1}$ と $\overset{\frown}{A_1A_3}$ を描く動きを4回繰り返す。よって，頂点Aが動いてできる線の長さは $\left(\frac{1}{2}\pi+\frac{1}{2}\pi\right)\times4=4\pi$ である。

図2

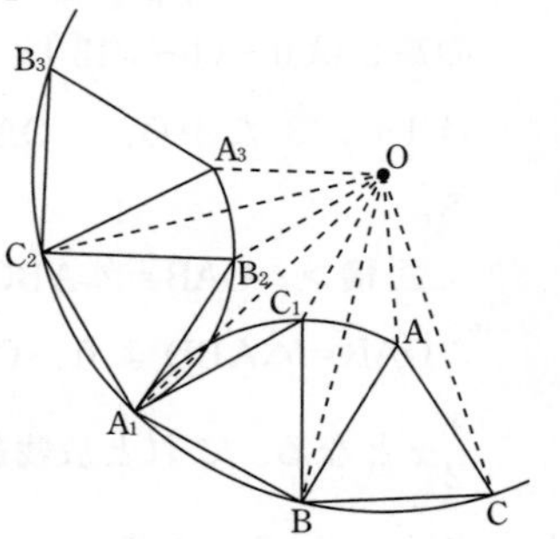

2018年度／明治大学付属明治高等学校

国語解答

一 問一　A…ア　B…ア　C…ア　D…ア　E…イ

問二　① 残像のために映画のフィルムの切れ目が消えるのと同じようなこと。

② ことばの場合にも残像作用が切れ目をふさぐことがおきること。

問三　③ その状態を保持しようとする性質〔残像作用〕。

④ 自転車は速く走っていれば倒れないということ。

問四　F…コ　H…キ

問五　G…ス　I…サ　O…シ　R…ソ

問六　⑤ 代名詞が何を指すかがはっきりすることで，代名詞を使う意味が出ること。

⑥ いろいろな意味の中から好都合なものを選び，前後関係を強化することでことばの意味が明確になること。

⑦ 詩を毎句で改行して書かずに印刷するようなことはしないということ。〔詩を毎句で改行して書き印刷すること。〕

⑧ クライマックスを迎えすべてを記述するのではなく，あっさり終わらせるという書き方。

⑨ 俳句中に連想が広がる表現と，具体的な表現が使われていること。

問七　J 蛇足　K 間

問八　L (松尾)芭蕉

Q おくのほそ道

問九　M や　N 余韻　問十　ト

問十一　静けさ　問十二　別離の情

問十三　終わりで完結した意味が，さかのぼって句全体の主題や情緒に影響し深みや余韻を与える［こと］(40字)

問十四　S 修辞的残像

T 修辞的遡像

二 1 謙虚　2 挨拶　3 憧憬

4 私淑　5 披露　6 収穫

7 懇談　8 循環　9 狙

10 爽

一〔論説文の読解─芸術・文学・言語学的分野─言語〕出典；外山滋比古『ことばのある暮し』。

≪本文の概要≫切れ切れになっている語と語が一つのまとまりになり，意味が生まれるのはなぜだろうか。文章がまとまった意味を持つようになるのは，言葉の残像効果により，語と語の切れ目がふさがれるからである。前の語の残像が次の語にかぶさっていって，意味の流れが生じる。普通は意識されない語間を流れるこの作用を修辞的残像と呼ぶ。空間がないと修辞的残像ははたらかず，修辞的残像のはたらきが最もはっきり表面に出るのは，空白がある場合であり，空白によって情緒性が高まる。どんな自由詩も，散文と同じように追い込んで書いたり，印刷したりはしない。改行によって生じる空白部が，詩的表現には不可欠なのである。外国の作品に比べ日本の抒情作品では，空白を利用して余韻を生じさせているものが見られる。例えば，俳句である。俳句では，語と語の間に見えない空白があり，言葉の残像が余韻を響かせ，語どうしの具体的な表現との間で二重の意味を表すことがある。さらに，俳句には，終わりで完結した意味が，前にさかのぼって全体の意味に影響を与えるような作用も見られる。これを修辞的遡像と呼ぶ。言葉をまとめているのは，修辞的残像と修辞的遡像という，前後から空白を埋めようとする二つの作用であろう。これらの作用により，言葉の意味がまとまり，情緒的効果が生まれる。日本の短詩型文学も，こういう作用の力によってのみ，可能なのではあるまいか。

問一＜文章内容＞「琴の音は断音のはず」だから，点と点を結ぶものがあるのではないか(…Ａ・Ｂ)。琴の音は，近くだと点の音として聞こえるが(…Ｃ)，遠くで聞くと，その点の音それぞれが不明瞭になり(…Ｄ)，「流れをもった線」のように感じられる(…Ｅ)。

問二＜文章内容＞①映画のフィルムのコマとコマの間には，空白の切れ目があるが，一定の速度で映写すると，残像のために切れ目が消えてしまう。英語の単語をフィルムの一コマとし，語と語の間の空白をフィルムの切れ目とすると，言葉が文章になるとき，映画のフィルムと同じように「切れ目が消えて」しまい，まとまった意味を持つようになる。　②「類比」は，二つの事物間の類似点をもとに，一方の事物がある性質を持つならば他方の事物も同じ性質を持つと推論すること。「ことばと映画のフィルム，映画」の関係が類似していると考えられるので，映画では残像のため，フィルム間の切れ目が消えて，映画として成り立つのと同様に，言葉も「残像の作用によって，単語と単語の切れ目」がふさがれて，まとまった意味を持つようになると考えた。

問三＜指示語＞③「ものごとは，自然な状態ではその状態を保持しようという性質をひろくもっている」のである。文章の理解においても同様に，「その状態を保持しようという性質」が見られ，その性質が「修辞的残像」と考えられるのである。　④自転車の乗り方を習い始めた頃は，速い「スピードで走っていれば，自転車はめったなことでは倒れない」ということがなかなかわからず，こわくてゆっくり走るから「フラフラして倒れやすい」のである。

問四＜接続語＞Ｆ．シェイクスピアの芝居を見ても「わかるわけがない」と見る前から尻込みするけれども，実際に見てみると，「思ったよりずっとよくわかる」のである。　Ｈ．名詞の残像により「代名詞が前のどの名前を指すか」がわかるので，名詞の残像が消えてしまうほど名詞から遠く「はなれたところへ代名詞を使う」と，代名詞が何を指しているかわからなくなってしまう。

問五＜表現＞Ｇ．人は文章を読んでいるとき，代名詞が何を指すか考えたり推理したりするのではなく，瞬間的かつ直接的にどの名詞なのかを把握する。　Ｉ．散文を一行ずつ改行し空白をつくることで，その行の残像のはたらきが「表面化」し，「情緒的な効果を生ずる」のである。　Ｏ．ＢからＢ′へは，Ｂの後に残像のＢ′が余韻を響かせ直接的に結合しているのに対し，Ｂの後のＣでは，「違った角度」が示されていて，折線のようになっている。　Ｒ．「行く春や」という俳句での伝統的な言葉遣いからは，「春を惜しむ哀愁の情」が強く示されているものの，「そのあと，どういう展開をするか」はわからない。それに対し，後に「鳥啼き」，さらに「魚の目は泪」と具体的に悲しみを示す表現を続けることで，焦点が絞られていく。

問六＜文章内容＞⑤名詞のすぐ後で「同じ名詞をくりかえすのはわずらわしい」ので代名詞に置き換えると，名詞の残像効果により「代名詞が何を指すのかはっきり」し，わずらわしさがなくなり，代名詞を使う意味が出てくる。　⑥一つ一つの言葉は「いろいろな意味をもっている」が，文章の中へ入ると，言葉の「残像があとに続くことばの意味に」干渉することにより，「いくつかの意味の中から，前後関係に合った」好都合なものが選び出される。選び出された言葉が次の言葉を「限定して，前後関係を強化する」ことにより，次々に言葉の意味が限定され明確になっていくのである。　⑦措辞においてほとんど散文と同じである自由詩が，散文と違い「ひとつだけ形式上で守っている」のは，「毎句で改行している」ことである。　⑧外国の小説がクライマックスを迎えても「すこしずつ減速して，終わりになるといった書き方」で「すべてを記述する」のに対し，

「日本的抒情作品」は，「クライマックスの部分」を迎えたら，「あっさり，そこで終わってしまう」のである。そのため，「空白部の中へ放り出され」た読者は，いやでも，余韻を感じずにはいられない。　⑨「古池や」の句には，単にＡ――Ｂがあるのではなく，Ａ「古池や」の持つ「もろもろの連想」が広がる表現であるＡ……Ａ′と，Ｂ「蛙飛びこむ」という動きと「滑稽」を持った「具体的表現」であるＡ――Ｂという，相反する二つの表現が同時に存在しているのである。

問七．Ｊ＜故事成語＞『ボヴァリー夫人』の後ろの何分の一かは，余分で不要であると，日本人は思っている。「蛇足」は，付け加える必要のないもののこと。　Ｋ＜語句＞落語や講談などの話芸，邦楽・演劇などの語りでは，動作と動作，せりふとせりふなどの間の時間的間隔のことを「間（ま）」という。例えば落語では，無言の時間を「間」といい，「間のとりかた」がうまい落語家は，聞き手の興味を引きつける。

問八＜文学史＞Ｌ．「古池や蛙飛びこむ水の音」の作者は，江戸時代前期の俳人，松尾芭蕉である。Ｑ．『おくのほそ道』は，松尾芭蕉が東北・北陸への旅をもとに書いた紀行文である。

問九．Ｍ＜俳句の技法＞切れ字とは，句中か句末で使われ強く言い切るはたらきをする語のこと。他に「かな」「けり」などがある。　Ｎ＜文章内容＞古池の後に空白があるため，「古池のもつもろもろの連想」が，残像の力により，「余韻」として「ひろがる」のである。

問十＜文章内容＞Ａ，Ｂ，Ｃの全ての後に空白があり，残像が「余韻をひびかせる」ので，ＡにはＡ……Ａ′とＡ――Ｂ，ＢにはＢ……Ｂ′とＢ――Ｃ，ＣにはＣ……Ｃ′があることになる。

問十一＜文章内容＞「逆説的」とは，普通とは逆の方向から考えを進めていくさまを意味する。ここでは，古池の「静寂」を強調するために，古池の余韻が響いている中に，静寂とは逆の「蛙の動」や「水の音」を入れることである。

問十二＜文章内容＞「行く春や」で「春を惜しむ哀愁の情」を暗示し，「鳥啼き」を重ねることで「悲しみのニュアンス」を強め，「魚の目は泪」で「悲しみの焦点を決定」している。だんだんと対象を「絞って行く手法」により，句を最後まで読んで初めて，春との別離を悲しむ気持ちがはっきりするのである。

問十三＜文章内容＞「終わりまで行かないと，意味の完結しない表現」においては，終わりで完結した意味が，始めへと「さかのぼって」，句全体の主題や句から得られる「余韻，余情といった情緒的効果」に影響を与える。一度読んだ意味の上に，始めに帰ってもう一度読むことで得られた意味の層を重ねることにより，「複雑さ，深みが生まれ」，余韻が生じるのである。

問十四＜文章内容＞日本語で言葉をまとめているのは，空間や空白によってつくられた残像が余韻を生み出す「修辞的残像」と，後の方から前に戻って初めて言葉が理解できる「修辞的遡像」のはたらきの二つである。

二〔漢字〕

１．控えめでつつましい様子。　２．人に会ったときや別れるときなどに取り交わす，一定の形式を持った儀礼的な動作や言葉。　３．あこがれる気持ちのこと。　４．直接に教えを受けるわけではないが，ひそかにその人を師として尊敬し，その言動を模範として学ぶこと。　５．広く人々に知らせること，世間に発表する，という意味。　６．農作物をとりいれること。　７．打ち解けて親しく話し合うこと。　８．一回りしてもとに戻ることを繰り返す，という意味。　９．音読みは「狙撃」などの「ソ」。　10．音読みは「爽快」などの「ソウ」。

●要点チェック●　図形編―相似と平行線

◎**相似な図形**

相似……一方の図形を拡大または縮小して，他方の図形と合同となるとき，２つの図形は相似である。

- **相似な図形の性質**

１．対応する線分の長さの比はすべて等しい。
２．対応する角の大きさはそれぞれ等しい。

- **三角形の相似条件**

２つの三角形は次のどれかが成り立つとき相似である。
１．３組の辺の比がすべて等しい。
２．２組の辺の比とそのはさむ角がそれぞれ等しい。
３．２組の角がそれぞれ等しい。

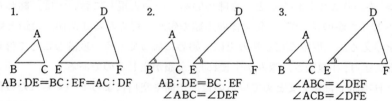

1.
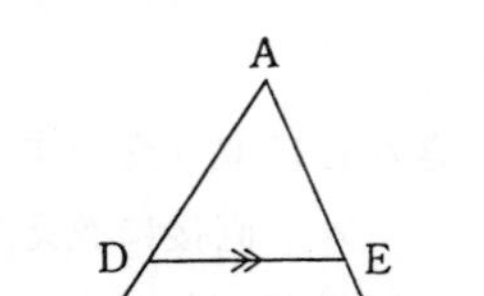

AB : DE＝BC : EF＝AC : DF

2.
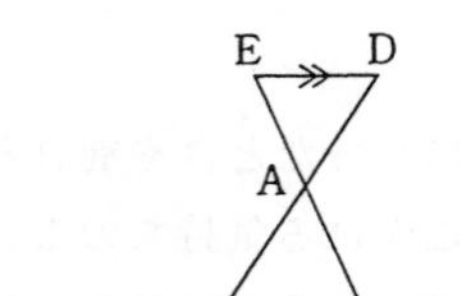

AB : DE＝BC : EF
∠ABC＝∠DEF

3.
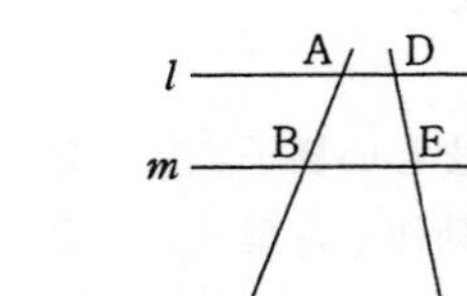

∠ABC＝∠DEF
∠ACB＝∠DFE

- **平行線と線分の比**

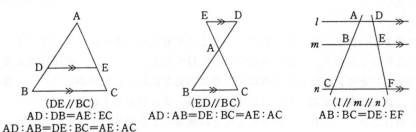

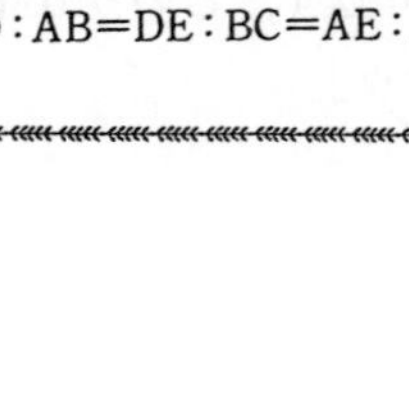

(DE//BC)
AD : DB＝AE : EC
AD : AB＝DE : BC＝AE : AC

(ED//BC)
AD : AB＝DE : BC＝AE : AC

(l // m // n)
AB : BC＝DE : EF

●要点チェック●　図形編―合同

◎図形の合同

合同……一方の図形を移動させて(ずらしたり《平行移動》，回したり《回転移動》，裏返したり《対称移動》して)，他方の図形に重ね合わせることのできるとき，この2つの図形は合同である。

・合同な図形の性質

1．対応する線分の長さは等しい。

2．対応する角の大きさは等しい。

・三角形の合同条件

2つの三角形は次のどれかが成り立つとき合同である。

1．3組の辺がそれぞれ等しい。

2．2組の辺とそのはさむ角がそれぞれ等しい。

3．1組の辺とその両端の角がそれぞれ等しい。

1.

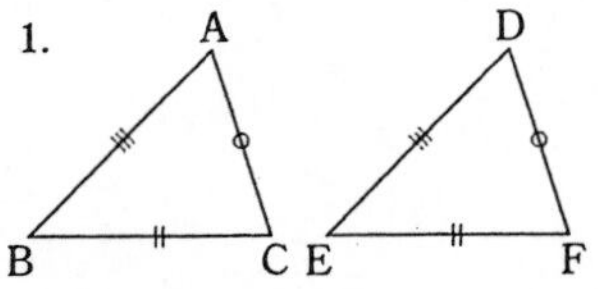

AB＝DE
BC＝EF
AC＝DF

2.

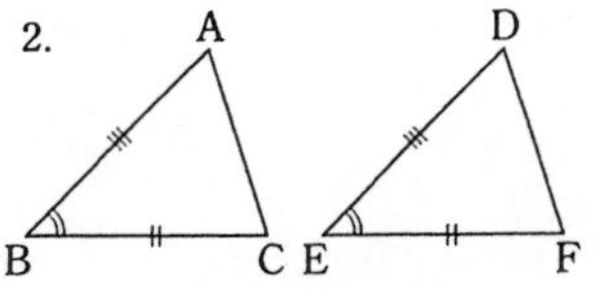

AB＝DE
BC＝EF
∠ABC＝∠DEF

3.

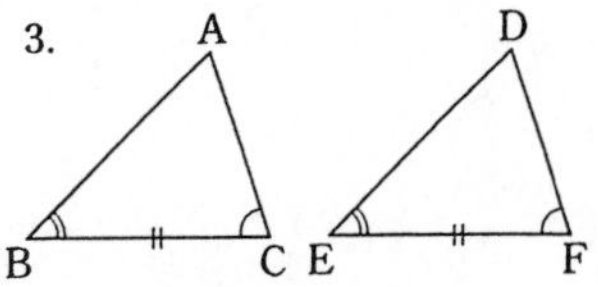

BC＝EF
∠ABC＝∠DEF
∠ACB＝∠DFE

・直角三角形の合同条件

2つの直角三角形は次のどちらかが成り立つとき合同である。

1．斜辺と1鋭角がそれぞれ等しい。

2．斜辺と他の1辺がそれぞれ等しい。

1.

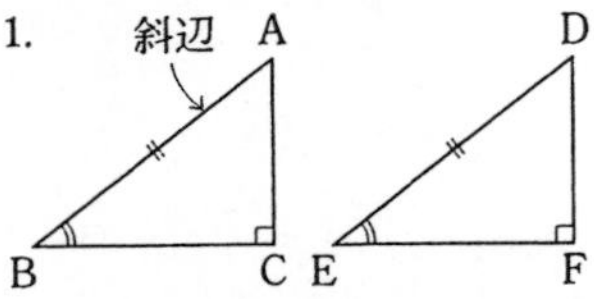

∠ACB＝∠DFE＝90°
AB＝DE
∠ABC＝∠DEF

2.

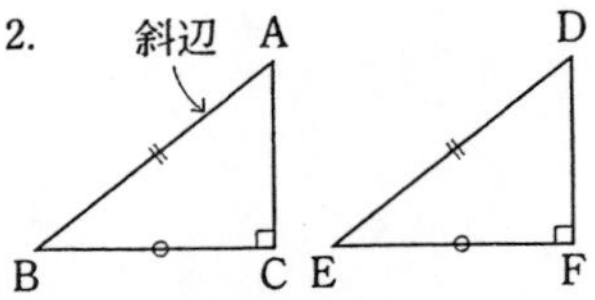

∠ACB＝∠DFE＝90°
AB＝DE
BC＝EF

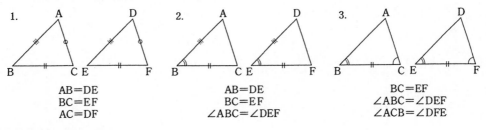

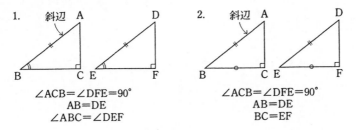

Memo

2025年度用

高校スーパー過去問

■編集人　声の教育社・編集部

■発行所　株式会社　声の教育社

〒162-0814 東京都新宿区新小川町8-15

☎03-5261-5061㈹ FAX03-5261-5062

https://www.koenokyoikusha.co.jp

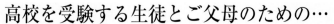

カコを追いかけ
ミライをつかめ
「今の説明、もう一回」を何度でも
web過去問
ストリーミング配信による入試問題の解説動画
声の教育社
詳しくはこちらから

明治大学付属明治高等学校

別冊 解答用紙

丁寧に抜きとって、別冊としてご使用ください。

★教科別合格者平均点＆合格者最低点

一般入試

年度	英語	数学	国語	合格者最低点
2024	71.0	50.6	59.1	152
2023	69.1	61.8	51.3	152
2022	86.6	43.8	49.1	151
2021	86.9	41.2	61.7	161
2020	86.9	38.4	50.8	148
2019	82.4	72.8	57.7	185
2018	79.1	68.0	54.5	168

※　英語は120点満点，数学・国語は100点満点

注意

○ 解答用紙は、収録の都合により縮小したものや、小社独自に作成したものもあります。
○ 学校配点は学校発表のもの、推定配点は小社で作成したものです。
○ 無断転載を禁じます。
○ 解答用紙を拡大コピーする場合、表示した拡大率に対応する用紙サイズは以下のとおりです。
101%～102%＝B5　103%～118%＝A4　119%～144%＝B4　145%～167%＝A3
（タイトルと配点表は含みません）

２０２４年度　明治大学付属明治高等学校

英語解答用紙

番号		氏名	

評点	／120

1

(1)	(2)	(3)

(4)	(5)

2

(1)	→	(2)	→
(3)	→	(4)	→
(5)	→		

3 （3番目を左に、5番目を右に記入しなさい）

①	②	③	④	⑤
,	,	,	,	,

4

ア	イ	ウ	エ	オ

5

ア	イ	ウ	エ	オ

6

A	B	C	D	E	F	G	H

7

(1)

a	b	c

d	e

(2)

あ	い	う

(3)

A	B

8

(1) ＿＿＿＿＿＿　(2) ＿＿＿＿＿＿

(3)	(4)	(5)

9

(1)	(2)	(3)	(4)

10

(1)	(2)	(3)	(4)

(5)

11

(1)	(2)	(3)	(4)

12

(1)	(2)	(3)	(4)

（注）この解答用紙は実物を縮小してあります。A３用紙に152％拡大コピーすると、ほぼ実物大で使用できます。（タイトルと配点表は含みません）

推定配点		計
	1　各１点×５　2～6　各２点×28 7　⑴　各１点×５　⑵，⑶　各２点×５ 8～12　各２点×22	120点

２０２４年度　明治大学付属明治高等学校

数学解答用紙

番号		氏名	

評点	／100

1

答	(1)		(2)		(3)		(4)		(5)	

2 (1) 式や説明　(2) 式や説明

答	(1)		(2)	

3 (1) 式や説明　(2) 式や説明　(3) 式や説明

答	(1)		(2)	$a=$	(3)	

4 (1) 式や説明　(2) 式や説明　(3) 式や説明

答	(1)	点	(2)		(3)	

5 (1) 式や説明　(2) 式や説明

答	(1)		(2)	

（注）この解答用紙は実物を縮小してあります。Ａ３用紙に161％拡大コピーすると、ほぼ実物大で使用できます。（タイトルと配点表は含みません）

推定配点		計
	1 各７点×５　2 各８点×２　3 (1) ５点　(2), (3) 各６点×２ 4 (1) ６点　(2), (3) 各５点×２　5 各８点×２	100点

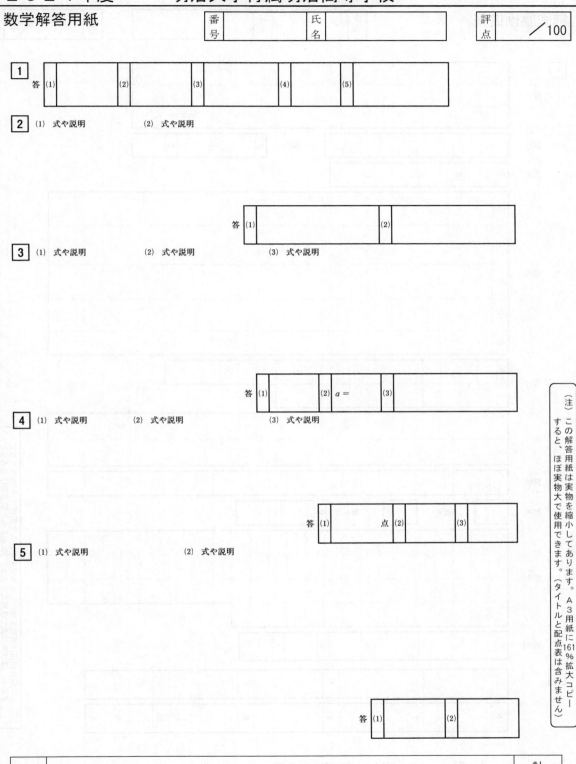

二〇二四年度 明治大学付属明治高等学校

国語解答用紙

番号　氏名　評点 /100

一

問一

問二

問三 1 2 3

問四 A B C D

問五 ② ③ ⑤ ⑥ ⑪

問六 4 5

問七

問八

問九

問十

問十一 E F

問十二 72 90

問十三 ア イ ウ エ オ カ

二

1 2 3 4 5

6 7 8 9 む 10 り

(注) この解答用紙は実物を縮小してあります。Ａ３用紙に161%拡大コピーすると、ほぼ実物大で使用できます。(タイトルと配点表は含みません)

推定配点	
一 問一 4点、問二 3点 問三、問四 各2点×7 問五 ②、③、⑤、⑥ 各4点×4 ⑪ 3点 問六 各3点×2 問七 4点 問八 3点 問九、問十 各2点×2 問十一 3点 問十二 8点 問十三 各2点×6 二 各2点×10	
計	100点

２０２３年度　明治大学付属明治高等学校

英語解答用紙

番号		氏名	

評点	／120

1

(1)	(2)	(3)	(4)

(5)	(6)	(7)	(8)

2

(1)	→	(2)	→
(3)	→	(4)	→
(5)	→		

3

（３番目を左に、５番目を右に記入しなさい）

①	②	③	④	⑤
,	,	,	,	,

4

ア	イ	ウ	エ	オ

5

ア	イ	ウ	エ	オ	カ

6

(1)

ア	イ	ウ	エ	オ	カ

(2) ＿＿＿＿

7

(1)

A	B	C	D	E

(2)

a	b

(3) ＿＿＿＿　(4) ＿＿＿＿

(5)

①	②	③

8

(1)	(2)	(3)	(4)

9

(1)	(2)	(3)	(4)

10

(1)	(2)	(3)	(4)

11

(1)	(2)	(3)	(4)

（注）この解答用紙は実物を縮小してあります。Ａ３用紙に149％拡大コピーすると、ほぼ実物大で使用できます。（タイトルと配点表は含みません）

推定配点		計
	1 各１点×８　2～11 各２点×56〔2，3はそれぞれ各２点×５〕	120点

２０２３年度　明治大学付属明治高等学校

数学解答用紙

番号		氏名		評点	／100

1

答	(1)		(2)		(3)		(4)	A（　　，　　）	(5)	

2　(1)　式や説明　　(2)　式や説明

答	(1)		(2)	

3　(1)　式や説明　　(2)　式や説明　　(3)　式や説明

答	(1)	D（　　，　　）	(2)	：	(3)	Q（　　，　　）

4　(1)　式や説明　　(2)　式や説明　　(3)　式や説明

答	(1)	$r=$	(2)		(3)	

5　(1)　式や説明　　(2)　式や説明　　(3)　式や説明

答	(1)		(2)		(3)	

（注）この解答用紙は実物を縮小してあります。Ａ３用紙に159％拡大コピーすると、ほぼ実物大で使用できます。（タイトルと配点表は含みません）

推定配点		計
	1　各７点×５　　2　各８点×２　　3　(1), (2)　各６点×２　(3)　５点 4　(1), (2)　各５点×２　(3)　６点　　5　(1)　５点　(2)　６点　(3)　５点	100点

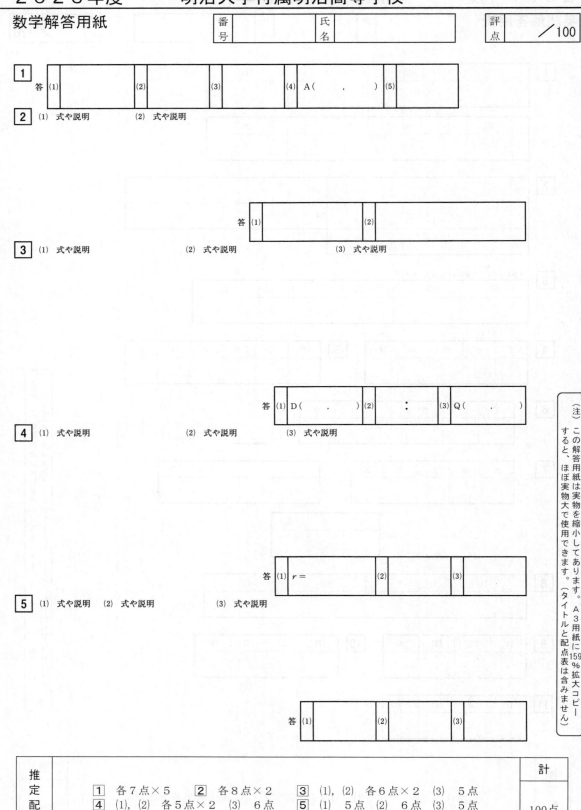

二〇二三年度　明治大学付属明治高等学校

国語解答用紙

番号　氏名　評点 /100

一

問一

問二　たとえば　しかし　つまり

問三　B　記号　C　記号　D　記号

問四

問五　②　⑥　⑧

問六

問七

問八

問九

問十

問十一　記号　言葉

問十二

問十三

問十四　ア　イ　ウ　エ　オ　カ　キ

二

1　2　3　4　5

6　7　8　9　10　い

（注）この解答用紙は実物を縮小してあります。Ａ３用紙に154％拡大コピーすると、ほぼ実物大で使用できます。（タイトルと配点表は含みません）

推定配点	
一　問一　3点　問二　各2点×3　問三　各3点×3　問四　5点 問五　各4点×3　問六　2点　問七～問九　各5点×3 問十、問十一　各3点×2　問十二、問十三　各4点×2 問十四　各2点×7 二　各2点×10	計　100点

２０２２年度　明治大学付属明治高等学校

英語解答用紙

番号		氏名	

評点	／120

1

1	2	3	4	5

6	7

2

(1)	→	(2)	→
(3)	→	(4)	→
(5)	→		

3

（3番目を左に、5番目を右に記入しなさい）

①	②	③	④	⑤
,	,	,	,	,

4

ア	イ	ウ	エ	オ	カ	キ

5

ア	イ	ウ	エ	オ	カ

6

A	B	C	D	E	F	G	H

7

(1)

A	B	C

(2) ______ , ______

(3)

(4) ______

8

(1)	(2)	(3)	(4)

9

(1)	(2)	(3)	(4)

10

(1)	(2)	(3)	(4)	(5)	(6)	(7)

（注）この解答用紙は実物を縮小してあります。A３用紙に152％拡大コピーすると、ほぼ実物大で使用できます。（タイトルと配点表は含みません）

学校配点		計
	1 各１点×７　2～6 各２点×31 7 各３点×７　8～10 各２点×15	120点

２０２２年度　明治大学付属明治高等学校

数学解答用紙

番号		氏名	

評点	／100

1

答	(1)		(2)		(3)	(ア)	(イ)	(ウ)	(4)		(5)	(ア)	(イ)

2　(1)　式や説明　　(2)　式や説明

答	(1)		(2)	

3　(1)　式や説明　　(2)　式や説明　　(3)　式や説明

答	(1)		(2)		(3)	

4　(1)　式や説明　　(2)　式や説明　　(3)　式や説明

答	(1)		(2)		(3)	

5　(1)　式や説明　　(2)　式や説明　　(3)　式や説明

答	(1)		(2)		(3)	

（注）この解答用紙は実物を縮小してあります。Ａ３用紙に161％拡大コピーすると、ほぼ実物大で使用できます。（タイトルと配点表は含みません）

学校配点		計
	1 各７点×５　**2** 各８点×２　**3** (1)　５点　(2), (3)　各６点×２ **4** (1), (2)　各５点×２　(3)　６点　**5** (1)　５点　(2)　６点　(3)　５点	100点

二〇二二年度　明治大学付属明治高等学校

国語解答用紙

番号　氏名　評点　/100

一

問一

問二

問三

問四

問五

問六

問七

問八　C　D

問十

問十一　作者　記号

問九

問十二

問十三

問十五　1　2　3　4　5

問十六

問十四　⑨　⑩　⑪

問十七　50　80　100

二

1　2　3　4　5

6　7　8　る　9　る　10　う

(注) この解答用紙は実物を縮小してあります。A３用紙に154%拡大コピーすると、ほぼ実物大で使用できます。(タイトルと配点表は含みません)

学校配点	
一 問一　3点　問二　2点　問三　3点　問四、問五　各5点×2 問六、問七　各4点×2　問八　各2点×2　問九　4点　問十　3点 問十一　各2点×2　問十二　4点　問十三　2点　問十四　各4点×3 問十五、問十六　各2点×6　問十七　9点 二 各2点×10	
計	100点

２０２１年度　明治大学付属明治高等学校

英語解答用紙

番号		氏名		評点	／120

1

①	②	③	④	⑤

⑥	⑦	⑧	⑨

2

(1)	→	(2)	→
(3)	→	(4)	→
(5)	→		

3

（３番目を左に、５番目を右に記入しなさい）

①	②	③	④
,	,	,	,

4

ア	イ	ウ	エ	オ	カ	キ

5

ア	イ	ウ	エ	オ	カ

6

ア	イ	ウ	エ	オ

7

ア	イ	ウ	エ	オ

8

(1)	(2)	(3)	(4)	(5)

9

(1)	(2)	(3)	(4)

10

(1)	(2)	(3)	(4)

11

(1)	(2)	(3)	(4)

12

(1)	(2)	(3)	(4)
			(　　　　)'s

（注）この解答用紙は実物を縮小してあります。Ａ３用紙に152％拡大コピーすると、ほぼ実物大で使用できます。（タイトルと配点表は含みません）

推定配点		計
	1 各１点×９　2～7 各２点×32 8 各３点×５　9～12 各２点×16	120点

２０２１年度　明治大学付属明治高等学校

数学解答用紙

番号		氏名		評点	／100

1

答 (1) | (2) | (3) | (4) | (5)

2 (1) 式や説明　(2) 式や説明

答 (1) | (2) $x =$

3 (1) 式や説明　(2) 式や説明　(3) 式や説明

答 (1) ： | (2) ： | (3) ：

4 (1) 式や説明　(2) 式や説明

答 (1) | (2)

5 (1) 式や説明　(2) 式や説明　(3) 式や説明

答 (1) | (2) | (3)

（注）この解答用紙は実物を縮小してあります。Ａ３用紙に156％拡大コピーすると、ほぼ実物大で使用できます。（タイトルと配点表は含みません）

推定配点		計
	1　各７点×５　2　各８点×２　3　(1)，(2)　各６点×２　(3)　５点 4　各８点×２　5　(1)　６点　(2)，(3)　各５点×２	100点

二〇二二年度　明治大学付属明治高等学校

国語解答用紙

番号　　氏名　　評点　／100

一

問一　A　B

問二

問三

問四

問五

問六

問七

問八　E　G

問九　F　J

問十

問十一　1　2　3

問十二

問十三　I　K　L

問十四

問十五

問十六

問十七

二

1　2　3　4　5

6　7　8　9　う　10　う

(注)　この解答用紙は実物を縮小してあります。Ａ３用紙に156%拡大コピーすると、ほぼ実物大で使用できます。(タイトルと配点表は含みません)

推定配点	
一　問一　各3点×2　問二　5点　問三　4点　問四　5点　問五　4点 問六～問九　各3点×6　問十　4点　問十一　各2点×3　問十二　3点 問十三　各2点×3　問十四　4点　問十五　3点　問十六　5点 問十七　7点 二　各2点×10	計 100点

2020年度　明治大学付属明治高等学校

英語解答用紙

番号		氏名	

評点	／120

1

(1)	(2)	(3)

(4)	(5)

2

(1)	→	(2)	→
(3)	→	(4)	→
(5)	→		

3

（3番目を左に、5番目を右に記入しなさい）

①	②	③	④	⑤
,	,	,	,	,

4

ア	イ	ウ	エ	オ

5

ア	イ	ウ	エ	オ

6

(1)

ア	イ	ウ	エ	オ	カ

(2) ＿＿＿＿ , ＿＿＿＿

7

(1)

A	B

(2)

ア	イ

(3) ＿＿＿＿ , ＿＿＿＿

8

(1)	(2)	(3)	(4)

9

(1)	(2)	(3)	(4)	(5)

10

(1)	(2)	(3)	(4)	(5)

11

(1)	(2)	(3)	(4)	(5)

（注）この解答用紙は実物を縮小してあります。A3用紙に152％拡大コピーすると、ほぼ実物大で使用できます。（タイトルと配点表は含みません）

推定配点		計
	1～6　各2点×33 7　(1)　各3点×2　(2)　各4点×2　(3)　各3点×2 8　各1点×4　　9～11　各2点×15	120点

２０２０年度　明治大学付属明治高等学校

数学解答用紙

番号		氏名		評点	／100

1

答

(1)		(2)		(3)		(4)		(5)	

2　(1)　式や説明　　(2)　式や説明

答

(1)	$a=$	(2)	$a=$

3　(1)　式や説明　　(2)　式や説明

答

(1)		(2)	

4　(1)　式や説明　　(2)　式や説明

答

(1)	C（　　，　　）	(2)	D（　　，　　）

5　(1)　式や説明　　(2)　式や説明　　(3)　式や説明

答

(1)		(2)	$a=$	(3)	倍

（注）この解答用紙は実物を縮小してあります。Ａ３用紙に156％拡大コピーすると、ほぼ実物大で使用できます。（タイトルと配点表は含みません）

推定配点		計
	1　各７点×５　　2～4　各８点×６ 5　(1)，(2)　各６点×２　(3)　５点	100点

二〇二〇年度　明治大学付属明治高等学校

国語解答用紙

番号		氏名		評点	/100

一

問一　1　2

問二　①　⑦　⑪

問三

問四

問五　3　4

問六

問七

問八

問九

問十

問十一

問十二

問十三　6　7　8　9

問十四

問十五

問十六　ア　イ　ウ　エ　オ

二

1　2　3　4　5

6　7　8　9 れる　10 わしい

（注）この解答用紙は実物を縮小してあります。Ａ３用紙に154％拡大コピーすると、ほぼ実物大で使用できます。（タイトルと配点表は含みません）

推定配点	
一　問一　1　2点　2　3点　問二、問三　各3点×4　問四　5点　問五　各2点×2　問六　5点　問七　4点　問八　5点　問九、問十　各4点×2　問十一　2点　問十二　4点　問十三　各2点×4　問十四　3点　問十五　5点　問十六　各2点×5　二　各2点×10	計 100点

２０１９年度　明治大学付属明治高等学校

英語解答用紙

番号		氏名	

評点	／120

1

(1)	(2)	(3)

(4)	(5)	(6)

2

(1)	→	(2)	→
(3)	→	(4)	→
(5)	→		

3

（3番目を左に、5番目を右に記入しなさい）

①	②	③	④	⑤
,	,	,	,	,

4

ア	イ	ウ	エ	オ	カ

5

ア	イ	ウ	エ	オ	カ

6

(1)

ア	イ	ウ	エ	オ

(2)

(3) ______ , ______ , ______

7

(1)

ア	イ

(2)

A	B

(3) ______ , ______

8

(1)	(2)	(3)	(4)

9

(1)	(2)	(3)	(4)	(5)

10

(1)	(2)	(3)	(4)	(5)

11

(1)	(2)	(3)	(4)	(5)

（注）この解答用紙は実物を縮小してあります。Ａ３用紙に149％拡大コピーすると、ほぼ実物大で使用できます。（タイトルと配点表は含みません）

推定配点		計
	1～7　各２点×43　8　各１点×４　9～11　各２点×15	120点

２０１９年度　明治大学付属明治高等学校

数学解答用紙

番号		氏名	

評点	／100

1

答	(1)	(2)	(3)	(4)	(5)

2

(1)　式や説明

(2)　式や説明

答	(1) $x=$　　　，$y=$	(2) $a=$　　　，$b=$

3

(1)　式や説明

(2)　式や説明

答	(1)	(2)

4

(1)　式や説明

(2)　式や説明

答	(1)	(2)

5

(1)　式や説明

(2)　式や説明

(3)　式や説明

答	(1)	(2)　　：	(3)

（注）この解答用紙は実物を縮小してあります。Ａ３用紙に156％拡大コピーすると、ほぼ実物大で使用できます。（タイトルと配点表は含みません）

推定配点		計
	1　各７点×５　2〜4　各８点×６ 5　(1)，(2)　各６点×２　(3)　５点	100点

二〇一九年度　明治大学付属明治高等学校

国語解答用紙

番号		氏名	

評点	/100

一

問一　A　B　C　D　E　F　G

問二　I　II

問三　H　J

問四　作品名　作者名

問五　作品名　作者名

問六

問七　③　④　⑤

問八　K　L　M　N

問九　25

問十

問十一

二

日本人の　30

三

1　2　3　4　5

6　7　8　9　10　らしめる

（注）この解答用紙は実物を縮小してあります。A3用紙に147%拡大コピーすると、ほぼ実物大で使用できます。（タイトルと配点表は含みません）

推定配点		計
	一　問一　各3点×7　問二　各2点×2　問三　H　2点　J　3点 問四、問五　各2点×4　問六　3点　問七　各4点×3 問八　各3点×4　問九　4点　問十　3点　問十一　2点 二　6点 三　各2点×10	100点

2018年度　明治大学付属明治高等学校

英語解答用紙

番号		氏名	

評点	／120

1

(1)	(2)	(3)	(4)

(5)	(6)	(7)	(8)

2

(1) →	(2) →
(3) →	(4) →
(5) →	

3 （3番目を左に、6番目を右に記入しなさい）

(1)	(2)	(3)	(4)	(5)
,	,	,	,	,

4

ア	イ	ウ	エ	オ	カ

5

(1)

ア	イ	ウ	エ

(2)

(3) ＿＿＿＿,＿＿＿＿

6

(1)

ア	イ	ウ	エ

(2)

①

(3) ②：＿＿＿＿＿＿＿＿

(4) ③：＿＿＿＿＿＿＿＿

(5) A：＿＿＿＿＿＿　B：＿＿＿＿＿＿

7

(1)	(2)	(3)	(4)

8

(1)	(2)	(3)	(4)	(5)

9

(1)	(2)	(3)	(4)	(5)

10

(1)	(2)	(3)	(4)

（注）この解答用紙は実物を縮小してあります。A3用紙に149%拡大コピーすると、ほぼ実物大で使用できます。（タイトルと配点表は含みません）

推定配点		計
	1～5　各2点×31 6　(1), (2)　各2点×5　(3)～(5)　各3点×4 7～10　各2点×18	120点

２０１８年度　明治大学付属明治高等学校

数学解答用紙

番号		氏名	

評点	／100

1

答	(1)		(2)		(3)		(4)		(5)	

2　(1)　式や説明　　(2)　式や説明

答	(1)		(2)	$a=$　　，$b=$

3　(1)　式や説明　　(2)　式や説明　　(3)　式や説明

答	(1)	：	(2)	：	(3)	

4　(1)　式や説明　　(2)　式や説明　　(3)　式や説明

答	(1)		(2)		(3)	

5　(1)　式や説明　　(2)　式や説明

答	(1)		(2)	

（注）この解答用紙は実物を縮小してあります。Ａ３用紙に156％拡大コピーすると、ほぼ実物大で使用できます。（タイトルと配点表は含みません）

推定配点		計
	1　各７点×５　2　各８点×２　3　(1)　６点　(2)，(3)　各５点×２ 4　(1)，(2)　各６点×２　(3)　５点　5　各８点×２	100点

二〇一八年度　明治大学付属明治高等学校

国語解答用紙

番号　　氏名　　評点　/100

＊解答する順番に注意すること。

一

問一　A　B　C　D　E

問二　①　②

問三　③　④

問四　F　H

問五　G　I　O　R

問六　⑤　⑥　⑦　⑧　⑨

問七　J　K

問八　L　Q

問九　M　N

問十

問十一

問十二

問十四　S　T

問十三　こと

二

1　2　3　4　5

6　7　8　9　い　10　やか

推定配点

一　問一　各1点×5　問二　各4点×2　問三　各3点×2
問四、問五　各2点×6　問六　各4点×5　問七～問十　各2点×7
問十一、問十二　各3点×2　問十三　5点　問十四　各2点×2
二　各2点×10

100点　計

（注）この解答用紙は実物を縮小してあります。A３用紙に147％拡大コピーすると、ほぼ実物大で使用できます。（タイトルと配点表は含みません）

Memo

Memo